Globalisierung und internationale Politik

Institutionen, Strukturen und Prozesse

Kolleg Politik und Wirtschaft

Unterrichtswerk für die Oberstufe

Bearbeitet von:
Christine Betz
Peter Brügel
Andreas Gerster
Hartwig Riedel

C.C. Buchners Ve

Kolleg Politik und Wirtschaft

Globalisierung und internationale Politik
Institutionen, Strukturen und Prozesse

Bearbeitet von Christine Betz (Kapitel 1), Peter Brügel (Kapitel 2), Andreas Gerster (Kapitel 4) und Hartwig Riedel (Kapitel 3)

2. Auflage 5 4 3 2 2013 2012
Die letzte Zahl bedeutet das Jahr des Druckes.
Alle Drucke dieser Auflage sind, weil untereinander unverändert, nebeneinander benutzbar.
Dieses Werk folgt der reformierten Rechtschreibung und Zeichensetzung.

www.ccbuchner.de

Grafische Gestaltung und Herstellung: Wildner+Designer GmbH, Fürth · www.wildner-designer.de
Druck- und Bindearbeiten: Stürtz GmbH, Würzburg
Umschlagfoto: Frauen bei einem traditionellen Fächertanz vor der Skyline von Shanghai
(Robert Churchill / iStockphoto)

ISBN 978 3 7661 **6844** 3

INHALT

ZUR BENUTZUNG DER LEHR- UND ARBEITSBÜCHER

Die Reihe **Kolleg Politik und Wirtschaft** ist für den Unterricht in der gymnasialen Oberstufe konzipiert. Ziel der Bände ist es, den Schülerinnen und Schülern Anregungen zur selbstständigen Arbeit zu geben und den Unterrichtenden Hilfen für einen strukturierten, methoden- und handlungsorientierten Unterricht anzubieten.

Zum Aufbau der Kapitel

Einführung	Zu Beginn jedes Kapitels werden in einer kurzen didaktischen Begründung die zentralen Fragestellungen und die Anordnung der Unterkapitel vorgestellt.
Tipps & Links	In den Abschnitten *Lernen vor Ort* sowie *Referieren und Präsentieren* werden Projekte und Themen vorgeschlagen, die die Schülerinnen und Schüler eigenverantwortlich im Rahmen der Unterrichtssequenz erarbeiten können. Unter den Stichworten *Weiterlesen* und *Recherchieren* finden sich Lektürehinweise und ausgewählte Internetadressen, die zur vertiefenden Beschäftigung anregen sollen.
Materialien	Der Materialienteil bietet repräsentatives und altersgerechtes Text- und Bildmaterial, das Interesse an politischen, wirtschaftlichen und soziologischen Themen wecken soll. In herausgehobenen *Info-Kästen* werden zentrale Begriffe oder wichtige Zusatzinformationen gut verständlich erklärt, um eine exakte fachwissenschaftliche Verwendung zu erleichtern. Gezielt werden auch aktuelle *Kontroversen* dargestellt, die die Urteilsfähigkeit der Schülerinnen und Schüler herausfordern. Die Fülle der Materialien stellt ein Angebot dar, eigene Schwerpunkte zu setzen. Sie ermöglicht ein quellenorientiertes Lernen, leitet Schülerinnen und Schüler zu selbstständigem Arbeiten an und fördert damit Fach- und Methodenkompetenz.
Aufgaben	Nach jeder abgeschlossenen Themeneinheit finden sich Aufgaben, die nicht die Inhalte einzelner Texte/Materialien abfragen, sondern gezielt auf die Probleme und Zusammenhänge der vorausgegangenen Lernsequenz eingehen.
Methoden	Auf diesen Seiten werden politische, wirtschaftliche und soziologische Forschungsmethoden und Arbeitsweisen eingeführt. An geeigneten Inhalten werden die Methoden exemplarisch dargestellt. Die Erläuterungen können und sollen aber auch unabhängig davon an anderer Stelle herangezogen werden.
Zusammenfassungen	Sie schließen die einzelnen Kapitel ab und ermöglichen eine gezielte Wiederholung und Überprüfung des Grundwissens. Die *Gliederung* am Textrand ermöglicht eine schnelle inhaltliche Orientierung, auf das notwendige vorausgehende *Basismaterial* wird in der Randspalte konkret verwiesen.

Das **Register** ist ein wichtiges Hilfsmittel für die Arbeit mit dem Buch. Es dient dem Auffinden zentraler **Begriffe** und ermöglicht **Querverbindungen** innerhalb der einzelnen Themengebiete. Zentrale Fundstellen (Basisartikel, Info-Kästen) der Begriffe sind daher fett gedruckt.

Risiken für die Weltgemeinschaft

1

Noch immer sind die Bilder der von islamistischen Terroristen gekaperten Flugzeuge, die im Abstand von nur wenigen Minuten am Morgen des 11. September 2001 in die beiden Türme des World Trade Centers in New York rasten, gegenwärtig. Fast 3.000 Menschen starben in den Trümmern der Twin Towers, so viele wie bei keinem Terroranschlag bisher.

Der 11. September 2001 und die fast täglichen Meldungen über Bombenanschläge oder Selbstmordattentate haben das Sicherheitsempfinden der Staaten nachhaltig verändert. Versuche, das Terrornetzwerk Al-Qaida in seinem vermeintlichen Ursprungsland Afghanistan zu bekämpfen, haben bislang nicht dazu beigetragen, die Welt sicherer zu machen. Kapitel 1.1 fragt nach den Erscheinungsformen, Ursachen und Hintergründen des internationalen Terrorismus und problematisiert aktuelle Bekämpfungsstrategien einzelner Staaten.

Ein weiteres Schreckensszenario sind Massenvernichtungswaffen, also atomare, biologische oder chemische Waffen in den Händen skrupelloser Terroristen oder verantwortungsloser Diktatoren. Die Eindämmung der unkontrollierten Verbreitung dieser Waffen ist eine der wichtigsten Aufgaben der internationalen Staatengemeinschaft. Diesem Thema und der damit verbundenen Problematik widmet sich Kapitel 1.2.

Der Wandel des Weltklimas ist im Bewusstsein der Öffentlichkeit auf Rang eins der weltweit drängendsten Probleme gerückt. Der vom Menschen selbst verursachte und nicht mehr rückgängig zu machende Klimawandel gefährdet den Lebensraum vieler Menschen und damit Frieden und Stabilität ganzer Regionen der Welt. Mit den ökologischen Risiken, der Verknappung und Verteuerung lebensnotwendiger Ressourcen, wie Wasser und Energie, und dem sich daraus ergebenden Konfliktpotential beschäftigt sich Kapitel 1.3.

Während moderne Industrienationen einen Bevölkerungsrückgang aufgrund einer sinkenden Geburtenrate verzeichnen, wird das starke Bevölkerungswachstum in den weniger entwickelten afrikanischen Ländern und im asiatischen Raum zu einem weiteren Problemfeld. Neue Millionenstädte mit riesigen Slums, eine noch größere Kluft zwischen Arm und Reich, Verteilungskämpfe um Wasser und Land und die daraus resultierende Zunahme von Wanderungsbewegungen betreffen auch uns und können die Stabilität der internationalen Ordnung gefährden. Kapitel 1.4 zeigt die Zusammenhänge auf.

Tipps & Links

Lernen vor Ort

- Führen Sie eine Umfrage an Ihrer Schule, in Ihrem Familien- und Verwandtenkreis oder in Ihrer Heimatgemeinde durch, und ermitteln Sie, welche Bedrohungen und Gefahren von den Befragten als aktuell größtes „Risiko für die internationale Staatengemeinschaft" eingeschätzt werden. Entwerfen Sie vorab einen sinnvollen Fragebogen (offene oder gelenkte Fragen, Differenzierung nach Altersgruppen und Geschlecht etc.) Werten Sie anschließend die Umfrage aus, und suchen Sie geeignete Möglichkeiten zur Präsentation der Ergebnisse.
- Laden Sie einen Experten der Polizei oder des Verfassungsschutzes ein für eine Befragung zu sicherheitspolitischen Themen (Terrorismus, Islamismus, Online-Durchsuchung etc.).
- Befragen Sie Schüler mit Migrationshintergrund aus Ihrer Schule nach den Motiven Ihrer Eltern bzw. Großeltern, die Heimat zu verlassen. Stellen Sie mit geeigneten Präsentationsformen Gründe und Problematik der Auswanderung sowie die Schwierigkeiten, in einem fremden Land Fuß zu fassen, dar.

Referieren und Präsentieren

- Terroranschläge und versuchte Anschläge islamistischer Terroristen seit dem 11. September 2001
- Der Verfassungsschutzbericht des Bundesamtes für Verfassungsschutz zur aktuellen Bedrohung der Bundesrepublik Deutschland durch Terroristen
- Die Arbeit der IAEO (Internationale Atomenergiebehörde)
- Al Gore und sein Dokumentarfilm „Eine unbequeme Wahrheit". Hintergründe, Inhalt, Wirkung
- Wasserpartnerschaften – ein Versuch der EU, die globale Wasserkrise zu lösen
- Die Arbeit des UNHCR (Hohes Flüchtlingskommissariat der Vereinten Nationen)

Weiterlesen

- *Al Gore, Eine unbequeme Wahrheit. Die drohende Klimakatastrophe und was wir dagegen tun können, München 2006 (Riemann)*
  Der frühere US-Präsidentschaftskandidat Al Gore klärt über die Ursachen und Folgen des Klimawandels auf. Für sein Engagement erhielt er 2007 den Friedensnobelpreis.
- *Peter Heine, Terror in Allahs Namen. Extremistische Kräfte im Islam, Bonn 2004 (Bundeszentrale für politische Bildung)*
  Das schmale, gut lesbare Bändchen über die Ursachen und Erscheinungsformen fundamentalistischer Kräfte im Islam beschränkt sich nicht nur auf Al-Qaida und die Anschläge des 11. September 2001, sondern analysiert das Phänomen des islamistischen Terrorismus grundlegend von seinen Ursprüngen im Mittelalter zur Kreuzzugszeit und in der Kolonialzeit her. Es trägt dazu bei, bestehende Vorverurteilungen des Islam als einer „Religion unter Aggressionsverdacht" abzubauen und verhilft zu einem besseren Verständnis der Zusammenhänge.

Recherchieren

www.bmwi.de
Auf der Homepage des Bundesministeriums für Wirtschaft und Technologie wurde ein umfangreiches Dossier zum Thema Energie eingerichtet, welches aktuelle Informationen, Forschungsberichte, Statistiken und Prognosen zu fossilen und erneuerbaren Energieträgern, zu den Zielen der Energiepolitik und der Energieforschung liefert und auch weiterführende Links anbietet.

http://www.bpb.de/themen/8T2L6Z,0,0,Migration.html
Mit dem Dossier Migration informiert die Bundeszentrale für politische Bildung über Umfang, Motive und Herausforderungen der weltweiten Wanderungsbewegungen.

www.bpb.de/wissen/EMH9Q8,0,Linkliste_zum_11_9_2001.html
Die Bundeszentrale für politische Bildung hat in Kooperation mit der Internetplattform politik-digital eine umfangreiche, täglich aktualisierte Linkliste zu den Terroranschlägen des 11. September 2001 eingerichtet, welche reichhaltige Informationen zu den Hintergründen, Ereignissen und Reaktionen der Anschläge in den USA liefert.

www.dsw-online.de
Die Seite der Deutschen Stiftung Weltbevölkerung liefert aktuelle Fakten, Daten und Grafiken zur Entwicklung der Weltbevölkerung.

www.lpb-bw.de/klimawandel
Die Landeszentrale für politische Bildung Baden-Württemberg informiert ausführlich und aktuell über das Thema Klimawandel.

www.menschenrechtwasser.de
Diese Seite, die von der Aktion „Brot für die Welt" eingerichtet wurde, liefert Wissenswertes zum Thema Wasser und stellt diverse Wasserkrisen und Wasserprojekte vor.

1.1 Terrorismus – Anschlag auf Frieden, Freiheit und Sicherheit

Terroranschläge und ihre Folgen

M 1

Die Terroranschläge auf das World Trade Center in New York und auf das Pentagon am 11. September 2001 fordern fast 3.000 Opfer.

Am 20. September 2001 erklärt der US-Präsident George W. Bush vor dem amerikanischen Kongress den „Krieg gegen den Terror".

Im US-Gefangenenlager in Guantanamo (Kuba) werden Terrorverdächtigte festgehalten.

Die Anschläge auf Regionalzüge vom 11. März 2004 in Madrid kosten 191 Menschen das Leben, 2.051 werden teils schwer verletzt.

Die Terroranschläge in London am 7. Juli 2005 auf drei U-Bahnen und einen Bus fordern 56 Tote und 700 teils schwer Verletzte.

Im September 2007 gelingt es der deutschen Polizei, einen islamistischen Terroranschlag durch deutsche Konvertiten zu verhindern.

M 2 Wendepunkt 11. September 2001

Die Terroranschläge vom 11. September 2001 führten nochmals zu einer Neudefinition von „Terrorismus". An diesem Tag entführten 19 Terroristen, die zur so genannten Al-Qaida gehörten, vier Passagierflugzeuge kurz nach deren Start an den Flughäfen in Boston, Newark, New Jersey und Washington, D. C. Sie steuerten zwei der Flugzeuge in die Twin Towers des World Trade Center in New York. Die beiden Türme stürzten wenig später zusammen. Ein drittes Flugzeug, das auf das Pentagon, den Sitz des amerikanischen Verteidigungsministeriums, niederging, richtete im südwestlichen Teil des Gebäudes beträchtlichen Schaden an. Die Passagiere an Bord des vierten Flugzeugs erfuhren von den übrigen Anschlägen und versuchten, die Entführer zu überwältigen. Dabei geriet das Flugzeug außer Kontrolle und stürzte in einer ländlichen Region Pennsylvanias auf ein Feld. Insgesamt kamen fast 3.000 Menschen bei den Anschlägen ums Leben. Zum Vergleich sollte man sich vor Augen führen, dass während des ganzen 20. Jahrhunderts nur bei 14 Terroranschlägen mehr als 100 Menschen ums Leben gekommen waren. Und bis zum 11. September hatte es noch keinen Terroranschlag gegeben, bei dem mehr als 500 Menschen getötet worden waren. Unter den Toten befanden sich Menschen aus 80 verschiedenen Ländern, auch wenn es sich bei der Mehrzahl der Opfer um Amerikaner handelte. Tatsächlich übersteigt die Zahl der am 11. September getöteten Amerikaner die Gesamtzahl der Menschen, die seit 1968 durch Terroranschläge ums Leben gekommen waren ... . Ein derart massiver und folgenschwerer Terroranschlag verlangt natürlich eine ebenso umfassende und weit reichende Reaktion. „Das ist ein neuartiges Übel ..., und wir werden die Welt von den Übeltätern befreien", versprach Präsident Bush wenige Tage später. „Unser Land war entsetzt", fuhr er fort, „aber wir werden uns nicht terrorisieren lassen." Auch in seiner Rede auf der gemeinsamen außerordentlichen Sitzung des amerikanischen Kongresses am 20. September 2001 benutzte der Präsident wiederholt den Ausdruck terror, den das Oxford English Dictionary als „Zustand des Schreckens oder großer Angst" definiert, statt des Ausdrucks „Terrorismus", der ein spezifisch politisches Problem bezeichnet. „Unser Krieg gegen den Terror", erklärte der Präsident, „beginnt bei Al-Qaida, aber er endet dort nicht." Ob diese semantische Wahl nun bewusst getroffen wurde oder nicht, sie erwies sich jedenfalls als ebenso bedeutungsvoll wie folgenreich, denn sie ließ erahnen, dass hier ein potenziell endloser Kampf gegen alles und alle gemeint war, die in irgendeiner Weise Amerikaner in Angst versetzten oder bedrohten. So erweiterte sich das Spektrum möglicher Gegner von Osama Bin Laden, dem Führer der Al-Qaida, und seinen Anhängern, die „uns und unsere Freiheit hassen", wie der Präsident erklärte, auch auf die in der „Achse des Bösen" zusammengefassten „Schurkenstaaten" (also Irak, Iran und Nordkorea) und auf besonders bösartige Diktatoren im Mittleren Osten, die angeblich im Besitz von Massenvernichtungswaffen waren. Sir Michael Howard, die weltweit führende Autorität in Fragen der Strategie und der Militärgeschichte, schrieb später dazu:

„Im Ausland sah man in Präsident Bushs Äußerung zum „Krieg gegen den Terror" meist eher einen rhetorischen Versuch, das amerikanische Volk vor den drohenden Gefahren zu warnen, als eine Erklärung, die man im Sinne des Völkerrechts ernst zu nehmen oder wörtlich zu verstehen habe. Doch weitere Erklärungen und Taten der Bush-Regierung machten deutlich, dass man die Worte des Präsidenten sehr wohl wörtlich zu verstehen hatte."

Bruce Hoffman, Terrorismus – der unerklärte Krieg. Neue Gefahren politischer Gewalt, Bonn 2006, S. 47 f.

Zahl der Terroranschläge 2009

M 3

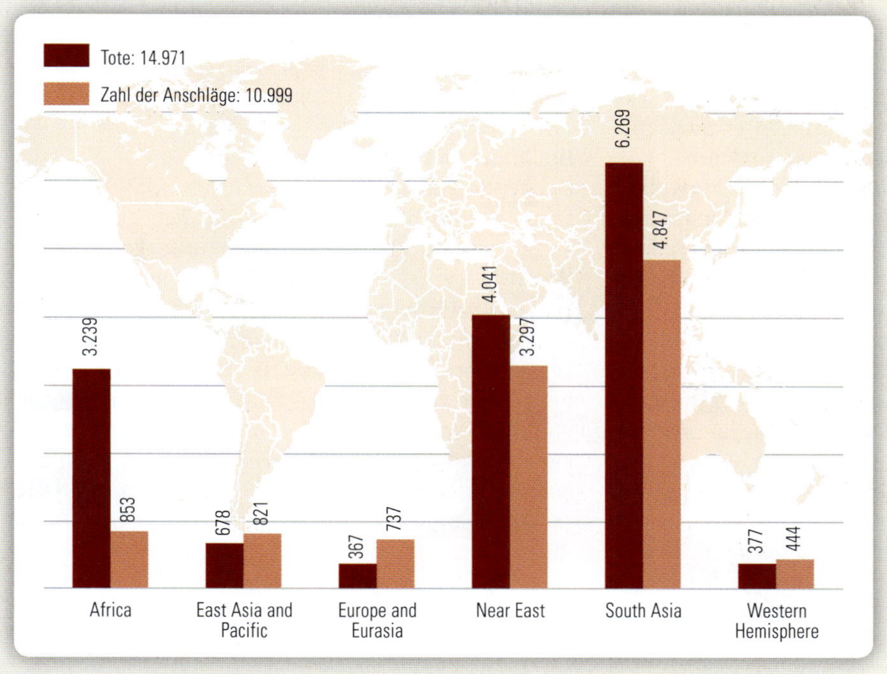

National Counterterrorism Center, 2009 Report on Terrorism, 30.4.2010

Krieg gegen den Terror – die Bekämpfungsstrategien der USA

M 4

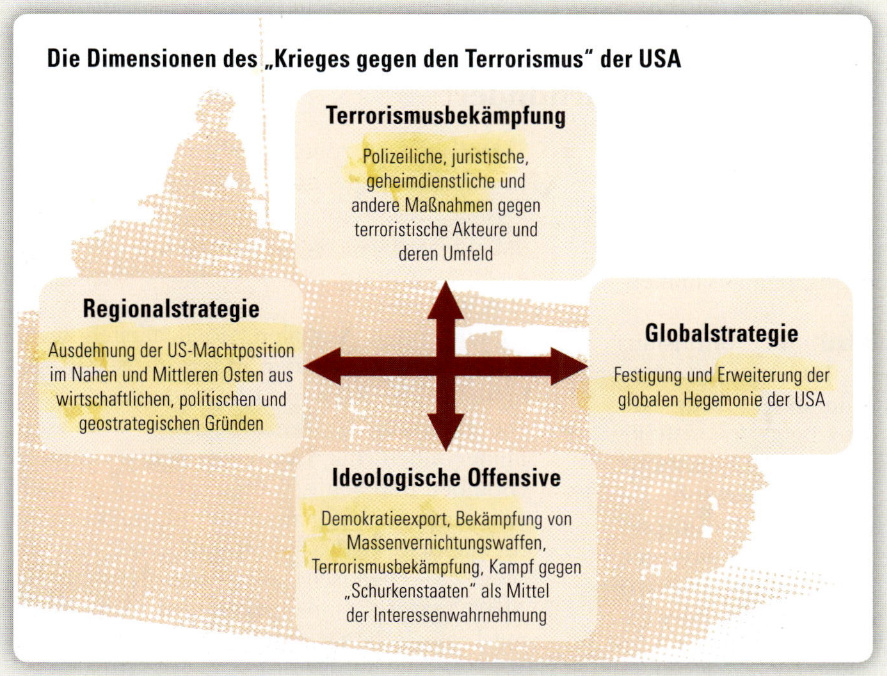

Tobias Debiel, Dirk Messner, Franz Nuscheler (Hg.), Globale Trends 2007, Bonn 2006, S. 120

Terrorismus

Info

Terrorismus
Bisher gibt es keine weltweite Definition von „Terrorismus". Die verschiedenen Ansätze in Wissenschaft und Praxis können allerdings zu einer kompakten Beschreibung des Phänomens zusammengefasst werden.
Der Begriff „Terrorismus" bezeichnet demnach eine andauernde und geplante Gewaltanwendung mit politischer Zielsetzung, um mit terroristischen Methoden das Verhalten des Gegners zu beeinflussen.

Internationaler Terrorismus
Von „Internationalem Terrorismus" wird dann gesprochen, wenn die Ziele, Begründungen und Aktionsräume der Terroristen sich nicht nur auf eine Region bzw. ein Land beziehen.
Sehr wichtig bei der Analyse des Phänomens „Internationaler Terrorismus" ist, dass nicht, wie es häufig geschieht, Methoden und Ziele der politischen Gewalt miteinander vermischt werden. Der Begriff „Terrorismus" bezeichnet ausschließlich eine illegale und menschenverachtende Handlungsmethode, trifft aber keinerlei Aussage über die Legitimität oder Verständlichkeit der angestrebten Ziele.

Dschihad und Dschihadismus
Die Weltreligion Islam darf nicht mit Islamismus oder Dschihadismus gleichgesetzt werden, denn sie wird von diesen sektenartigen Minderheitenströmungen zur Legitimierung von Gewalt missbraucht … Der Glaubensbegriff des Dschihad geht auf koranische Suren zurück und wird oft falsch als „Heiliger Krieg" übersetzt. Vielmehr bedeutet er „Bemühung, Anstrengung, Streben". Traditionell wird zwischen dem „kleinen" und dem „großen Dschihad" unterschieden. Der große Dschihad bezeichnet eine individuelle Anstrengung im Glauben, während der kleine Dschihad für eine gemeinsame Anstrengung zur Verteidigung des eigenen Glaubens steht.

Kai Hirschmann, in: Sicherheitspolitik im 21. Jahrhundert, Informationen zur politischen Bildung Nr. 291/2006, S. 24 ff.

Aufgabe

Erstellen Sie eine knappe Bilanz, in welcher Sie darstellen, wie sich die Welt seit den Anschlägen vom 11. September 2001 verändert hat (M 1 – M 4).

M 5 Merkmale des Terrorismus im 21. Jahrhundert

- Der Terrorismus ist deutlich internationaler geworden, was einerseits mit insgesamt steigender internationaler Mobilität, andererseits vor allem mit dem Aufkommen von ideologisch-weltanschaulichen Gruppen zusammenhängt.
- Die „Begründungsgewichte" für Terrorismus haben sich verschoben. Das sozialrevolutionäre Grundmotiv war in den 1970er Jahren ausgeprägt, spielt aber heute keine Rolle mehr. Das ethno-nationalistische Grundmotiv dauert zwar seit den 1970er Jahren fort, hat sich aber erheblich abgeschwächt. Das ideologisch-weltanschauliche Grundmotiv hingegen ist nicht zuletzt durch die erhebliche Relevanz des islamistischen Terrorismus dominanter geworden.
- Terrorismus ist zunehmend zu einer Kommunikationsstrategie mit dem Gegner über die Medien geworden. Es existieren mehr Möglichkeiten, terroristische Gewalt zu kommunizieren, woraus sich eine symbiotische Beziehung ergeben hat: Terroristen nutzen die zunehmenden medialen Möglichkeiten weltweit, die Medien finden in terroristischen Aktionen Nachrichten für ihre Produkte.
- Die Mehrzahl der Terroranschläge wird zwar immer noch mit „konventionellen" Mitteln (Bomben und Schusswaffen) begangen. Doch seit Mitte der 1990er Jahre ist insbesondere mit dem „NBC-Terrorismus" (nuklear, biologisch, chemisch) eine neue potenzielle Anschlagsform hinzugekommen. Anschläge mit biologischen Agenzien (zum Beispiel die

Anthrax-Briefe Herbst 2001) und chemischen Substanzen (zum Beispiel der Sarin-Anschlag der AUM-Sekte in Japan 1995) haben bereits stattgefunden, Experimente mit radiologischen Waffen („Schmutzige Bomben" – konventionelle Bomben mit radioaktiven Inhalten) scheinen relativ weit gediehen. Der Einsatz von Atombomben durch Terroristen hingegen ist auf absehbare Zeit unwahrscheinlich.

- Terroristen heutiger Prägung geht es immer seltener darum, bestimmte Personen zu beseitigen. Sie greifen vielmehr symbolische Orte und Gebäude an, die die Werte, Systeme und Einstellungen des Gegners repräsentieren. Dabei geht es ihnen mehr als jemals zuvor um möglichst hohe Opferzahlen. Dafür gibt es mehrere Gründe:
  – Der Schrecken des Anschlages wird gesteigert; Angst und Verunsicherung steigen.
  – Das Ereignis findet größere Berücksichtigung in den Medien.
  – Den eigenen Anhängern kann die „Wirksamkeit" des Kampfes nachhaltig verdeutlicht werden.
  – Orte, an denen sich viele Menschen aufhalten, sind als so genannte weiche Ziele einfacher zu treffen als prominente Einzelpersonen.
- Anders als traditionelle Terrorgruppen unterhalten heutige Terroristen häufig intensive Beziehungen zur legalen und illegalen Wirtschaft sowie zum Bereich der Organisierten Kriminalität; einerseits zur Finanzierung, andererseits um entsprechende Transferwege zu nutzen.
- Die Bereitschaft, als Selbstmordattentäter bei einem Anschlag ums Leben zu kommen, ist gestiegen. Dies hängt erstens mit dem Aufkommen ideologisch-weltanschaulicher Gruppierungen zusammen, zweitens unterstreicht es beim Gegner und den eigenen Anhängern die Bedeutung des „Kampfes", drittens werden keine „Exit-Strategien" vom Tatort benötigt, und viertens laufen Abschreckungsstrategien des Gegners ins Leere. (Womit soll jemand abgeschreckt werden, der bereit ist, für die eigene Sache zu sterben?)

Kai Hirschmann, in: Sicherheitspolitik im 21. Jahrhundert, Internationaler Terrorismus, Informationen zur politischen Bildung Nr. 291/2006, S. 24 f.

Osama bin Laden – Kopf von Al-Qaida oder Phantom? M 6

Osama bin Laden wurde 1957 in Saudi-Arabien als Sohn eines reichen, erfolgreichen Bauunternehmers geboren. Er selbst gründete nach Eintritt in die väterliche Firma eigene Unternehmen, mit denen er eine Vielzahl von Projekten im Hoch- und Tiefbau in verschiedenen Staaten des Nahen Ostens realisierte und so ein Vermögen von geschätzten 150 Millionen US-Dollar anhäufte. 1978 wandte er sich von seinem bisherigen luxuriösen Leben ab und widmete sich dem bewaffneten Kampf gegen die Sowjets in Afghanistan. Nach deren Abzug richtete sich sein Hass gegen Amerika, dem Freund und Helfer Israels sowie der Dynastie des saudischen Könighauses seines Heimatlandes. 1988 gründete Osama bin Laden die Terrororganisation Al-Qaida und erklärte den „Heiligen Krieg" gegen die Ungläubigen. Auf sein Konto gehen zahlreiche Anschläge gegen westliche Einrichtungen. Bis zum Krieg der USA gegen die Taliban in Afghanistan hielt sich Osama bin Laden als deren Gast dort auf. Der derzeitige Aufenthaltsort des meistgesuchten Terroristen ist nicht bekannt. In gezielt eingesetzten Video-Auftritten richtet sich bin Laden von Zeit zu Zeit an seine Anhänger und die westlichen Staaten, doch scheint seine Popularität in islamischen Ländern langsam abzunehmen – das Netzwerk Al-Qaida hat sich längst von seinem Gründer abgenabelt.

Autorentext

M 7 Wer ist Al-Qaida? Fragen und Antworten

Der Journalist Jochen Bittner beantwortet häufig gestellte Fragen zum Terrornetzwerk Al-Qaida.

Ist Al-Qaida eine weltumspannende Terrorgruppe?

Nein. Al-Qaida – das sind viele Organisationen. Ihr Name („Die Basis") geht auf ein Verzeichnis von muslimischen Kämpfern zurück, das Osama bin Laden 1988 in Afghanistan anlegte, nach dem Krieg der Mudschahedin gegen die Sowjets. Seit 1984 waren über bin Ladens Rekrutierungsbüros etwa 20.000 Muslime aus aller Welt in die Ausbildungslager am Hindukusch gezogen – eine Art internationale Brigade des Islams, die kam, die Ungläubigen zu vertreiben. Und in der Tat: Die Mudschahedin schafften es, mit festem Glauben und amerikanischen Stingerraketen, die Weltmacht Sowjetunion in die Knie zu zwingen. Nach diesem Sieg blieb Afghanistan bis 2001 das Gravitationszentrum für Dschihadisten. Mit terroristischem Training versehen, kehrten sie zumeist in ihre Heimatländer zurück. Zwischen 3.000 und 5.000 Kämpfer, schätzen die UN, traten dortigen Terrorgruppen bei. Bis zum Jahr 2001 erstreckte sich bin Ladens Netzwerk, laut einer Zählung des US-Außenministeriums, über etwa 55 Staaten. ...

Ist das Ziel von Al-Qaida wirklich ein weltweiter Gottesstaat?

Letztendlich ja. Erklärtes Ziel von Al-Qaida ist die „Vereinigung aller Muslime und die Errichtung einer Regierung, die der Herrschaft des Kalifen folgt". Das soll allerdings weder heute noch morgen passieren, sondern ist eine Perspektive für Jahrhunderte. Der erste Schritt indes ist die Beseitigung der Vorherrschaft der Ungläubigen. Am 22. Februar 1998 verabschiedeten bin Laden und seine Gefolgsleute im Namen einer „Islamischen Weltfront für den heiligen Krieg gegen Juden und Kreuzfahrer" eine förmliche Kriegserklärung, die an Deutlichkeit nichts zu wünschen übrig lässt: „Der Befehl, die Amerikaner und ihre Verbündeten zu töten, ist eine individuelle Verpflichtung für jeden Muslim, der dazu fähig ist, in jedem Land, in dem so etwas möglich ist, um die Al-Aqsa-Moschee in Jerusalem und die Heiligtümer in Mekka zu befreien und um ihre Armeen dazu zu zwingen, jeglichen muslimischen Boden zu verlassen, geschlagen und unfähig, weiterhin Muslime zu bedrohen."

Wenig später präzisierte bin Laden in einem Interview: „Wir unterscheiden nicht zwischen Leuten in Militäruniformen und Zivilisten." Diese „Fatwa[1]", geboren aus einem pervertierten Verständnis des Islams, ist bis heute Richtschnur für militante Gruppen in aller Welt. Dabei fungieren religiöse Bezüge nur als einfachstes sinnstiftendes Bindemittel. Hinter der Koran-Rhetorik steckt eine antiwestliche, antimodernistische, antisemitische Ideologie. In den Bekennervideos und -schreiben von Al-Qaida ist immer wieder die Rede vom Zurückdrängen westlicher Besatzer, von der Inbesitznahme der Energiereserven und Rohstoffe durch Muslime, von der Bekämpfung Israels und von der sittlichen Überlegenheit der Scharia[2]. ...

Attackiert Al-Qaida deshalb vor allem Ziele in der westlichen Welt?

Falsch. Al-Qaida attackiert vor allem islamische Länder. Denn noch prinzipienloser als dekadente Demokratien verhalten sich nach ihrer Weltsicht arabische Regime, die vom „wahren Glauben" abgefallen sind. Seit dem 11. September 2001 hat es mit Madrid und London nur wenige Attentate auf westlichem Boden gegeben – dafür etliche in „korrupten Apostatenstaaten[3]": Saudi-Arabien (Riad, Khobar), Türkei (Istanbul), Tunesien (Dscherba), Marokko (Casablanca). ...

Wird Al-Qaida Deutschland verschonen?

Wahrscheinlich nein. ... Deutsche Soldaten zogen mit den USA in den Krieg; sie sind noch immer in Afghanistan stationiert. Deutsche Marineboote patrouillieren noch immer im „Enduring Freedom"-Verband am Horn von Afrika. Während des Irak-Kriegs bewachten deutsche Polizisten Einrichtungen der US-Armee. Die deutsche Regierung gewährte der Air Force Überflugrechte. Zudem gilt die Bundesrepublik als enger Freund Israels. ...

O-Ton von Osama bin Laden im November 2002 im Fernsehsender al-Dschasira: „Was bezwecken eure Regierungen damit, sich mit der Verbrecherbande im Weißen Haus gegen die Muslime zu verbünden?", fragte der Al-Qaida-Chef aus dem Off. „Ich nenne im Besonderen Großbritannien, Frankreich, Italien, Kanada, Deutschland und Australien."

Was ändert sich, wenn Osama bin Laden gefasst wird?
Nichts. Osama bin Ladens Zeit als Gründer und Manager der ersten Generation von Al-Qaida ist ohnehin längst abgelaufen. … In den Worten des libyschen radikal-islamischen Theoretikers Numan Bin Uthman: „Die Dschihad-Bewegungen in aller Welt brauchen bin Laden nicht mehr. Er hat seine Rolle erfüllt." …

Wie kann der Terrorismus besiegt werden?
Durch – wenn überhaupt – zweierlei: Langfristig muss es gelten, Täter zu verhindern, nicht Taten. Kurzfristig ist nur das Gegenteil möglich; heute schon entschlossene Attentäter sind weder für Verhandlungen noch für Resozialisierung empfänglich. Bevorstehende Anschläge lassen sich daher nur durch eine effizientere Zusammenarbeit der Polizeien und Geheimdienste aller Länder verhindern. ... Auf lange Sicht muss es darum gehen, potenziellen Terroristen ihre Motivation zu entziehen. Diese speist sich vor allem aus dreierlei. Erstens, aus dem Gefühl des Gedemütigtseins durch einen technisch und wirtschaftlich überlegenen Westen. Zweitens, aus einer religiös unterstützten Selbststilisierung zum Opfer und einer damit verbundenen moralischen Selbsterhöhung. Drittens aus dem Glauben, dass die ungläubigen Unterdrücker Rache verdient haben. Mit schuld an der Konjunktur des anti-westlichen Verschwörungsglaubens sind die eklatanten Bildungsdefizite in der arabischen Welt. Laut einer Studie der UN sind seit dem 9. Jahrhundert nur 100.000 Bücher ins Arabische übersetzt worden. Das sind knapp so viele, wie in Spanien pro Jahr übersetzt werden. ... Der Kampf gegen den Terrorismus ist also auch ein Kampf gegen ein dumpfes Weltbild. Aber lässt sich der Al-Qaidaismus eindämmen wie einst der Kommunismus? Für ein solches Containment-[4] müsste der Westen in einen ideellen Wettstreit mit einer rückwärtsgewandten, selbstgerechten Islaminterpretation treten. Als „Gegenideologie" freilich hat er nur Pluralismus und Liberalismus zu bieten. Und das heißt eben: Ungewissheit.

Jochen Bittner, Die Zeit, 14.7.2005

[1] *Fatwa = islam. Rechtsgutachten (eines Muftis)*
[2] *Scharia = relig. Gesetz des Islam*
[3] *Apostat = Abtrünninger*
[4] *Containment (engl.) = Eindämmung*

Das Netzwerk der Al-Qaida

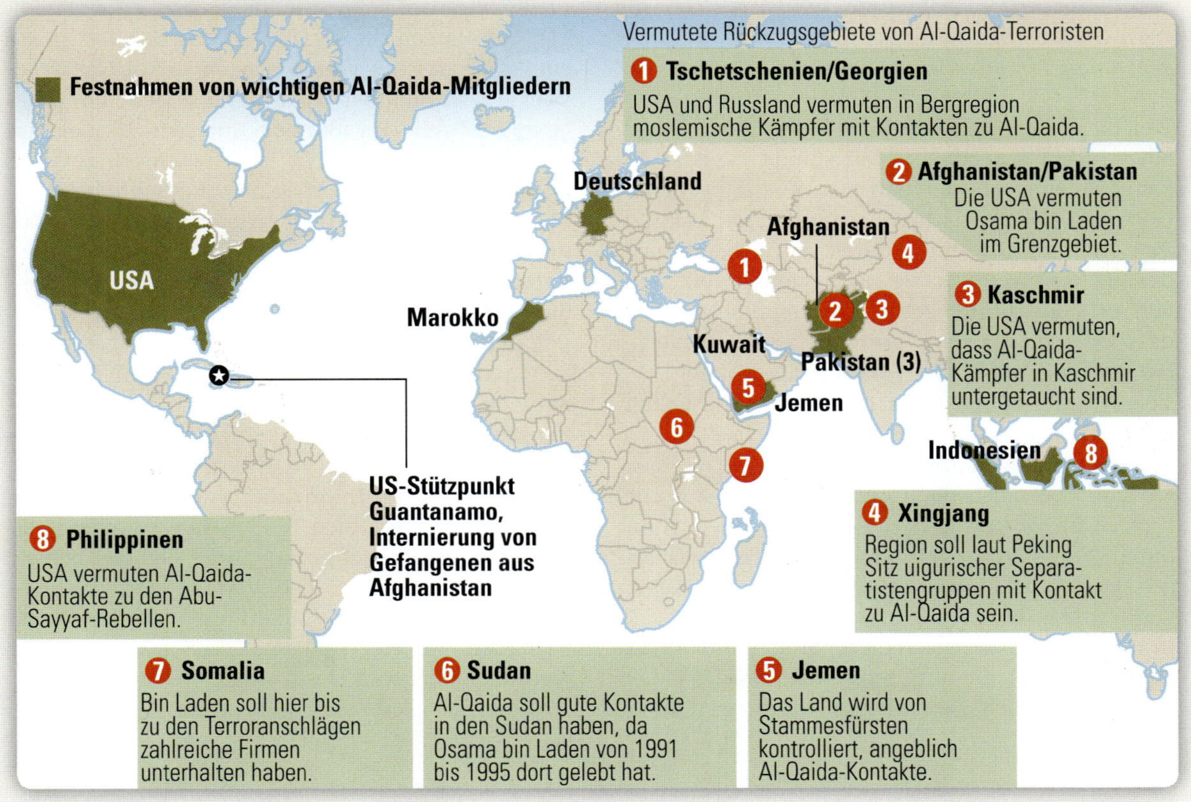

dpa-Grafik 7730

M 8 Terrorismus und Innenpolitik

Hanitzsch/CCC, www.c5.net

M 9 Kommentar: Wie weit darf der Staat gehen?

Der ehemalige Verfassungsrichter Dieter Grimm setzt sich kritisch mit den Forderungen des Bundesinnenministers Wolfgang Schäuble (CDU) nach einer Ausweitung staatlicher Befugnisse im Kampf gegen den Terrorismus auseinander.

Wer die Freiheit für den Preis der Sicherheit hält, hat schlecht gerechnet. Zwar stimmt es, dass die Freiheit wenig nutzt, wenn man unausgesetzt um Leib und Leben fürchten muss. Seinen Bürgern Sicherheit zu gewährleisten ist die erste Aufgabe des Staates. Wenn er sie nicht mehr erfüllt, verliert er seine Legitimation. Aber stimmt es auch, dass jemand, der seine grundrechtlich geschützte Freiheit gegenüber der Staatsgewalt aufgibt, sich sicher fühlen kann? Oder hat er nur eine Gefahrenquelle gegen die andere ausgewechselt? ...
Freiheit und Sicherheit sind keine Gegensätze. Sie sind aber auch nicht notwendig in Harmonie. Freiheit produziert Sicherheitsrisiken, die sich nur durch Freiheitsbeschränkungen eindämmen lassen. Dabei darf aber das Ziel nicht aus den Augen verloren werden ...
In Deutschland zieht sich dieser Streit mitten durch die Regierung. Dem Bundesinnenminister fallen ständig neue Sicherheitslücken auf, die er mit freiheitsbeschränkenden Gesetzen stopfen will. Die Bundesjustizministerin verweist darauf, dass sich nicht alle Vorschläge mit dem Grundgesetz vereinbaren lassen. In der Tat hat das Bundesverfassungsgericht zwei von drei nach den Anschlägen vom 11. September 2001 verabschiedeten Antiterrorgesetzen des Bundes und der Länder für verfassungswidrig erklärt und für das dritte eine einschränkende Interpretation vorgeschrieben ...
Mit Ausnahme des Luftsicherheitsgesetzes, das den Einsatz der Luftwaffe im Innern vorsah, betrafen die Gesetze allesamt die heimliche Informationsgewinnung. Das ist charakteristisch für die Bekämpfung neuartiger Gefahren wie organisierte Kriminalität, Waffenschmuggel und eben Terrorismus. Der Staat setzt in diesem Kampf auf Prävention. Er sucht der Straftat zuvorzukommen und die Gefahr schon im Keim zu ersticken ...
Damit wächst der Informationshunger des Staates erheblich. Er lässt sich freilich nur heimlich stillen. Deswegen wachsen auch die Geheimdienste und ihre Befugnisse. Die Vorteile der vorverlagerten Prävention sind allerdings nicht kostenlos zu haben. Wo erst Verdachtsmomente gesammelt werden sollen, trifft sie potenziell jeden und alles, weil bei der Verdachtssuche nichts unverdächtig

ist, nicht das Buch aus der Bibliothek, nicht der Wecker auf dem Nachttisch, nicht der Ort, an dem man seine Freunde trifft.

Deswegen darf man auch nicht der Beschwichtigung trauen, wer sich nichts vorzuwerfen habe, habe auch nichts zu befürchten. Jeder muss befürchten, dass seine Kommunikation überwacht wird. Niemand kann sicher sein, dass ihm daraus keine unangenehmen Folgen erwachsen. Ist man einmal im Verdachtsraster hängen geblieben, sind Beschattung und Ausforschung der Nachbarn, Beförderungsverweigerungen im Flugzeug, der Verlust des Arbeitsplatzes wegen Sicherheitsbedenken nicht mehr völlig fern.

Daher muss man dem staatlichen Informationshunger Grenzen ziehen. Je geringfügiger die Straftat, je kleiner der mögliche Schaden, je schwächer die Anhaltspunkte dafür, dass er eintreten könnte, je einschneidender die möglichen Folgen der Informationserlangung für den Einzelnen, desto höher müssen die Schwellen für Überwachungsmaßnahmen sein. Umgekehrt: Je schwerer die Straftat, je stärker die Anhaltspunkte, dass sie vorbereitet wird, je größer der mögliche Schaden, desto niedriger darf die Schwelle ausfallen ...

Indessen setzt das Grundgesetz auch der Verfassungsänderung Grenzen. Die Grundsätze der Demokratie, des Rechtsstaats und des Bundesstaats sind ebenso unabänderlich wie die Garantie der Menschenwürde, die Existenz unveräußerlicher Menschrechte und die Grundrechtsbindung der gesamten Staatsgewalt. Die Rechtlosstellung feindlicher Kombattanten wie in den USA könnte in Deutschland auch mit einer Verfassungsänderung nicht erreicht werden.

Angesichts des bröckelnden Konsenses über das Folterverbot nach der Entführung des Metzler-Sohns[1] ist es auch nicht überflüssig, zu betonen, dass Folter selbst als Mittel der Terrorismusbekämpfung nicht infrage kommt. Zwar kann man den Sicherheitsbehörden zur Verhütung schwerer Straftaten weitergehende Befugnisse einräumen als bei der Verfolgung geschehener Taten, weil noch etwas zu retten ist. Die Folter kann aber selbst mit der Rettungschance nicht gerechtfertigt werden. Sie verletzt die Menschwürde ... Die Menschwürde, die „zu achten und zu schützen" Artikel 1 zur „Verpflichtung aller staatlichen Gewalt" macht, ist nicht die Würde, welche der Einzelne durch ein gutes Leben erwerben und durch böse Taten verlieren kann. Es ist die Würde, die jeder menschlichen Person innewohnt, unabhängig von ihrem Alter, ihrer Einsichtsfähigkeit, ihrer körperlichen Beschaffenheit, ihrer Lebensführung. Diese Würde hat auch der Terrorist ...

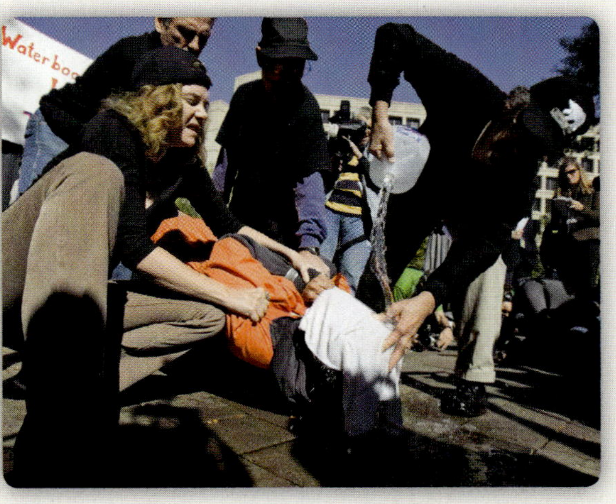

Demonstranten protestieren vor dem US-Justizministerium gegen die Methode des „Water-Boarding", die im Gefangenenlager Guantanamo angewendet wird, um Geständnisse der Gefangenen zu erzwingen.

Erhöhte Terrorismusgefahren verlangen erhöhte Sicherheitsvorkehrungen. Darüber darf aber nicht vergessen werden, dass es die Sicherheit einer freiheitlichen Gesellschaft ist, die erhöht werden soll. Wenn man im Kampf gegen den Terrorismus zu denselben Mitteln greift, welche die Terroristen anwenden, gibt man den grundlegenden Unterschied zu ihnen auf. Es ist dieser Widerspruch zu den eigenen obersten Prinzipien, der es verbietet, sie gegenüber ihren Verächtern zu missachten.

Dieter Grimm, Die Zeit Nr. 49, 29.11.2007, S. 14

[1] *Der 11-jährige Bankierssohn Jakob von Metzler wurde im September 2002 entführt und ermordet. Die Polizei, die davon ausging, dass Jakob noch am Leben sei, drohte dem später verurteilten Magnus Gäfgen mit Folter, wenn er das Versteck des Kindes nicht preisgebe. Diskutiert wurde damals der Einsatz von Gewalt seitens des Staates zur Rettung einer möglicherweise noch lebenden Geisel.*

M 10 Der Kampf gegen den Terrorismus in Deutschland – neue Gesetze seit 2001

- Einschränkungen des Fernmeldegeheimnisses: Einzeltäter und Gruppen, die nicht als terroristische Vereinigung organisiert sind, dürfen ohne konkreten Anfangsverdacht überwacht werden.
- Nach einer Änderung des Vereinsgesetzes können extremistische Religionsgemeinschaften verboten werden. ...
- Geheimdienste dürfen bei Banken, Luftfahrtunternehmen, Ausländerbehörden und Telekommunikationsfirmen mehr Daten von Kunden erfragen.
- Bundespolizei darf so genannte Sky Marshalls in Flugzeugen einsetzen.
- In Pässe und Personalausweise werden biometrische Daten aufgenommen. ...
- Im Ausländer- und Asylrecht werden die Einreisebestimmungen verschärft. So genannten Gefährdern darf die Einreise verweigert werden ... .
- Sozialdaten aus Behörden dürfen für Rasterfahndung genutzt werden.
- Behörden dürfen verdachtsunabhängig im Grenzgebiet sowie an allen Bahnanlagen und in Zügen kontrollieren.
- Telekommunikationsfirmen müssen alle Kundendaten speichern.
- US-Behörden bekommen Zugang zu Passagierdaten von Fluggästen auf transatlantischen Flügen aus der EU.
- Im Rahmen der präventiven Postüberwachung dürfen Telefone und Briefe vom Zoll überprüft werden.
- In einer Anti-Terror-Datei werden Informationen über terroristische Vereinigungen, mutmaßliche Unterstützer und gewaltbereite Extremisten gesammelt, die in Bund und Ländern zugänglich sind; Polizei und Geheimdienst haben Zugriff auf die Identität der Betroffenen.
- Die Vorratsdatenspeicherung durch Telekommunikationsfirmen wird auf 6 Monate ausgedehnt.
- Das Bundesverfassungsgericht erlaubt Online-Durchsuchungen von Computern durch Spionageprogramme (sog. Bundestrojaner) zur Strafverfolgung und Gefahrenabwehr, setzt allerdings hohe Hürden durch das neu geschaffene Grundrecht „auf Gewährleistung der Vertraulichkeit und Integrität informationstechnischer Systeme“.

nach: Süddeutsche Zeitung, 10.7.2007 (aktualisiert durch Autorentext)

Aufgaben

1. Stellen Sie tabellarisch die Erscheinungsformen des modernen und des traditionellen Terrorismus gegenüber (M 5).
2. Arbeiten Sie thesenartig heraus, inwiefern es sich bei Al-Qaida um eine „moderne“ Form des Terrorismus handelt. Gehen Sie dabei auf Organisationsstruktur, ideologische Basis, terroristische Ziele und Strategien dieser Terrorgruppe ein (M 6, M 7).
3. Erläutern Sie den Zusammenhang zwischen Freiheit und Sicherheit (M 9, M 10).
4. a) Diskutieren Sie die in M 4 und M 10 vorgestellten Vorgehensweisen gegen den weltweiten Terrorismus bezüglich ihrer Wirksamkeit und ihrer Erfolgsaussichten.
   b) Entwerfen und prüfen Sie alternative Strategien im Kampf gegen den Terrorismus, welche statt auf Krieg und Vereitelung von Anschlägen auf Aufklärung und Ursachenbekämpfung setzen.

Wissen kompakt

Definition von Terrorismus
Info, M 5

Unter Terrorismus versteht man
- eine politisch oder religiös motivierte Gewaltanwendung durch nichtstaatliche Gruppen oder Einzeltäter, um politische Ziele zu erreichen (im Unterschied zur Kriminalität) sowie
- die bewusste Erzeugung von Angst und Schrecken durch den Einsatz und die Drohung mit massiver und überraschend ausgeübter Gewalt,
- welche ihre psychologische Wirkung mit Hilfe der medialen Öffentlichkeit potenziert und so die Staatsmacht zu unverhältnismäßigen Gegenreaktionen – oder zum Eingestehen ihrer Ohnmacht – zwingt.

Traditioneller und moderner Terrorismus

Im Unterschied zum traditionellen Terrorismus (z.B. Linksterrorismus der RAF), welcher lokal begrenzt mit moderaten Mitteln operiert, um mit gezielten Anschlägen und geringen Opferzahlen konkrete politische Ziele durchzusetzen, setzt der moderne, international vernetzte Terrorismus auf Massenmorde und Vernichtung weltweit, um ein größtmögliches Maß an Verunsicherung zu verbreiten. Dabei konzentrieren sich die Anschläge, meist in Form von Selbstmordattentaten, noch vorwiegend auf den Nahen Osten und den südasiatischen Raum, obgleich sich das Gefühl der Bedrohung seit den Anschlägen des 11. September 2001 in den USA und den folgenden Terrorakten in Madrid und London auch in der westlichen Welt verstärkt hat.

Islamistisch-fundamentalistischer Terrorismus
M 7

Seit den 1990er-Jahren hat der religiös-fundamentalistische Terrorismus hinsichtlich seiner Motive, Mittel und Ziele eine neue Qualität erreicht:
- Ideologisch gründet er sich auf religiös inspirierte Gebote und gipfelt in der Errichtung eines Gottesstaates. Er wendet sich gegen eine „Verwestlichung" der islamischen Welt und ruft zum „Heiligen Krieg" (Dschihad) gegen alle „Ungläubigen" und „Kreuzfahrer" (= Angehörige der westlichen Industrienationen) auf.
- Strategisch greift er Einrichtungen und Machtsymbole des Westens in islamischen Staaten (z.B. Botschaften, Niederlassungen von Hilfsorganisationen) und der westlichen Welt (z.B. das World Trade Center, Bahnhöfe, Einkaufszentren) an. Dabei wird der Tod möglichst vieler Unbeteiligter billigend in Kauf genommen oder sogar beabsichtigt. Typisch sind koordinierte und zeitlich aufeinander abgestimmte Anschlagsserien, welche häufig in Form von Selbstmordattentaten durchgeführt werden.
- In der Wahl von Kommunikations- und Terrormitteln greift der islamistische Terrorismus sehr wohl auf die Errungenschaften des Westens zurück und benutzt sie für seine Zwecke (z.B. Handy, Internet, Massenmedien, globale Finanzmärkte, Wegfall von Grenz- und Zollkontrollen). Anschläge mit atomaren, biologischen oder chemischen Waffen werden in Zukunft wahrscheinlicher.

Der islamistisch-fundamentalistische Terrorismus bedient sich dezentraler, transnationaler Organisationsnetze mit flacher Hierarchie (z.B. Al-Qaida). Leitungsebene und Terrorzellen sind unterschiedlich eng miteinander vernetzt, die Gruppen agieren halbautonom, ohne dass die Führung (z.B. Osama bin Laden) Kontrolle und Einfluss gänzlich verlöre. Finanziell werden die Terrorgruppen durch reiche private Hintermänner, Firmen, Stiftungen oder religiöse Gemeinden unterstützt, die sich legaler wie auch illegaler Finanzquellen bedienen.

Bekämpfungsstrategien
M 4, M 9, M 10

Der von der Bush-Regierung 2001 erklärte „Krieg gegen den Terror" mit den Angriffszielen Afghanistan und Irak sollte die Führungsebene, Hintermänner und Rückzugsgebiete von Al-Qaida treffen. Die Maßnahmen der USA haben jedoch bislang nicht zu einer Einschränkung bzw. Beendigung islamistischer Terroranschläge geführt. Eher das Gegenteil ist der Fall. Auch die ideologische Offensive des Demokratieexports hat nicht das gewünschte positive Ergebnis, sondern vielmehr eine Verschlechterung der westlich-muslimischen Beziehungen gebracht, da viele Staaten den USA vorwerfen, den Antiterrorkampf zum Ausbau der eigenen Machtposition zu nutzen.
In vielen Staaten der westlichen Welt wurden Maßnahmen zur Terrorbekämpfung und für die innere Sicherheit ergriffen, die eine Einschränkung von Freiheits- und Persönlichkeitsrechten sowie einer Ausweitung der Rechte von Ermittlungsbehörden zur Folge hatten.

1.2 Verbreitung von Massenvernichtungswaffen – Proliferation

Kleines Waffen-ABC

M 1

Mester/CCC, www.c5.net

Terrorismus und Massenvernichtungswaffen

M 2

Atomwaffen sind Waffen aus der Zeit des Kalten Krieges. Heute geht die Bedrohung jedoch vom Atomterrorismus aus. Wenn die amerikanische, die deutsche und andere Regierungen weitermachen wie bisher, ist die Wahrscheinlichkeit, dass es in den nächsten zehn Jahren zu einem nuklearen Anschlag auf eine Großstadt kommt, größer als die Wahrscheinlichkeit, dass es nicht dazu kommt.

Nach dem 11. September 2001 rief die US-Administration eine Sonderkommission ins Leben, um die Hintergründe der Anschläge zu erhellen und die Gefahr zu analysieren, die von Osama bin Laden ausgeht. Die Kommission stellte fest, dass „Al-Qaida seit mindestens zehn Jahren bestrebt ist, Massenvernichtungswaffen zu erwerben oder herzustellen". In diesem Bestreben steht Al-Qaida nicht allein. Tschetschenische Rebellen haben Atomwaffentransporte in Russland auskundschaftet, und die mörderischen Pläne der japanischen Aum-Sekte umfassten auch Atomwaffen.

Was diese Gruppen davon abhält, eine Atomwaffe zu bauen, ist allein die Tatsache, dass sie nicht über das nötige spaltbare Material verfügen, um eine nukleare Explosion in Gang zu setzen. Der strategische Imperativ besteht also darin, Terroristen daran zu hindern, an spaltbares Material zu kommen. Die gute Nachricht ist, dass eine Atombombe oder das dafür nötige spaltbare Material nur von einem Staat stammen kann. Die Herstellung von hoch angereichertem Uran oder Plutonium ist ein Multimilliarden-Dollar-Projekt, das Jahre in Anspruch nimmt und die Möglichkeiten nichtstaatlicher Terrorgruppen übersteigt. Um das zur Herstellung einer Atombombe nötige hoch angereicherte Uran zu erhalten, benötigt man fünf Tonnen Uranerz und 6.500 Zentrifugen, die ein Jahr lang ununterbrochen arbeiten.

Dschihadisten können das spaltbare Kernstück einer Atombombe also nicht selbst herstellen, aber sie könnten es von einem Staat mit entsprechenden Möglichkeiten erwerben – oder von Dieben, die es einer Atommacht geraubt haben.

Vor den US-Angriffen auf seinen sicheren Unterschlupf in Afghanistan hatte sich bin Laden darum bemüht. Anfang der 90er Jahre, während des Zusammenbruchs der früheren Sowjetunion, unternahmen Al-Qaida-Kämpfer wiederholt Reisen in drei zentralasiatische Republiken, wo sie einen kompletten Sprengkopf oder waffenfähiges Nuklearmaterial kaufen wollten. Im August 2001 empfing bin Laden zwei frühere hohe Mitarbeiter des pakistanischen Atomenergieprogramms und entlockte ihnen soviel wie möglich über die Herstellung von Massenvernichtungswaffen. Der Al-Qaida-Führer zeigte reges Interesse an Atomwaffen und warb um die Hilfe der Wissenschaftler bei der Rekrutierung pakistanischer Atomexperten, die Kenntnisse in Sachen Bombenbau beisteuern könnten. Ein positives Ergebnis des Kriegs gegen den Terror ist, dass derartige Treffen nicht mehr ganz so einfach sind.

Die schlechte Nachricht ist, dass der Krieg gegen Afghanistan die Gefahr des Atomterrorismus in der Welt zwar vermindert hat, der Krieg im Irak jedoch in die entgegengesetzte Richtung wirkt, weil er die Bush-Administration von zwei der größten Bedrohungen für die westliche Welt ablenkt: Al-Qaida und dem nuklearen Terror. ... Und sobald der Irak die Aufmerksamkeit der amerikanischen Regierung band, nutzten Nordkorea und der Iran diesen Aufschub, um ihre Atomprogramme voranzutreiben.

Graham Allison, Welt am Sonntag, 14.5.2006 (Artikel übersetzt von Daniel Eckert)

M3 Atomwaffen – wie groß ist die Bedrohung?

Chronologie der Besorgnis

Seit 1947 formuliert die Fachzeitschrift *Bulletin of Atomic Scientists* ihre Einschätzung der Weltlage als Uhrzeit. Nun haben die Forscher die Uhr um zwei Minuten vorgestellt. Bis zum Weltuntergang bleiben demnach fünf Minuten.

1947: Sieben vor Zwölf. Mit der Atombombe können ganze Städte ausgelöscht werden, wie in Hiroshima gezeigt wurde. 1949: Drei vor Zwölf. Da auch die Sowjetunion inzwischen Atombomben besitzt, droht ein Nuklearkrieg.

1953: Zwei vor Zwölf. Beide Supermächte testen erfolgreich Wasserstoffbomben. 1960: Sieben vor Zwölf. Ein Gleichgewicht des Schreckens macht den Atomkrieg weniger wahrscheinlich.1963: Zwölf vor Zwölf. USA und Sowjetunion verzichten auf überirdische Atombomben-Tests. 1968: Sieben vor Zwölf. Frankreich und China haben die Bombe; es gibt Krieg in Vietnam und Nah-Ost. 1969: Zehn vor Zwölf. Der Atomwaffensperrvertrag kommt zustande.

1972: Zwölf vor Zwölf. USA und Sowjetunion schließen Verträge zur Rüstungsbegrenzung. 1974: Neun vor Zwölf. Die Abrüstung der Supermächte stockt; Indien hat die Bombe. 1980: Sieben vor Zwölf. Die russische Invasion in Afghanistan und Terror-Anschläge belasten die Weltlage.

1984: Drei vor Zwölf. Das Wettrüsten verstärkt sich. Kaum noch Kontakt zwischen den Supermächten. 1988: Sechs vor Zwölf. Die Supermächte haben den Verzicht auf nukleare Mittelstreckenraketen beschlossen. 1990: Zehn vor Zwölf. Die Berliner Mauer ist gefallen, der Kalte Krieg ist zu Ende.

1991: Siebzehn vor Zwölf. USA und Sowjets beginnen, einem Vertrag gemäß strategische Atomraketen zu reduzieren. 1995: Vierzehn vor Zwölf. Rüstungsausgaben bleiben hoch, durch den Zerfall der Sowjetunion ist deren nukleares Arsenal nicht mehr so gut bewacht. 1998: Neun vor Zwölf. Indien und Pakistan testen in drei Wochen Abstand Nuklearwaffen. 2002: Sieben vor Zwölf. Die Anschläge vom 11. September 2001 haben die Welt erschüttert. Die Regierung Bush kündigt den Vertrag gegen Raketenabwehrsysteme und plant Atombomben, die Bunker brechen können.

2007: Fünf vor Zwölf. Nordkorea hat die Bombe. Iran plant offensichtlich eine zu bauen. Außerdem bedroht der Klimawandel die Zukunft.

Süddeutsche Zeitung, 20./21.1.2007

Gründe für Beschaffung und Besitz von Massenvernichtungswaffen

M 4

Motiv	Beispiel
Einschüchterung und Bedrohung von Nachbarstaaten	Der Irak entwickelte unter der Herrschaft von Saddam Hussein chemische und biologische Waffen für den Fall eines Krieges gegen den benachbarten Iran.
Aufrechterhaltung der eigenen Sicherheit	Der Iran strebt nach Nuklearwaffen, da die Nachbarstaaten Israel und Pakistan Nuklearmächte sind. Außerdem fühlt sich der islamistische Gottesstaat durch das Engagement der USA im Nahen Osten bedroht.
Reaktion auf erfolgreichen Erwerb durch andere Staaten	Pakistan sah sich durch den Aufstieg Indiens zur Atommacht zum Kernwaffenerwerb gezwungen.
Ideologische Begründung	Für das international isolierte kommunistische Nordkorea ist das Atomprogramm Teil seines Überlebenskampfes.
Devisen	V. a. Nordkorea bessert durch den Verkauf von Raketentechnik die eigene Staatskasse auf.
Terror	Der Anschlag der Aum-Sekte mit dem Nervengift Sarin in der Tokyoter U-Bahn löste eine Massenpanik aus.
Prestige	Dieses Motiv spielt sowohl bei den alten als auch neuen Atommächten eine wichtige Rolle.

Autorentext

Atommächte und die, die es werden wollen

M 5

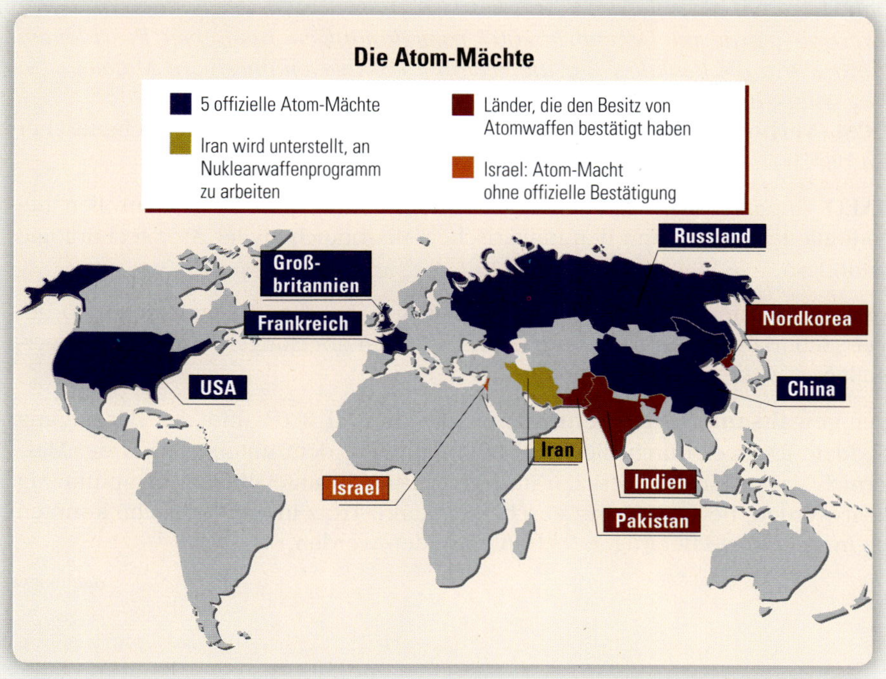

dpa-Grafik 3262

M 6 Maßnahmen zur Begrenzung von Massenvernichtungswaffen

Maßnahmen	Beispiel
Rüstungskontroll- und Abrüstungsvereinbarungen	**1970 NVV** (Nuklearer Nichtverbreitungsvertrag): Kernwaffenstaaten verpflichten sich, keine Nuklearwaffen an Nichtkernwaffenstaaten weiterzugeben oder diese bei Erwerb und Herstellung zu unterstützen. Nichtkernwaffenstaaten verpflichten sich, sämtliches spaltbares Material unter Kontrolle der Internationalen Atomenergieorganisation (IAEO) zu stellen. Derzeit 188 Teilnehmerstaaten. **1972 ABM-Vertrag** (Begrenzung von Raketenabwehrsystemen): Ein Vertrag zwischen den USA un der UdSSR zur Begrenzung von Anti-Ballistic Missiles (ABM). Am 13. Juni 2002 traten die USA einseitig vom Vertrag zurück, nachdem sie, wie vertraglich festgelegt, 6 Monate zuvor eine Absichtserklärung abgegeben hatten, in der sie den Rücktritt dem Vertragspartner ankündigten. **1975 BWÜ** (Verbot bakteriologischer und Toxinwaffen): Verbot von Entwicklung, Herstellung, Besitz, Weitergabe und Einsatz biologischer Waffen; 156 Unterzeichnerstaaten. **1987 INF-Vertrag** (Intermediate-Range-Nuclear-Forces): Weltweite Beseitigung nuklearer Mittelstreckenraketen mit einer Reichweite von 500 bis 5.500 km; Teilnehmer: USA und Russland. **1991/1993 START** (Strategic Arms Reduction Talks): Begrenzung der see- und landgestützten Interkontinentalraketen und deren Gefechtsköpfe sowie Begrenzung der strategischen Bomber und ihrer Zuladung; Teilnehmer: USA, Russland, Ukraine, Kasachstan, Weißrussland. **1992 KSE** (Konventionelle Streitkräfte in Europa): Erreichen eines konventionellen Gleichgewichts in Europa, Obergrenzen für Kampfpanzer, gepanzerte Fahrzeuge, Artilleriewaffen, Kampfflugzeuge und Angriffshubschrauber; derzeit 30 Vertragsparteien. *(Der Vertrag wurde im Dezember 2007 vom damaligen russischen Präsidenten Wladimir Putin als Reaktion auf die geplante US-Raketenabwehr in Mitteleuropa einseitig gekündigt.)* **1997 CM (Verbot chemischer Waffen):** Vernichtung und Verbot aller chemischer Waffen bis 2007; 170 Unterzeichnerstaaten.
Transparenz	Die **IAEO** (Internationale Atomenergiebehörde) führt regelmäßig Kontrollen bei ihren Mitgliedern durch, um den militärischen Missbrauch ziviler Atomtechnologie zu verhindern.
Nationale Sicherheitsarchitektur	**Nationaler Raketenschutzschild** der USA gegen Interkontinentalraketen so genannter „Schurkenstaaten", die bereits im Weltraum abgefangen und zerstört werden sollen.
Präemptive Verteidigung	Mit der **gewaltsamen Intervention** im Irak im Mai 2003 und der Beseitigung des Saddam-Regimes durch die USA sollte ein Staat, dem unterstellt wurde, Massenvernichtungswaffen zu besitzen und Terroristen zu unterstützen, kampfunfähig gemacht werden, bevor er selbst zuschlagen kann. Trotz intensiver Suche konnten jedoch im Irak keine derartigen Waffen gefunden werden.

Autorentext

Die nationale Raketenabwehr der USA

M 7

Der geplante Raketenschild der USA soll den Westen einschließlich Europas von 2013 an vor atomaren Langstreckenwaffen aus dem Iran schützen: mit Radar- und Abfanggeschossbasen. Ein umstrittenes Versprechen, denn neben vielen politischen ist auch eine technische Frage bislang nicht beantwortet worden, kritisieren Konfliktforscher: Was passiert beim Zusammenprall eines Abfanggeschosses mit einem Atomsprengkopf? Der Physiker Götz Neuneck vom Institut für Friedensforschung und Sicherheitspolitik der Universität Hamburg hat sich mit den möglichen Folgen befasst.

SZ: Lässt sich eine Atomrakete überhaupt gefahrlos abfangen?

Neuneck: Es kommt darauf an, ob man die Sprengköpfe inner- oder außerhalb der Atmosphäre trifft. Eine Langstreckenrakete legt ja den größten Teil ihres Weges im Weltall zurück. Gelingt es, trotz parallel fliegender Attrappen, den Sprengkopf zu identifizieren, und im All zu zerstören, würde in großen Mengen Schrott entstehen, der im Orbit kreist, oder beim Wiedereintritt in die Atmosphäre verglüht. Dadurch würde unten auf der Erde wahrscheinlich kaum Schaden angerichtet. …

SZ: Und welche Risiken birgt ein Abschuss innerhalb der Atmosphäre?

Neuneck: Wird der Atomsprengkopf durch den Aufprall einer Abfangrakete in der Atmosphäre zerstört, wird Plutonium oder angereichertes Uran verstreut. Es kommt höchstwahrscheinlich zu keiner Kettenreaktion, aber das Material wird durch den Wind oder die Explosionswolke verteilt. Entscheidend ist, in welcher Höhe das passiert. Wenn ein Kilogramm Plutonium in ein paar Kilometern Höhe ausgestreut wird, kann das am Boden erhöhte Strahlung zur Folge haben, und das Zeug muss schnell abgetragen werden. …

SZ: Unterstellt man den Fall einer Atomrakete aus Iran, die Richtung USA unterwegs ist: Wo wäre bei erfolgreicher Abwehr in der Atmosphäre mit dem Streu-Effekt zu rechnen, über den USA?

Neuneck: Nein, kurz vor dem Ziel hat der Sprengkopf einer Langstreckenrakete eine Geschwindigkeit von sechs bis acht Kilometern pro Sekunde, er durchfliegt die Atmosphäre in sehr kurzer Zeit. Bei dieser Geschwindigkeit ist es sehr unwahrscheinlich, dass er durch einen Abwehrflugkörper zerstört wird. Gut sichtbar ist die Rakete aber in der Startphase.

SZ: Der angenommene Fall würde also eher Iran oder seine Nachbarn treffen.

Neuneck: Ja, denn die Rakete ist in der Phase nach dem Start noch sehr langsam und leicht abzufangen. Das soll zum Beispiel ein amerikanischer Airborne-Laser an Bord einer Boeing-Transportmaschine leisten. Sollte dieses System funktionieren, droht eine weitere Gefahr: Wird beim Abfangschuss nur die Rakete zerstört, kann der Sprengkopf auch alleine weiterfliegen und dort, wo er niedergeht, durch eine Nuklearexplosion viele Menschen in den Tod reißen. Eine Studie der American Physical Society hat angezeigt, dass so ein Sprengkopf aus Iran mit dem Ziel USA dann auch in Europa herunterkommen und dort unkontrolliert explodieren kann. …

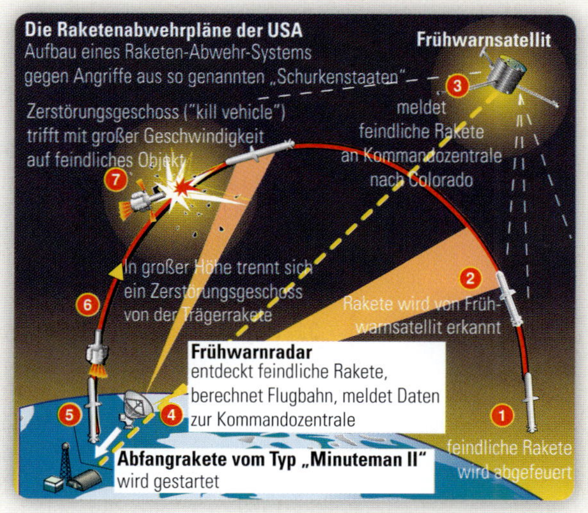

dpa Grafik 4695

SZ: Ist ein Frühwarnsystem nahe Iran, das eine schnelle Reaktion gleich nach dem Raketenstart ermöglicht, so gesehen überhaupt sinnvoll? Sind nicht die geplante Abfangbasis in Polen und das Radar in Tschechien, das Daten zur Zielerfassung im Weltall liefern soll, viel sicherer für die Bevölkerung?

Neuneck: Nun, dieses Radar ist problematisch für das russische Militär. Es sieht weit in russisches Territorium hinein und kann, bezogen etwa auf ein Zweitschlags-Szenario zwischen Russland und den USA, auch startende russische Raketen sehr früh sehen und von Attrappen unterscheiden. Damit ist die harsch ablehnende russische Reaktion zu verstehen. Man fühlt sich provoziert.

SZ: Macht so ein Schild die Erde dann überhaupt sicherer?

Neuneck: Nein, und Schild ist auch ein irreführender Begriff, denn es prallt nicht alles daran ab. Wenn man zehn Abfanggeschosse hat, und es kommen 20 Raketen, gehen zehn durch. Also liegt in der Logik dieser Pläne, dass ein Gegner, der die USA angreifen will – was ich angesichts ihres horrenden atomaren Abschreckungspotentials für absurd halte –, einfach mehr Sprengköpfe herstellt. Das System lädt zum Wettrüsten ein.

Interview: Philip Wolff, Süddeutsche Zeitung 22./23.9.2007

Aufgaben

1. Führen Sie in Ihrem Kurs eine Blitzumfrage zum Thema „Fühlen Sie sich durch Atomwaffen bedroht?" durch. Arbeiten Sie anschließend aus M 2 und M 3 die aktuelle Bedrohung durch Massenvernichtungswaffen heraus und überprüfen Sie nun Ihr Stimmungsbild.
2. Vorschlag für eine arbeitsteilige Gruppenarbeit: Versetzen Sie sich in die Rolle der Staaten Deutschland, Mexiko, Türkei, Japan, Polen und Südkorea. Wägen Sie ab, welche Gründe für bzw. gegen den Erwerb und Besitz von Atomwaffen aus Sicht dieser Staaten sprechen (M 4, M 5). Erstellen Sie eine tabellarische Übersicht der Argumente und treffen Sie eine Entscheidung. Begründen Sie diese gegenüber den anderen Gruppen.
3. Erläutern Sie das Grundproblem der multilateralen Rüstungskontrolle (M 5, M 6) und entwickeln Sie Lösungsstrategien zur Überwindung dieses Problems.
4. Diskutieren Sie unter Einbeziehung aktueller Beispiele (Nordkorea, Iran), mit welchen (auch letzten) Mitteln die internationale Staatengemeinschaft gegen die nukleare Aufrüstung eines Staates vorgehen sollte (M 6).
5. Die Sicherheit des einen gefährdet die Sicherheit des anderen. Verdeutlichen Sie diesen Zusammenhang am Beispiel der US-Pläne zur Raketenabwehr (M 7), indem Sie die Motive der USA und die Risiken für betroffene Staaten sowie das internationale Klima berücksichtigen.

Wissen kompakt

Verbreitung von Massenvernichtungswaffen
M 2, M 5

Eine zentrale Gefahrenquelle für die Stabilität der internationalen Ordnung ist die unkontrollierte Proliferation (Aufrüstung und Verbreitung) von Massenvernichtungswaffen, also nuklearen, biologischen und chemischen Waffen. Nicht nur Staaten, auch Terrorgruppen streben nach Massenvernichtungswaffen bzw. nach den Materialien und Plänen zu deren Herstellung. Je größer das Verbreitungsgebiet dieser Waffen ist, desto größer ist auch die Gefahr von Missbrauch, Diebstahl, Sabotage oder Unfällen.

Motive für den Erwerb
M 4

Die Motive für den Erwerb von Massenvernichtungswaffen sind für alle Staaten ähnlich: Es geht um Machterwerb und die damit vermeintlich zusammenhängende Verstärkung der eigenen Sicherheit, um Abschreckung potenzieller Gegner, um Reaktion auf eine Bedrohung durch andere Nuklearstaaten und nicht zuletzt um Prestige.
Terrorgruppen streben aus anderen Motiven nach Massenvernichtungswaffen, denn hier steht nicht der bloße Besitz im Vordergrund, sondern die Drohung mit dem Einsatz derartiger Waffen, um ein Höchstmaß an Angst und Schrecken zu verbreiten.

Kontrolle durch internationale Verträge und Organisationen
M 6

Mit zahlreichen Rüstungskontrollverträgen und durch internationale Organisationen versuchen Kernwaffen- und Nichtkernwaffenstaaten seit den 60er Jahren die unkontrollierte Verbreitung von Nuklearwaffen zu verhindern und vorhandene Bestände abzubauen oder einzufrieren. Der wichtigste multilaterale Vertrag ist immer noch der Atomwaffensperrvertrag von 1968 (Treaty on the Non-Proliferation of Nuclear Weapons – NPT), welcher den Kernwaffenstaaten die Weitergabe von Waffen und Technologie untersagt und Nichtkernwaffenstaaten zum Verzicht auf eigene Atomwaffen verpflichtet. Überwacht wird die Atompolitik der Staaten durch die Internationale Atomenergiebehörde (IAEO). Sie ist weltweit die einzige Organisation, der die Nationalstaaten Einblick in ihre Nuklearprogramme geben. Die Kontrollen der IAEO sind verpflichtend für alle Unterzeichnerstaaten des NPT, für andere Staaten sind sie freiwillig. Auch wenn der Atomwaffensperrvertrag und die Arbeit der IAEO die Weiterverbreitung von Atomwaffen begrenzt haben, so kann nur schwer verhindert werden, dass einzelne Staaten, wie zum Beispiel Nordkorea oder Iran, an geheimen Atomprogrammen arbeiten.

Die neue Sicherheitspolitik der USA
M 7

Um gegenüber den Risiken der Proliferation und der Erpressbarkeit durch so genannte Schurkenstaaten und Terroristen gewappnet zu sein, bauen die USA mittlerweile ein nationales Raketenabwehrsystem auf, welches feindliche Interkontinentalraketen bereits im Weltraum orten und zerstören kann. Dieser einseitige Ausbau des amerikanischen Sicherheitssystems erzeugt wiederum Misstrauen und Kritik anderer Staaten (z.B. Russlands, aber auch Polens und Tschechiens, wo Basen und Radar für die Abfangraketen installiert werden sollen), welche ein neues Wettrüsten und eine eigene Gefährdung durch abgeschossene Atomsprengköpfe befürchten.
Die USA haben überdies deutlich gemacht, dass sie gemäß ihrer Nationalen Sicherheitsstrategie bereit sind, militärisch zu intervenieren, um Staaten daran zu hindern, in den Besitz von Massenvernichtungswaffen zu gelangen.

1.3 Ökologische Risiken und Ressourcenkonflikte: Klimawandel – Wasserknappheit – Energieversorgung

M 1 Klimakatastrophe – Wort des Jahres 2007

Zeichnung: Andreas Rulle

M 2 Ursachen und Folgen des Klimawandels – aus dem Weltklimabericht

Der Weltklimabericht wurde vom Weltklimarat (Intergovernmental Panel on Climate Change, IPCC) in vier Teilberichten vorgelegt. Die hier wiedergegebenen Inhalte stammen aus dem vierten, abschließenden Teil, welcher im November 2007 veröffentlicht wurde. Seit 1970 hat der Ausstoß von Treibhausgasen um 70 Prozent zugenommen. Die Konzentration des wichtigsten Treibhausgases Kohlendioxid (CO_2) lag 2005 höher als in den vergangenen 650.000 Jahren.

- Der Mensch steht als Ursache des Klimawandels praktisch fest. Die Folgen dieses Wandels werden vermutlich „unumkehrbar" sein.
- Die weltweite Durchschnittstemperatur wird in diesem Jahrhundert voraussichtlich zwischen 1,1 und 6,4 Grad Celsius zunehmen. Um die Erwärmung auf maximal 2,4 Grad zu begrenzen, muss der CO_2-Ausstoß bis 2050 um 50 bis 85 Prozent niedriger sein als im Jahr 2000.
- Elf der vergangenen zwölf Jahre sind unter den wärmsten Jahren seit Beginn der globalen Temperaturaufzeichnung 1850.
- Die Meeresspiegel steigen in diesem Jahrhundert vermutlich zwischen 18 und 59 Zentimeter.
- Wenn der Temperaturanstieg mehr als 1,5 bis 2,5 Grad Celsius beträgt, sind 20 bis 30 Prozent aller Tier- und Pflanzenarten vom Aussterben bedroht.
- Das Risiko extremer Wetterereignisse nimmt zu: Es wird mehr Überflutungen, Dürreperioden und Hitzewellen geben.
- Einzigartige Biosysteme sind gefährdet: am Nord- und am Südpol, in Hochgebirgsregionen und Korallenriffe.
- Die Folgen des Klimawandels sind ungleich verteilt: Arme und alte Menschen leiden am stärksten darunter, ebenso die Länder am Äquator, die in Afrika ohnehin zu den ärmsten Staaten gehören.

- Am stärksten betroffen sind Afrika, die Arktis, kleine Inseln und die Riesen-Flussdeltas an den asiatischen Küsten.
- Die Kosten für den Kampf gegen den Klimawandel belaufen sich selbst bei den ehrgeizigsten Szenarien auf weniger als 0,12 Prozent des jährlichen weltweiten Bruttoinlandsprodukts (BIP). Selbst im teuersten Fall würden bis 2030 weniger als drei Prozent des BIP aufgewendet.

Süddeutsche Zeitung, 19.11.2007

CO_2-Ausstoß in Deutschland

M 3

Ausstoß nach Branchen, in Tonnen CO_2:

Energiewirtschaft	363.824.000 t 41,07 %
Industrie	180.179.000 t 20,34 %
Haushalte	115.624.000 t 13,05 %
Gewerbe, Handel, Dienstleistung	53.384.000 t 6,03 %
Verkehr	171.186.000 t 19,32 %
Militär	1.656.000 t 0,19 %
Summe	**885.000.000 t**

Ausstoß verschiedener Verkehrsmittel in Gramm pro Personenkilometer:

Flugzeug[1]:	369 Gramm
PKW:	144 Gramm
Reisebus:	32 Gramm
Linienbus:	75 Gramm
Eisenbahn Fernverkehr:	52 Gramm
Eisenbahn Nahverkehr:	95 Gramm
Metro/Tram:	72 Gramm

[1] Unter Berücksichtigung aller klimawirksamen Effekte des Flugverkehrs.

Stand: 2005, Umweltbundesamt

Die Diskussion um den CO_2-Ausstoß bei PKW

M 4

Klimasünder Auto: Die PS-starken Fahrzeuge deutscher Hersteller schneiden beim CO_2-Ausstoß schlecht ab.

Obwohl es bei allen Energieverbrauchern noch großes Einsparpotenzial gibt, z.B. moderne Heizungsanlagen, Wärmedämmung bei Häusern, Energiegewinnung durch Solaranlagen, Biomasse usw. ist erneut die Automobilindustrie in den Mittelpunkt der Diskussion gerückt. Nicht ganz unschuldig an der einsetzenden Diskussion ist die Autoindustrie selbst. Wie schon in den 80er Jahren beim Katalysator für Benziner und beim Rußpartikelfilter in den letzten Jahren hatte sich die deutsche Autoindustrie auch beim CO_2-Ausstoß von Neuwagen nicht an die Spitze der technischen Entwicklung gestellt. Die Autobauer hatten sich freiwillig verpflichtet, den CO_2-Ausstoß der Neuwagen bis 2008 auf durchschnittlich 140 Gramm CO_2 pro Kilometer zu beschränken. Dieses Ziel wurde glatt verfehlt. Momentan liegt der Schnitt

aller verkaufter Neuwagen laut Kraftfahrt-Bundesamt bei 172 Gramm CO_2. Nachgefragt waren auf dem Markt immer größere, schwerere und PS-starke Fahrzeuge.
Verbrauch und CO_2-Ausstoß verhalten sich proportional. Beim Verbrennen von einem Liter Kraftstoff entstehen rund 2,3 Kilogramm CO_2. Verbraucht also ein Auto 8 Liter Benzin auf 100 Kilometer, stößt es 18,4 Kilogramm CO_2 aus, ein Diesel mit 8 Liter Verbrauch sogar 20,8 Kilogramm.
Nach dem jetzt beschlossenen Kompromiss soll die europäische Autoindustrie den durchschnittlichen CO_2-Ausstoß von Neuwagen bis 2012 auf 130 Gramm pro Kilometer reduzieren. ... Hersteller von Premiumfahrzeugen wie Audi, BMW, Mercedes und Porsche werden selbst die 130 Gramm mit der bisherigen Technik bei ihren Spitzenmodellen nicht erreichen können.
Für den Klimaschutz fordert der Verkehrsclub Deutschland (VCD) auch ein Tempolimit auf deutschen Autobahnen. Laut einer neuen Forsa-Umfrage sprächen sich 60 Prozent der Deutschen für eine Geschwindigkeitsbeschränkung aus, um den Ausstoß von Kohlendioxid zu verringern. Dieser könne durch eine Höchstgeschwindigkeit von 120 km/h um zehn Prozent reduziert werden. Darüber hinaus würden durch ein Tempolimit Motoren und zum Beispiel Reifen kleiner und damit leichter. So könnten zusätzlich bis zu 30 Prozent an CO_2 eingespart werden. ...
Solange allerdings die Nachfrage nach Spritsparern gering bleibt – der 3-Liter Lupo von Volkswagen und der A2 von Audi waren (Verkaufs-)Flops – wird sich auch aufgrund der steigenden KFZ-Zahlen am CO_2-Ausstoß nichts ändern. Selbst der hoch gelobte Hybrid Toyota Prius konnte 2006 nur 4.000 mal in Deutschland verkauft werden.
Eine einfache Steuerungsmöglichkeit wird von der Politik nicht ins Auge gefasst: Die Abschaffung der KFZ-Steuer bei gleichzeitiger Erhöhung der Mineralölsteuer. Wer einen Spritschlucker fährt, zahlt wesentlich mehr als ein Spritsparer. Vielfahrer zahlen mehr als Wenigfahrer.

www.lpb-bw.de/klima/deutschland.php (5.3.2008)

M 5 Die größten Klimasünder

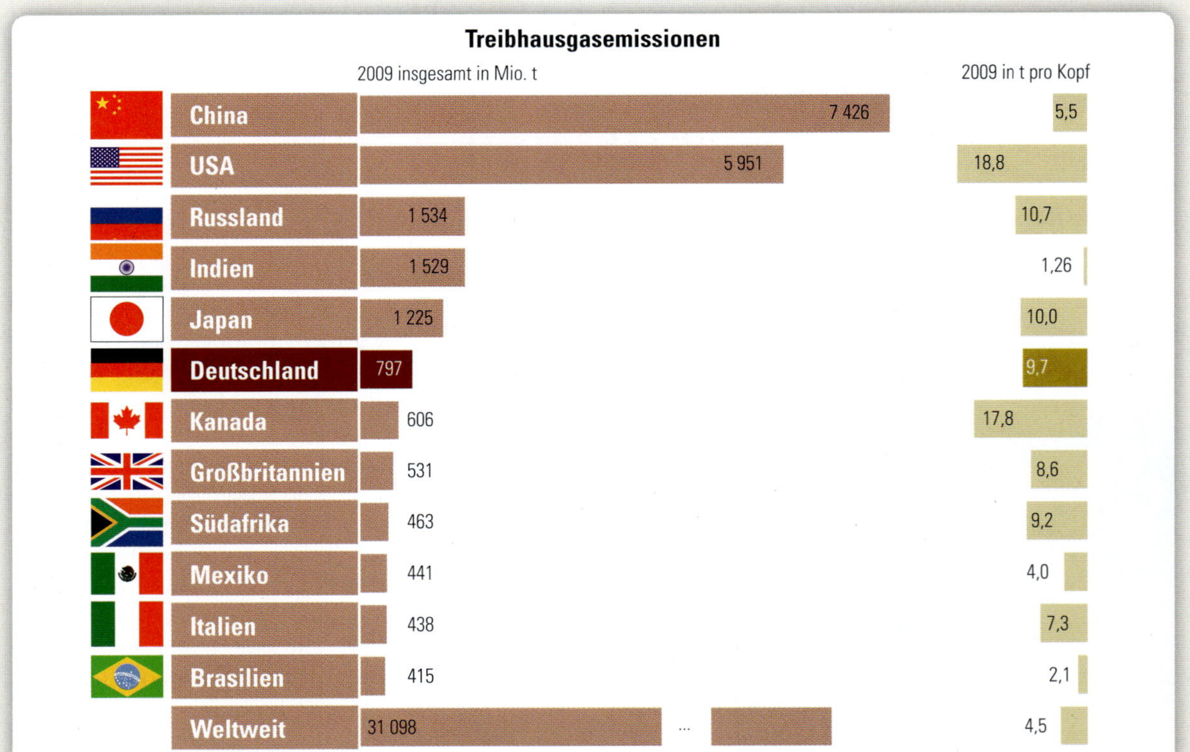

WR Research, BP Statistical Review, Bundesministerium für Wirtschaft

Das Kyoto-Protokoll – erster Schritt für ein besseres Klima?

M 6

Im Kyoto-Protokoll von 1997 – unterzeichnet in der japanischen Stadt Kyoto – wurde vereinbart, dass die Industriestaaten ihren Ausstoß an Treibhausgasen bis 2012 um insgesamt 5 Prozent gegenüber dem Stand von 1990 verringern (vgl. Kapitel 4.2.2). Entwicklungsländer haben das Abkommen ebenfalls unterzeichnet, sind aber von den Verpflichtungen befreit. Der UN-Klimagipfel in Montreal hat sich auf eine Fortschreibung des Kyoto-Protokolls geeinigt. Zum Zeitpunkt des Inkrafttretens im Februar 2005 hatten insgesamt 141 Staaten das Protokoll ratifiziert. Bedingung für das Inkrafttreten war, dass mindestens 55 Staaten dabei sind, die zusammen für mindestens 55 Prozent des globalen Kohlendioxid-Ausstoßes zeichnen. Mit dem Beitritt Russlands zum Protokoll im Herbst 2004 war dieses Ziel erreicht. Für die Zeit nach 2012 sollten weitere Vereinbarungen zur Verringerung der Treibhausgas-Emissionen ausgehandelt werden. Die USA als größter CO_2-Emittent hatten unter Präsident Bill Clinton das Kyoto-Protokoll zwar unterschrieben, aber nicht ratifiziert ...
Als eines der wenigen Länder ist Deutschland dieser Verpflichtung weitgehend nachgekommen. Die Bundesrepublik hatte das Abkommen im Jahr 2002 ratifiziert. Der deutsche Anteil am weltweiten CO_2-Ausstoß liegt derzeit bei etwa 3,5 Prozent. Im Kyoto-Protokoll wurde vereinbart, dass Deutschland seine Emissionen bis 2012 um 21 Prozent verringern wird. Nach Angaben des Bundesumweltministeriums sind davon derzeit schon etwa 17,2 Prozent erreicht. Insbesondere die Energiewirtschaft und die Industrie konnten die CO_2-Emissionen senken, aufgrund der Zunahme stiegen die Emissionen beim Verkehr seit 1990 um 15 Prozent, allein der Straßengüterverkehr nahm in Deutschland zwischen 1991 und 2000 um über 40 Prozent zu, bis 2015 wird eine weitere Steigerung um 65 Prozent erwartet.

Wolfgang Herterich, www.lpb-bw.de/klima/deutschland.php (5.3.2008)

Aufgaben

1. Sammeln Sie in einem Brainstorming, was Ihnen spontan zum Stichwort „Klimakatastrophe" (M 1) einfällt! Vergleichen Sie Ihre Ergebnisse mit dem Weltklimabericht (M 2).
2. Laut Weltklimabericht (M 2) wäre es gar nicht so schwierig, durch eine Senkung des weltweiten CO_2-Ausstoßes den Temperaturanstieg aufzuhalten. Listen Sie unter Einbeziehung von M 3 – M 6 Gründe auf, weshalb es dennoch Probleme bei der Umsetzung gibt, und diskutieren Sie Möglichkeiten, diese zu lösen.

Sauberes Wasser – knappes Gut

M 7

Mehr als 1,1 Milliarden Menschen haben keinen Zugang zu sauberem Trinkwasser und 2,4 Milliarden keine akzeptablen sanitären Einrichtungen. Das kostbare Nass ist scheinbar im Überfluss vorhanden, doch die Vorräte sind ungleich verteilt. Während ein paar Länder über 60 Prozent der Süßwasserreserven verfügen, muss Asien, wo knapp 60 Prozent der Weltbevölkerung leben, mit 30 Prozent des Wassers auskommen. In einem Dreieck, das sich von Tunesien bis nach Pakistan und in den Sudan erstreckt, ist der Wassermangel strukturell. Pro Kopf und Jahr stehen hier einschließlich des agrarischen Wasserverbrauchs durchschnittlich weniger als 1.000 Kubikmeter Wasser zur Verfügung, weshalb man auch von „chronischem Wassermangel" spricht. Ein weiteres Problem ist die Wasserqualität. Je mehr verbraucht wird, desto mehr Abwasser entsteht. In den Entwicklungsländern gelangen 90 Prozent des verunreinigten Wassers und 70 Prozent der Industrieabfälle ungeklärt ins Oberflächenwasser. Als Folge davon sterben jedes Jahr über 5 Millionen Menschen an Krankheiten, die mit dem Wasser in Verbindung stehen. Wenn die Weltbevölkerung tatsächlich von den derzeit 6,5 Milliarden auf die prognostizierten 8,5 Milliarden im Jahr 2025 anwächst, stünde dann pro Kopf ein Drittel weniger Süßwasser zur Verfügung. Laut UN werden bei gleich bleibend steigendem Verbrauch in zwanzig Jahren 1,8 Milliarden Menschen in Gegenden leben, in denen absoluter Wassermangel herrscht. Für weitere 5 Milliarden Menschen wird sich der Bedarf nicht in Gänze decken lassen. Die Situation wird sich nicht zuletzt durch die anhaltende Landflucht und die Konzentration der Bevölkerung in Megastädten verschärfen. Im Jahre 2020 werden von den 33 Städten mit über 8 Millionen Einwohnern 27 in Ländern des Südens liegen, was einen um 40 Prozent erhöhten Wasserverbrauch der privaten Haushalte nach sich ziehen wird. Je höher der Lebensstandard, desto größer die Verschwendung: Die vielen Haushaltsgeräte der Wohlhabenden treiben den Wasserverbrauch in die Höhe, kein Umweltbewusstsein, kein Kostendenken vermag ihn zu bremsen. Die ärmere Bevölkerung dagegen spart Wasser, sobald die Versorger die Preise erhöhen. Die Europäer konsumieren heute achtmal soviel Süßwasser wie ihre Großeltern, nämlich zwischen 100 und 200 Liter täglich.

Badende Kinder in Bangladesch: 1,8 Millionen Kinder sterben jährlich an Krankheiten, die auf verschmutztes Trinkwasser zurückzuführen sind.

Ein Australier verbraucht durchschnittlich mehr als 1.000 Liter am Tag, ein Amerikaner zwischen 300 und 400 Liter. In einigen Entwicklungsländern dagegen liegt der durchschnittliche Tagesverbrauch bei wenigen Litern.

Le Monde diplomatique, Atlas der Globalisierung, Paris/Berlin 2006, S. 14 f.

M 8 Verfügbarkeit von sauberem Wasser

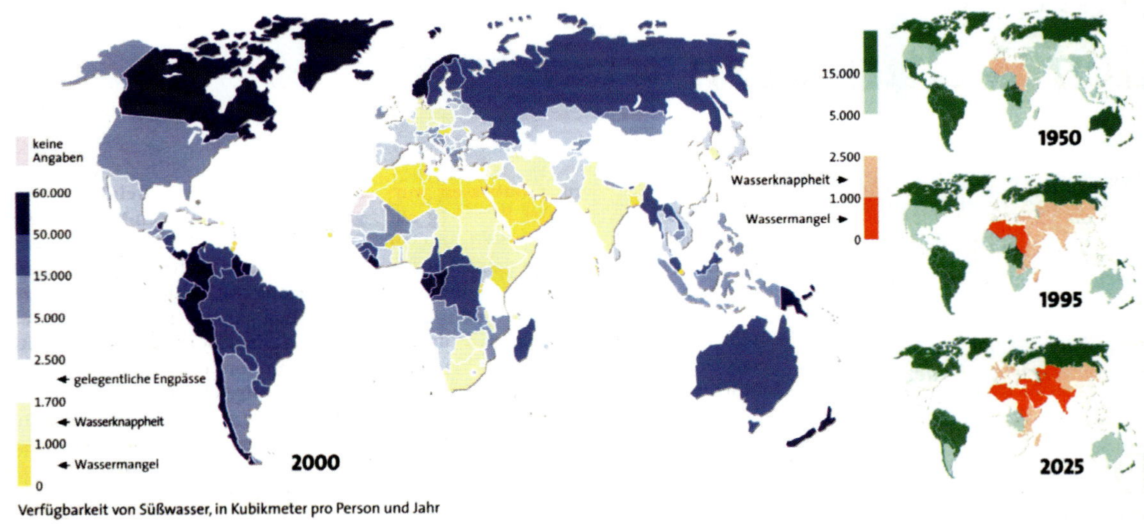

Wer Zugang zu sauberem Trinkwasser hat

Le Monde diplomatique, Atlas der Globalisierung, Paris/Berlin 2006, S. 14 f.

Millenniumsziel „Sauberes Wasser“

M 9

Die Vereinten Nationen riefen ... 2005 eine neue Wasserdekade (2005-2015) aus. Bis 2015 soll entsprechend den UN-Millenniumszielen[1] die Anzahl der Menschen ohne Zugang zu sauberem Trinkwasser und sanitärer Grundversorgung halbiert werden. Dafür müssen jeden Tag ca. 275.000 Menschen an die Wasserversorgung angeschlossen und für 375.000 Menschen Sanitäreinrichtungen neu bereitgestellt werden. Die Kosten dafür werden auf 11,3 Milliarden US-Dollar geschätzt. Außerdem sollen Pläne für einen nachhaltigen Umgang mit den Wasserressourcen unter Berücksichtigung aller relevanten Bedürfnisse entstehen (Integrated Water Resource Management – IWRM).
Die klassische zwischenstaatliche Entwicklungszusammenarbeit (EZ) versagt bisher bei der Lösung der globalen Wasserkrise. Als Schlüssel zur Umsetzung gelten deshalb freiwillige Partnerschaftsinitiativen zwischen staatlichen Akteuren (Regierungen, internationalen Organisationen) und nichtstaatlichen Akteuren aus Privatsektor und Zivilgesellschaft. Sie sollen die rein staatliche Umwelt- und Entwicklungspolitik nicht ersetzen, aber als neue Steuerungsform – Stichwort: Governance – ergänzen.

Lena Partzsch, Partnerschaften – Lösung der globalen Wasserkrise?, in: Aus Politik und Zeitgeschichte 25/2006, S. 20 f.

[1] *Im Jahr 2000 haben sich die Mitgliedstaaten der Vereinten Nationen verpflichtet, acht Entwicklungsziele aus den Bereichen Hunger, Armut, Bildung, Krankheiten, Trinkwasser bis zum Jahr 2015 zu verwirklichen. Näheres unter www.unicef.de.*

Umkämpftes Wasser

M 10

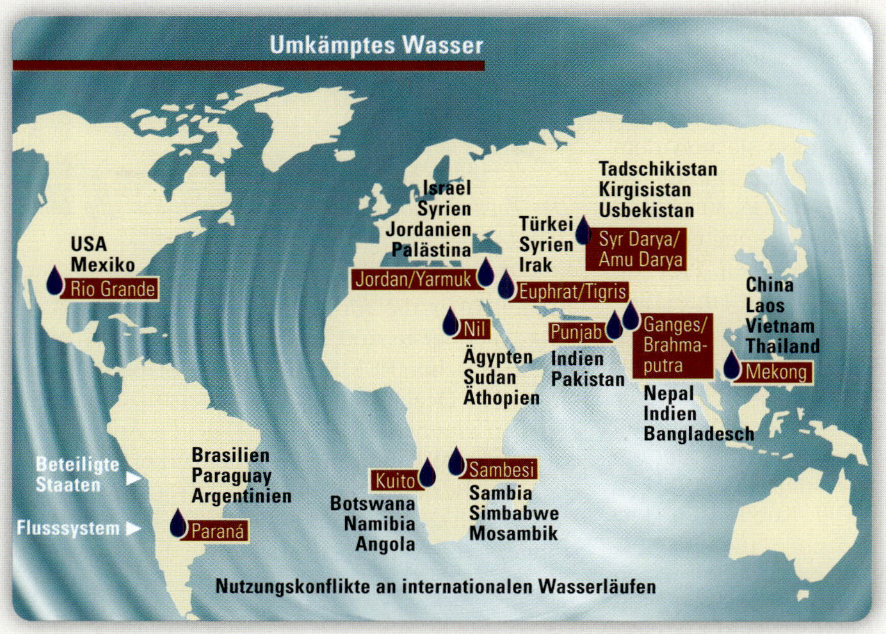

Erich Schmidt Verlag
Zahlenbilder 665015

M 11 Wasserkonflikt an Euphrat und Tigris

Das Euphrat-Tigris-Becken ist seit Jahren Gegenstand von Konflikten zwischen den Anrainerstaaten Türkei, Syrien und Irak. Die beiden Flüsse entspringen in der Türkei, und die türkische Regierung nimmt als Oberanlieger für sich das Recht in Anspruch, große Teile des Wassers aus diesen beiden Flussläufen für eigene Projekte zu verwenden. Besonders das sogenannte GAP-Projekt (Güneydogu Anadolu Pojesi, Südostanatolien-Projekt), das den Bau von 22 Staudämmen und 19 Wasserkraftwerken auf einer Fläche von 75.000 Quadratkilometern im Osten der Türkei vorsieht, wird riesige Wassermengen auf türkischem Staatsgebiet stauen. Diese sollen neben der Elektrizitätserzeugung vor allem zur Bewässerung von Agrarflächen dienen. Die Dammbauten haben Proteste von Seiten der Nachbarstaaten Syrien und Irak ausgelöst. Für Syrien ist der Euphrat die wichtigste Quelle für seine Wasserversorgung, der Irak nutzt vor allem den Tigris und verfügt darüber hinaus über andere, nationale Wasserressourcen. Beide Staaten argumentieren, die türkischen Projekte führten dazu, dass die türkische Regierung nach Gutdünken die Wasserversorgung auf- und zudrehen könne. Die Türkei setzt dagegen, dass sie von dem gesamten Wasserdurchlauf der beiden Flüsse – 50 Milliarden Kubikmeter im Jahr, davon 30 Milliarden im Euphrat und 20 im Tigris – nur etwa 17 Milliarden Kubikmeter für die eigenen Projekte benötige. In einem Protokoll aus dem Jahre 1987 sicherte die Türkei den Syrern eine durchschnittliche Versorgung mit mehr als der Hälfte der auf 950 Kubikmeter pro Sekunde geschätzten durchschnittlichen Wassermenge zu. Doch die syrische Regierung, die ebenfalls eine Reihe von Dämmen am Euphrat errichtet hat, darunter den riesigen Assad-Staudamm, verlangt 700 Kubikmeter pro Sekunde. Syrien nutzt 83 Prozent seines Wassers für die Landwirtschaft, vor allem für die großen Bewässerungsanlagen im Norden des Landes.
Nach Ansicht der türkischen Wasserbehörde haben diese Auseinandersetzungen mit Syrien in erster Linie politische Gründe. Syrien beansprucht die Hoheit über die türkische Provinz Hatay an der Mittelmeerküste und bot jahrelang den Kämpfern der kurdischen PKK Schutz, darunter ihrem Führer Addullah Öcalan; außerdem unterstützen die Syrer den Guerillakrieg der PKK gegen Ankara. Auf der anderen Seite unterhält die Türkei enge militärische Beziehungen zu Israel. Trotz dieser Probleme hält sich die Türkei bisher an ihre Verpflichtungen, die versprochene Menge Euphratwasser an Syrien abzuliefern.

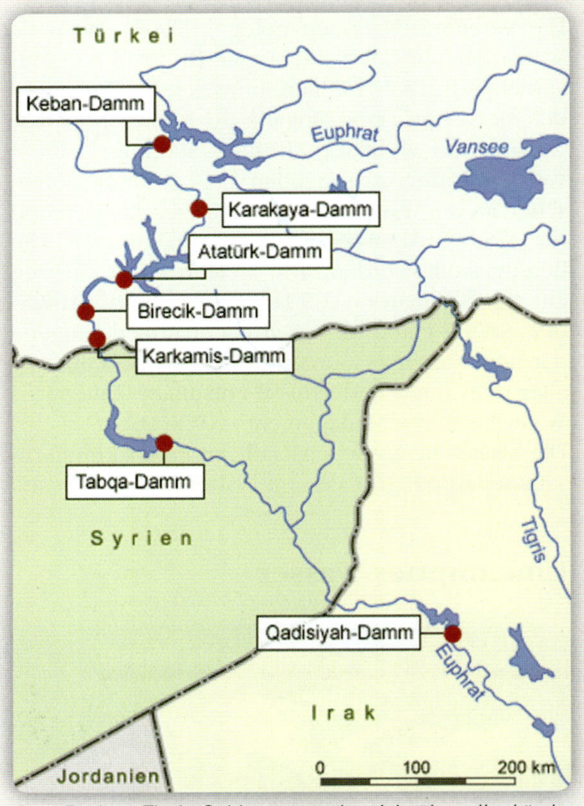

Das Euphrat-Tigris-Gebiet erstreckt sich über die Länder Türkei, Syrien und Irak.

Christiane Fröhlich, Zur Rolle der Ressource Wasser in Konflikten, in: Aus Politik und Zeitgeschichte 25/2006, S. 36

Aufgaben

1. Erstellen Sie eine Übersicht über die Ursachen und Folgen von Wassermangel bzw. fehlendem Zugang zu sauberem Trinkwasser (M 7).
2. Formulieren Sie ausgehend von M 7 Gründe, weshalb der Wasserverbrauch in den Industrienationen heute achtmal höher ist als noch vor 50 Jahren.
3. Stellen Sie einen Selbsttest an und halten Sie protokollarisch fest, wann, wozu und wie viel Wasser Sie an einem Tag verbrauchen. Vergleichen Sie Ihr Ergebnis mit den Zahlen aus M 7.
4. Zwar halten Wissenschaftler reine „Wasserkriege" derzeit noch für unwahrscheinlich, doch spielt Wasser in etlichen bi- und multilateralen Krisen und Konflikten eine wesentliche Rolle. Stellen Sie Ursachen, Interessenlagen und Verlauf des Wasserkonflikts an Euphrat und Tigris (M 11, eigene Recherchen) vor.
5. Zur Vertiefung: Informieren Sie sich mithilfe des Internets über die Richtlinien der EU und der UNO zu grenzüberschreitenden Wasserläufen und präsentieren Sie Ihre Ergebnisse der Klasse.
6. Zur Vertiefung: Wählen Sie einen weiteren Brennpunkt der Weltwasserkrise aus der Karte M 10 aus und stellen Sie Ursachen und Verlauf des Konflikts in Ihrem Kurs vor (in Kooperation mit dem Geografieunterricht).

Fossile Energie wird knapp – und teuer: Entwicklung des Rohölpreises

M 12

Ölpreis – Rasanter Anstieg

Was waren das noch für Zeiten: Anfang der siebziger Jahre kostete Öl nur zwei bis drei Dollar pro Fass. Die erste Ölkrise 1973 ließ die Notierungen dann in den zweistelligen Bereich schnellen. Seitdem war der Rohstoff nicht mehr für unter zehn Dollar je Fass zu haben. Von Dezember 1998 – damals drückte die Asienkrise den Ölpreis – bis heute hat sich der Kurs fast verzehnfacht.

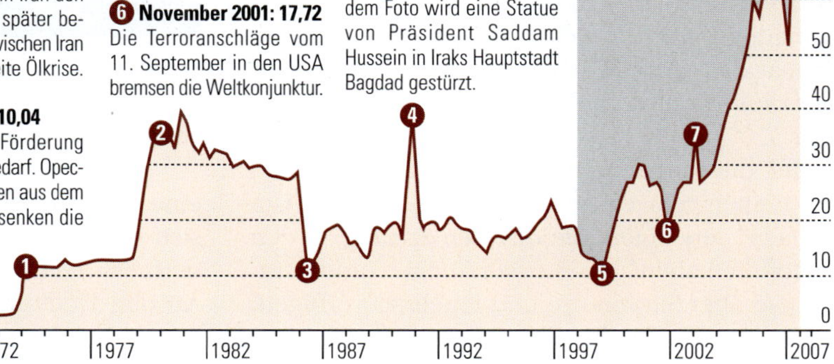

1 Januar 1974: 11,57
Im Herbst 1973 verringert die Organisation erdölexportierender Länder (Opec) die Fördermengen, um den Preis hochzutreiben und damit den Westen unter Druck zu setzen. Die erste Ölkrise beginnt, in Deutschland herrscht an Sonntagen Fahrverbot (Foto). Hintergrund ist der sogenannte Jom-Kippur-Krieg zwischen Israel und seinen arabischen Nachbarn.

2 Juni 1979: 35,09
In dem Jahr stürzt Ajatollah Chomeini (Foto) in Iran den Schah. Ein Jahr später beginnt der Krieg zwischen Iran und Irak: die zweite Ölkrise.

3 März 1988: 10,04
Die weltweite Förderung übersteigt den Bedarf. Opec-Mitglieder scheren aus dem Kartell aus und senken die Preise.

4 Oktober 1990: 40,85
Der Zweite Golfkrieg: Im August marschiert der Irak in Kuwait ein. Anfang 1991 erobert eine Koalition unter Führung der USA Kuwait zurück.

5 Dezember 1998: 10,70
1997 und 1998 belastet die Asienkrise die Weltwirtschaft.

6 November 2001: 17,72
Die Terroranschläge vom 11. September in den USA bremsen die Weltkonjunktur.

7 Februar 2003: 37,68
Ein Angriff der USA auf den Irak rückt näher. Im März beginnt der Einmarsch. Auf dem Foto wird eine Statue von Präsident Saddam Hussein in Iraks Hauptstadt Bagdad gestürzt.

8 Januar 2007: 50,50
Der milde Winter in vielen Industriestaaten dämpft die Nachfrage nach Energie

Anstieg seit 1998:
Das starke Wirtschaftswachstum in Schwellenländern wie China und Indien erhöht die Ölnachfrage und damit den Preis. China fördert den Rohstoff selbst, doch seit 1993 muss der Staat wegen des großen Bedarfs zusätzlich Öl einführen. Im Jahr **2008** überschritt der Weltmarktpreis zeitweise 140 Dollar pro Fass.

Weltmarktpreis für Rohöl in Dollar pro Fass (159 Liter)
*Tageshöchstkurs der US-Sorte WTI

Grafik nach: Süddeutsche Zeitung, 22.11.2007, S. 17

M 13 Verteilung und Verbrauch der Erdölreserven

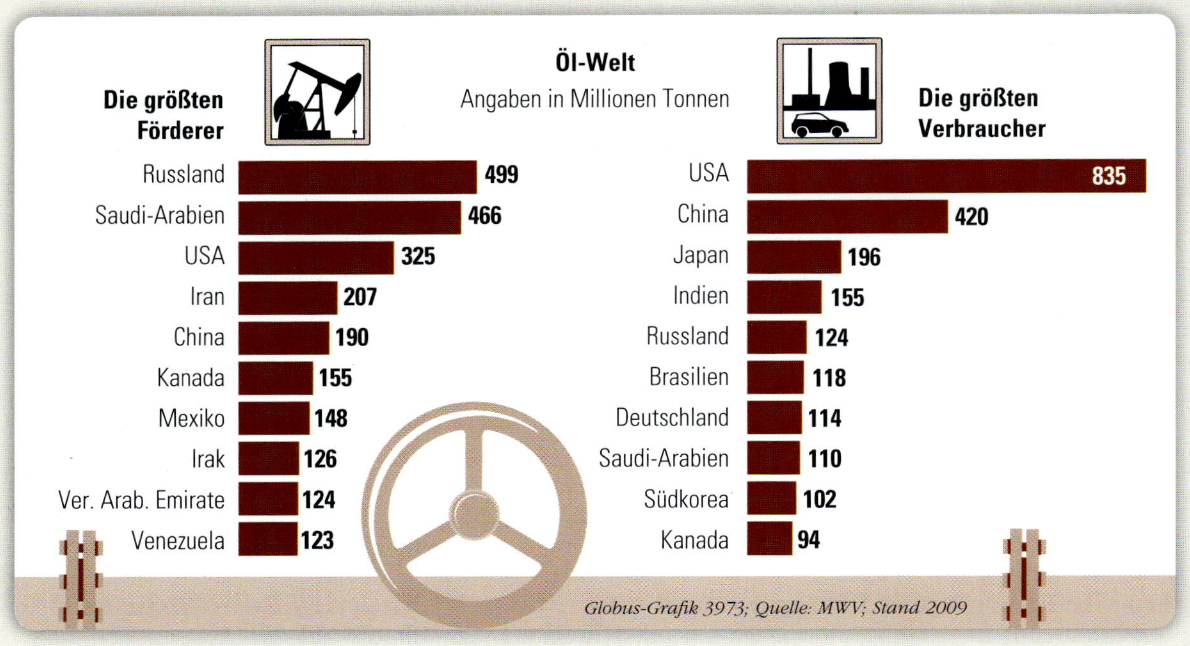

M 14 Wer Energie hat, hat Macht

Ein neuer Riss geht durch die Welt. Er teilt nicht die Hungrigen und die Satten, er verläuft nicht entlang des Zugangs zu guten Böden, Kapital, Bildung, Atomwaffen. Die globale Verteilung von Wohlstand und Chancen entscheidet sich zunehmend an der Verfügbarkeit von Energie, von Öl, Erdgas, Steinkohle. Mit lautem Hurra ist die gesamte industrialisierte Welt in die Abhängigkeit von fossilen Rohstoffen gelaufen; die Entwicklungsländer rannten hinterher. Fossile Energie wurde zum Ausgangspunkt jeder industriellen Innovation, zur Bedingung jeglicher technischer Annehmlichkeit. Jetzt hat die ganze Welt ein Problem: Nichts läuft mehr ohne Kohlenwasserstoffe. Nichts läuft mehr billig. ...

Es sind die Variationen des immergleichen Themas. Immer geht es um Macht und Massen. Um die Macht derjenigen, die direkten Zugang zu den Rohstoffen haben, die sie verarbeiten und handeln, die über Stromnetze und Pipelines verfügen. Um die Massen, die von dieser Energie auf Gedeih und Verderb abhängig sind – und damit von einer Handvoll Unternehmen. ... Das Phänomen heißt Globalisierung: Der Sprit geht dorthin, wo am meisten dafür geboten wird. Wer in diesen Tagen eine Raffinerie oder einen Tanker besitzt, verdient sich dumm und dämlich. Und wer das Erdöl fördert, erst recht.

Die Zentrale von Gazprom in Moskau, der weltweit größten Öl- und Gasfördergesellschaft. Deutschland bezieht derzeit 36 Prozent seines Gasbedarfs von Gazprom.

An den Deutschen verdienen sie alle am besten, sie sind gefügige Energie-Abhängige. Unverdrossen pochen sie auf das Menschenrecht der Raserei. Motorenwagenhersteller investieren mehr in die alte Technologie als in neue Antriebe. Stromkunden beklagen steigende Preise, bleiben aber

ihrem Anbieter treu. Die wachsende Abhängigkeit von der Energie hat sich bei den Bundesbürgern wie Kurzsichtigkeit eingeschlichen: Von der erfahren viele auch erst beim Augenarzt. ...
Wie viele Jahre oder Jahrzehnte für einen Strategiewechsel bleiben, ist völlig offen. Zunehmend hängt dies davon ab, wie die alten Industriestaaten ihre Beziehungen zu den Energielieferanten am Golf und in Sibirien gestalten. Die aber finden sich in einer grandiosen strategischen Lage wieder, seit sie ihre Rohstoffe im großen Stile in Boomstaaten wie China oder Indien liefern können. Die Ohnmacht rohstoffarmer Länder wie Deutschland wächst und wächst.
Der Schlüssel zur Lösung trägt verwirrenderweise den Namen „Klimaschutz“. Er könnte, nimmt man ihn denn ernst, nicht nur globale Probleme von ungeheurem Ausmaß verhindern. Der Klimaschutz ist auch die beste Entziehungskur für eine kohlenstoffabhängige Welt. Das erklärt, warum ausgerechnet die Deutschen zu den Vorreitern gehören wollen, warum selbst der Texaner George W. Bush erste Anzeichen der Einsicht zeigt. Nichts spricht dafür, dass der sorglose Umgang, den die Welt ein halbes Jahrhundert lang mit Öl, Erdgas, Kohle pflegte, je wiederkehren wird. Entscheidend ist, wie schnell sie davon loskommt.

Michael Bauchmüller, Süddeutsche Zeitung, 12.11.2007

Wettlauf um neue Ölvorkommen?

M 15

Norwegen ist der weltweit drittgrößte Erdölexporteur nach Saudi-Arabien und Russland und finanziert sein üppiges Wohlfahrtssystem und den Pensionsfonds vom Ölgeld. Im vergangenen Halbjahr hat die Osloer Börse aufgrund ihres starken Ölsektors – im Gegensatz zu Stockholm, Frankfurt oder anderen Börsenplätzen der Welt – insgesamt eine positive Tendenz aufgewiesen. Hier hat die globale Bankenkrise kaum Auswirkung gezeigt. Dafür aber der steigende Ölpreis umso mehr. Geld, das gut gebraucht wird für den Wettlauf um die enormen Ölreserven, die unter dem schmelzenden Eis des Nordpols vermutet werden. Und der Wettlauf hat schon längst begonnen.
Beobachter sprechen bereits von einem drohenden Kalten Krieg um die Arktis. Das ewige Eis schmilzt infolge der Klimaerwärmung. Unter ihm am Grunde des Meeresbodens werden enorme Öl- und Gasvorkommen vermutet, die nun in greifbare Nähe rücken. Die Arktis-Anrainerstaaten Norwegen, USA, Kanada, Russland, aber auch Dänemark durch die Arktisnähe Grönlands, erheben nun Anspruch auf Teile der immer interessanter werdenden Region. Überdies sind es nicht nur Ölvorkommen, sondern auch die eisfrei werdenden Schifffahrtsrouten, wie die abkürzende Nordwestpassage zwischen Atlantik und Pazifik, die Begehrlichkeiten wecken.
Erstes Säbelrasseln wurde bereits vor drei Jahren hörbar, als Dänemark sich mit Kanada einen erbitterten Streit um „Hans“, einen 1,5 Quadratkilometer großen Gesteinsbrocken irgendwo zwischen Grönland und Kanada lieferte. Die beiden Länder gingen dabei mit ungewohnter Forschheit vor. Im Sommer 2007 stachen russische U-Boote gen Nordpol in See und hissten in der Tiefe des arktischen Ozeans eine russische Flagge aus Titan – rechtlich zwar eine bedeutungslose Aktion, doch ein deutliches Zeichen an die anderen Arktisaspiranten. Kanada und Russland rüsten unterdessen ihre Flotten auf, begleitet von aggressiver Polemik. Karsten Klepsvik, Vorsitzender des Arktischen Rats, in dem die Länder Norwegen, Schweden, Dänemark, Kanada, USA, Finnland, Island und Russland in Nordpol-Fragen kooperieren, hält allerdings das Gerede um einen Kalten Krieg im Eis für übertrieben: „Das ist ein totales Missverständnis“, sagt der Norweger zu manager-magazin.de. „Die Arktis ist kein rechtefreier Raum, hier gilt nicht zuletzt das internationale Seerecht“, erklärt er. Doch so einfach ist die Sache nicht.
Die USA haben beispielsweise die Seerechtskonvention nicht ratifiziert, die auch Ansprüche über die 200 Seemeilen vor der eigenen Küste hinaus ermöglicht. Außerdem muss erst noch herausgefunden werden, zu welchem Anrainerstaat welches Gebiet des Nordpols gehört. Ausschlaggebend dafür ist, welcher Abschnitt des Pols auf welchem Kontinentalsockel liegt. Das herauszufinden setzt wiederum langwierige geologische Untersuchungen voraus. Die dabei gewonnenen Daten werden dann von der UN-Kontinentalsockel-Behörde ausgewertet. Sollten zwei Länder demnach Anrecht auf den gleichen Kontinentalsockel haben, dann müssen diese das Problem bilateral lösen. Das birgt weiterhin Konflikt-

potenzial. Allein schon die Tatsache, dass sich die USA, Kanada, Norwegen, Dänemark und Russland Ende Mai bei ihrem Treffen im grönländischen Ilulissat darauf geeinigt haben, diese Seerechtskonvention anzuerkennen, veranlasste den dänischen Außenminister Per Stig Møller erleichtert von einer friedlichen Lösung zu sprechen: „Mit der Ilulissat-Erklärung haben wir einen guten politischen Rahmen für eine friedliche Entwicklung im arktischen Ozean geschaffen", sagte er zum Abschluss der zweitägigen Konferenz. Vielleicht ein Hinweis darauf, wie verfahren die Situation schon war und dass die Ölsuche künftig nicht immer so friedlich verlaufen wird wie an der Küste Gotlands.

Susanne Schulz, Manager Magazin, 20.6.2008

In der Arktis-Region werden große Rohstoffvorkommen vermutet. Durch den Klimawandel könnten sie schon bald erschlossen werden.

Aufgaben

1. Entwerfen Sie eine Übersicht über allgemeine Faktoren, die den Rohölpreis beeinflussen (M 12).
2. Informieren Sie sich, auch in Zusammenarbeit mit dem Fach Geschichte, über die Hintergründe der Krisen, die in den vergangenen Jahrzehnten den Rohölpreis nach oben trieben (M 12), und präsentieren Sie Ihre Ergebnisse der Klasse.
3. Energie bedeutet Macht. Überprüfen Sie diese These an einem Beispiel Ihrer Wahl, indem Sie zu Energiepolitik und weltpolitischer Stellung eines Erdöl- oder Erdgaslieferanten recherchieren (M 14). Besonders ergiebig könnte hier das Beispiel Russland und der staatliche Konzern Gazprom mit seiner Energiepolitik gegenüber Weißrussland und der Ukraine sein.
4. Verdeutlichen Sie den Zusammenhang zwischen Energie- und Klimapolitik anhand von M 14 und M 15.

Wissen kompakt

Ökologisches Risiko
Klimawandel
M 1 – M 6

Der Weltklimarat (Intergovernmental Panel on Climate Change, IPCC) legte zwischen 1990 und 2007 vier Berichte vor, welche feststellten, dass die globale Klimaerwärmung eine Tatsache ist und vom Menschen verursacht wird.
Demnach ist die globale Erderwärmung auf die erhöhte CO_2-Konzentration in der Atmosphäre (durch Verbrennung fossiler Brennstoffe, wie Kohle, Erdöl, Erdgas) und den dadurch verstärkten Treibhauseffekt zurückzuführen. Die bereits heute schon messbaren und sichtbaren Folgen sind:

- Zunahme von Wetterextremen (Hitzewellen, Stürme, sintflutartige Regenfälle, Überschwemmungen)
- Abschmelzen der Gletscher sowie des ewigen Eises an Nord- und Südpol und der daraus folgende Anstieg der Meeresspiegel
- Ausweitung der Wüsten, Wasserknappheit und Artensterben

Wohl wird der allgemeine Anstieg der Temperaturen in manchen Regionen, v.a. in der Landwirtschaft (z.B. Weinanbau), durchaus auch positive Nebeneffekte haben, die ökologischen und volkswirtschaftlichen Schäden liegen jedoch bei Weitem höher.

Ressourcenkonflikte:
Fossile Energieträger
und Süßwasser
M 7 – M 15

Knapper und teurer werdende Ressourcen könnten zu den großen sicherheitspolitischen Herausforderungen der Zukunft gehören. Bereits heute zeichnet sich ein verschärfte Konkurrenz zwischen den Staaten um einen gesicherten Zugang zu den Weltressourcen Süßwasser und Erdöl bzw. Erdgas ab.
Weil in Zukunft immer mehr Staaten der Welt von akuter Wasserknappheit bedroht sind, besteht die Gefahr von Verteilungskämpfen, sollten politische Lösungen ausbleiben. Zu einer Eskalation derartiger Auseinandersetzungen kann es vor allem dann kommen, wenn Staaten betroffen sind, zwischen denen bereits Konflikte bestehen, wie z.B. im Nahen oder Mittleren Osten. Hauptursachen für die erwartete dramatische Verschärfung des Wasserproblems sind neben der Erderwärmung das ungebremste Wachstum der Weltbevölkerung und die Verschmutzung der vorhandenen Trinkwasserreserven.

Trotz verstärkter Nutzung alternativer Energien ist die Abhängigkeit der westlichen Industriestaaten von fossilen Energieträgern wie Erdöl und Erdgas noch immer groß. Schwindende Reserven und eine verstärkte Nachfrage der aufstrebenden Industrienationen Indien und China haben zu einer extremen Verteuerung von Rohöl geführt, mit unabsehbaren Folgen für die Weltwirtschaft.
Regionen mit großen Öl- und Erdgasvorkommen wie der Nahe Osten oder die Kaukasusregion rücken immer wieder in das Zentrum internationaler Konflikte. Staaten mit hohem Energiebedarf, wie zum Beispiel die USA, haben ein großes Interesse an einem ungehinderten Zugang zu dieser wichtigen Ressource.
Den Förderländern verhilft die Abhängigkeit der Industriestaaten vom Öl zu mehr Macht und weltpolitischem Einfluss. Staaten wie Russland haben gezeigt, dass sie durchaus willens sind, ihren Reichtum an Ressourcen zu nutzen, um außenpolitische Ziele zu verfolgen.

1.4 Die Entwicklung der Weltbevölkerung: Wachstum – Armut – Migration

M 1 Bevölkerungsentwicklung – ein Vergleich

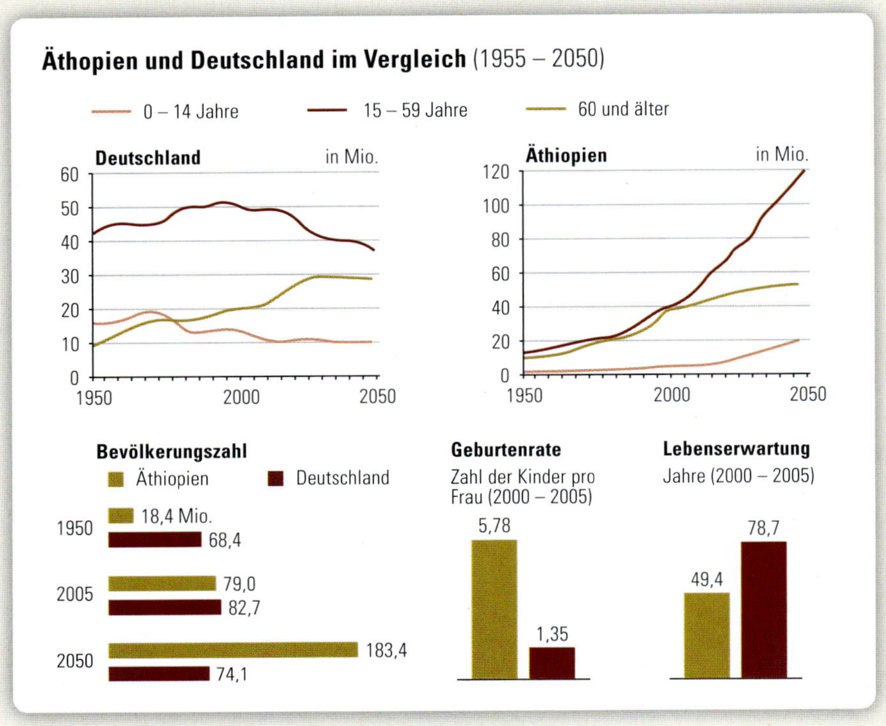

UN World Population Prospects 2007; Dt. Stiftung Weltbevölkerung

M 2 Prognosen zur Entwicklung der Weltbevölkerung

Die Weltbevölkerung wird nach jüngsten Schätzungen weiterhin rasch wachsen. Die UN korrigierten am Dienstag ihre Prognose für 2050 leicht nach oben. Demnach müssen sich Mitte dieses Jahrhunderts 9,2 Milliarden Menschen den Lebensraum auf der Erde teilen, 2,5 Milliarden mehr als heute. 2005 waren die UN noch von 9,1 Milliarden Menschen im Jahr 2050 ausgegangen. Deutliche Veränderungen erwarten die Wissenschaftler auch beim Altersdurchschnitt: 2050 würden etwa dreimal so viele alte Menschen auf der Erde leben wie Anfang dieses Jahrhunderts. Heute sind 673 Millionen Menschen älter als 60 Jahre, 2050 könnten es zwei Milliarden sein, 33 Prozent der Weltbevölkerung. Auf jedes Kind kämen mehr als zwei über 60-Jährige.

„Vor allem die am wenigsten entwickelten Länder wachsen rasant", sagte eine Sprecherin der Deutschen Stiftung Weltbevölkerung, die die neuen Daten am Dienstag in Berlin vorstellte. Allein in den 50 ärmsten Ländern werde sich die Bevölkerung mehr als verdoppeln. In allen Entwicklungsländern zusammen gebe es dann 7,9 Milliarden Menschen. In Europa dagegen lebten im Jahr 2050 etwa 67 Millionen Menschen weniger als heute. Der größte Teil der Menschheit werde auch künftig in Asien leben. Die mit knapp vier Milliarden Menschen bevölkerungsreichste Region der Erde wächst bis 2050 voraussichtlich um weitere 1,3 Milliarden. Mit einem Zuwachs um 96 Millionen Menschen werde China allerdings einen deutlich kleineren Anteil beitragen als Indien, das bis 2050 um 524 Millionen Menschen wachsen könnte. Den Berechnungen zufolge verliert China seine Position als Land mit der weltweit höchsten Bevölkerungszahl schon 2025 an Indien.

(dpa), Süddeutsche Zeitung, 14.3.2007

Das Wachstum der Städte weltweit – Zahlen

M 3

Zahl der Menschen, um die Städte weltweit täglich wachsen (2005)
180.000

Zahl der Menschen weltweit, die jährlich neu in Slums von Großstädten ziehen
27.000.000

Zahl der Menschen weltweit, die in einem Slum leben
1.000.000.000

Anteil der Menschen, die **1800** in Städten wohnten
3 Prozent

Anteil der Menschen, die **2007** in Städten wohnen
51 Prozent

Geschätzte Slumbevölkerung von Delhi 2015
10.000.000

Einwohnerzahl Schwedens, März 2007
9.130.000

Mega-Städte früher und heute

100		**1900**	
1. Rom	450.000	1. London	6,5 Mio.
2. Luoyang	420.000	2. New York	4,2 Mio.
3. Seleukia am Tigris	250.000	3. Paris	3,3 Mio.
4. Alexandria	250.000	4. Berlin	2,7 Mio.
5. Antiochia (heute: Antalya in der Türkei)	150.000	5. Chicago	1,7 Mio.
6. Anuradhapura, Sri Lanka	130.000	6. Wien	1,7 Mio.
7. Peshawar, Pakistan	120.000	7. Tokio	1,5 Mio.
8. Karthago (Tunesien)	100.000	8. St. Petersburg	1,4 Mio.
9. Suzhou (China)	n/a	9. Manchester	1,4 Mio.
10. Smyrna (heute: Izmir, Türkei)	90.000	10. Philadelphia	1,4 Mio.

2005		**2015 (Schätzung)**	
1. Tokio	35,197 Mio.	1. Tokio	35,494 Mio.
2. Mexico City	19,411 Mio.	2. Mumbai	21,869 Mio.
3. New York	18,718 Mio.	3. Mexico City	21,568 Mio.
4. Sao Paulo	18,333 Mio.	4. Sao Paulo	20,535 Mio.
5. Mumbai	18,196 Mio.	5. New York	19,876 Mio.
6. Delhi	15,048 Mio.	6. Delhi	18,604 Mio.
7. Shanghai	14,503 Mio.	7. Shanghai	17,225 Mio.
8. Kalkutta	14,277 Mio.	8. Kalkutta	16,980 Mio.
9. Jakarta	13,215 Mio.	9. Jakarta	16,822 Mio.
10. Buenos Aires	12,550 Mio.	10. Dhaka	16,842 Mio.

Fluter. Das Megacitys-Heft, Magazin der Bundeszentrale für politische Bildung Nr. 63, September 2007, S. 4 f.

Aufgaben

1. Vergleichen Sie die Prognosen zur Bevölkerungsentwicklung in Industrienationen und in Entwicklungsländern (M 1 und M 2).
2. Stellen Sie mithilfe einer Weltkarte fest, in welchen Regionen der Welt das höchste Städtewachstum zu verzeichnen ist. Überlegen Sie mögliche Ursachen für das Entstehen sogenannter Megacities dort, und setzen Sie sich mit den damit verbundenen Folgen für Versorgung, Infrastruktur und Umwelt auseinander (M 3).

M4 Eden – ein Lebenslauf

Plakat der Deutschen Stiftung Weltbevölkerung

M5 Die Ursachen des Bevölkerungswachstums in den Entwicklungsländern

Autorentext

Armut in der Welt

M 6

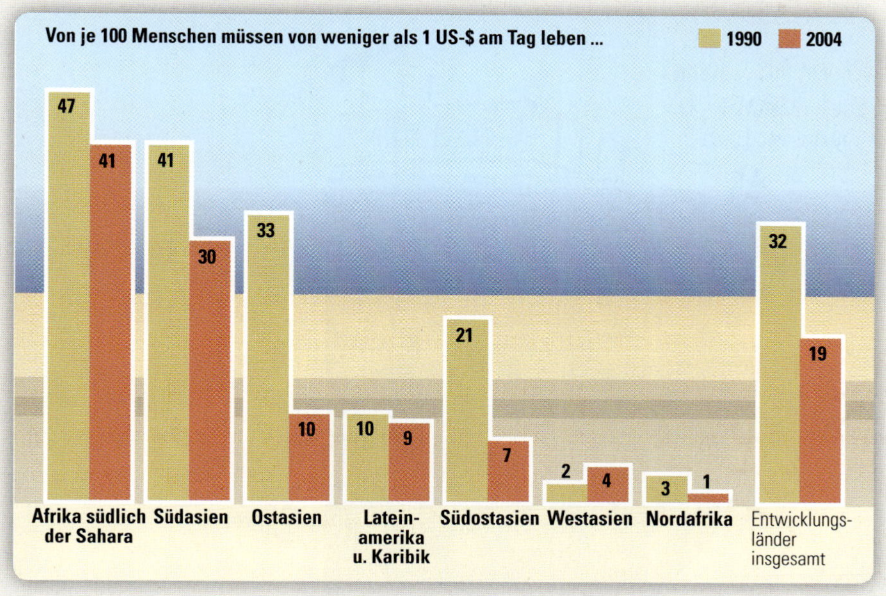

Quelle: UN, Globus Grafik 1565

Hunger, Armut und Aids – ein Teufelskreis

M 7

Als Todesursache steht Fehl- und Unterernährung in Afrika an erster Stelle, gefolgt von Aids. Hunger und Aids dezimieren vornehmlich die Erwachsenen. Immer mehr Kinder verlieren deshalb ihre Eltern, und zunehmend mehr Haushalte müssen von einem kindlichen Vorstand geleitet werden. Niemand hat die betroffenen Kinder auf solche Aufgabenstellungen vorbereitet; und dass sie sogar massenhaft zu Waisen werden, ist eine neue gesellschaftliche Realität, die nie zuvor bedacht worden ist. Aids, Armut und Hunger bedingen und steigern sich wechselseitig.

Innerhalb seiner Publikationsreihe Population und Poverty veröffentlichte der United Nations Population Fund 2003 eine Studie zu der Verbreitung und den Folgen von Aids in Afrika. Von den annähernd 850 Millionen Bewohnern Schwarzafrikas sind demnach 28 Millionen von der Immunschwächekrankheit betroffen, das sind vier Fünftel von allen, die weltweit infiziert sind. Etwa 17 Millionen sind in Afrika an der Krankheit bereits gestorben. Stadt- und Landbevölkerung sind gleichermaßen betroffen. ... Kenias Infiziertenrate beträgt 15 Prozent seiner Gesamtbevölkerung, die von Simbabwe 34 und die von Südafrika 20 Prozent.

Südafrikas Alterspyramide biete nahezu ein Horrorszenario. Die Gesamtbevölkerungszahl wird bis 2050 um 25 Prozent zurückgehen. Am stärksten wird die erwerbstätige Bevölkerung von diesem Rückgang betroffen werden. Von der heutigen Gesamtbevölkerung sind fast 5 Millionen mit Aids infiziert. Das ist die weltweit größte Massierung von HIV-Infizierten in einem Land.

Claus D. Kernig, Und mehret euch? Deutschland und die Weltbevölkerung im 21. Jahrhundert, Bonn 2006, S. 128 ff.

Aufgaben

1. Entwerfen Sie analog zu M 4 den Lebenslauf eines Mädchens in Deutschland.
2. Erläutern Sie die Ursachen des Bevölkerungswachstums in Entwicklungsländern (M 4, M 5).
3. Erstellen Sie ein Ursache-Wirkungsdiagramm zu den Problemfeldern Bevölkerungswachstum, Armut und Aids (M 5 – M 7).
4. Erarbeiten Sie einen Katalog von Maßnahmen zur Eindämmung des Bevölkerungswachstums.

M 8 Ansturm der Armen?

Mester/CCC, www.c5.net

M 9 Fluchtursachen

Insgesamt wird die Diskussion über die „Neue Völkerwanderung" im Westen meist von Unsachlichkeiten und dem Eindruck geprägt, als würden jetzt schon alle Flüchtlinge und Arbeitsmigranten der Welt in die reichen Industrienationen strömen. Aber das Gegenteil ist richtig: Höchstens ein bis zwei Prozent aller Flüchtlinge kommt in Europa an. Die weltweiten Migrations- und Asylprobleme spielen sich vor allem auf der südlichen Halbkugel ab. Die armen und ärmsten Länder tragen die Hauptlast dieser Wanderungsbewegungen. Nur wenige erreichen die reichen Wohlfahrtsinseln wie die Bundesrepublik Deutschland. Die wichtigsten Migrationsfaktoren zu Beginn des 21. Jahrhunderts sind kriegerische Auseinandersetzungen, Menschenrechtsverletzungen, wirtschaftliche Probleme, Hunger, Umweltkatastrophen und der Anstieg der Weltbevölkerung. Die Ungleichheit zwischen Arm und Reich klafft immer weiter auseinander. Gelingt es einem „Gastarbeiter" aus Bangladesch eine Woche lang in Japan zum Durchschnittslohn bzw. zwei Wochen zur Hälfte des Durchschnittslohns zu arbeiten, so hat er so viel verdient, wie in seinem Heimatland in zwei Jahren. Eine Krankenschwester bekommt auf den Philippinen 146 Dollar im Monat. In den Golfstaaten sind es 500 Dollar und in den Vereinigten Staaten sogar 3.000 Dollar. Als Folge dieser Gehaltsunterschiede, aber auch der besseren beruflichen Aufstiegschancen und Arbeitsbedingungen, sind aus den Philippinen in den letzten Jahrzehnten mehr als 3.000 qualifizierte Krankenschwestern pro Jahr ausgewandert.

Der Bürger im Staat, Zuwanderung und Integration, Heft Nr. 4/2006, hg. von der Landeszentrale für politische Bildung Baden Württemberg, S. 262 f.

Auf der Flucht vor der Umwelt?

M 10

Kampala – Der Feind greift überall an und ist schwer zu fassen: Patrick Obiaga, der Förster, bringt Tausende Bäume gegen ihn in Stellung, die er als grüne Mauer in den Boden pflanzt. Sie sollen den Sand der Sahara aufhalten, der über die Ebene Nigerias peitscht. Dieser Landstrich ist nur einer von vielen auf der Welt, die vom Vorrücken der Wüste bedroht sind. Die am meisten gefährdeten Regionen liegen in der Sahelzone Afrikas, doch auch in Zentralasien haben die Menschen mit katastrophalen Bedrohungen zu kämpfen, wie ein neuer Report der Vereinten Nationen (UN) belegt, den 200 Wissenschaftler aus 25 Ländern erstellt haben.

Ihre Warnungen klingen düster: 100 bis 200 Millionen Menschen sind derzeit schon vom Vormarsch der Wüsten betroffen. Und 50 Millionen, so schätzen die Wissenschaftler, könnten schon in den nächsten zehn Jahren aus ihrer Heimat vertrieben werden, so schnell breiten sich die sandigen Dünen aus, die jedes Leben unter sich ersticken.

Obgleich exakte langfristige Prognosen schwierig sind, so ist der Trend zweifellos alarmierend: Massenmigration sei längst im Gange. Doch Politiker würden gemeinhin unterschätzen, wie schwerwiegend die Probleme des Klimawandels seien, sagt Zafar Adeel, Hauptautor der Studie. Millionen Menschen sind schon vor ihrer eigenen Umwelt auf der Flucht. Nur die wenigsten schaffen es dabei auf ein Boot, das Kurs auf Europa nimmt. Diese relativ kleinen Gruppen prägen die politischen Debatten um die Migration in Europa, doch dabei wird übersehen, dass die große Masse der Vertriebenen entwurzelt im eigenen Land weiterlebt oder sich in einen Nachbarstaat rettet. Aus dem Sahelland Mali etwa drängen Menschen bei Trockenheit nach Süden in die Elfenbeinküste. Das schürt Konflikte, wie der langjährige Bürgerkrieg gezeigt hat. Rassistische Propaganda der ivorischen Regierung gegenüber Fremden spielt dabei eine große Rolle.

Die Bevölkerung Afrikas ist besonders von Dürreperioden betroffen.

Noch drastischer ist die Lage in der westsudanesischen Krisenprovinz Darfur[1], wo sich über die Jahre Spannungen zwischen Ackerbauern und viehzüchtenden Nomaden verschärften, weil Wasser und Land immer knapper werden und die Bevölkerungen wachsen. Zwar hat der monströse Krieg im Sudan in erster Linie politische Ursachen, doch ökologische Probleme haben Bedingungen geschaffen, in denen es Brandstifter leichter haben, Gewalt zu entflammen.

Arne Perras, Süddeutsche Zeitung, 29.6.2007

[1] *vgl. Kapitel 2.2.1*

Fakten zur Migration

M 11

- 2005 gab es fast 200 Millionen internationale Migranten, was jedem 35. Menschen oder drei Prozent der Weltbevölkerung entspricht.
- 48,6 Prozent der internationalen Migranten sind Frauen.
- Zwischen 1980 und 2000 waren etwa 86 Millionen der Migranten weltweit erwerbstätig, das sind über 50 Prozent aller Migranten.
- Jährlich überqueren geschätzte 2,5 bis vier Millionen irreguläre Migranten internationale Grenzen.
- Zwischen 1990 und 2000 waren 89 Prozent des Bevölkerungswachstums in Europa auf Zuwanderung zurückzuführen.

Bericht der Weltkommission für Internationale Migration, Oktober 2005

Migration / Flüchtlinge

Info

Migration
(lat.) Soziologischer Begriff, der für alle Formen räumlicher Mobilität von Individuen, (religiösen, ethnischen etc.) Gruppen, Minderheiten und Volksteilen verwendet wird. Migrationsprozesse können durch erhöhte individuelle Mobilität (z.B. aufgrund von Arbeitssuche) ausgelöst werden. Sie können sich in Form von Land- oder Stadtflucht und damit als Binnenmigration oder in Form von Ein- bzw. Auswanderung (Immigration, Emigration), also z.B. als politisch-geografische Wanderungsbewegungen, vollziehen.

Flüchtlinge
Personen, die aufgrund ihrer Rasse, ethnischen Zugehörigkeit oder Religion in ihrem Heimatstaat verfolgt werden bzw. aufgrund der sozialen, wirtschaftlichen oder politischen Bedingungen bzw. eines (Bürger-)Krieges ihr Heimatland verlassen mussten. Der Hohe Flüchtlingskommissar der Vereinten Nationen (UNHCR) gibt an, dass die Anzahl der Flüchtlinge 2003 weltweit 17 Mio. betrug. Schätzungen gehen davon aus, dass die Zahl der entwurzelten, z.B. auch innerhalb der eigenen Länder Vertriebenen (Binnenflüchtlinge) ca. 40 Mio. Menschen beträgt.

Klaus Schubert, Martina Klein, Das Politiklexikon, 4. aktual. Aufl., Bonn 2006, S. 109, 195

M 12 Die Hoffnung stirbt zuletzt – die Perspektive eines Flüchtlings

Im Eilschritt läuft Jeffrey durch die verwinkelten Gassen der Medina von Tanger. An jeder Ecke hält er kurz, prüft mit einem besorgten Blick nach links und rechts, ob er nicht einen Polizisten oder eine andere verdächtige Gestalt entdeckt. Erst dann geht er weiter. „In ein Café können wir nicht gehen", erklärt der 25-Jährige nervös, „viel zu gefährlich." Nach etwa einer Viertelstunde erreichen wir endlich einen kleinen Hinterhof in der Altstadt, den er für sicher hält. Jeffrey kommt aus Nigeria und ist einer von etwa 500 Schwarzafrikanern, die derzeit in Tanger auf einen Platz in einem Boot („patera") warten, das sie nach Spanien, ins goldene Europa bringen soll. Dorthin, wo es gut bezahlte Jobs und für alle ein sorgenfreies Leben im Luxus gibt.

Das jedenfalls denkt Jeffrey und auch alle anderen Migranten aus Schwarzafrika, die nach Tanger gekommen sind. Dass das Leben in Europa nicht so rosig sein könnte, wie sie sich ausmalen, will keiner glauben. „Wer arbeiten will", erklärt Jeffrey, „findet auch eine Arbeit. Eine schöne Wohnung und ein gutes Auto kommen dann ganz von selbst." Für sein großes Glück nimmt der junge Mann alle Unannehmlichkeiten in Kauf. Gut drei Monate dauerte die Reise aus Nigeria bis nach Marokko. Mit Sammeltaxis, in Bussen und auf LKWs schaffte er die lange Fahrt durch die Wüste. In Algerien hat er seinen Pass weggeworfen. Sollte Jeffrey irgendwann Spanien erreichen, setzt er darauf, dass die Behörden seine Identität nicht herausfinden. Nach spanischem Recht kann er dann nicht in sein Heimatland deportiert werden und ist nach 40 Tagen ein freier Mann. Offiziell müsste er zwar ausreisen, taucht aber unter und wird vielleicht wie andere Schwarzafrikaner CDs und DVDs auf den Straßen irgendeiner spanischen Großstadt verkaufen. Stolz zeigt Jeffrey mir einen kleinen abgegriffenen Zettel, auf dem die Telefonnummer eines Freundes in Barcelona steht.

Seit vier Jahren ist der junge Nigerianer bereits in Marokko und schlägt sich mit Betteln und Gelegenheitsjobs durch, die rar und schlecht bezahlt sind. Ganz am Anfang, bei seiner Ankunft, hatte Jeffrey noch Geld. Wie viele andere auch wurde er betrogen. „Ich gab 1.000 Euro einem unserer ‚Patrons', der normalerweise die Verbindung zu einem marokkanischen Bootsmann herstellt. Mein Kontaktmann ist jedoch plötzlich verschwunden und hat sich mit meinem Geld wohl selbst einen Platz auf einem Boot gekauft", erzählt Jeffrey kopfschüttelnd und sichtlich verärgert. „Nun sitze ich fest, kann weder zurück noch vorwärts." Ein Schicksal, das er sich mit vielen anderen Flüchtlingen teilt. Zurück in seine Heimat will er unter keinen Umständen. Jeden Tag kann Jeffrey in eine Razzia der marokkanischen Polizei geraten. Dann wird er nach Oujda, in die ganz im Nordosten gelegene Grenzstadt zu Algerien, abgeschoben. Schon zweimal ist ihm das passiert. Dort sammelt die Polizei Schwarzafrikaner aus ganz Marokko, um sie im Niemandsland zwischen Marokko und Algerien auszusetzen. Offiziell gelten sie als abgeschoben. Auf Schleichwegen kommen sie jedoch alle wieder zurück.

Alfred Hackensberger, Das Parlament, 6./13.8.2007

Flüchtlingsrouten von Afrika nach Europa

M 13

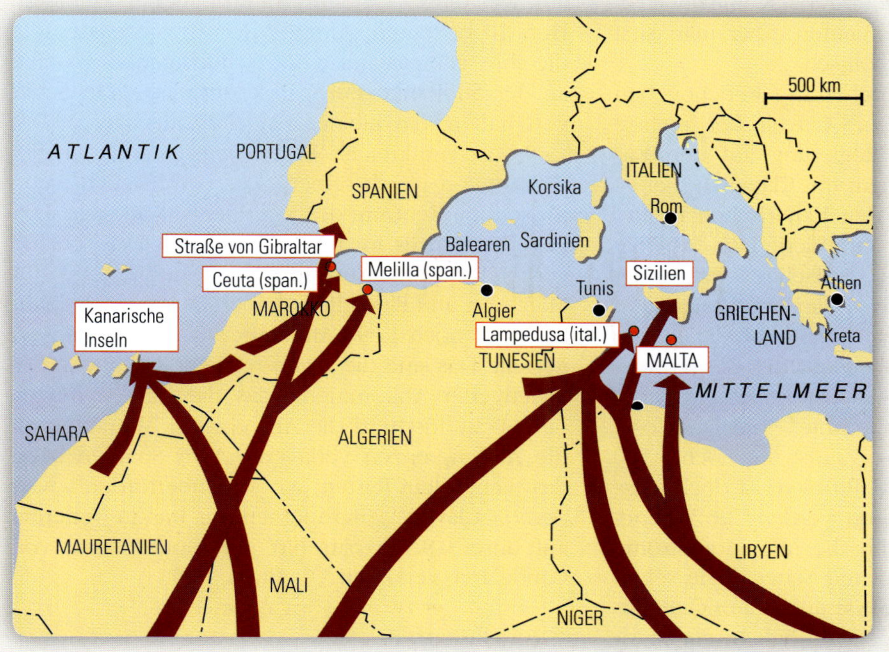

dpa-Grafik 1482

„Da war hier die Hölle los" – die Perspektive eines Ziellandes

M 14

So haben sich die jungen Männer den gelobten Erdteil Europa, von dem sie in Afrika träumten, gewiss nicht vorgestellt: ein Bergnest über der Nordküste von Teneriffa, mitten in der rußschwarzen Landschaft, die die verheerenden Waldbrände des Sommers hinterlassen haben. ... La Montaneta heißt das Dorf, und die jungen Afrikaner, die hier zwischengelagert wurden, können eigentlich froh sein, dass sie nicht lange geduldet wurden. Denn kaum hatte sich die Nachricht herumgesprochen, dass das leer stehende Rotkreuzheim gleich hinter der Bar Gavilanes zu einem Auffanglager für illegale Einwanderer umfunktioniert werden soll, kam es zum kollektiven Aufruhr. „Da war hier die Hölle los", erzählt der Schankkellner. Alte Männer traten mit den Füßen nach den verstörten Ankömmlingen, Omas schrien rassistische Parolen. „Wir wollen sie hier nicht haben, die negros sollen bleiben, wo sie sind!"

Jetzt ist es im Dorf wieder friedlich und grabesstill. „Die Afrikaner wurden auf die Halbinsel transportiert", berichtet der Kellner. Die Halbinsel, das ist Spanien, 1.500 Kilometer von den Kanaren entfernt. ...

La Montaneta ist kein Sonderfall im Ferienparadies Teneriffa. Allerorten spürt man die Angst, dass sich das Annus horribilis[1] 2006 wiederholen könnte. Die Leute schimpfen auf die unzähligen Cayucos, die Boote, die im Vorjahr 30.000 illegale Immigranten auf den Kanarischen Inseln abluden. Sie reden wie ihre Lokalpolitiker, die gern zum Wörterbuch der Naturkatastrophen greifen und vor Lawinen, Flutwellen, ja, vor einem menschlichen Tsunami warnen. Noch größer ist die Angst vor denen, die noch kommen könnten. „Zwei bis drei Millionen Afrikaner sind startbereit, und langfristig könnten es noch viel mehr werden, 50 Millionen vielleicht", schätzt ein begüterter Rechtsanwalt, der seinen Namen nicht in der Zeitung lesen will, schon allein wegen der Äußerungen seiner Frau, einer zugewanderten Schweizerin. „Die Neger vermehren sich wie wild, und dann fallen sie über uns her. Hier werden sie gefüttert, eingekleidet, medizinisch versorgt und in Fünf-Sterne-Hotels untergebracht. Und obendrein erhalten sie noch einen kostenlosen Spanischkurs."

Beim Reizwort „Menschenrechte" wird die Dame richtig wütend. „Flüchtlinge, Asylschwindler, Migranten, ist doch alles das Gleiche. Sie schleppen nur die Negerkrankheiten ein, Aids, Kriminalität ...“ Wieder möchte man davonlaufen, aber man sitzt leider als Gast am Abendbrottisch. ...

Wenn jemand einen realistischen Lagebericht geben kann, dann ist es José Segura Clavell, der höchste Vertreter der spanischen Regierung auf den Kanaren. ... Wie ein Gouverneur tritt Clavell auf, er ist der mächtigste Mann auf den Kanarischen Inseln, und die Leute nennen ihn ehrerbietig Don José. Sie mögen diesen umtriebigen, leutseligen Katalanen. Dennoch glauben viele, dass die Zentralregierung in Madrid viel zu wenig unternimmt, um die illegale Einwanderung zu stoppen. „Ach, die Bürger wissen einfach viel zu wenig, Ministerpräsident Zapatero hat getan, was er tun konnte“, sagt Don José. „In diesem Jahr kamen bis August nur noch 6.500 Flüchtlinge. Das eigentliche Problem ist doch, dass wir von Europa alleingelassen werden.“ Er zeichnet die Küstenlinie Afrikas und die Migrationsströme aus Marokko, Mauretanien und Senegal; sie sehen aus wie feindliche Heereskeile auf einem Generalstabsplan. „Sehen Sie, es ist unmöglich, ein maritimes Gebiet von zehn Millionen Quadratkilometer zu überwachen. Das entspricht der zwanzigfachen Größe Spaniens!“

Sodann zählt Clavell mit ironischem Zungenschlag auf, was die 27 Länder der Europäischen Union zu Hera III beitragen, zu einer der Abwehrmissionen, die ihre gemeinsame Grenzschutzagentur Frontex an der Südflanke Europas koordiniert. „Ein Schiff von Italien, ein kleines Flugzeug aus Luxemburg ... Wo ist Frankreich? Wo ist Deutschland?“ Er gibt die Antwort gleich selber: „Das betrifft euch nicht, ihr seid im Zentrum des Kontinents. Wie viele Afrikaner haben es in diesem Jahr nach Deutschland geschafft?“ Laut Auskunft des Bundesamtes für Migration und Flüchtlinge haben im ersten Halbjahr 2007 nur noch 1.693 Afrikaner Erstanträge auf Asyl gestellt. Das sind die segensreichen Wirkungen des Schengener Abkommens, das die Binnengrenzen der EU auflöst und die Abwehr der Migranten an die Außengrenzen verlagert. „Aber Spanien kann das nicht allein leisten, wir sind überfordert“, wiederholt Clavell. „Also müssen wir uns in Teneriffa auf unsere Schutzpatronin, die Gottesmutter von Candelaria, verlassen.“ O Maria, hilf!

Bartholomäus Grill, Die Zeit, 8.11.2007

[1] *Annus horribilis = (lat.) Schreckensjahr*

Aufgaben

1. Ermitteln Sie ausgehend von M 9 und M 10 auslösende Faktoren für Migration. Unterscheiden Sie hierbei nach Pullfaktoren (Sogfaktoren, die von den Zielländern ausgehen) und Push-Faktoren (Druckfaktoren, die in den Herkunftsländern anzusiedeln sind). Erstellen Sie mit Ihren Ergebnissen ein Schaubild.
2. Stellen Sie die Motive und Hoffnungen der Migranten den Ängsten und Problemen der Zielländer gegenüber (M 12, M 14).
3. Diskutieren Sie in der Klasse Lösungsstrategien für das Problemfeld „Migration“. Berücksichtigen Sie dabei auch die Bevölkerungsentwicklung in den Industriestaaten (Geburtenrückgang, Alterung) und den sich in einigen Sparten bereits abzeichnenden Arbeitskräftemangel.
4. Zur Vertiefung: Recherchieren Sie den Stand der europäischen Kooperation im Umgang mit den Migranten an Europas Küsten (Stichwort „Frontex“) und informieren Sie Ihre Klasse.
5. Zur Vertiefung: Informieren Sie sich mithilfe der Homepage des UNHCR (www.unhcr.de) über die Arbeit des Hohen Flüchtlingskommissariats der Vereinten Nationen und präsentieren Sie Ihre Ergebnisse in Form eines Kurzreferats.
6. Sie werden festgestellt haben, dass der Klimawandel nicht nur direkte Auswirkungen auf die Umwelt hat, sondern auch indirekt Problemfelder wie Ressourcenkonflikte und Bevölkerungsentwicklung bzw. Migration berührt. Arbeiten Sie diesen Zusammenhang in einer abschließenden Präsentation aus Texten und Bildern (Wandplakat oder PowerPoint) heraus.

Methode

Spurensuche – Migranten vor Ort

Migranten in Deutschland

Die Geschichte der Bundesrepublik Deutschland ist von Anfang an durch Einwanderung verschiedener Migrantengruppen geprägt. Waren es bis in die 50er Jahre v. a. Flüchtlinge und Vertriebene aus den ehemals deutschen Ostgebieten (Schlesien, Ostpreußen, Pommern) sowie Übersiedler aus der sowjetischen Besatzungszone, prägten in den 60er Jahren gezielt angeworbene Gastarbeiter aus Süd- und Südosteuropa das bundesdeutsche Bild vom „Ausländer". Nach dem Anwerbestopp in den 70er Jahren sorgten erst wieder die steigenden Asylbewerber- und (Spät-)Aussiedlerzahlen der 80er Jahre für politische Diskussionen und Reaktionen (vgl. Änderung des Artikels 16 GG). Weniger auffällig vollzieht sich seit dem Zusammenbruch des DDR-Regimes und der Einheit Deutschlands eine anhaltende Binnenmigration von Ost nach West. Deutschland steht neben den USA, Kanada und Australien an der Spitze der Einwanderungsstaaten. Eine „Spurensuche vor Ort" kann zu einer gewinnbringenden Erfahrung werden, kann aber durchaus auch auf Barrieren stoßen. Auf jeden Fall ist viel Fingerspitzengefühl im Umgang mit Behörden und Migranten bzw. deren Nachkommen nötig.

Vorschlag für eine Gruppenarbeit

1. Bilden Sie Arbeitsgruppen, die sich mit den verschiedenen Migrantengruppen befassen: Vertriebene, Gastarbeiter, Spätaussiedler, Asylbewerber, Binnenmigranten aus den neuen Bundesländern.
2. Erfragen Sie für Ihre Migranten-Gruppe bei den in Frage kommenden Behörden (Ausländerbehörde der Stadt, Ausländerbeirat, Einwohnermeldeamt, Stadtarchiv etc.) und Initiativen (Pro Asyl, Amnesty International) bzw. Vereinen (deutsch-türkischer Club o. ä.) Zahlen, Herkunftsländer, Unterbringung und ggf. Integrationsmaßnahmen.
3. Suchen Sie den persönlichen Kontakt mit Migranten und führen Sie ein Interview über Herkunftsort, Flucht- bzw. Wanderungsmotive, positive und negative Erfahrungen, gefühlten Stand der Integration, Hilfen und Defizite bei der Integration etc.
   Wählen Sie – in Absprache mit dem Gesprächspartner – eine geeignete Form der Gesprächsaufzeichnung (Ton- oder Videomitschnitt, Protokoll).
4. Gestalten Sie aus den gesammelten Informationen und Porträts eine Ausstellung zum Thema Migration im Schulgebäude, welche über Migration im Allgemeinen und die Situation der porträtierten Migranten informiert.

Tipps für die Durchführung der Interviews

Vorbereitung:

- Interviewziele festlegen
- (Leit-)Fragenkatalog formulieren
- Interviewpartner suchen
- Kontaktaufnahme
- Interviewpartner über den Inhalt des Gesprächs informieren
- Termin und Ort des Gesprächs festlegen
- Gesprächsführung üben
- Technische Hilfsmittel überprüfen und ihren Einsatz üben

Durchführung

- Fotos, Gegenstände oder andere Quellen als Gesprächsanlass nutzen
- Offene Fragen stellen
- Gezielt nachfragen, ggf. vom Fragenkatalog lösen
- Evtl. einen zweiten Gesprächstermin vereinbaren

Auswertung

- Transkription wichtiger Interviewpassagen
- Überprüfung des Gesagten anhand anderer Quellen und Informationen
- Deutung des Gesagten

Autorentext, Interviewtipps nach: Martina Tschirner, Zeitzeugen befragen will gelernt sein, in: Spuren suchen 2006, S. 41

Literaturtipp:

Lothar Dittmer/Detlef Siegfried (Hg.), Spurensucher. Ein Praxisbuch für die historische Projektarbeit, Hamburg 2005

Wissen kompakt

Die Entwicklung der Weltbevölkerung
M 1 – M 3

Erhebliche Auswirkungen auf die in Zukunft verfügbaren Ressourcen und auf das klimatische und ökologische Gleichgewicht der Erde hat die Entwicklung der Weltbevölkerung. Nach einer beispiellosen Bevölkerungsexplosion in den letzten hundert Jahren wird die demografische Entwicklung im 21. Jahrhundert von einer Stagnation oder gar einem Rückgang der Zuwachsraten und einem ausgeprägten Alterungsprozess in den Industriestaaten geprägt sein, während das Wachstum in den Entwicklungsländern anhalten wird. In diesen Gebieten bereits vorhandene Probleme wie Massenarmut, Hunger, Krankheiten und Wassermangel verschärfen sich und führen möglicherweise zu weiteren politischen, ethnischen und sozialen Konflikten. Wie bereits in den Industriestaaten im 19. und 20. Jahrhundert schreitet gegenwärtig in den Entwicklungsländern die Verstädterung fort, so dass der Großteil der Stadtbewohner in Zukunft in Slums ohne ausreichende sanitäre Einrichtungen und Infrastruktur wohnen wird.

Umgang mit den Bevölkerungsfragen der Dritten Welt
M 5

Wirksame Maßnahmen zur Eindämmung des Bevölkerungswachstums und der damit verbundenen Probleme müssen bei den Ursachen ansetzen:

- Bekämpfung der Massenarmut;
- Verbesserung der Bildungschancen, v. a. für Frauen;
- Aufbau von Basisgesundheitsdiensten und der Gesundheitsfürsorge, vor allem gezielte Maßnahmen zur Verringerung der Kindersterblichkeit und Aufklärung über Geburtenkontrolle und Aids;
- Ausbau sozialer Sicherungssysteme, die den Zwang vermindern, möglichst viele Kinder zur Alterssicherung in die Welt zu setzen;
- Frauenförderung, um die soziale Lage und Selbstbestimmung der Frauen zu verbessern;
- Verbot von Zwangsverheiratung sowie Kinder- oder Teenagerheirat.

Migration
M 9 – M 14

Massenmigration innerhalb von Staaten und über Staatsgrenzen hinaus kann ganze Regionen destabilisieren, vor allem dann, wenn die Bereitschaft oder Fähigkeit der Zielländer, Flüchtlinge aufzunehmen, begrenzt ist.

Flucht- und Migrationsbewegungen entstehen aus einer Reihe von Ursachen. Man unterscheidet hierbei sogenannte *Push-Faktoren*, also Druckfaktoren, die im Heimatland wirksam sind, und *Pullfaktoren*, das sind Faktoren im Zielland, welche die Migration als aussichtsreich erscheinen lassen. Zu den Push-Faktoren gehören z.B. Menschenrechtsverletzungen, religiöse oder politische Verfolgung, Bürgerkrieg, Armut, Klimawandel, Umweltzerstörung. Zu den Pull-Faktoren zählen die Hoffnung auf Schutz und Sicherheit und die Verbesserung der wirtschaftlichen Situation.

Im Rahmen der Vereinten Nationen kümmert sich das Amt des Hohen Flüchtlingskommissars (UNHCR) um die Betreuung und den Schutz von Flüchtlingen. Die Staaten der Europäischen Union versuchen, ihre Flüchtlingspolitik zu harmonisieren. Dabei geht es um die Sicherung der gemeinsamen Außengrenzen, die Festlegung sicherer Drittstaaten, deren Bürger kein Asyl in einem europäischen Land beantragen können und gemeinsame Standards für den Schutz von Flüchtlingen.

Sicherheit im 21. Jahrhundert

2

Iran – eine Frau passiert eine Mauer mit antiamerikanischer Grafitti.

Mit dem Ende des Ost-West-Konflikts vor nunmehr fast zwanzig Jahren verbanden viele die Hoffnung, die Bedrohung der Welt durch Massenvernichtungswaffen und Kriege würde schwinden. Zwar ist die Gefahr einer Vernichtung durch den Einsatz von Atomwaffen in einer Auseinandersetzung zwischen der Sowjetunion und den USA vorüber, aber neue Bedrohungen sind entstanden. Ethnische, soziale und ideologisch-religiöse Konflikte bringen nach wie vor Elend und Tod über unzählige Menschen, der islamistische Terrorismus bedeutet eine erhebliche Bedrohung für die Weltgesellschaft, die leichtere Verfügbarkeit der Atomwaffentechnologie sowie die Endlichkeit wichtiger Ressourcen erhöhen die Gefahr einer Eskalation von internationalen Konflikten.

Gerade angesichts solch vielfältiger Bedrohungen und einer in raschem Wandel begriffenen Weltordnung wäre eine effiziente Konfliktregelung durch die Vereinten Nationen besonders wichtig. Weshalb aber scheitern die Vereinten Nationen immer wieder bei ihrer vornehmsten Aufgabe, Frieden in der Welt zu sichern? Welche Reformen werden diskutiert, um die Vereinten Nationen als wichtigste Institution zur kooperativen Friedenssicherung zu stärken?

Welche Rolle soll angesichts der neuen Herausforderungen die NATO, das ehemalige westliche Verteidigungsbündnis spielen? Können traditionelle Streitkräfte hier überhaupt Sicherheit bieten? Kann auch die ökonomisch erfolgreiche Europäische Union zu einem bedeutsamen sicherheitspolitischen Akteur werden? Wie findet Deutschland zu seiner neuen Rolle?

Nach einem Überblick über aktuelle Aspekte der globalen Sicherheitslage (Kapitel 2.1) wird die Rolle der Vereinten Nationen im Darfur-Konflikt beleuchtet (Kapitel 2.2.1) Die hier sichtbar werdenden Probleme können mithilfe von Materialien zur Organisationsstruktur und zur Regelung der Friedenssicherung durch die UNO analysiert (Kapitel 2.2.2) und die Wichtigkeit von Reformen erkannt werden (Kapitel 2.2.3).

Bedeutung und Probleme der NATO können an ihrem Engagement in Afghanistan (Kapitel 2.3.1) sowie an Materialien zur neuen Rolle der NATO nach dem Ende des Ost-West-Konflikts (Kapitel 2.3.2) diskutiert werden.

Abschließend wird gezeigt, welchen besonderen Beitrag die EU neben der NATO zur Sicherung des Friedens leisten kann (Kapitel 2.3.3) und wie sich Deutschland vor dem Hintergrund seiner außenpolitischen Leitlinien (Kapitel 2.4.1) den neuen sicherheitspolitischen Herausforderungen stellt (2.4.2).

Tipps & Links

Lernen vor Ort

- Laden Sie einen Vertreter der Bundeswehr ein und führen Sie ein Interview zum Thema Auslandseinsätze.
- Organisieren Sie ein Streitgespräch mit Zivildienstleistenden und Angehörigen der Bundeswehr.
- Expertengespräch mit Vertretern von Entwicklungshilfeorganisationen zur Lage in einem ausgewählten Krisengebiet.
- Teilnahme am Simulationsspiel „Model United Nations"

Referieren und Präsentieren

- Die Außenpolitik der Vereinigten Staaten
- Geschichte des Nahost-Konflikts, aktuelle Entwicklungen
- Wie der Aufstieg Chinas und Indiens die Weltpolitik verändert
- Die Generalsekretäre der Vereinten Nationen portraitieren
- Die Geschichte und Arbeit der Organisation für Sicherheit und Zusammenarbeit in Europa (OSZE)

Weiterlesen

- *Tobias Debiel, Dirk Messner, Franz Nuscheler (Hg.), Globale Trends 2007, Bonn 2007 (Bundeszentrale für politische Bildung)*
  Die Globalen Trends 2007 liefern die Essenz des Wissens über wesentliche Entwicklungen in den Bereichen Frieden, Entwicklung und Umwelt. Gestützt auf neueste internationale Fachliteratur und Daten dokumentieren und interpretieren sie sowohl kurz- als auch längerfristige Entwicklungen und Zusammenhänge.
- *Deutschland und Europa Nr. 55, Außen- und Sicherheitspolitik in Europa, Stuttgart 2008 (Landeszentrale für politische Bildung Baden-Württemberg)*
  Überblick über Außen- und Sicherheitspolitik in Europa, mit vielen Fallstudien, Grafiken, Karikaturen und einer Auswahl vertiefender Materialien.
- *Sven Bernhard Gareis, Deutschlands Außen- und Sicherheitspolitik. Eine Einführung, Opladen 2005 (Verlag Barbara Budrich)*
  Das Lehrbuch führt in die Grundlagen (Begriffe, Akteure, Bedingungen) und wesentlichen Handlungsfelder der deutschen Außen- und Sicherheitspolitik ein.
- *Informationen zur politischen Bildung Nr. 291, Sicherheitspolitik im 21. Jahrhundert, Bonn 2006 (Bundeszentrale für politische Bildung)*
  Das Heft behandelt die zentralen Problemfelder der Weltpolitik und stellt die wichtigsten Institutionen zu deren Bearbeitung vor.

Recherchieren

www.auswartiges-amt.de
Seite des Auswärtigen Amtes; mit Materialien, Dokumenten und Länderinformationen.

www.weltpolitik.net
Seite der Deutschen Gesellschaft für Auswärtige Politik; mit Ausführungen zu allen wichtigen Themenfeldern der internationalen Politik.

www.bmvg.de
Bundesministerium der Verteidigung; mit aktuellen Informationen zur deutschen Verteidigungspolitik und den Auslandseinsätzen der Bundeswehr.

Internationale Organisationen

www.nato.de
Nordatlantische Verteidigungsorganisation

www.unric.org
Informationszentrum der Vereinten Nationen für Westeuropa, deutsch

www.osce.de
Organisation für Sicherheit und Zusammenarbeit in Europa

http://europa.eu/index_de.htm
Seite der Europäischen Union

2.1 Die neue Unübersichtlichkeit in der internationalen Politik

Aktuelle Krisen und Konflikte

M 1

Abschiedsvideo eines Selbstmordattentäters

Teheran besteht auf Urananreicherung

>>Alarmierende Aufrüstung<<

Experten warnen vor neuer Gewalt am Horn von Afrika

Bush warnt vor Invasion

US-Präsident bietet Türkei Hilfe im Kampf gegen PKK an

Krisenherd Nahost

Schwere Kämpfe im Tschad

Nairobi – Im Osten des Tschad nahe der Grenze zur sudanesischen Krisenprovinz Darfur sind schwere Kämpfe zwischen Regierungstruppen und Rebellen ausgebrochen. Beide Seiten beanspruchten den Sieg für sich, berichtete der britische Rundfunksender BBC am Dienstag. Die Armee behauptete, in den stundenlangen Kämpfen hunderte Rebellen getötet und mehr als 50 ihrer Fahrzeuge erbeutet zu haben. Dagegen sagte ein Rebellenführer, er habe 17 seiner Kämpfer verloren, während mehr als 100 Regierungssoldaten getötet worden seien.

Öl als Waffe

Populisten zündeln, Vorräte werden knapp: Warum der Rohstoff immer teurer wird

Zusammenstellung des Autors

Aufgaben

1. Auf der Einstiegsseite finden Sie Beispiele für Krisen und Konflikte, über die in den Medien berichtet wurde. Ergänzend oder alternativ können Sie weitere aktuelle Krisen und Konflikte recherchieren.
   a) Ermitteln Sie in arbeitsteiliger Gruppenarbeit aus den Massenmedien oder dem Internet, worum es in dem Konflikt/der Krise geht.
   b) Beschreiben Sie, inwiefern Deutschland und/oder Europa von dem Konflikt/der Krise betroffen ist.

M 2 Rahmenbedingungen für Sicherheitspolitik zu Beginn des 21. Jahrhunderts

Das Ende des Ost-West-Konflikts 1989/90 bedeutete einen tiefen Einschnitt in der Entwicklung internationaler Sicherheitsbeziehungen. Seitdem muss sich die Staatenwelt mit teilweise neuen Bedingungen und Herausforderungen auseinandersetzen und viele Staaten, darunter Deutschland, legen ihrer Sicherheitspolitik inzwischen einen erweiterten Sicherheitsbegriff zugrunde. Er nimmt neben den militärischen Bedrohungen, die nicht nur von Staaten ausgehen können, auch andere Konfliktursachen in den Blick: Armut und Massenelend, Umweltzerstörung, ethnisch und religiös motivierte Gewalt. Als Gegenmaßnahmen propagiert er Krisenprävention mit diplomatischen Mitteln, multilaterale Deeskalation von gewaltsamen Konflikten auch, aber nicht nur mit militärischen Mitteln sowie Konfliktmanagement mit dem Ziel, die Ursachen von Gewalt gewissermaßen auszutrocknen.

Das Ende der weltpolitischen Bipolarität – der Rivalität der Großmächte USA und UdSSR im internationalen System – hat aber auch das Blickfeld für schon längerfristig angelegte Strukturveränderungen freigemacht. Diese lassen sich mit den Begriffen Globalisierung und Staatsabschwächung knapp umschreiben. Alle drei Entwicklungen haben weitreichende Auswirkungen auf die Gestaltung staatlicher Sicherheitspolitik.

Mit dem Ende des Ost-West-Konflikts, eingeläutet durch den Zusammenbruch des „sozialistischen Weltsystems" unter Führung der Sowjetunion, schwand auch die wechselseitige Bedrohung der Militärbündnisse NATO und Warschauer Pakt.

In dieser Konfrontation standen sich nicht nur hochgerüstete Massenarmeen gegenüber, sondern bald auch nukleare Arsenale von unvorstellbarer Vernichtungskapazität. Rein rechnerisch reichten die Atomwaffen aus, um die Erde mehrfach vollständig zu zerstören. Ungefähr seit Mitte der 1960er Jahre verfügten die beiden globalen Führungsmächte USA und Sowjetunion über Waffen, die sie auch nach einem nuklearen Erstschlag des Gegners abschießen konnten. Dem nuklearen Angreifer brachte also ein Überraschungsangriff keinen Nutzen mehr.

Diese Form der wechselseitigen Abschreckung mittels Zweitschlagskapazität auch „Nukleares Patt" genannt, endete 1989/90 ebenso wie die „Stellvertreterkriege" der beiden Führungsmächte oder ihrer Verbündeten in Afrika und Asien.

Der Begriff „Globalisierung" besagt zunächst einmal, dass immer mehr Menschen weltweit privat, beruflich, wirtschaftlich und politisch vernetzt sind.

Die Globalisierung wirkt sich auf zentrale randständige Regionen unterschiedlich aus. Ein Beispiel dafür ist die Richtung der Migrationsströme: Sie fließen aus den Peripherien in die reichen Länder. Ein weiteres und besonders sicherheitsrelevantes Charakteristikum ist die bedenkliche Zunahme von Risiken und Gefahren. Bestimmte Umweltschäden (etwa die Abholzung der Regenwälder), Finanzkrisen (zum Beispiel die Zahlungsunfähigkeit eines Staates), gewalttätige Konflikte und Bürgerkriege wie in Afghanistan lassen sich lokal und regional nicht mehr eindämmen, sondern haben unmittelbare und mittelbare Wirkungen weltweit.

Im internationalen System der Gegenwart spielen die Staaten zwar noch eine herausgehobene Rolle, vor allem die großen, stabilen und mächtigen wie die USA. Doch die Zahl der eher handlungsschwachen Staaten hat sich besonders in Afrika, aber auch auf anderen Kontinenten erheblich vergrößert. Zugleich ist die Zahl von grenzüberschreitend tätig werdenden nichtstaatlichen Akteuren stark angestiegen.

Wilfried v. Bredow, Neue Herausforderungen, in: Sicherheitspolitik im 21. Jahrhundert, Informationen zur politischen Bildung Nr. 291, Bundeszentrale für politische Bildung, Bonn 2006, S. 4-5

Neue Machtzentren: China und Indien

M 3

Es wird immer deutlicher, dass der Aufstieg Chinas und Indiens in der Weltwirtschaft und als wichtige Global Governance-Akteure eine tektonische, also in ihren Auswirkungen signifikante und tief greifende Verschiebung darstellt. Diese Dynamik ergibt sich aus dem hohen und lang andauernden Wachstumstempo der beiden Ökonomien sowie deren Bevölkerungsstärke. Schon Südkorea und Taiwan haben seit den 1970er Jahren hohe Wachstumsraten aufzuweisen, doch nun drängen die beiden bevölkerungsreichsten Länder der Welt in die globale Wirtschaft und verändern deren Grundmuster. China und Indien sind daher nicht nur emerging economies, sondern *Drivers of Global Change*. Sie verändern weltweit die ökonomischen und darauf aufbauend auch die politischen Kräfteverhältnisse nachhaltig.

Die Dynamik des Umbruchs ist beeindruckend: In weniger als zwei Jahrzehnten ist China von einem randständigen Wirtschaftsakteur zu einem der zentralen Spieler in der Weltwirtschaft geworden. Indien befindet sich auf einem sehr ähnlichen Pfad – mit einer Zeitverzögerung von etwa 10 - 15 Jahren. Die Deutsche Bank Research prognostiziert für Indien in den kommenden 15 Jahren ein deutlich höheres Wachstum als für China, so dass Indien im Jahr 2020 nach den USA und China die drittgrößte Ökonomie der Weltwirtschaft darstellen wird.

Sollte sich der indische Aufholprozess, der erst Ende der 1980er Jahre begann, in den kommenden ein bis zwei Jahrzehnten fortsetzen, würde Indien im Jahr 2020 eine ähnliche Rolle spielen wie China heute – und beide zusammen genommen würden die Weltwirtschaft nachhaltig prägen. Dies gilt auch deshalb, weil die beiden asiatischen Giganten nicht nur quantitativ wachsen, sondern zugleich rasche technologische Lernprozesse durchlaufen.

Die ökonomischen Aufholprozesse werden von steigenden weltpolitischen Ambitionen begleitet. Parallel zur weltwirtschaftlichen Integrationsstrategie engagiert sich China in den vergangenen zwei Jahrzehnten zunehmend in internationalen Organisationen.

Die Strategie internationaler Isolierung verwandelte sich in nur zwei Jahrzehnten in einen Ansatz pro-aktiver Beteiligung an der Weltpolitik. Zudem ist zu beobachten, dass China in Afrika, Lateinamerika und im Kaukasus in den vergangenen Jahren langfristige Strategien der Sicherung des Zugangs zu Energievorräten und anderen wichtigen Ressourcen entwickelt hat und auch im UN-Sicherheitsrat eine sichtbarere Rolle als zu Zeiten des Kalten Krieges spielt.

Skyline in Shanghai – Symbol für den wirtschaftlichen Aufstieg Chinas.

Indien versteht sich seit Jahrzehnten als „Stimme des Südens" in den internationalen Beziehungen und hat sich daher stets in internationalen Organisationen engagiert. Mit zunehmender ökonomischer Macht ist das südasiatische Land ein zentraler Akteur in der G20, die in der laufenden WTO-Runde die Interessen der Entwicklungsländer bündelt. Gemeinsam mit Brasilien und Südafrika schloss sich Indien im Jahr 2003 zu einer Art „G-3 der führenden Entwicklungsländer" zusammen, um über zentrale Fragen globaler Politik zu beraten und gemeinsame Global Governance-Ziele zu verabreden. Seit den Atomtests von 1998 ist Indien zudem de facto eine Atommacht, die mit dem Besuch von US-Präsident Bush im März 2006 in New Delhi zum „strategischen Partner" der USA avancierte.

Angesichts dieser enormen ökonomischen und politischen Dynamiken, die von China und Indien ausgehen, ist zu erwarten, dass sich die Global Governance-Architektur in den kommenden Jahrzehnten signifikant verändern wird.

Tobias Debiel, Dirk Messner, Franz Nuscheler (Hg.), Globale Trends 2007, Frankfurt a. Main 2006, S. 46 ff.

M 4 Die Wiederkehr Russlands als Weltmacht

Willkommen in der Wirklichkeit von Ost und West. Russland meldet sich selbstbewusst in der Weltpolitik zurück, und NATO wie Europäische Union müssen einige Illusionen begraben. Etwa jene, dass Moskau sich mit der Rolle eines Juniorpartners des Westens zufriedengeben würde. Oder die andere, dass den USA und dem atlantischen Bündnis durch den Sieg im Kalten Krieg auf Dauer die Führung beim Ordnen des globalen Chaos zugefallen ist – und damit auch die Interpretationshoheit über dessen Gefahren und wie man ihnen am besten begegnet. …

Von der These, dass Russland nach dem Zusammenbruch der Sowjetunion irgendwo in der Grauzone zwischen entwickelter und unterentwickelter Welt stagnieren werde, hatte man sich in Brüssel und Washington zwar schnell verabschiedet. Aber die feste Überzeugung, dass aus dem epischen Ringen des vergangenen Jahrhunderts Amerika als alleinige Weltmacht und die NATO als globale Sicherheitsagentur hervorgegangen sind, hat den Westen zu einem arroganten Umgang mit Russland verleitet. Wenn es für die EU heute schwierig ist, mit Russland einen Partnerschaftsvertrag auf die Beine zu stellen, dann sind da auch jene Eurokraten schuld, die jahrelang die komplette Unterwerfung Russlands durch europäische Wirtschafts- und Rechtsregeln als Preis für eine Zusammenarbeit verlangt hatten. Der partielle Realitätsverlust des Westens zeigt sich auch im Vorgehen der USA bei der neuen Raketenabwehr. In Washington hatte niemand mehr die Phantasie, sich vorstellen zu können, dass Putin die Stationierung an seinen Grenzen als Provokation begreifen könnte.

Russland beansprucht wieder einen Platz in der ersten Reihe und hat mit seiner Atomstreitmacht, seiner Größe und seinem Reichtum an Öl und Gas dafür durchaus gewichtige Argumente.

Martin Winter, Süddeutsche Zeitung, 12.2.2007

M 5 Global Governance im Zeichen des Drachen?

Die Anfang des 21. Jahrhunderts quasiunilateral geprägte Weltordnung wird voraussichtlich nur von kurzer Dauer sein. Der Aufstieg Chinas und Indiens führt bis spätestens 2020 zu einer multipolaren Machtkonstellation, deren zentrale Pole die USA, China und Indien sein werden. Nur mit einer gemeinsamen EU-Strategie zur Gestaltung der Globalisierung wird Europa in der sich rapide verändernden weltpolitischen Landschaft eine handlungsmächtige Rolle spielen können. Der „Aufstieg und Fall großer Mächte" stellten in der Geschichte stets turbulente, oft konfliktive Wendepunkte der Weltpolitik dar. Vieles spricht dafür, dass das zukünftige Zusammenspiel dieser zentralen, Global Governance-Akteure ausschlaggebend dafür sein wird, ob und wie die globalen Herausforderungen und Risiken des 21. Jahrhunderts bearbeitet werden und welche Rolle die Entwicklungsregionen in der Weltwirtschaft und -politik spielen können.

Die neue multipolare Machtkonstellation und der daraus resultierende Wettbewerb um Macht und weltweite Gestaltungsmöglichkeiten wird zur zentralen Konfliktlinie in der Global Governance-Architektur[1] der kommenden Jahrzehnte – ähnlich wie der Systemkonflikt während des Kalten Krieges oder die Dauerkonflikte zwischen den europäischen Mittelmächten vor dem Ersten Weltkrieg. Setzt sich der Aufstieg Chinas und Indiens in den kommenden zwei Jahrzehnten unvermindert fort, wird im Jahr 2025 von einer westlich dominierten Weltordnung nicht mehr die Rede sein können. Die Machtverschiebung Richtung Osten wird die Grundmuster der Weltpolitik und die Global Governance-Architektur umfassend verändern. …

Mit China steigt zudem ein undemokratischer, nicht-liberaler Staat in der Global Governance-Architektur auf. Welche Auswirkungen wird dies auf die Legitimation von Global Governance-Prozessen haben, die nicht zuletzt von der Legitimation der daran beteiligten Akteure abhängt? Es könnte sein, dass Menschenrechte zukünftig noch schwieriger im internationalen System zu verteidigen sein werden als bisher. Nicht zuletzt drohen im Wettbewerb zwischen China, Indien und Japan Konflikte um die Hegemonie in Asien, die auch auf die globale Politik ausstrahlen könnten.

Tobias Debiel, Dirk Messner, Franz Nuscheler, (Hg.), Globale Trends 2007, Frankfurt a. M. 2006, S. 49 ff.

[1] *vgl. dazu Kap. 4.2*

Machtkonstellationen in der internationalen Politik

Info

Bipolarität – Unipolarität – Multipolarität

Bipolarität bezeichnet einen Zustand, in dem die internationale Politik von der Rivalität zweier Großmächte geprägt ist, während sie im Falle der Unipolarität durch eine unangefochtene Supermacht dominiert wird. Von Multipolarität wird gesprochen, wenn es im internationalen System mehrere annähernd gleich starke Mächte mit Führungsanspruch gibt.

nach: Wilfried v. Bredow, Sicherheitspolitik zu Beginn des 21. Jahrhunderts, Informationen zur politischen Bildung Nr. 274, Bundeszentrale für politische Bildung, Bonn 2002

Unilateralismus – Bilateralismus – Multilateralismus

Die Bezeichnung Unilateralismus meint das einseitige Handeln eines Landes z.B. bei der Handelsliberalisierung oder bei der Verfolgung staatlicher Sicherheitsinteressen.

Als Bilateralismus bezeichnet man ein System zweiseitiger Abkommen zwischen Staaten, z.B. zur Gestaltung der Handelsbeziehungen oder zur gegenseitigen Unterstützung bei Bedrohung durch Dritte.

Unter Multilateralismus versteht man ein System der Zusammenarbeit mehrerer Staaten in Form von Abkommen oder unter dem Dach einer internationalen Organisation (z.B. UNO) zur Bearbeitung eines internationalen Problems (z.B. Regelung des Welthandels, Friedenssicherung).

Autorentext

Aufgaben

1. Stellen Sie in einer tabellarischen Übersicht die heutigen Bedrohungen unserer Sicherheit den Gefahren gegenüber, die im Ost-West-Konflikt bis 1989/90 dominierten (M 2).
2. Auf dem Weg zu einer multipolaren Weltordnung: Erklären Sie, durch welche Faktoren diese Entwicklung gefördert wird (M 3 – M 5).
3. Erarbeiten Sie aus M 3 und M 5, welche Faktoren den Aufstieg Chinas und Indiens zu Großmächten bedingen und wie sich dadurch die Weltordnung verändern könnte.

Warum schwindet das Gefühl der Sicherheit?

M 6

Warum fühlen sich Menschen (also) bedroht? Weil die Welt geschrumpft ist, und weil Sicherheit nicht mehr in Raketen und Panzerhaubitzen fakturiert wird. Das Phänomen heißt Globalisierung, und es bedeutet nicht nur, dass die Arbeitsplätze in Niedersachsen von der Produktionskraft chinesischer Fabrikangestellter abhängen, sondern dass auch das subjektive Bedrohungsgefühl der Pfälzer, der Bretonen und der Texaner längst nicht mehr zu trennen ist von der Sicherheit der Kaschmiris, der Kongolesen oder der Kurden.

Außerdem ist Sicherheit schon lange keine Frage der Waffentechnik und der Militäreinsätze mehr. Die letzten Jahre haben das Bedrohungsspektrum dramatisch erweitert, mit dem dschihadistischen Terrorismus und all seinen Spielarten an der Spitze der Liste, gefolgt von anderen religiös motivierten Bedrohungen, aber auch von den Ängsten, die der Klimawandel, die Energieversorgung oder selbst Flüchtlingsströme auslösen.

Stefan Kornelius, Süddeutsche Zeitung, 10./11.2.2007

M 7 Kriege und Konflikte 1945 – 2007

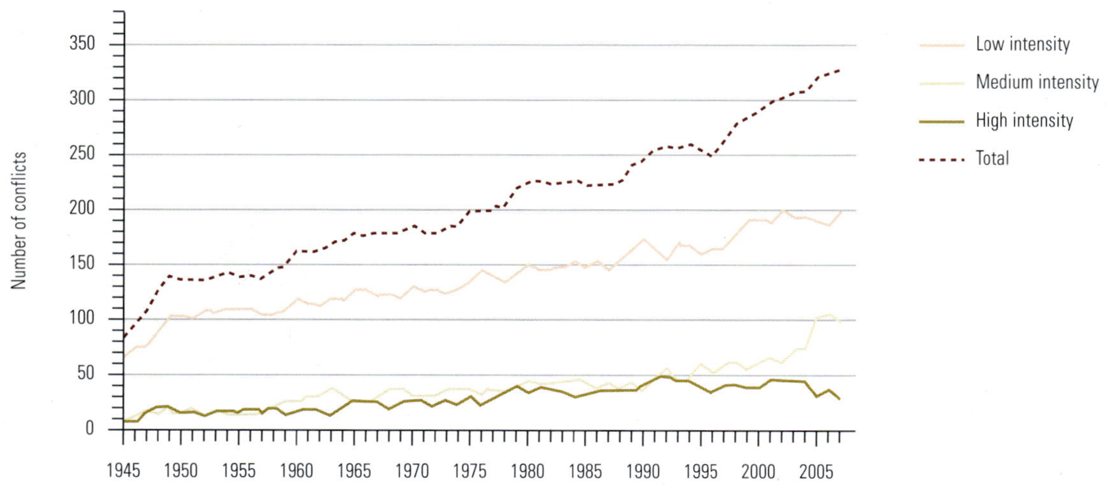

Weltkarte: Konflikte hoher Intensität 2010

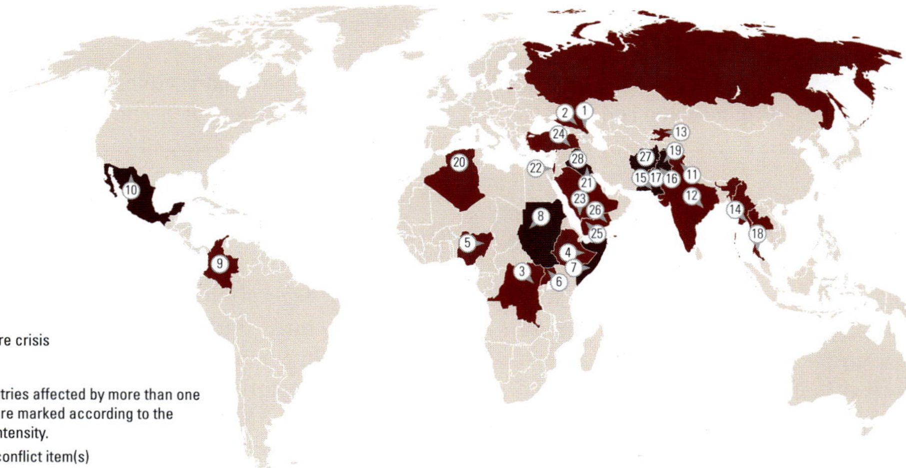

The countries affected by more than one conflict are marked according to the highest intensity.

Name – conflict item(s)

Europe – severe crises
1 Russia (Islamist militants/Dagestan) – secession, system/ideo.
2 Russia (Islamist militants/Ingushetia) – secession, system/ideology

Sub-Saharan Africa – severe crises
3 DR Congo (Enyele) – regional predominance
4 Ethiopia (ONLF/Ogaden) – secession, resources
5 Nigeria (farmers – pastoralists) – regional predominance, resources
6 Uganda (LRA) – regional predominance

Sub Saharan Africa – wars
7 Somalia (Islamist groups) – system/ideology; national power
8 Sudan (Darfur) – regional predominance, resources

The Americas – severe crises
9 Colombia (FARC) – system/ideology, regional predominance, resources

The Americas – wars
10 Mexico (drug cartels) – regional predominance, resources

Asia and Oceania – severe crises
11 India (JeM et al/Kashmir) – secession
12 India (Naxalites) – system/ideology
13 Kyrgyzstan (Kyrgyz – Uzbeks) – regional predominance, resources
14 Myanmar (KNU, KNLA/Karen State, Kayah State) – secession
15 Pakistan (Mohajirs – Sindhis, Pakhtuns, Baloch) – regional predominance
16 Pakistan (Taliban . various tribes) – system/ideology, regional predominance
17 Pakistan (TTP, LeJ, SSP – various religious groups) – system/ideology, regional predominance
18 Thailand (Muslim separatists/southern border provinces) – secession, system/ideology

Asia and Oceania – wars
19 Pakistan (various Islamist militants) – system/ideology, national power

The Middle East and Maghreb – severe crises
20 Algeria (AQIM) – system/ideology, national power
21 Iraq (AQI, ISI) – system/ideology, national power
22 Israel (Hamas et al/Palestine) – secession, system/ideology
23 Saudi Arabia (al-Houthi rebels) – regional predominance
24 Turkey (PKK/KONGRA-GEL/Kurdish areas) – autonomy
25 Yemen (al-Houthi rebels) – system/ideology, regional predominance
26 Yemen (AQAP) – system/ideology, national power

The Middle East and Maghred – wars
27 Afghanistan (Taliban et al.) – system/ideology, national power
28 Iraq (militant groups) – system/ideology, national power

Heidelberger Institut für internationale Konfliktforschung (Hg.), Konfliktbarometer 2010, Heidelberg 2011

Info

Konflikt – Krise – Krieg

Gewaltgrad	Intensitätsgruppierung	Intensitätslevel	Intensitätsbezeichnung	Definition
nicht gewaltsam	niedrig	1	Latenter Konflikt	Eine Positionsdifferenz um definierbare Werte von nationaler Bedeutung ist dann ein latenter Konflikt, wenn darauf bezogene Forderungen von einer Partei artikuliert und von der anderen Seite wahrgenommen werden.
		2	Manifester Konflikt	Ein manifester Konflikt beinhaltet den Einsatz von Mitteln, welche im Vorfeld gewaltsamer Handlungen liegen. Dies umfasst beispielsweise verbalen Druck, die öffentliche Androhung von Gewalt oder das Verhängen von ökonomischen Zwangsmaßnahmen.
	mittel	3	Krise	Eine Krise ist ein Spannungszustand, in dem mindestens einer der Parteien vereinzelt Gewalt anwendet.
gewaltsam	hoch	4	Ernste Krise	Als ernste Krise wird ein Konflikt bezeichnet, wenn wiederholt und organisiert Gewalt eingesetzt wird.
		5	Krieg	Kriege sind Formen gewaltsamen Konfliktaustrags, in denen mit einer gewissen Kontinuität organisiert und systematisch Gewalt eingesetzt wird. Die Konfliktparteien setzen, gemessen an der Situation, Mittel in großem Umfang ein. Das Ausmaß der Zerstörung ist nachhaltig.

Heidelberger Institut für internationale Konfliktforschung (Hg.), Conflict Barometer 2007, Heidelberg 2007, S. 0

Das klassische Kriegsbild löst sich auf

M 8

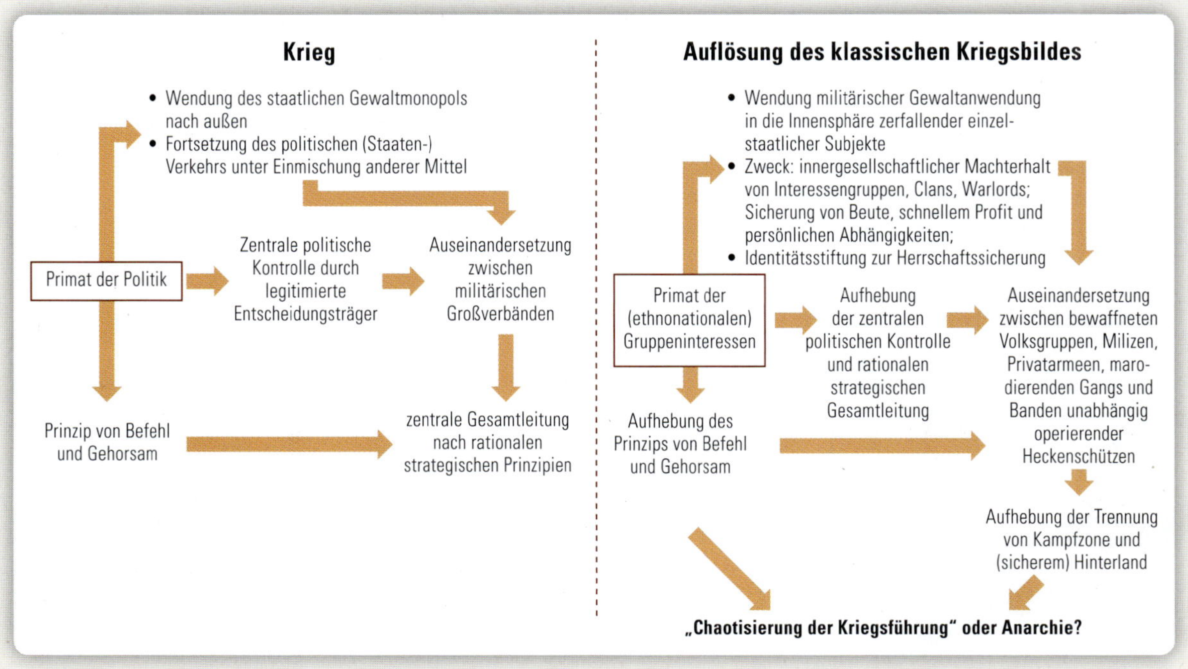

Reinhard Meyers, Krieg und Frieden, in: Wichard Woyke (Hg.), Handwörterbuch internationale Politik, 9. Aufl., Bonn 2004, S. 307

M 9 Räume begrenzter Staatlichkeit

Räume begrenzter Staatlichkeit zeichnen sich dadurch aus, dass bei ihnen zwischen der von der internationalen Gemeinschaft zugeschriebenen Souveränität und dem, was man „effektive Souveränität“ nennt, eine mehr oder weniger große Lücke klafft. Effektive Souveränität meint hier die Fähigkeit, zentrale politische Entscheidungen herstellen und autoritativ durchsetzen zu können. „Begrenzte Staatlichkeit“ bezeichnet hingegen Defizite bei dem, was Juristen „effektive Gebietsherrschaft“ nennen. Dabei kann es sich im Extremfall zerfallen(d)er Staaten um die weitgehende Erosion des staatlichen Gewaltmonopols handeln, sodass ein gewaltoffener Raum entsteht. In den meisten Fällen begrenzter Staatlichkeit haben wir es aber in erster Linie mit schwachen politischen bzw. staatlichen Institutionen zu tun, die weder in der Lage sind, Entscheidungen herzustellen, noch diese am Ende auch durchzusetzen, notfalls unter Rückgriff auf Zwang. Dabei hat diese Institutionenschwäche noch eine weitere Folge: Moderne Staatlichkeit ist nicht nur durch die Fähigkeit gekennzeichnet, Entscheidungen und Regeln (Gesetze) durchzusetzen, sondern sie begrenzt gleichzeitig politische Herrschaft. Das unterscheidet Staatlichkeit von Willkürherrschaft. In Räumen begrenzter Staatlichkeit führt die Institutionenschwäche dagegen dazu, dass eine Begrenzung von Herrschaft nur unzureichend erfolgt. Im Extremfall können politische Akteure von fast niemandem mehr zur Rechenschaft gezogen werden; sie beuten staatliche Ressourcen für ihre privaten Zwecke aus oder verteilen die staatlichen Einnahmen an ihre klientelistischen Netzwerke. So führt diese Institutionenschwäche dazu, dass Warlords öffentliche Sicherheit verknappen und als privates Gut gegen Bezahlung zur Verfügung stellen wie etwa in Nigeria.

Demokratische Republik Kongo, 1.2.2008: Die 18-jährige Zawadi Devota wird in einem Krankenhaus behandelt. Sie wurde angeschossen, vergewaltigt und mit HIV infiziert. Zerfallende Staaten sind unfähig, ihre Bürger zu schützen.

Nun sind gewaltoffene Räume zerfallen(d)er Staaten nur das eine Extrem begrenzter Staatlichkeit. In diesen Räumen ist „Staat“ nur noch ein Etikett, dem in der Wirklichkeit – im Sinne effektiver Souveränität – kaum noch etwas entspricht, wie etwa in Somalia. Viel häufiger existieren „schwache“ Staaten in verschiedenen Entwicklungs- und Transformationsgesellschaften, die Teile ihres Territoriums nicht (mehr) kontrollieren oder nicht in der Lage sind, Entscheidungen in einzelnen Teilbereichen der Politik effektiv durchzusetzen. So verfügt der brasilianische Staat in Teilen Amazoniens nur über ein eingeschränktes Gewaltmonopol, das Gleiche gilt für den Nordosten Kenias.

Thomas Risse, Ursula Lehmkuhl, Governance in Räumen begrenzter Staatlichkeit, Aus Politik und Zeitgeschichte 20-21/2007, S. 4

M 10 Weltpolitik als Spiel der großen Mächte

Die augenblickliche Dominanz von Sicherheitspolitik, Kriegsdrohungen und militärischer Machtpolitik erweckt den Anschein, internationale Institutionen zur kooperativen Bearbeitung globaler Probleme hätten seit den Terroranschlägen ihre Bedeutung zur Regulierung internationaler Macht- und Interessendifferenzen verloren. Der Rückzug der US-Regierung aus multilateraler Zusammenarbeit, die Schwächung des Völkerrechts durch die Kriege im Irak, im Kosovo und in Afghanistan sowie die Strategie vieler Staaten, ihre Interessen eher durch wechselnde Koalitionen statt durch langfristig angelegte Formen institutioneller Zusammenarbeit zu verfolgen, entspricht in hohem Maße einem nach dem Ersten Weltkrieg entwickelten Bild der internationalen Politik. Es handelt sich um die sogenannte (neo-)realistische Denkschule, in der die mächtigen Staaten das Gesche-

hen in einer anarchischen Welt der internationalen Politik bestimmen.
Die (neo-)realistische Vorstellung der Weltpolitik gleicht einem Billardspiel, in dem Staaten wie Kugeln von mächtigen Spielern hin und her gestoßen werden und die Großmächte die Spielregeln bestimmen. Sie beteiligen sich an internationalen Organisationen und Regimen[1] allein zu dem Zweck, in der weltpolitischen Arena die eigenen Interessen durchsetzen zu können und durch ein interessengeleitetes Mindestmaß an Kooperation für sich selbst mehr Sicherheit zu gewinnen und die nationale Wohlfahrt zu steigern. Die derzeitigen Machtkämpfe zwischen den großen Staaten in der Auseinandersetzung um die Grundpfeiler der Weltordnung des 21. Jahrhunderts scheinen das (neo-) realistische Weltbild zu bestätigen. Die Entwertung des Völkerrechts erinnert an die bereits überwunden geglaubte Staatenanarchie.

Ingomar Hauchler u. a. (Hg.), Globale Trends 2004/2005, Frankfurt a. M. 2003, S. 238-239

[1] Regime: siehe Kapitel 4.2.1

Weltpolitik als Spiel der Großmächte (Billardkugel-Modell)

Weltpolitik als Netzwerk zwischenstaatlicher Kooperation

M 11

Seit den 1970er-Jahren hat sich vor allem in Europa ein institutionalistisches Weltbild durchgesetzt, welches zwischenstaatlichen Vereinbarungen, dem Völkerrecht, internationalen Organisationen und regionaler Integration größere Bedeutung für die Weltpolitik beimisst als militärischen Machtpotenzialen, die aufgrund globaler Interdependenzen[1] zunehmend dysfunktional zur Interessendurchsetzung geworden sind. Dieses „Spinnwebenmodell" entstand aufgrund zweier empirischer Beobachtungen: Erstens sind die Staaten infolge zunehmender politischer, militärischer, ökonomischer und kultureller Verflechtungen in dichte Netze komplexer Interdependenzen und wechselseitiger Verwundbarkeiten eingebunden. Zweitens ist daher nicht mehr das einzelstaatliche Machtpotenzial das wirksamste Mittel zur Wahrung von Sicherheits- und Wohlstandsinteressen. Vielmehr kann das internationale Institutionensystem wirksam zur

Kanzlerin Angela Merkel und EU-Kommissionspräsident Barroso auf dem G-8-Gipfel in Heiligendamm 2007. Neben Vertretern der Nationalstaaten ist auch die EU auf den Gipfeltreffen vertreten.

Regelung internationaler Interessenkonflikte und Wahrung eigener Interessen eingesetzt werden. Das rasche Wachstum internationaler Organisationen und Regime in den vergangenen Jahrzehnten bestätigte die Sichtweise der Institutionalisten von der zentralen Bedeutung unterschiedlichster Formen zwischenstaatlicher Kooperation und des Multilateralismus für die Stabilität des internationalen Systems. Gerade der 11. September schien zunächst sogar die Kooperationsbereitschaft in der Weltpolitik verstärken zu können. Die von den USA zusammengeschweißte breite „Allianz gegen den Terror" drückte das Grundgefühl aus, dass die globale Unsicherheit und der transnationale Terrorismus nur durch die Kooperation der Staaten bekämpft werden könnte. Doch der „Allianz gegen den Terror" folgte die Bush-Rede von der „Achse des Bösen", die zugleich ein grenzenloses Selbstvertrauen der Supermacht in ihre eigene Kraft, ihr Misstrauen in die internationalen Organisationen, aber auch eine tief sitzende Verunsicherung über das Ende ihrer Unverwundbarkeit zum Ausdruck brachte. Spätestens mit der im September 2002 vorgelegten neuen Sicherheitsstrategie, in der die Option des Präventivkrieges entwickelt wurde, präsentieren sich die USA als alleinige Weltordnungsmacht. Es ist kaum zu übersehen, dass in diesem Prozess wichtige Institutionen des internationalen Systems von Auszehrung bedroht sind und der Multilateralismus eine tiefe Krise durchläuft. Völkerrecht und Vereinte Nationen werden damit geschwächt, die NATO verliert an Relevanz, und die EU wurde auf ihrem Weg zu einer gemeinsamen Außenpolitik erneut zurückgeworfen.

Ingomar Hauchler u.a. (Hg.), Globale Trends 2004/2005, Frankfurt a. M. 2003, S. 240-241

[1] Interdependenz: wechselseitige Abhängigkeit

Weltpolitik als Netzwerk (Spinnweben-Modell)

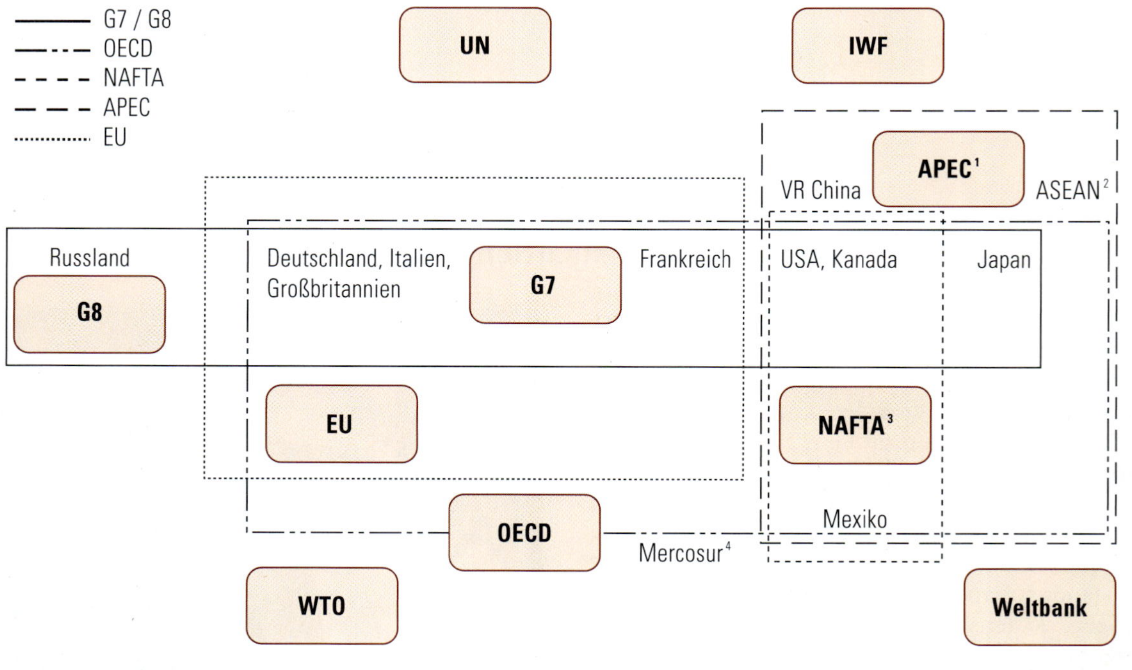

[1] APEC (Asia Pacific Economic Cooperation): Asiatisch-Pazifisches Wirtschaftsbündis
[2] ASEAN (Association of South-East Asian Nations): Vereinigung südostasiatischer Staaten
[3] NAFTA (North American Free Trade Agreement): Nordamerikanisches Freihandelsabkommen zwischen Kanada, den USA und Mexiko.
[4] MERCOSUR (Mercado Común del Sur): Wirtschaftsbündnis lateinamerikanischer Staaten

Zur Charakterisierung des internationalen Systems im 21. Jahrhundert

M 12

Der Westfälische Friede beendete 1648 den Dreißigjährigen Krieg und begründete das bis heute prinzipiell bestehende System gleichberechtigter, unabhängiger und souveräner Nationalstaaten. Doch ist die Welt längst nicht mehr nur als Staatenwelt zu begreifen. Eine Vielzahl von Akteuren gestaltet zu Beginn des 21. Jahrhunderts die internationale Politik. Der Politikwissenschaftler Ulrich Schneckener beschreibt das internationale System als Drei-Welten-Modell, das durch drei nebeneinander existierende Ordnungen geprägt ist.

Westfälische Konstellation	Postwestfälische Konstellation	Präwestfälische Konstellation
	Merkmale	
Modernes Staatensystem – souveräne Staaten – Gewaltmonopol – Prinzip Nichteinmischung – Prinzip territoriale Integrität	Staatensystem, Gesellschaftswelt und Wirtschaftswelt – Interdependenzen – gemeinsame Sicherheit – Einmischungsgebot	Vielzahl gewaltkompetenter Akteure/Clan- und Bandensystem – staatliches Gewaltmonopol gefährdet/erodiert – „private“ Ordnung, d.h. nicht rechtsgebundene, auf Gewalt und Willkür beruhende Teilordnungen
	Regieren	
Durch die jeweilige Regierung Oktroi des Hegemons Machtpolitik Ad hoc Konferenzen Instrumentalisierung von int. Org.	Supranationalisierung (Tendenz) durch internationale Organisationen und internationale Regime	Durch die jeweilige Führung Oktroi des Stärksten Machtpolitik Ad hoc Absprachen/Kartelle
	Ressourcen der Akteure	
Steuermonopol	Supranationalisierung (ganz schwache Tendenz)	Ausbeutung der Beherrschten Ausbeutung der Rohstoffe Aneignung der Staatsfinanzen
	Legitimation der Akteure	
Durch internationale Staatengemeinschaft und nationale Gesellschaft	Durch Staatengemeinschaft, nationale Gesellschaft und transnationale Akteure Transnationalisierung (Tendenz)	Durch eigene Anhängerschaft

nach: Thomas Nielebock, in: Deutschland & Europa, Außen- und Sicherheitspolitik in Europa, hrsg. von der Landeszentrale für politische Bildung Baden-Württemberg, Heft 55, Stuttgart 2008, S. 8

Aufgaben

1. Berichten Sie über aktuelle kriegerische Konflikte (siehe auch Aufgabe 1 zu M 1), und ordnen Sie diese den „Typen von Kriegen“ (M 8) zu.
2. Die „Auflösung des Kriegsbildes“ (M 8) erschwert es, Sicherheit für die Menschen zu schaffen. Erörtern Sie diese Behauptung.
3. In M 10 – M 12 werden Modelle zur Beschreibung der internationalen Politik vorgestellt. Erörtern Sie für unterschiedliche Regionen der Welt, welches der Modelle am besten zur Beschreibung der politischen Wirklichkeit in dieser Region geeignet ist.

Wissen kompakt

Ende des Ost-West-Konflikts

In den Jahren 1989 bis 1991 vollzog sich ein epochaler Umbruch der sicherheitspolitischen Lage in der Welt. Mit dem Zusammenbruch des durch die Sowjetunion geführten Ostblocks war das Ende des über fast 50 Jahre die Weltpolitik bestimmenden Ost-West-Konflikts gekommen. In jenen Jahrzehnten zielte die Sicherheitspolitik auf beiden Seiten vor allem auf Abschreckung („Gleichgewicht des Schreckens").
Die Hoffnungen auf eine friedlichere Welt nach dem Zerfall des Ost-Blocks zerstoben allerdings rasch. In der sich auflösenden Sowjetunion und im zerfallenden Jugoslawien flammten zuvor unterdrückte ethnisch-kulturelle Konflikte auf, die teilweise in brutal geführte Bürgerkriege mündeten.

Von der unipolaren zur multipolaren Weltordnung
M 3 – M5

Nach dem Zusammenbruch des Ostblocks verblieben zunächst die USA durch ihre militärische und wirtschaftliche Stärke als einzige Weltmacht. Der Aufstieg der neuen Großmächte China und Indien, der neu auflebende Anspruch Russlands auf eine Weltmachtrolle sowie die sich abzeichnende Erosion der Macht der USA sind Zeichen eines Wandels zu einer stärker multipolar ausgerichteten Weltordnung.

Sicherheitspolitik unter den Bedingungen der Globalisierung
M 6 – M 9

Neben alte Konfliktfelder und Friedensbedrohungen wie den israelisch-palästinensischen Konflikt sind in den letzten Jahren neue getreten: der islamistische Terror und die Bedrohung durch Massenvernichtungswaffen in der Hand von diktatorischen Regimen. Zudem werden Gefahren verstärkt wahrgenommen, welche von extremer Armut, Umweltzerstörung und dem Versagen staatlicher Ordnung in Staaten der Dritten Welt ausgehen. Immer mehr wird der Bevölkerung in der industrialisierten Welt bewusst, dass auch weit entfernte Konflikte Auswirkungen auf ihre Sicherheit haben. Insofern kann man von einer Globalisierung der Bedrohungen sprechen.

Wandel der internationalen Politik
vgl. auch Kap. 4.2.

Neben die Nationalstaaten trat in den letzten Jahrzehnten eine immer größer werdende Zahl von international tätigen Organisationen. Über staatliche Grenzen hinausgreifende Probleme wie z.B. die weltweite Erwärmung des Klimas erfordern die Zusammenarbeit der Staaten in internationalen Organisationen. Daneben ist eine internationale Zivilgesellschaft in Form von überstaatlich tätigen gesellschaftlichen Organisationen ansatzweise im Entstehen, welche die Reaktion auf Weltprobleme nicht Regierungsorganisationen überlassen will. In manchen Bereichen versuchen die Nationalstaaten auch, ihre Politik in Form internationaler Regime oder Netzwerke zu koordinieren. Vertreter der politischen Wissenschaften äußern die Überzeugung, dass angesichts der Globalisierung von Risiken und Bedrohungen internationale Politik immer mehr zu einer „Weltinnenpolitik" werden müsse. Für diese Vorstellung wird auch der Begriff „Global Governance" verwendet.
Gleichzeitig gibt es jedoch auch zahlreiche Länder auf der Welt, in der die staatliche Autorität nicht mehr in der Lage ist, die effektive Herrschaft über das Staatsgebiet auszuüben. Hier üben Stammesfürsten, Warlords oder Mitglieder der organisierten Kriminalität ihre Willkürherrschaft aus, die häufig mit eklatanten Menschenrechtsverletzungen einhergeht.

Wandel des Kriegsbildes
M 7, M 8

Ging bis zum Ende des Ost-West-Konflikts die Hauptgefahr für die Sicherheit der Staaten von zwischenstaatlichen Kriegen aus, so sind es heute vor allem innerstaatliche Konflikte, von bürgerkriegsähnlichen Auseinandersetzungen bis zum Auftreten krimineller Banden oder Terrorgruppen in Staaten mit schwacher Zentralgewalt, welche Millionen von Menschen überwiegend in Teilen der Dritten Welt bedrohen. Die Staatengemeinschaft mit ihren Sicherheitsorganisationen wie UNO oder NATO, die ursprünglich auf die Verhinderung klassischer Kriege ausgerichtet waren, ist angesichts der vielgestaltigen Bedrohungen sowie politischer Uneinigkeit häufig nicht fähig, die Sicherheit der betroffenen Bevölkerung zu gewährleisten.

Drei-Weltenmodell der internationalen Politik
M 10 – M 12

Das internationale System lässt sich als Drei-Weltenmodell beschreiben. Die einzelnen Modelle können als prägend für unterschiedliche Epochen der Weltgeschichte betrachtet werden, sie existieren jedoch bis heute nebeneinander und sind bestimmend für einzelne Regionen der Welt. Wenn Staaten die Hauptakteure der internationalen Politik sind und diese relativ geschlossene Einheiten bilden, die durch ihre Macht, durch Ad-hoc-Kooperationen und Allianzbildung die internationalen Beziehungen prägen, so handelt es sich um die westfälische Ordnung (auch Billardkugelmodell).
Insbesondere die hoch entwickelten Industriestaaten haben dagegen ihre innenpolitische Autonomie zumindest in Teilen verloren, da sie in dichte Netze wechselseitiger Verwundbarkeiten und komplexer Interdependenzen eingebunden sind. Die äußeren Grenzen sind durchlässig geworden. Zwischenstaatliche Vereinbarungen, internationale Institutionen und Organisationen spielen bei der Lösung von Problemen und Konflikten eine zentrale Rolle und helfen den Staaten, ihre Steuerungsfähigkeit wiederzuerlangen. Diese Sicht der internationalen Politik bezeichnet man als postwestfälische Ordnung (auch Spinnwebenmodell).
In der präwestfälischen Ordnung hat sich noch kein staatliches Gewaltmonopol herausgebildet oder es befindet sich in einem Prozess der Auflösung. Es existieren private Teilordnungen, in denen Clans, Aufständische, regionale Stammesführer oder Warlords unkontrolliert ihre Macht ausüben. Der Nationalstaat existiert hier gleichsam nur (noch) als Hülle.

2.2 Die Vereinten Nationen – globaler Wächter über Frieden und Sicherheit

2.2.1 Die Rolle der Vereinten Nationen im Darfur-Konflikt

M 1 Der Konflikt in der Region Darfur

a) Konfliktregion

Fakten zum Sudan:

Einwohner: ca. 30 Mio.
Fläche: ca. 2,5 Mio km²
BIP: 108 Mrd. USD

davon **Darfur:**
Einwohner: 6 Mio.
Fläche: 0,5 Mio km²

Soldaten auf einem Pick-up-Truck in Mistiria am 5. Oktober 2004. Sie gehören zu einer Militäreinheit, die vermutlich einen Teil der Janjaweed-Söldner stellt. Mistiria in Nord Darfur ist Basis und Heimatstadt von Musa Hilal, dem mutmaßlichen Anführer der Janjaweed.

b) Ursachen des Konflikts

Die Krisenregion Darfur liegt im Westen Sudans. Dort leben traditionell afrikanische Stämme (z.B. die „Fur", daher der Name „Darfur" = Land der Fur) in Konkurrenz zu arabischen. Die Feindschaft zwischen afrikanischen und arabischen Stämmen rührt bereits aus vorkolonialer Zeit und gründet vor allem in ihrer gegensätzlichen Lebensweise: Als sesshafte Bauern mussten die afrikanischen Stämme immer wieder arabische Stämme abwehren, die als Nomaden ebenfalls Anspruch auf Land und Wasser erhoben. Starkes Bevölkerungswachstum führte zu fortschreitender Übernutzung natürlicher Ressourcen (fruchtbares Land, Wasser, Holz) und ihrer Verknappung, wodurch sich die Konflikte zwischen sesshaften Afrikanern und nomadischen Arabern laufend verstärkten. Durch den Rohstoffreichtum Darfurs (Öl, Uran, Kupfer, Diamanten) haben sich die Konflikte in jüngerer Zeit noch verschärft, weil die verschiedenen Bevölkerungsgruppen angemessen am Rohstoffreichtum beteiligt werden wollen, die afrikanischen Stämme bisher jedoch weitestgehend ausgeschlossen wurden.

Nachdem die arabisch geprägte Regierung Sudans die afrikanischen Stämme immer stärker benachteiligte, erhoben sich im Februar 2003 die Rebellenorganisationen der Sudanesischen Befreiungsbewegung (SLM) und der Bewegung für Gerechtigkeit und Gleichheit (JEM) gegen die Zentralregierung in Khartum und verlangten eine gerechtere Verteilung aller Ressourcen.
Die Zentralregierung reagierte auf die Aufstände mit der Rekrutierung von arabischen Nomaden u.a. aus der Region Darfur sowie von Söldnern und vorzeitig entlassenen Kriminellen. Diese oft als „Janjaweed" bezeichneten Milizen wurden militärisch ausgebildet und mit Waffen versorgt. Marodierend zogen sie wiederholt durch Darfur – teils flankiert durch die sudanesische Luftwaffe und reguläre Soldaten – und verübten Gräueltaten an der Zivilbevölkerung. Mehr als 2 Millionen Menschen wurden vertrieben, zwischen 200.000 und 300.000 getötet. Die UNO bezeichnet den Darfur-Konflikt als die derzeit schlimmste humanitäre Katastrophe. Beobachter sprechen von „ethnischer Säuberung" und immer öfter von einem „Genozid".

nach: http://www.agenda21-treffpunkt.de/dossier/Darfur-Konflikt.htm (17.6.2008)

Chronik des Darfur-Konflikts und die Rolle der UNO

M2

2003	Schwarzafrikanische Aufständische gründen Rebellenorganisationen und führen erste Operationen gegen die von arabischen Volksgruppen dominierte sudanesische Armee durch; massive Reaktionen der Armee und Bewaffnung von arabischen Reitermilizen (Janjaweed) durch die Regierung. Es kommt zu schwersten Gräueltaten gegen die schwarzafrikanische Zivilbevölkerung.
Juni 2004	Aufforderung des UNO-Sicherheitsrates an die sudanesische Regierung, die Janjaweed binnen 30 Tagen zu entwaffnen.
Herbst 2004	Beschluss des Sicherheitsrates, eine Untersuchungskommission zu entsenden. Es sollten die für Gewalttaten Verantwortlichen ermittelt werden. Der Bericht der UNO-Sonderkommission kommt zum Schluss, dass trotz Tötungen, Folter, Vergewaltigungen, Vertreibungen sowie Zerstörungen von Ortschaften, die sich gegen die schwarzafrikanische Zivilbevölkerung richten, den Konfliktparteien die Absicht zum Völkermord nicht unterstellt werden könne.
Oktober 2004/ April 2005	Die Afrikanische Union beschließt eine Erweiterung des Mandats ihrer im Frühjahr 2004 eingerichteten Friedensmission auf den Schutz gefährdeter Zivilisten und die Aufstockung auf 3.320, später dann auf 7.700 Soldaten und Polizisten. Die Einrichtung und Erweiterung der Mission wurde durch Resolutionen des UN-Sicherheitsrates legitimiert.
März 2005	Resolution des UN-Sicherheitsrats zur Verfolgung von Verbrechen in Darfur durch den Internationalen Strafgerichtshof.
Herbst 2005/ Frühjahr 2006	Verstärkte Kämpfe, Angriffe auf die Zivilbevölkerung und Hilfsorganisationen trotz eines Friedensabkommens mit größter Rebellengruppe.
Frühjahr 2006	Beschlüsse der AU und des UN-Sicherheitsrats zur Integration der AU-Mission in eine UNO-Mission für den Sudan. Die Resolution nimmt Bezug auf Kapitel VII der UN-Charta, das zu Strafmaßnahmen bis hin zu militärischem Eingreifen ermächtigt.
August 2006	Eine von USA und Großbritannien ausgearbeitete Resolution, die die Stationierung von 17.800 „Blauhelmen" wegen der Wirkungslosigkeit der AU-Mission vorsieht, wird gegen den Willen der sudanesischen Regierung vom UN-Sicherheitsrat beschlossen. China besteht auf einem Passus, nach dem der Sudan der Stationierung zustimmen muss, so dass bis zum Herbst 2007 wegen des Widerstands des Sudans die Resolution nicht umgesetzt werden konnte.
Mai 2007	Der Internationale Strafgerichtshof erlässt im Mai 2007 Haftbefehle gegen den ehemaligen sudanesischen Außenminister und gegen einen Janjaweed-Kommandeur. Der Sudan bricht die Zusammenarbeit mit dem IStGH ab.
Sommer 2007	Der UN-Sicherheitsrat beschließt die Aufstellung einer Friedenstruppe von 26.000 Mann. Die Resolution erlaubt den Einsatz von Gewalt als letztes Mittel. Für den Fall, dass der Sudan nicht kooperieren würde, sind keine Sanktionen angedroht. China und Russland verhindern eine schärfere Resolution.
Ende 2007/ Anfang 2008	Der UN-Friedenseinsatz steht offenbar vor dem Scheitern, da die beteiligten Staaten notwendige Transportmittel (Hubschrauber) nicht zur Verfügung stellen. Zudem weigert sich der Sudan, Soldaten aus Thailand, Nepal und Norwegen zu akzeptieren mit dem Hinweis, die Truppe müsse überwiegend aus Afrikanern bestehen.
Juli 2008	Der Chefankläger des Internationalen Strafgerichtshofes, Moreno-Ocampo, beantragt Haftbefehl gegen den sudanesischen Präsidenten al-Baschir.

Zusammenstellung des Autors

M3 Der UN-Sicherheitsrat im Spannungsfeld der Interessen

Ungeachtet des Leidens der Zivilbevölkerung ist der Weltsicherheitsrat, das bedeutendste UN-Gremium, in der Darfur-Frage hoffnungslos zerstritten und blockiert. Während die USA und Großbritannien mehr Druck auf die Regierung des Sudan fordern, blockieren China, Russland, Pakistan sowie arabische Staaten jedes massivere Vorgehen des Weltsicherheitsrates. Insbesondere die Vetomächte China und Russland zeigen mit ihrer Blockadehaltung, dass Menschenrechte nicht Leitlinie ihrer Außenpolitik sind. Beide Staaten sind die bedeutendsten Rüstungslieferanten des Sudan. China ist inzwischen auch sein wichtigster Wirtschaftspartner. Im Jahr 2004 erwirtschaftete der Sudan 64 Prozent seiner Exporterlöse im China-Geschäft. China benötigt dringend Rohstoffe für seine aufstrebende Wirtschaft und ist inzwischen der bedeutendste Abnehmer sudanesischen Öls. Rund sechs Prozent des chinesischen Öl-Bedarfs wird heute vom Sudan gedeckt. Chinesische staatliche Öl-Konzerne kontrollieren heute weite Teile der sudanesischen Öl-Industrie. Mit 30.000 Entwicklungshelfern und Beratern ist die Volksrepublik im Sudan heute sehr stark vertreten und mit dem Bau zahlreicher Großprojekte (Öl-Pipelines, Staudamm, Straßen) betraut. …

Mit allen Mitteln versucht der Sudan eine UN-Friedensmission zu verhindern. So drohten sudanesische Minister unverhohlen mit gewalttätigen Übergriffen gegen westliche Diplomaten, sollten europäische oder US-amerikanische Soldaten im Rahmen einer UN-Mission in Darfur stationiert werden. Das Gebiet werde ein „Friedhof" für ausländische Soldaten, sollten UN-Soldaten im Westen des Sudan zum Einsatz kommen, warnte Sudans Staatspräsident Omar Hassan el Bashir im Februar 2006. Im Sudan drohe ein Religionskrieg der arabisch-muslimischen Welt gegen Europa und die USA, sollten Blauhelmtruppen nach Darfur entsandt werden.

Mit geschickter Lobby-Arbeit bei der AU verhinderte der Sudan im Frühjahr 2006 eine schnelle Umwandlung der AU-Mission in eine UN-Friedenstruppe. Zwar sei man grundsätzlich dazu bereit, aber zur Zeit seien die Bedingungen für einen erfolgreichen UN-Einsatz noch nicht erfüllt. Erst nach der Unterzeichnung eines Friedensabkommens könne man über einen UN-Einsatz nachdenken, ließ die sudanesische Führung verlautbaren. Ein Friedensabkommen werde die Gewalt beenden, versprach die sudanesische Regierung im Frühjahr 2006. Doch das im Mai 2006 unterzeichnete Abkommen brachte nicht Frieden, sondern noch mehr Gewalt. Zwar sprach sich der Weltsicherheitsrat nach langwierigen Verhandlungen im August 2006 endlich für die Entsendung von UN-Friedenstruppen in den Westen des Sudan aus. Doch angesichts des Widerstands der sudanesischen Regierung blieb die Resolution des Weltsicherheitsrates folgenlos. Währenddessen eskalierte die Gewalt weiter in Darfur.

Monatelang ließ sich die sudanesische Regierung bitten, bis sie schließlich Ende Dezember 2006 der Entsendung von UN-Beratern und -Blauhelmsoldaten unter dem Kommando der AU-Friedenstruppe zustimmte. Ein fauler Kompromiss, der mit der ursprünglich beabsichtigten UN-Friedenstruppe nichts gemeinsam hat. Und der auch kaum dazu beitragen wird, einen wirksamen Schutz der Zivilbevölkerung sicher zu stellen.

Gesellschaft für bedrohte Völker, Gefordert: die Vereinten Nationen, http://www.gfbv.de/popup_druck.php?doctype=inhaltsDok&docid=723

M4 Der Darfur-Konflikt erfasst die Nachbarländer

Es wird immer deutlicher, dass Darfur längst Teil eines Regionalkriegs ist, der in ähnlicher Intensität auch im Nachbarland Tschad tobt und seit Anfang des Jahres auch in der Zentralafrikanischen Republik (ZAR); beide Regime sind Günstlinge ihrer ehemaligen Kolonialmacht Frankreich. Immer heftigere Gegenschläge tschadischer Truppen im Darfur machen die Situation umso verworrener. Die Bevölkerung ist dem Elend völlig ausgeliefert. Kürzlich wurden 250 der letzten Mitarbeiter von Hilfsorganisationen und UNO abgezogen, die dort noch ausharrten.

Im ölreichen Tschad herrscht bereits seit 2005 Bürgerkrieg. Verschiedene Rebellengruppen, unter ihnen eine Truppe des ehemaligen Verteidigungsministers, versuchen dort, den Präsidenten Idriss Déby zu stürzen. Déby gehört zur Ethnie der Zaghawa, die auch im Darfur ansässig ist. Zaghawa dominieren in Darfur die Sudan Liberation Army (SLA), eine der stärksten Rebellenbewegungen.

Szenen aus einem Flüchtlingslager im Tschad.

In der ZAR operieren Rebellen, die ihre Stützpunkte in Süddarfur haben. Der Krieg wird auch dort mit größter Brutalität geführt, auf beiden Seiten. Laut Amnesty International verfolgt die dortige Regierung systematisch Oppositionelle, Zivilisten und sogar eigene Soldaten, wenn sie nur der gleichen Ethnie angehören wie die zentralafrikanischen Rebellenführer.

Seit die tschadische Armee im Kampf gegen Rebellen gebunden ist, konnten die gefürchteten Dschandschawid-Milizen von Darfur aus auch in den Osten des Tschad vorstoßen, der ethnisch und geografisch Darfur gleicht. So mussten in diesem Jahr knapp 100.000 Tschader aus ihren Dörfern fliehen. Das Flüchtlingshilfswerk UNHCR vergleicht die Situation im Osttschad inzwischen mit der in Darfur.

Der Sudan wiederum unterstützt viele Rebellengruppen in ZAR und Tschad, der Tschad ethnische „Selbstverteidigungsmilizen" in Darfur. Sowohl Tschad als auch ZAR werfen den Machthabern in Khartum vor, ihre eher gemäßigt religiösen Regime zugunsten eines islamistischen Staates stürzen zu wollen. Mittlerweile steht den Aufständischen nach tschadischen Angaben jetzt auch das ultrafundamentalistische Saudi-Arabien zur Seite, wenigstens logistisch und finanziell.

Sudans Regierung, dessen reguläre Truppen der Rebellion in Darfur bis heute nicht Herr werden können, bedient sich verschiedener vermeintlich arabischer Reitermilizen, zusammenfassend Janjaweed genannt, und in der Luft russischer Antonov-Bomber. Dabei schafft es das Regime aus Khartum, ethnische oder ländliche Konflikte und lokale Auseinandersetzungen um knappe Ressourcen zu einem rassistischen Krieg zwischen „Afrikanern" und „Arabern" zu instrumentalisieren.

Jochen Stahnke, Afrikanischer Flächenbrand, in: Die Zeit-Online, http://images.zeit.de/text/online/2006/52/Darfur (12.6.2008)

Aufgabe

Erstellen Sie mithilfe der Methode (folgende Seite), M 1 – M 3 und eigener Recherchen eine umfassende Analyse des Darfur-Konflikts.

Methode

Fallanalyse eines internationalen Konflikts

Konflikt

Weil Konflikte vielschichtig sind, kann die Definition dessen, was unter einem Konflikt verstanden wird, sehr unterschiedlich ausfallen. Dennoch: Die meisten Definitionen benennen eine Reihe von Elementen, die mehr oder weniger allen Konflikten eigen sind. Dabei spielt es keine Rolle, ob sie sich auf der intrapersonalen, der gesellschaftlichen oder auf der (zwischen-)staatlichen Ebene abspielen.
In jedem Konflikt lassen sich idealtypisch drei Komponenten ausmachen:

- ein Widerspruch, d.h. eine Unvereinbarkeit von Zielen, Interessen bzw. Bedürfnissen,
- ein den Konflikt anzeigendes und allzu oft verschärfendes Verhalten (z.B. Konkurrenz, Aggressivität, Hass, Gewalt) der Konfliktparteien sowie
- eine auf den Konflikt bezogene und diesen – bewusst oder unbewusst – rechtfertigende Einstellung/Haltung. Diese ist eng verbunden mit den Wahrnehmungen und Annahmen der Konfliktparteien in Bezug auf ihre eigene Stellung im Konflikt, die Bewertung der anderen Parteien (z.B. Feindbilder) und ihre Vermutungen zu den Konfliktursachen.

Die drei Komponenten können im sogenannten Konfliktdreieck anschaulich dargestellt werden. Dieses weit verbreitete Werkzeug der Konfliktanalyse wurde von Johan Galtung entwickelt, einem der Mitbegründer der Friedens- und Konfliktforschung:
Das Dreieck verdeutlicht den unauflöslichen Zusammenhang zwischen den drei Komponenten jedes Konflikts. Es wird erkennbar, dass ein „objektiver" Widerspruch allein nicht ausreicht, um einen Konflikt zu begründen. Mindestens eine Partei muss sich auch dieses Widerspruchs, konkret der Unvereinbarkeit ihrer Bedürfnisse, subjektiv bewusst sein und in ihrem Verhalten und ihrer Haltung auf eine Veränderung der für sie unbefriedigenden Situation dringen.

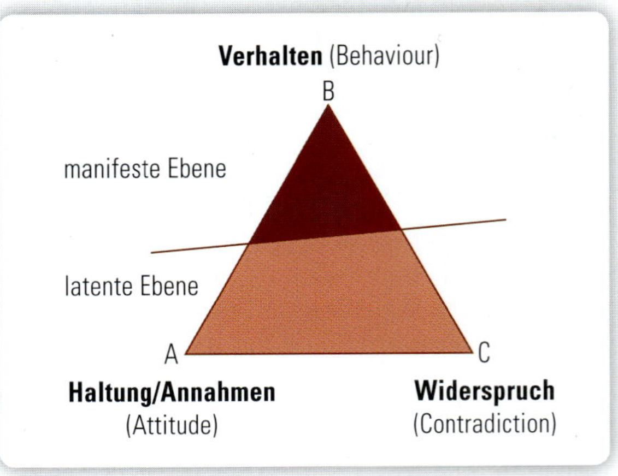

Konfliktzirkel

Der Konfliktzirkel zeigt verschiedene Eskalationsstufen eines Konflikts und nennt Maßnahmen, die in der jeweiligen Stufe geeignet sind, um eine (kurzfristige) Beendigung des Konflikts zu erreichen. Das Konfliktmodell oben zeigt, dass eine gelingende langfristige Konfliktbearbeitung alle Konfliktursachen berücksichtigen muss.

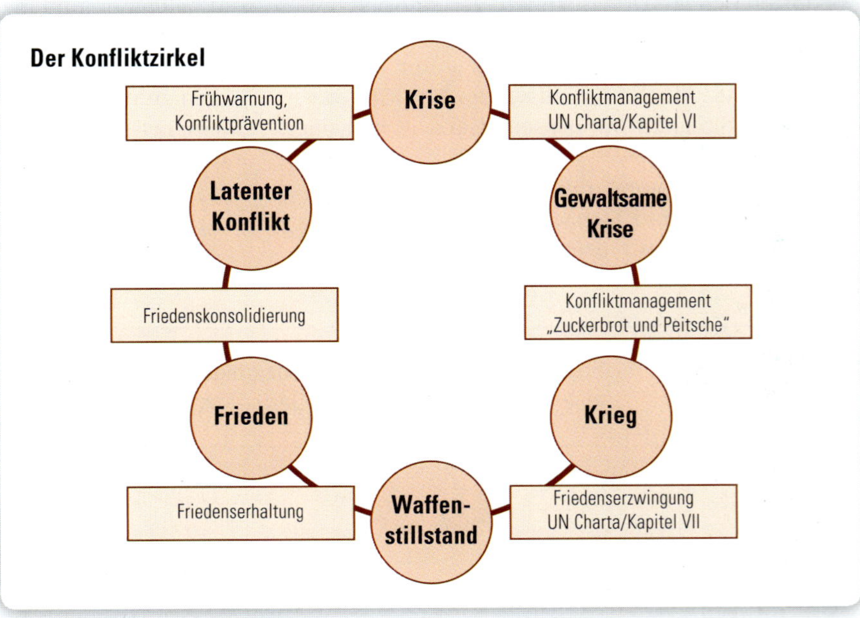

nach: Lutz Schrader, www.bpb.de und Frank Pfetsch/Christoph Rohloff, Global Trends of Conflicts 1945 – 1995, London 1999, o. S.

Leitfragen zur Analyse eines internationalen Konflikts

Obwohl der Darfur-Konflikt als innerstaatlicher Konflikt entstand, kann er heute durch die Ausweitung auf die Nachbarstaaten Tschad und Zentralafrikanische Republik sowie durch die Interessenkonflikte im UN-Sicherheitsrat als internationaler Konflikt bezeichnet werden. Neben der Analyse der Konfliktursachen zwingt der Verlauf dieses Konflikts und die Folgen für die Zivilbevölkerung geradezu, über die Reaktionen der internationalen Gemeinschaft, speziell über die Rolle der Vereinten Nationen, nachzudenken.
Die Erschließungsfragen lassen sich auch auf beliebige andere Konflikte anwenden. Selbstverständlich wird bei jeder Analyse eines bestimmten Konflikts eine sinnvolle Auswahl unter den möglichen Fragen getroffen werden müssen.

Fragen	Tipps und Überlegungen
1. Wer sind die Konfliktparteien, und worum wird politisch/ militärisch gestritten?	Bestimmung der Konflikte und Konfliktparteien: Die Frage – wer ergreift welche Partei? – zielt sowohl auf die Parteinahme von Staaten als auch auf die Situation in der Klasse/ Kurs und in der Gesellschaft insgesamt.
2. Wie ist der Konflikt entstanden, und welche Argumente und Interessen liegen miteinander im Streit?	Die Vorgeschichte betrachten und die Positionen der Konfliktparteien erklären: Eine knappe Vorgeschichte ist in der Regel hilfreich, um die Konfliktparteien verstehen zu können.
3. Welche Mittel haben die Konfliktparteien, ihre Interessen durchzusetzen, und welche Folgen ergeben sich daraus für die Konfliktlösung?	Machtverhältnisse einschätzen und Folgen abschätzen: z.B: politische, ökonomische, militärische Stärke
4. Wie reagiert die internationale Gemeinschaft auf diesen Konflikt? (vgl. den Konfliktzirkel)	Den Konflikt in seinem Zusammenhang mit Problemfeldern internationaler Politik sehen und beurteilen: Dieser Schritt schafft Distanz zum konkreten Konflikt, denn er lenkt die Aufmerksamkeit auf Probleme der internationalen Politik, die sich im Hintergrund der jeweiligen Konflikte abzeichnen und auf die die Interessen der Konfliktparteien bereits verweisen.
5.1 Welche Kompromisse sind möglich, und wie sind diese politisch zu beurteilen?	Kompromisse suchen und beurteilen: z. B. Verhandlungen, Verständigung, Kooperation, gemeinsame Projekte
5.2 Welches Ergebnis wurde erzielt, und wie ist dieses politisch zu beurteilen?	Ergebnisse beschreiben und Entwicklungstendenzen der internationalen Politik beurteilen: z. B. Verträge, Boykott, Krieg
6. Wie können internationale Organisationen aussehen, die auf eine Prävention von Weltgefährdungen zielen?	Die Struktur des internationalen Systems überdenken: Was ist die angemessene politisch-institutionelle Reaktion auf die Internationalisierung der wirtschaftlichen und soziokulturellen Probleme?
7. Was folgt aus der Bearbeitung dieses politischen Konflikts für mich und mein eigenes Verhalten?	Die Frage zielt auf eine Rationalisierung eigener Betroffenheit und dokumentiert das Bemühen, Theorie und Praxis zusammenzubringen. Der Begriff „Verhalten" ist pragmatisch und umfassend gemeint: Es geht um Konsequenzen für das weitere Lernverhalten, das zukünftige Sozial- und Alltagsverhalten sowie um mögliche Folgen für das eigene politische Handeln oder politische Nichthandeln.

angeregt durch Bernd Janssen, Methodenorientierter Politikunterricht, Düsseldorf 1992, S. 32 ff. und Dieter Senghaas/Michael Zürn, Kernfragen für die Friedenspolitik der neunziger Jahre, in: Vierteljahresschrift, 33 Jg. (1992) Heft 3, S. 455 ff.

2.2.2 Basisinformationen zu den Vereinten Nationen

M 5 Gründung und Funktion der UNO

In der Organisation der Vereinten Nationen (United Nations Organization – UNO, UN) haben sich 191 Staaten in der Absicht zusammengeschlossen, den Weltfrieden zu bewahren und menschenwürdige Lebensbedingungen für die Völker der Welt zu gewährleisten. Die UNO wurde 1945 von 51 Staaten gegründet. Zwei Weltkriege innerhalb weniger Jahrzehnte hatten ihnen die Notwendigkeit einer handlungsfähigen Organisation zur Aufrechterhaltung des Weltfriedens dramatisch vor Augen geführt.

Das Scheitern des nach dem Ersten Weltkrieg gegründeten Völkerbundes hatte den Gründern der UNO zudem klargemacht, dass ihre Organisation nur dann erfolgreich sein konnte, wenn sie alle wichtigen Großmächte in die gemeinsame Verantwortung für Frieden und internationale Sicherheit einband: Eben dies war ihrer glücklosen Vorgängerinstitution, die erstmals überhaupt versucht hatte, eine weltweite Friedensordnung zu etablieren, nicht gelungen.

Im Verlauf von sechzig Jahren haben die UN ihren Mitgliederbestand fast vervierfacht. Auch der Vatikan als einziger Staat, der der UNO nicht formell angehört, arbeitet als „aktives Nichtmitglied" eng mit der Organisation zusammen. Daher sind die Vereinten Nationen weltweit die einzige Institution, welche die universelle Gültigkeit ihrer Ziele und Grundsätze für sich in Anspruch nehmen kann.

Die UNO ist aber auch und vor allem eine Gemeinschaft von Staaten, die auf ihre Souveränitätsrechte Wert legen: Alle politischen Entscheidungen und damit der Handlungsspielraum der UNO liegen in den Händen der Mitgliedstaaten. Deren nationale Eigeninteressen kollidieren immer wieder mit den kollektiven Normen und Mechanismen der UNO. Daher gestaltet sich die auf Konsens- bzw. Kompromisssuche ausgerichtete politische Praxis der Organisation oft schwierig und langsam.

Die zentrale Aufgabe der Vereinten Nationen ist die Sicherung des Friedens. Ihren Bemühungen liegt die Auffassung zugrunde, dass Frieden mehr ist als die schiere Abwesenheit von Krieg. Vielmehr gehe es darum, einen „positiven Frieden" zu erreichen, der neben der Vermeidung von Gewalt auch grundlegende Menschenrechte gewährleiste

Sitzung des Sicherheitsrates. Viele Staaten beklagen die mangelnde Repräsentativität des mächtigsten UN-Organs.

und einigermaßen gerechte soziale Bedingungen für alle Menschen schaffe. Die UN bieten den Staaten eine geeignete Kooperationsplattform, um die immer drängenderen globalen Anforderungen – von der Armutsbekämpfung und einer gerechteren Chancenverteilung über die Achtung der Menschenrechte bis hin zum internationalen Umweltschutz – zu diskutieren und nach Lösungen zu suchen.

Die UN-Friedenssicherung im engeren Sinn orientiert sich am Prinzip der kollektiven Sicherheit: Alle Mitgliedstaaten haben sich gegenseitig zugesichert, ihre internationalen Streitigkeiten friedlich beizulegen und der UNO die Überwachung dieser Verpflichtung zu übertragen. Das Allgemeine Gewaltverbot des Artikels 2, Ziffer 4 der oft und mit einigem Recht als globale Verfassung bezeichneten UN-Charta bildet so die fundamentale Norm des modernen Völkerrechts überhaupt. Es entzieht den Staaten das Recht, zur Verwirklichung ihrer nationalen Ziele und Interessen Gewalt anzuwenden oder diese auch nur anzudrohen.

Damit hat die Charta eine Grundspannung zwischen den Souveränitätsrechten der Staaten und den Regelungsansprüchen der internationalen Organisation geschaffen. Jahrhunderte lang war das Recht, Krieg zu führen, das Privileg eines jeden souveränen Staates. Dieses Recht an eine Organisation abgeben zu sollen, fällt vielen Staaten schwer.

Sven Bernhard Gareis, Weltorganisation in der Krise – die UNO, in: Informationen zur politischen Bildung Nr. 291, Bundeszentrale für politische Bildung, Bonn 2006, S. 54

Aus der Charta der Vereinten Nationen – Ziele und Grundsätze

M 6

Kapitel I: Ziele und Grundsätze

Artikel 1

Die Vereinten Nationen setzen sich folgende Ziele:

1. den Weltfrieden und die internationale Sicherheit zu wahren und zu diesem Zweck wirksame Kollektivmaßnahmen zu treffen, um Bedrohungen des Friedens zu verhüten und zu beseitigen, Angriffshandlungen und andere Friedensbrüche zu unterdrücken und internationale Streitigkeiten oder Situationen, die zu einem Friedensbruch führen könnten, durch friedliche Mittel nach den Grundsätzen der Gerechtigkeit und des Völkerrechts zu bereinigen oder beizulegen;
2. freundschaftliche, auf der Achtung vor dem Grundsatz der Gleichberechtigung und Selbstbestimmung der Völker beruhende Beziehungen zwischen den Nationen zu entwickeln und andere geeignete Maßnahmen zur Festigung des Weltfriedens zu treffen;
3. eine internationale Zusammenarbeit herbeizuführen, um internationale Probleme wirtschaftlicher, sozialer, kultureller und humanitärer Art zu lösen und die Achtung vor den Menschenrechten und Grundfreiheiten für alle ohne Unterschied der Rasse, des Geschlechts, der Sprache oder der Religion zu fördern und zu festigen;
4. ein Mittelpunkt zu sein, in dem die Bemühungen der Nationen zur Verwirklichung dieser gemeinsamen Ziele aufeinander abgestimmt werden.

Artikel 2

Die Organisation und ihre Mitglieder handeln im Verfolg der in Artikel 1 dargelegten Ziele nach folgenden Grundsätzen:

1. Die Organisation beruht auf dem Grundsatz der souveränen Gleichheit aller ihrer Mitglieder.
2. Alle Mitglieder erfüllen, um ihnen allen die aus der Mitgliedschaft erwachsenden Rechte und Vorteile zu sichern, nach Treu und Glauben die Verpflichtungen, die sie mit dieser Charta übernehmen.
3. Alle Mitglieder legen ihre internationalen Streitigkeiten durch friedliche Mittel so bei, dass der Weltfriede, die internationale Sicherheit und die Gerechtigkeit nicht gefährdet werden.
4. Alle Mitglieder unterlassen in ihren internationalen Beziehungen jede gegen die territoriale Unversehrtheit oder die politische Unabhängigkeit eines Staates gerichtete oder sonst mit den Zielen der Vereinten Nationen unvereinbare Androhung oder Anwendung von Gewalt.
5. Alle Mitglieder leisten den Vereinten Nationen jeglichen Beistand bei jeder Maßnahme, welche die Organisation im Einklang mit dieser Charta ergreift; sie leisten einem Staat, gegen den die Organisation Vorbeugungs- oder Zwangsmaßnahmen ergreift, keinen Beistand.
6. Die Organisation trägt dafür Sorge, dass Staaten, die nicht Mitglieder der Vereinten Nationen sind, insoweit nach diesen Grundsätzen handeln, als dies zur Wahrung des Weltfriedens und der internationalen Sicherheit erforderlich ist.
7. Aus dieser Charta kann eine Befugnis der Vereinten Nationen zum Eingreifen in Angelegenheiten, die ihrem Wesen nach zur inneren Zuständigkeit eines Staates gehören, oder eine Verpflichtung der Mitglieder, solche Angelegenheiten einer Regelung auf Grund dieser Charta zu unterwerfen, nicht abgeleitet werden; die Anwendung von Zwangsmaßnahmen nach Kapitel VII wird durch diesen Grundsatz nicht berührt.

Die Charta der Vereinten Nationen, verabschiedet am 26.6.1945, entnommen aus: Sven Bernhard Gareis/Johannes Varwick, Die Vereinten Nationen, Opladen 2006, S. 327 ff.

Die Hauptorgane der Vereinten Nationen

M 7

Das im Laufe der Jahre entstandene, äußerst komplexe UN-System besteht aus den Hauptorganen und den durch die UNO geschaffenen Hilfsorganisationen (z.B. Kinderhilfswerk UNICEF, Entwicklungsprogramm UNDP) sowie den durch Abkommen an die UNO gebundenen Sonderorganisationen (z.B. Welterziehungsorganisation UNESCO, Internationaler Währungsfonds IWF). Die UN, deren Mitgliederzahl sich inzwischen auf 192 (2008) erhöht hat, haben damit ihre Tätigkeitsbereiche auf alle Weltprobleme ausgeweitet.

Die Hauptorgane

Die in der Regel einmal jährlich über mehrere Monate tagende *Generalversammlung*, in der alle Mitgliedsstaaten gleichberechtigt vertreten sind, stellt in erster Linie ein Diskussionsforum für Weltprobleme dar. Sie gibt Empfehlungen, die allerdings die Mitgliedsstaaten oder den Sicherheitsrat nicht binden, ist aber für Fragen der UN-Organisation, wie etwa von Reformvorhaben, das Entscheidungsorgan.

Der *Sicherheitsrat* ist besonders im Hinblick auf die Erhaltung des Weltfriedens das wichtigste Organ. Er besteht aus fünf ständigen und zehn nichtständigen, von der Generalversammlung auf zwei Jahre gewählten, Mitgliedern. Der Sicherheitsrat stellt fest, ob eine Bedrohung des Friedens vorliegt und kann Zwangsmaßnahmen zur Wahrung des Weltfriedens beschließen, die von Wirtschaftssanktionen bis zur Anwendung von Waffengewalt zur Herstellung und Sicherung des Friedens reichen. „Beschlüsse des Sicherheitsrats ... bedürfen der Zustimmung von neun Mitgliedern einschließlich sämtlicher ständigen Mitglieder." (Art. 27 Charta der Vereinten Nationen). Mit einem Nein kann also jedes ständige Mitglied Beschlüsse verhindern, besitzt also das Vetorecht. Die UNO-Mitglieder sind verpflichtet, die Resolutionen des Sicherheitsrats umzusetzen; bei militärischen Einsätzen ist die UNO allerdings immer darauf angewiesen, dass ausreichend Streitkräfte zur Verfügung gestellt werden.

Der *UN-Generalsekretär* ist der höchste Verwaltungsbeamte und Repräsentant, der den Sicherheitsrat auf, seiner Ansicht nach, bedrohliche Entwicklungen hinweisen kann. Er wird auf Vorschlag des Sicherheitsrates von der Generalversammlung für fünf Jahre gewählt, mit der Möglichkeit einer einmaligen Wiederwahl.

Autorentext

M 8 Zusammensetzung und Kompetenzen des Sicherheitsrates

Erich Schmidt Verlag, Zahlenbilder 615 124

Kompetenzen des Sicherheitsrats bei Gefährdung des Friedens

M 9

Kapitel VI
Die friedliche Beilegung von Streitigkeiten

Artikel 33: (1) Die Parteien einer Streitigkeit, deren Fortdauer geeignet ist, die Wahrung des Weltfriedens und der internationalen Sicherheit zu gefährden, bemühen sich zunächst um eine Beilegung durch Verhandlung, Untersuchung, Vermittlung, Vergleich, Schiedsspruch, gerichtliche Entscheidung, Inanspruchnahme regionaler Einrichtungen oder Abmachungen oder durch andere friedliche Mittel eigener Wahl.

(2) Der Sicherheitsrat fordert die Parteien auf, wenn er dies für notwendig hält, ihre Streitigkeit durch solche Mittel beizulegen.

Artikel 34: Der Sicherheitsrat kann jede Streitigkeit sowie jede Situation, die zu internationalen Reibungen führen oder eine Streitigkeit hervorrufen könnte, untersuchen, um festzustellen, ob die Fortdauer der Streitigkeit oder der Situation die Wahrung des Weltfriedens und der internationalen Sicherheit gefährden könnte. ...

Kapitel VII
Maßnahmen bei Bedrohung oder Bruch des Friedens und bei Angriffshandlungen

...

Artikel 41: Der Sicherheitsrat kann beschließen, welche Maßnahmen – unter Ausschluss von Waffengewalt – zu ergreifen sind, um seinen Beschlüssen Wirksamkeit zu verleihen; er kann die Mitglieder der Vereinten Nationen auffordern, diese Maßnahmen durchzuführen. Sie können die vollständige oder teilweise Unterbrechung der Wirtschaftsbeziehungen, des Eisenbahn-, See- und Luftverkehrs, der Post-, Telegraphen- und Funkverbindungen sowie sonstiger Verkehrsmöglichkeiten und den Abbruch der diplomatischen Beziehungen einschließen.

Artikel 42: Ist der Sicherheitsrat der Auffassung, dass die in Artikel 41 vorgesehenen Maßnahmen unzulänglich sein würden oder sich als unzulänglich erwiesen haben, so kann er mit Luft-, See- oder Landstreitkräften die zur Wahrung oder Wiederherstellung des Weltfriedens und der internationalen Sicherheit erforderlichen Maßnahmen durchführen. Sie können Demonstrationen, Blockaden und sonstige Einsätze der Luft-, See- oder Landstreitkräfte von Mitgliedern der Vereinten Nationen einschließen. ...

Artikel 43: (1) Alle Mitglieder der Vereinten Nationen verpflichten sich, zur Wahrung des Weltfriedens und der internationalen Sicherheit dadurch beizutragen, dass sie nach Maßgabe eines oder mehrerer Sonderabkommen dem Sicherheitsrat auf sein Ersuchen Streitkräfte zur Verfügung stellen, Beistand leisten und Erleichterungen einschließlich des Durchmarschrechts gewähren, soweit dies zur Wahrung des Weltfriedens und der internationalen Sicherheit erforderlich ist. ...

Artikel 48: (1) Die Maßnahmen, die für die Durchführung der Beschlüsse des Sicherheitsrats zur Wahrung des Weltfriedens und der internationalen Sicherheit erforderlich sind, werden je nach dem Ermessen des Sicherheitsrats von allen oder von einigen Mitgliedern der Vereinten Nationen getroffen. ...

Artikel 51: Diese Charta beeinträchtigt im Falle eines bewaffneten Angriffs gegen ein Mitglied der Vereinten Nationen keineswegs das naturgegebene Recht zur individuellen oder kollektiven Selbstverteidigung, bis der Sicherheitsrat die zur Wahrung des Weltfriedens und der internationalen Sicherheit erforderlichen Maßnahmen getroffen hat. Maßnahmen, die ein Mitglied in Ausübung dieses Selbstverteidigungsrechts trifft, sind dem Sicherheitsrat sofort anzuzeigen; sie berühren in keiner Weise dessen auf dieser Charta beruhende Befugnis und Pflicht, jederzeit die Maßnahmen zu treffen, die er zur Wahrung oder Wiederherstellung des Weltfriedens und der internationalen Sicherheit für erforderlich hält. ...

Charta der Vereinten Nationen, verabschiedet am 26.6.1945, übernommen aus: Sven Bernhard Gareis/Johannes Varwick, Die Vereinten Nationen, Opladen 2006, S. 327 ff.

M 10 Mittel der UNO zur Wahrung oder Wiederherstellung des Friedens

Im Juni 1992 legte der damalige Generalsekretär Boutros Boutros-Ghali mit der „Agenda für den Frieden" eine neue Konzeption für die Handlungsmöglichkeiten der Vereinten Nationen auf dem Gebiet der Friedenssicherung vor. Diese Agenda hat, nicht zuletzt durch die Klärung zentraler Begrifflichkeiten, maßgeblich ein neues Verständnis von Friedenssicherung mitgeprägt und ist der bis heute gültige konzeptionelle Rahmen jeglicher Reformbemühungen geblieben.

Agenda für den Frieden

Vorschläge des UN-Generalsekretärs Boutros Ghali zur Friedens- und Sicherheitspolitik der Vereinten Nationen

1. Vorbeugende Diplomatie

Ziel Das Entstehen von Streitigkeiten zu verhüten, den Ausbruch offener Konflikte zu verhindern oder Konflikte, die bereits ausgebrochen sind, rasch wieder einzugrenzen.

Mittel Diplomatische Gespräche; vertrauensbildende Maßnahmen; Frühwarnsysteme, die rechtzeitig auf Spannungen hinweisen; formelle Tatsachenermittlung; vorbeugender Einsatz von UN-Truppen; vorsorgliche Einrichtung entmilitarisierter Zonen.

2. Friedensschaffung

Ziel Nach Ausbruch eines Konflikts die feindlichen Parteien zu einer Einigung bringen

Mittel

Friedliche Mittel
z.B. Vermittlung, Verhandlungen, Schiedsspruch, Entscheidungen durch den internationalen Gerichtshof

Gewaltlose Sanktionen
z.B. Wirtschats- und Verkehrsblockade, Abbruch der Beziehungen

Friedensdurchsetzung
durch speziell ausgebildete, ständig abrufbereite bewaffnete UN-Truppen

Militärische Gewalt
zur Aufrechterhaltung oder Wiederherstellung des Weltfriedens und der Internationalen Sicherheit, wenn alle friedlichen Mittel versagen

3. Friedenssicherung

Ziel Die Lage in einer Konfliktzone zu entschärfen oder zu stabilisieren; die Einhaltung der Vereinbarungen zwischen den Konfliktparteien zu überwachen und durchzusetzen

Mittel Entsendung von Beobachtermissionen; Einsatz von UN-Friedenstruppen zur Untersuchung von Grenzverletzungen, zur Grenzkontrolle, zur Beobachtung von Wahlen, Überwachung von Waffenstillstands- und Friedensvereinbarungen, Bildung einer Pufferzone zwischen gegnerischen Mächten, Wahrnehmung von Polizeiaufgaben, Sicherung humanitärer Maßnahmen usw.; umfassendes Konfliktmanagement

4. Friedenskonsolidierung

Ziel Den Frieden nach Beendigung eines Konflikts zu konsolidieren; die Konfliktparteien zum friedlichen Wiederaufbau anzuhalten

Mittel

Nach einem Konflikt innerhalb eines Landes
z.B. Entwaffnung der verfeindeten Parteien, Wiederherstellung der öffentlichen Ordnung, Einsammeln der Waffen, Minenräumung, Repatriierung von Flüchtlingen, Ausbildung und Beratung von Sicherheitskräften, Wahlüberwachung, Schutz der Menschenrechte, Reform oder Neuaufbau staatlicher Institutionen

Nach einem internationalen Krieg
z.B. gemeisame Projekte die der wirtschaftlichen und sozialen Entwicklung dienen und das gegenseitige Vertrauen stärken (Landwirtschaft,Energie- und Wasserwirtschaft, Verkehr usw.); Abbau der Schranken zwischen den Nationen durch Kulturaustausch, Reiseerleichterungen, gemeinsame Jugend- und Bildungsprogramme

Erich Schmidt Verlag, Zahlenbilder 615 500

UN-Blauhelmmissionen

M 11

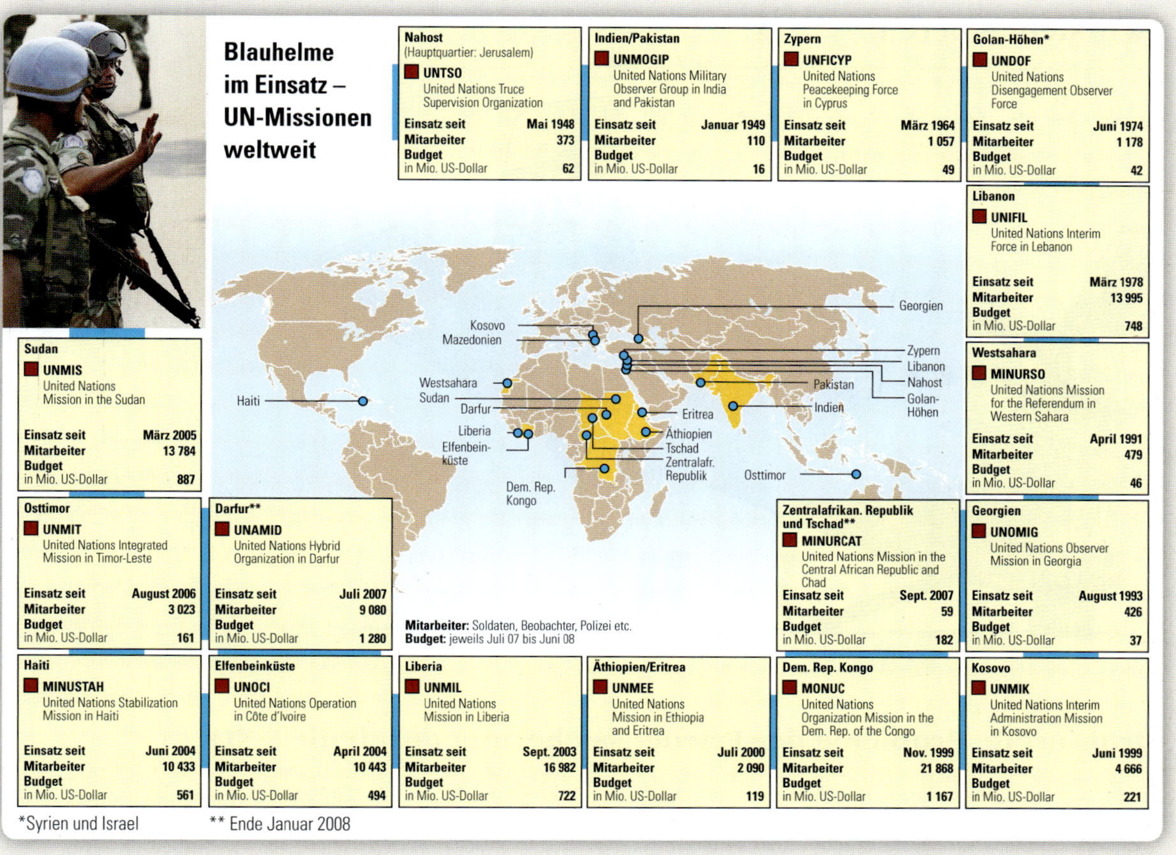

Globus Grafik 1988, Quelle: UN, Stand: Ende 2007

Alle UN-Friedensmissionen, auch als Blauhelmmissionen bekannt, müssen vom UN-Sicherheitsrat beschlossen werden und haben die Aufgabe, unter dem Kommando der UNO friedenssichernde oder friedenserhaltende Maßnahmen durchzuführen. Während beim klassischen „Peacekeeping" die Zustimmung der Konfliktparteien für den Einsatz erforderlich ist, zählen zu den Friedensmissionen auch Einsätze, bei denen der Friede erst militärisch erzwungen werden muss und dann auch gegen den Willen von mindestens einer Konfliktpartei gesichert wird (Kapitel VII der UN-Charta).

Autorentext

Aufgaben

1. Erarbeiten Sie einen „Steckbrief" der Vereinten Nationen. Er sollte die wesentlichen Informationen über Aufgaben, Ziele und Aufbau der Organisation enthalten (M 5 – M 11).
2. Erklären Sie, inwiefern die Vereinten Nationen aufgrund der Bestimmungen der Charta zum Eingreifen in den Darfur-Konflikt befugt sind. Gehen Sie auch auf die in der Charta vorgesehenen Maßnahmen ein (M 6, M 9).
3. „Die Unfähigkeit der Vereinten Nationen zur Wahrung von Sicherheit und Frieden wird durch den Darfur-Konflikt demonstriert". Nehmen Sie zu dieser Behauptung differenzierend Stellung.

2.2.3 Die Rolle der UNO im 21. Jahrhundert

M 12 **„Wir stehen bereit"**

Stuttmann / CCC, www.c5.net

M 13 Strukturelle Probleme der Friedenssicherung durch die UNO

Trotz der in der Charta der Vereinten Nationen verankerten Gleichberechtigung der Mitgliedstaaten besteht ein deutliches Machtgefälle im Sicherheitsrat. Die Privilegierung der fünf ständigen Mitglieder des Sicherheitsrats durch das Vetorecht widerspricht dem Gedanken der Repräsentativität. Die Vetomächte verhindern erfahrungsgemäß Beschlüsse des Sicherheitsrats durch die Androhung oder Ausübung ihres Vetorechts, soweit sie eigenen Interessen zuwiderlaufen würden. Wirtschaftlich und militärisch starke Staaten haben zudem die Möglichkeit, durch Zurückbehalten von fälligen Beitragszahlungen oder Verweigerung der Hilfe bei Friedensmissionen die UNO zu schwächen oder für ihre Zwecke zu instrumentalisieren. Dieses Problem wird noch verschärft durch die Tatsache, dass nur relativ wenige Staaten über die nötigen finanziellen und militärischen Ressourcen für aufwändigere Missionen verfügen. Meist lassen sich die mächtigen Industriestaaten Einsätze von der UNO mandatieren, um sie dann in eigener Verantwortung durchzuführen. Für Konflikte, die nicht unmittelbar die Interessen der mächtigen Staaten berühren, ist die UNO dann personell schlecht ausgestattet oder kann gar nicht tätig werden. Dieser Umstand schwächt die Glaubwürdigkeit der UNO, da gegen das Grundprinzip verstoßen wird, gleiche Fälle gleich zu behandeln.

Im Laufe der Jahrzehnte haben sich zudem die kriegerisch ausgetragenen Konflikte immer mehr von der zwischen- auf die innerstaatliche Ebene verlagert. Bei möglichen Interventionen geraten damit Prinzipien der UN-Charta miteinander in Konflikt: Einerseits besteht das Verbot, sich in innerstaatliche Angelegenheiten einzumischen (Interventionsverbot, Achtung der staatlichen Souveränität), andererseits sind das Selbstbestimmungsrecht der Völker sowie der Menschenrechtsschutz in der Charta verankert. Bei schwersten Menschenrechtsverletzungen durch staatlich legitimierte Gewalt und bei extremen humanitären Notlagen behalf man sich im Sicherheitsrat oft damit, eine über die Grenzen hinausreichende Bedrohung des Weltfriedens zu konstatieren und so eine rechtliche Basis für eine (humanitäre) Intervention zu bekommen. Solche Beschlüsse waren aber immer wieder durch das Veto von ständigen Mitgliedern bedroht, welche selbst mit ähnlichen inneren Konflikten zu tun hatten (z.B. China mit Tibet und Sinkiang, Russland mit Tschetschenien).

Autorentext

Die UNO zwischen Anspruch und Wirklichkeit

M 14

Welche Rolle werden nun die Vereinten Nationen in der Welt des 21. Jahrhunderts spielen? Zunächst ist das Spannungsverhältnis zwischen den Zielen und Grundsätzen der VN-Charta auf der einen und der politischen Realität auf der anderen Seite offenkundig.

Ziele und Grundsätze der Charta versus politische Realität:

Ziele und Grundsätze der Charta	Politische Realität
souveräne Gleichheit aller Mitgliedstaaten	ausgeprägtes Machtgefälle zwischen Staaten und Regionen
Erfüllung der mit der VN-Charta übernommenen Verpflichtungen	Verweigerungen von Beiträgen und Leistungen je nach nationaler Interessenlage
Verpflichtung zur friedlichen Streitbeilegung	allgegenwärtige Gewalt im internationalen System
Allgemeines Gewaltverbot	praktiziertes Recht einzelner Staaten auf unilaterale Gewaltanwendung
Weltfrieden und internationale Sicherheit als kollektive Aufgabe aller Mitgliedstaaten	Interessendominanz der Industriestaaten und vergessene Konflikte in Entwicklungsländern
Verbot der Einmischung in innere Angelegenheiten der Mitgliedstaaten	Globalisierung grundlegender Probleme relativiert staatliche Souveränität

… Der anhaltende Reformbedarf der Weltorganisation sollte aber nicht den Blick dafür verstellen, dass die Vereinten Nationen für die Stabilität des internationalen Systems unverzichtbar sind. Zwar hält die politische Praxis nur recht selten mit den Erfordernissen einer immer komplexer werdenden internationalen Problemagenda Schritt. Tragfähige Antworten auf die zentralen Menschheitsprobleme sind im 21. Jahrhundert allenfalls multilateral zu geben, und in dem Geflecht multilateraler Regime und Organisationen spielen die Vereinten Nationen eine herausragende Rolle.

Sven Bernhard Gareis/Johannes Varwick, Die Vereinten Nationen, 4. Aufl., Opladen 2006, S. 314-319

„Responsibility to Protect" – ein neuer völkerrechtlicher Grundsatz?

M 15

Der Begriff „Responsibility to Protect" findet sich erstmals in einem so betitelten Bericht der „International Commission on Intervention and State Sovereignty" (ICISS) aus dem Jahr 2001. … Der Expertenbericht … definiert das Grundprinzip der „Responsibility to Protect" zweigliedrig:
Erstens bringe staatliche Souveränität Verantwortung mit sich. Es sei daher vorrangige Aufgabe eines jeden Staates, für den Schutz seiner eigenen Bevölkerung zu sorgen. In einem zweiten Schritt gingen die Experten auf den Fall ein, dass ein Staat infolge eines internen Krieges (internal war), eines Aufstandes (insurgency), von Unterdrückung (repression) oder wegen Staatsversagens (state failure) nicht in der Lage oder nicht willens ist, schwerwiegenden Schaden von seiner Bevölkerung abzuwenden. Ihrer Auffassung nach soll in diesem Fall der Grundsatz der Nichteinmischung in die Angelegenheiten des unwilligen oder unfähigen Staates hinter der internationalen Schutzverantwortung (International Responsibility to Protect) zurücktreten.

Innerhalb der VN hat das Konzept der „Responsibility to Protect" schnell Widerhall gefunden. Zunächst fand der Begriff Eingang in den 2004 erschienenen Bericht „A more secure world: Our shared responsibility" einer von VN-Generalsekretär Kofi Annan eingesetzten hochrangigen Gruppe. … In der Folgezeit nahmen sowohl die VN-Generalversammlung als auch der VN-Sicherheitsrat auf das Konzept Bezug. Die VN-Generalversammlung nahm es in ihre Resolution über das Ergebnis des VN-Weltgipfels 2005 (A/RES/60/1) vom 24. Oktober 2005 auf. Das Konzept der „Responsibility to Protect" umfasst nach dieser Resolution eine Verantwortung jedes einzelnen Staates, seine Bevölkerung vor Völkermord, Kriegsverbrechen, ethnischer Säuberung und Verbrechen gegen die Menschlichkeit zu schützen. Daneben sieht die VN-Generalversammlung auch eine Verantwortung der internationalen Gemeinschaft. Diese bestehe zunächst darin, jeden Staat zur Übernahme seiner Verantwortung zu ermutigen und ihn darin zu unterstützen.

Die internationale Gemeinschaft solle ferner durch die VN geeignete diplomatische, humanitäre und andere friedliche Mittel gemäß Kapitel VI und VIII VN-Charta ergreifen, um einen solchen Schutz zu gewährleisten. Schließlich sieht die Generalversammlung das Ergreifen „kollektiver Maßnahmen" durch den Sicherheitsrat gemäß Kapitel VII VN-Charta als möglich an.

Zur völkerrechtlichen Verbindlichkeit des Konzepts

Kernelement der „Responsibility to Protect" ist nach allgemeiner Deutung die Neudefinition des Souveränitätsbegriffes. Dieser werde mit der Verpflichtung zum Schutz der eigenen Bürger materiell aufgeladen. Ein Eingreifen von außen wäre mithin kein grundsätzlich verbotener Eingriff in staatliche Souveränität mehr, sondern eine erlaubte Maßnahme zur Wiederherstellung der vollen Souveränität eines fremden Staates. Uneinheitlich wird die Frage nach der völkerrechtlichen Wirkung des Konzepts beantwortet. VN-Generalsekretär Ban Ki-Moon geht wie sein Sonderberater Luck davon aus, dass der Resolution der Generalversammlung (noch) keine völkerrechtliche Bindungswirkung zukommt. Luck verweist auf die Notwendigkeit der politischen Unterstützung des Konzepts, um zu einer nachhaltigen Neuerung zu gelangen. … Bedeutende Meinungsverschiedenheiten bestehen schließlich mit Blick auf die Zulässigkeit der militärischen Durchsetzung des Schutzes. Vor allem Russland, China und zahlreiche Blockfreie Staaten haben diesbezüglich Vorbehalte. VN-Sonderberater Luck sieht hingegen die Möglichkeit einer zwangsweisen Durchsetzung des Schutzes nicht als Neuerung. Die Resolution der VN-Generalversammlung zum Weltgipfel 2005 verweise ausdrücklich auf „kollektive Maßnahmen" nach Kapitel VII der VN-Charta. Daher sei eine mögliche zwangsweise Durchsetzung in die bisherige Praxis der VN eingebettet.

Deutscher Bundestag, Wissenschaftliche Dienste, 29.5.2008, Verfasser: Matthias Köngeter

M 16 Beispiele für institutionelle Reformüberlegungen

a) Die Reform des Sicherheitsrates

Die Reform des Sicherheitsrats gehört zu den schwierigsten und machtpolitisch sensibelsten Reformvorhaben. Unabhängig von der Zielvorstellung formulieren sämtliche Reformvorschläge deutliche Kritik an der Zusammensetzung dieses zentralen Gremiums, das nach Artikel 24 der Charta zuständig für die Wahrung des Weltfriedens und der internationalen Sicherheit ist. Die Mehrheit der VN-Staaten hält die Zusammensetzung und die Privilegien der fünf Ständigen Mitglieder für undemokratisch und angesichts der weltpolitischen Realitäten des neuen Jahrtausends auch für anachronistisch. Wer möchte, so Kofi Annan, dass den Entschließungen des Rates mehr Respekt erwiesen werde, der müsse sich der Frage seiner Zusammensetzung mit großem Nachdruck zuwenden. Seit mehr als einem Jahrzehnt befassen sich diverse Arbeitsgruppen der VN mit diesem Thema, ohne dass bisher eine Einigung in Sicht ist. Ein denkbares Modell wäre die Erweiterung um Japan und Deutschland (die zusammen mit den USA gut 55 Prozent des VN-Haushalts finanzieren) sowie Indien, Pakistan oder Indonesien (für Asien), Nigeria oder Südafrika (für Afrika) und Brasilien (für Lateinamerika). Aber auch Argentinien, Mexiko und Ägypten sind interessierte Beitrittskandidaten.

Eine Erweiterung ist aber aus mindestens zwei Gründen schwierig: Zum einen gibt es zwischen „Nord" und „Süd" keinen Konsens über die Kriterien für einen ständigen Sitz. Insbesondere Deutschland … und Japan argumentieren mit ihrer Wirtschaftskraft, ihrer weltpolitischen Verantwortungsübernahme und ihrer Stellung in der Welt, während andere auf die Größe ihrer Bevölkerung hinweisen (so hat allein Indien fast dreimal mehr Einwohner als die gesamte EU). Zum anderen bedarf eine veränderte Zusammensetzung nach Artikel 108 und 109 der VN-Charta einer Chartaänderung, die nur mit zwei Dritteln der Stimmen der Generalversammlung und der Zustimmung aller Ständigen Mitglieder des Sicherheitsrates erreichbar ist. Es müsste also eine Situation geschaffen werden, in der alle Beteiligten Vorteile im Vergleich zum Status quo sehen, aber eine solche Formel ist nicht in Sicht.

b) Reform des Systems der Friedenssicherung

Die ursprüngliche und durchaus erfolgreiche Ausrichtung der VN auf die Verhinderung zwischenstaatlicher Kriege hat sich mit dem Wandel des Kriegsbildes in Richtung innerstaatlicher Auseinandersetzungen radikal verändert. Spektakuläre Fehlschläge wie in Ruanda, im bosnischen Srebrenica oder in Sierra Leone haben den Reformdruck in diesem Bereich erhöht. Gemäß Kapitel VII der Charta stünde den VN ein hinreichendes Instrumentarium an Maßnahmen bei Bedrohung oder Bruch des Friedens zur Verfügung, in der Praxis wurde aber von diesen Bestimmungen bisher kaum Gebrauch gemacht. Nach den Vorschlägen einer Expertengruppe unter dem Vorsitz des ehemaligen algerischen Außenministers Lakhdar Brahimi vom August 2000 sollen die VN-Truppen in Zukunft grundsätzlich ein „robustes" Mandat erhalten und nur in Einsätze geschickt werden, wenn die Regeln dafür eindeutig sind, sie hinreichend geführt werden können und gut ausgerüstet sind. Dazu wird auch eine personelle Aufstockung im dafür zuständigen „Department of Peacekeeping Operations" im VN-Hauptquartier am New Yorker East River gefordert. Zudem soll gemäß dem Konzept des „Standby-Arrangement-Systems" eine schlagkräftige multinationale Streitkraft bereitgestellt werden, auf die bei Bedarf schnell zugegriffen werden kann. Insgesamt soll damit das System der Friedenssicherung effektiver arbeiten; auch der vorbeugenden Diplomatie sowie der Friedenskonsolidierung soll mehr Aufmerksamkeit geschenkt werden.

Allerdings dürfte eine zu beobachtende Praxis die Relevanz der VN im Bereich der Friedenssicherung nachhaltig bestimmen: die Tendenz, dass sich insbesondere die leistungsfähigen Industriestaaten verstärkt Friedensmissionen mandatieren lassen (oder auch nicht), um sie dann in eigener Verantwortung durchzuführen. Dies führt zu einer Konzentration ihrer Kräfte auf Länder und Regionen, die für die betroffenen Staaten von unmittelbarem Interesse oder von Bedeutung sind. Den VN droht dabei nur noch eine Restkompetenz für vergessene Konflikte zuzufallen, für die sie dann – wie z.B. in Afrika zu beobachten – von den Industriestaaten zudem nur zögerlich unterstützt werden.

Johannes Varwick, Die Reform der Vereinten Nationen – Weltorganisation unter Anpassungsdruck, in: Aus Politik und Zeitgeschichte B 43/2004

Aufgaben

1. Erarbeiten Sie aus M 12 – M 14 die Notwendigkeit grundlegender Reformen der Vereinten Nationen, und zeigen Sie dabei auftretende Hemmnisse.
2. Im Frühjahr 2008 verweigerte das Militärregime in Myanmar nach einer schweren Wirbelsturmkatastrophe notwendige ausländische Hilfe für seine Bevölkerung. Der französische Außenminister Kouchner hatte daraufhin unter Berufung auf die „Responsibility to Protect" erklärt, dass Frankreich bereit sei, auch ohne Genehmigung der burmesischen Regierung ein Militärschiff mit Hilfsgütern zu entsenden und durch eigenes Personal entladen und verteilen zu lassen. Diskutieren Sie diesen Vorschlag (M 15).
3. Einigen Sie sich in Gruppen auf eine Reform des Sicherheitsrates und präsentieren Sie Ihren Vorschlag in der Klasse (M 16).
4. „Für die Lösung der anstehenden Weltprobleme ist eine starke Stellung der Vereinten Nationen erforderlich." Verfassen Sie zu dieser Aussage einen Essay.

Wissen kompakt

Gründung und Aufgabe der UNO
M 5

Am 24. Oktober 1945 wurden die Vereinten Nationen (UNO = United Nations Organization) von damals 51 Staaten begründet. Sie entstanden unter dem Eindruck der Katastrophe des Zweiten Weltkriegs mit dem Ziel, durch eine globale Organisation künftig Frieden und Sicherheit in der Welt zu gewährleisten. Seither hat sich die Zahl der Mitgliedsstaaten auf 191 (2008) erhöht, und die Vereinten Nationen haben ihre Tätigkeitsbereiche auf alle Weltprobleme – von der Bekämpfung des Hungers bis zum Klimawandel, von der Kinderarbeit bis zur Überschuldung vieler Entwicklungsländer – ausgedehnt.

Ziele und Grundsätze der Charta
M 6

Um das Hauptziel der UNO, die Wahrung des Weltfriedens und der internationalen Sicherheit, zu erreichen, werden die Mitgliedstaaten zur Anerkennung folgender Grundsätze verpflichtet: souveräne Gleichheit der Mitglieder, friedliche Streitbeilegung, Verbot der Androhung oder Anwendung von Gewalt (außer zur individuellen oder kollektiven Selbstverteidigung), Unterstützung von Maßnahmen der UNO, Nichteinmischung in die inneren Angelegenheiten der Staaten.

Aufbau der UNO
M 7 – M 11

Die Vereinten Nationen sind eine internationale Organisation, die auf der freiwilligen Zusammenarbeit der beteiligten Staaten beruht, ohne dass diese auf Souveränitätsrechte verzichten (im Gegensatz etwa zur EU).

Generalversammlung

Die Generalversammlung stellt in erster Linie ein Diskussionsforum für Weltprobleme dar. Alle Mitgliedstaaten sind in diesem Organ vertreten, wobei jeder Staat bei Abstimmungen eine Stimme hat. Während die Generalversammlung nach innen bindende Beschlüsse fassen kann (z. B. Wahl von nichtständigen Mitgliedern des Sicherheitsrats, Haushaltsbeschlüsse), kann sie in politischen Fragen nur Empfehlungen abgeben (z.B. gegenüber dem Sicherheitsrat).

Sicherheitsrat

Der Sicherheitsrat ist besonders im Hinblick auf die Friedenssicherung das eigentliche Entscheidungsorgan. Er besteht aus fünf ständigen Mitgliedern mit Vetorecht und zehn nichtständigen, von der Generalversammlung auf zwei Jahre gewählten Mitgliedern. Der Sicherheitsrat stellt fest, ob eine Bedrohung des Friedens vorliegt und kann Zwangsmaßnahmen zur Wahrung des Weltfriedens beschließen, die von Wirtschaftssanktionen bis zum Einsatz von Waffengewalt reichen. Die UNO-Mitglieder sind verpflichtet, die Resolutionen des Sicherheitsrates umzusetzen, bei militärischen Einsätzen ist die UNO allerdings immer darauf angewiesen, dass ausreichend Streitkräfte zur Verfügung gestellt werden.

Generalsekretär

Der UN-Generalsekretär (seit 2007 Ban Ki-Moon, Südkorea) ist der höchste Verwaltungsbeamte und Repräsentant der UNO. Er kann die Aufmerksamkeit des Sicherheitsrates auf Angelegenheiten richten, die nach seiner Auffassung eine Gefahr für den Weltfrieden darstellen, und erstattet der Generalversammlung jährlich Bericht. Auf Vorschlag des Sicherheitsrates wird er von der Generalversammlung auf fünf Jahre gewählt, mit der Möglichkeit einer einmaligen Wiederwahl.

Strukturelle Probleme der UN
M 13, M 14

Als mit dem Ende des Ost-West-Konflikts die Konfrontation der ständigen Mitglieder mit Vetorecht beendet war, hoffte man auf ein effektiveres Wirken des Sicherheitsrates. Immer wieder aber zeigte es sich, dass Interessengegensätze zwischen den fünf Großen des Sicherheitsrates die rechtzeitige Verabschiedung wirksamer Resolutionen zur Beendigung schwerster Menschenrechtsverletzungen verhinderten.

Ein aktuelles Beispiel dafür stellt der Darfur-Konflikt dar, in dem inzwischen Schätzungen zufolge 300.000 Tote zu beklagen sind und zwei Millionen Flüchtlinge ihre Heimat verloren haben. Wirksame Sanktionen wurden bis heute im Sicherheitsrat durch China und Russland verhindert.

Dass es häufig nicht zur Anwendung der in Kapitel VI und VII der UN-Charta festgelegten Instrumente zur Beendigung von Konflikten kommt, hat oft mehrere Ursachen:

- Oft kann sich der Sicherheitsrat nicht auf effektive Sanktionen einigen, weil die Vetomächte Resolutionen verhindern, die nicht ihren nationalen Interessen entsprechen.
- Um Friedensmissionen durchführen zu können, ist die UNO auf die Beteiligung von Mitgliedstaaten angewiesen. Die in der UN-Charta festgelegte Verpflichtung zur Unterstützung wird in der Praxis kaum beachtet.
- Die in der UN-Charta festgelegten Maßnahmen zielen auf zwischenstaatliche Konflikte. Nachdem aber heute innerstaatliche Konflikte dominieren, geraten bei möglichen Interventionen das Verbot, sich in innerstaatliche Angelegenheiten einzumischen (Interventionsverbot), mit dem ebenfalls in der UN-Charta verankerten Schutz der Menschenrechte und dem Selbstbestimmungsrecht der Völker in Konflikt. In Extremfällen hat sich der Sicherheitsrat damit behelfen müssen, eine über die Grenzen hinausreichende Bedrohung des Weltfriedens zu konstatieren.

Reformansätze
M 15, M 16

Die Generalversammlung hat in einer Resolution zum Weltgipfel 2005 das Konzept der „Responsibility to Protect" verabschiedet. Es soll das Spannungsverhältnis zwischen humanitären Belangen der Bevölkerung und staatlicher Souveränität auflösen, indem es eine internationale Schutzverantwortung für den Fall proklamiert, dass ein Staat nicht willens oder fähig ist, seine Bevölkerung vor schwersten Menschenrechtsverletzungen zu schützen. Die Resolution ist völkerrechtlich nicht verbindlich, kann aber als Ausdruck einer gewandelten Rechtsüberzeugung der Staatengemeinschaft interpretiert werden. Inwiefern sie Eingang in die Praxis der Friedenssicherung findet, ist noch nicht absehbar.

Seit längerer Zeit besteht auch ein prinzipieller Konsens über die Notwendigkeit von strukturellen Reformen der UNO. So sollen die Entscheidungsverfahren und die Organisationsstruktur an die seit 1945 grundlegend veränderte weltpolitische Realität angepasst werden. Im Vordergrund steht hier vor allem eine Reform des Sicherheitsrates, dessen Zusammensetzung immer noch die Machtverhältnisse nach dem Ende des Zweiten Weltkriegs widerspiegelt. Vorgeschlagen wird die Erweiterung des Sicherheitsrates auf 24 Mitglieder sowie die Einschränkung des Vetorechts der ständigen Mitglieder.

Reformiert werden soll auch der Bereich der Friedenssicherung. Diese muss dem neuen Charakter der Friedensbedrohungen angepasst werden. Diskutiert wird in diesem Zusammenhang ein „Standby-Arrangement-System", dass der UNO schnellen Zugriff auf nationale Truppenkontingente unter UN-Kommando ermöglichen würde.

Insgesamt gilt es, die Kluft zwischen dem Anspruch der Gründungscharta und der politischen Wirklichkeit zu verringern. Nur so kann die Glaubwürdigkeit der Organisation wieder hergestellt werden. Dennoch besteht Einigkeit darüber, dass die UNO angesichts der globalen Probleme als politisches Weltforum unverzichtbar ist.

2.3 Regionale Sicherheitsorganisationen – NATO und EU

2.3.1 Das Engagement der NATO in Afghanistan

M 1 Momentaufnahme aus Afghanistan

Die Lage in Masar-i-Scharif wird zwar von den meisten Experten als relativ sicher eingestuft. Aber was heißt das schon? „Der Norden ist nur eine vermeintlich sichere Region", sagt Oberst Heiko Krogmann, der hier die afghanische Armee als Ausbilder betreut. Nicht in allen der neun Provinzen, die vom Regionalkommando Nord der Schutztruppe ISAF abgedeckt werden, ist es ruhig. …

Dennoch ist der relative Frieden in Masar-i-Scharif angekommen. Das zeigt sich etwa in den Schulen. Mädchen auf dem Schulweg traben entlang den staubigen Straßen; sie tragen stolz ihre Ausweise um den Hals. Nur damit erhalten sie Zutritt zu ihrer Schule und damit zu Bildung. Die fünf Zelte der provisorischen Mittelschule Ala Chapan an der Road No. 5 sind staubig, manche etwas verschlissen. Zusätzlich zu den Zelten gibt es im alten Schulgebäude nur sieben Klassenzimmer. In drei Schichten versuchen die 45 Lehrer der Mittelschule, mehr als 1.900 Schüler zu unterrichten.

Im Inneren eines Zeltes drängen sich Mädchen auf schmalen Bänken, es wird gerade die Landessprache Dari unterrichtet. Bis zum Sturz der Taliban vor sechs Jahren hätten sie keine Chance auf Bildung gehabt. Dabei gibt es in Afghanistan viele Frauen wie die 53-jährige Lehrerin Halima, die Physik und Chemie unterrichtet. Sie freut sich sichtlich über die neuen Zeiten: „Endlich kann ich wieder arbeiten."

Grundschülerinnen in Afghanistan beim Seilspringen in der Pause. Unter der Herrschaft der Taliban war es Frauen untersagt, Schulen zu besuchen.

Christiane Buck, Die Welt, 12.10.2007

M 2 Chronik des Konflikts in Afghanistan

1996	Nachdem sie die sowjetischen Truppen, welche die kommunistische Regierung stützten, zum Abzug gezwungen hatten, besiegten die Taliban in einem mehrere Jahre währenden Krieg rivalisierende afghanische Gruppen. Sie errichten eine radikalislamische Herrschaft und erlauben der international agierenden Terrororganisation Al-Qaida, Stützpunkte und Ausbildungslager zu unterhalten.
September 2001	Nach den Terroranschlägen der Al-Qaida auf Symbole der US-Macht (World Trade Center in New York, Pentagon in Washington) erklärt Präsident Bush den „Krieg gegen den Terror" und fordert die afghanische Taliban-Regierung ultimativ auf, den Al-Qaida-Führer Osama bin Laden auszuliefern.
Oktober bis November 2001	Nachdem Afghanistan darauf nicht reagiert, befiehlt Präsident Bush Luftangriffe und Bodeneinsätze der US-Armee (Operation Enduring Freedom). Die „Nordallianz", eine mit den USA verbündete, aus mehreren talibanfeindlichen afghanischen Gruppen bestehende Kriegspartei, besetzt wichtige Städte. Die Taliban-Regierung löst sich auf. Taliban-Gruppen gehen in den Untergrund oder in das pakistanische Grenzgebiet zu Afghanistan. Sie versuchen seither, den Wiederaufbau durch Terroranschläge und Überfälle zu verhindern.
Ende 2001 bis Mitte 2002	Mit Unterstützung von westlichen Staaten soll eine politische Neuordnung entstehen. Die in Opposition zu den Taliban stehenden Gruppierungen schließen ein Abkommen über eine Übergangsregierung, die im Dezember 2001 unter Hamid Karsai die Arbeit aufnimmt.

Mitte 2002 bis Anfang 2008 Die seit 2004 auf eine Verfassung gestützte und seit 2005 durch Wahlen legitimierte Regierung Karsai versucht bis heute, ihre Macht gegen den Widerstand von Untergrundgruppen der Taliban und regionale Kriegsherren auf größere Teile des Landes auszudehnen. Das „Nation-Building" wird unterstützt durch finanzielle und organisatorische Hilfen vieler westlicher Staaten sowie durch die im Auftrag der Vereinten Nationen entsandte Schutztruppe ISAF (International Security Assistance Force), deren Kommando im Sommer 2003 die NATO übernimmt.

Autorentext

M 3

Die ISAF in Afghanistan

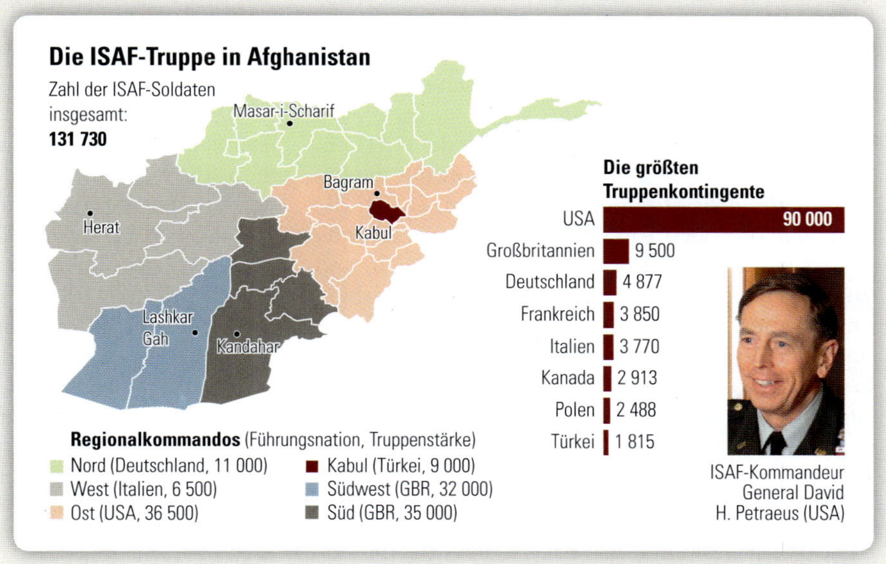

dpa-Grafik 14092; Quelle: ISAF; Stand: Dezember 2010

Die International Security Assistance Force (ISAF) ist die Internationale Sicherheitsunterstützungstruppe in Afghanistan. Die Aufstellung erfolgte auf Ersuchen der neuen afghanischen Regierung an die internationale Gemeinschaft und mit Genehmigung durch den Weltsicherheitsrat (Resolution 1386 vom 20. Dezember 2001). Der Einsatz ist keine Blauhelm-Mission, sondern ein sogenannter friedenserzwingender Einsatz unter Verantwortung der beteiligten Staaten, wobei der NATO eine Führungsrolle zukommt.

Das Mandat für die Beteiligung deutscher Soldaten am ISAF-Einsatz wurde am 22. Dezember 2001 erteilt.

Aufgabe der ISAF ist die Unterstützung der gewählten Regierung Afghanistans zur Herstellung und Aufrechterhaltung eines sicheren Umfeldes in Afghanistan. In erster Linie soll so der Wiederaufbau Afghanistans, die Etablierung demokratischer Strukturen und die Durchsetzungsfähigkeit der frei gewählten Zentralregierung vorangetrieben werden. Die ISAF darf im Rahmen der Erfüllung der Resolution 1368 des UN-Sicherheitsrats alle Mittel, auch Waffengewalt, anwenden. Das UN-Mandat wurde mehrfach erneuert.

Nach Mandatierung und Aufstellung im Dezember 2001 wurde die ISAF jeweils von einer oder mehreren Nationen geführt. Am 9. August 2003 übernahm die NATO durch UN-Mandat die Verantwortung für Führung, Planung und Unterstützung der ISAF-Mission.

Erstreckte sich das Operationsgebiet von ISAF zunächst nur auf Kabul und Umgebung, so wurde es schrittweise auf weitere Teile des Landes ausgedehnt. Seit Oktober 2003 wurde durch einen Erweiterungsplan der NATO, genehmigt durch den UN-Sicherheitsrat, das Operationsgebiet auf die nördlichen Provinzen Afghanistans ausgedehnt. 2005 wurde auch Verantwortung für das westliche Afghanistan übernommen. Am 31. Juli 2006 erweiterte ISAF ihren Verantwortungsbereich in den Süden des Landes. Hierfür wuchs ISAF von rund 9.000 auf 18.500 Soldaten an. Am 28. September 2006 beschloss der Nordatlantikrat, die Mission auch auf den Osten Afghanistans auszudehnen.

nach: Wikipedia, Stichwort ISAF (10.3.2008)

M 4 Afghanistan – Prüfstein für die neue NATO

Als die NATO im Sommer 2003 in Afghanistan die strategische Koordinierung der ISAF (International Security Assistance Force) übernahm, ging das Bündnis im Hinblick auf die Unterstützung der Regierung und der Bevölkerung Afghanistans eine langfristige politische Verpflichtung ein. Zugleich war das Engagement der NATO ein deutlicher Beweis dafür, dass sich das Bündnis den Sicherheitserfordernissen des 21. Jahrhunderts anpasste – als ein Bündnis, das bereit und gewillt ist, zum Kampf gegen den internationalen Terrorismus wie auch zu umfassenderen internationalen Sicherheitsbemühungen jenseits des euro-atlantischen Raumes einen Beitrag zu leisten.

Britische NATO-Truppen landen im Süden von Afghanistan.

Fast drei Jahre danach ist die Mission der NATO in Afghanistan für das Bündnis weiterhin mit einzigartigen Herausforderungen verbunden. Durch die ISAF hat die NATO in Afghanistan eine zentrale Unterstützungsfunktion im Sicherheitsbereich, und zugleich leistet sie konzeptionelle Pionierarbeit. Durch die Wahrnehmung ihrer Hauptaufgabe, nämlich die afghanische Regierung zu unterstützen, hat das Bündnis neue, komplexe Stabilisierungsfunktionen in einem Umfeld übernommen, das weitaus höhere Ansprüche stellt als das Umfeld anderer Operationen unter der Führung der NATO. Afghanistan ist daher in vielerlei Hinsicht zu einem Prüfstein für die Umgestaltung der NATO geworden. Die Herausforderungen reichen von Operationen in entlegenen, häufig gefährlichen Gebieten bis hin zur Erfüllung der Streitkräfteerfordernisse für die militärischen Aufgaben einer geografisch weit entfernten Mission, so dass sich die ISAF und die NATO tagtäglich bewähren müssen. Die Gewährleistung des weiteren Erfolgs dieser Mission ist für die NATO ebenso wichtig wie für Afghanistan.

Für die ISAF und die NATO werden die nächsten Jahre insofern von entscheidender Bedeutung sein, als ein stabileres und sichereres Afghanistan mit weitreichenden Vorteilen verbunden ist. Indem wir in Afghanistan eine entschlossene, konsequente Politik verfolgen und unsere durch ein Mandat der Vereinten Nationen abgestützte Mission erfüllen, werden wir nicht nur dazu beitragen, den Terrorismus zu besiegen und die Region zu stabilisieren, sondern auch Millionen von Afghanen, die weiterhin von der Unterstützung der internationalen Staatengemeinschaft abhängig sind, ein besseres Leben ermöglichen. Zugleich wird sich ein Erfolg der Afghanistan-Mission der NATO direkt auf das Tempo und die weitere Entwicklung des derzeitigen Umgestaltungsprozesses des Bündnisses auswirken.

Die tatsächlichen Gegebenheiten vor Ort sowie die allgemeinen operativen und politischen Rahmenbedingungen der ISAF-Mission in Afghanistan sind weiterhin eine treibende Kraft hinter der Agenda des Bündnisses, und dies ähnelt der Situation der NATO in der Zeit, als sie auf dem Balkan die ersten Friedensmissionen übernahm. Vor dem 11. September 2001, d.h. vor den Terroranschlägen auf New York und Washington, schien eine Entsendung von NATO-Truppen nach Afghanistan undenkbar. Heute steht eines der jüngsten Mitglieder des Bündnisses, nämlich Litauen, in einem der abgelegensten Gebiete Afghanistans an der Spitze eines PRT[1]. Diese Entwicklung ist ein Hinweis auf die tiefgreifenden globalen Veränderungen der letzten vier Jahre und zeigt, wie die Umgestaltung der NATO in der Praxis vor sich geht und wie sich das Bündnis neuen Herausforderungen anpasst. Dadurch wird auch deutlich, welche Rolle die NATO vielleicht in Zukunft einmal übernehmen wird.

[1] PRT = Provincial Reconstruction Team

Mihai Carp, Operationen: damals und heute, NATO-Brief, Frühjahr 2006

Aufgaben

1. Stellen Sie die wesentlichen Fakten zu den Aufgaben und Zielen der NATO-Mission in Afghanistan zusammen (M 1 – M 3, eigene Recherchen).
2. Erklären Sie, weshalb der Einsatz in Afghanistan eine besondere Herausforderung für die NATO darstellt (M 4).
3. Diskutieren Sie die Behauptung des früheren Verteidigungsministers Struck (SPD), dass die „Sicherheit Deutschlands auch am Hindukusch verteidigt" werde.

2.3.2 Die Rolle der NATO nach dem Ende des Ost-West-Konflikts

M 5

Rückblick: Die Gründung der NATO

Die sowjetische Expansionspolitik in Ost- und Südosteuropa führte nach dem Ende des Zweiten Weltkrieges zu wachsenden Interessengegensätzen mit den westlichen Siegermächten. Nach der kommunistischen Machtübernahme in der Tschechoslowakei im Februar 1948 wurde mit dem Brüsseler Vertrag zwischen Frankreich, Großbritannien und den Benelux-Ländern bereits am 17. März 1948 ein westeuropäischer Regionalpakt begründet, der neben wirtschaftlicher, sozialer und kultureller Zusammenarbeit auch eine gemeinsame Verteidigung vorsah. Mit den USA und Kanada vereinbarten die westeuropäischen Länder noch im selben Jahr ein auf gegenseitiger Hilfeleistung beruhendes, erweitertes Verteidigungssystem.

Am 4. April 1949 unterzeichneten in Washington zwölf Staaten (Belgien, Dänemark, Frankreich, Großbritannien, Island, Italien, Kanada, Luxemburg, die Niederlande, Norwegen, Portugal und die USA) den Nordatlantikvertrag, der am 24. August 1949 in Kraft trat. Griechenland und die Türkei wurden 1952, die Bundesrepublik Deutschland 1955 Mitglieder der Nordatlantikpakt-Organisation (North Atlantic Treaty Organization – NATO). Spanien schloss sich der NATO im Jahre 1982 an. In Artikel 5 des Vertrages verpflichteten sich die Partnerländer zu gegenseitigem Beistand bei einem bewaffneten Angriff auf einen oder mehrere der Mitgliedstaaten in Europa oder Nordamerika. Daneben vereinbarten sie eine enge Zusammenarbeit vor allem auf wirtschaftlichem Gebiet.

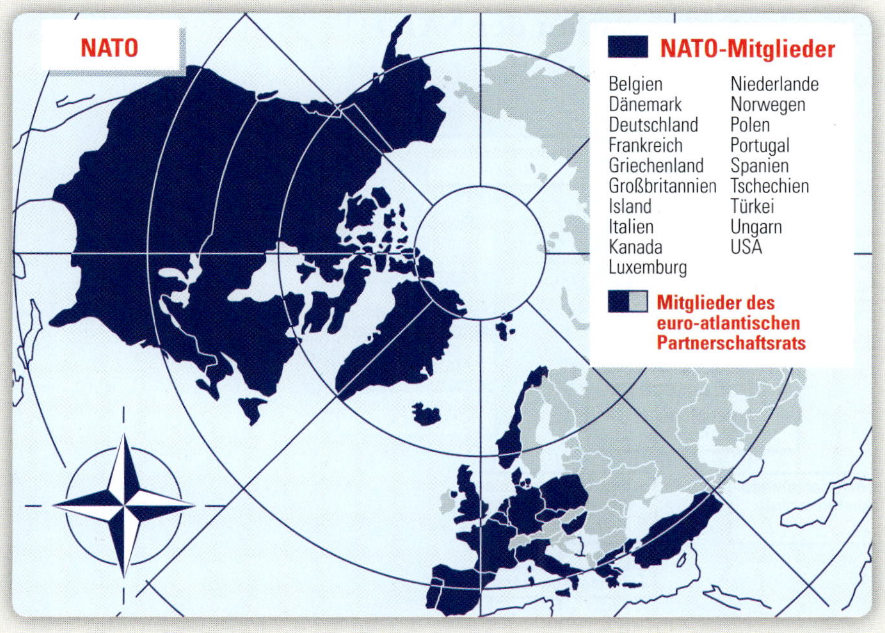

Erich-Schmidt Verlag, Zahlenbilder Nr. 621100

M 6 Aus dem Nordatlantik-Vertrag

Artikel 1

Die Parteien verpflichten sich, in Übereinstimmung mit der Satzung der Vereinten Nationen, jeden internationalen Streitfall, an dem sie beteiligt sind, auf friedlichem Wege so zu regeln, dass der internationale Friede, die Sicherheit und die Gerechtigkeit nicht gefährdet werden, und sich in ihren internationalen Beziehungen jeder Gewaltandrohung oder Gewaltanwendung zu enthalten, die mit den Zielen der Vereinten Nationen nicht vereinbar sind.

Artikel 5

Die Parteien vereinbaren, dass ein bewaffneter Angriff gegen eine oder mehrere von ihnen in Europa oder Nordamerika als ein Angriff gegen sie alle angesehen wird; sie vereinbaren daher, dass im Falle eines solchen bewaffneten Angriffs jede von ihnen in Ausübung des in Artikel 51 der Satzung der Vereinten Nationen anerkannten Rechts der individuellen oder kollektiven Selbstverteidigung der Partei oder den Parteien, die angegriffen werden, Beistand leistet, indem jede von ihnen unverzüglich für sich und im Zusammenwirken mit den anderen Parteien die Maßnahmen, einschließlich der Anwendung von Waffengewalt, trifft, die sie für erforderlich erachtet, um die Sicherheit des nordatlantischen Gebiets wiederherzustellen und zu erhalten.

Artikel 6[1]

Im Sinne des Artikels 5 gilt als bewaffneter Angriff auf eine oder mehrere der Parteien jeder bewaffnete Angriff

- auf das Gebiet eines dieser Staaten in Europa oder Nordamerika, auf das Gebiet der Türkei oder auf die der Gebietshoheit einer der Parteien unterliegenden Inseln im nordatlantischen Gebiet nördlich des Wendekreises des Krebses;
- auf die Streitkräfte, Schiffe oder Flugzeuge einer der Parteien, wenn sie sich in oder über diesen Gebieten oder irgendeinem anderen europäischen Gebiet, in dem eine der Parteien bei Inkrafttreten des Vertrags eine Besatzung unterhält oder wenn sie sich im Mittelmeer oder im nordatlantischen Gebiet nördlich des Wendekreises des Krebses befinden.

[1] *In der anlässlich des Beitritts Griechenlands und der Türkei 1952 durch Artikel 2 des Protokolls zum Nordatlantikvertrag geänderten Fassung.*

http://www.nato.int/docu/other/de/treaty-de.htm

M 7 Politische und militärische Organisation der NATO

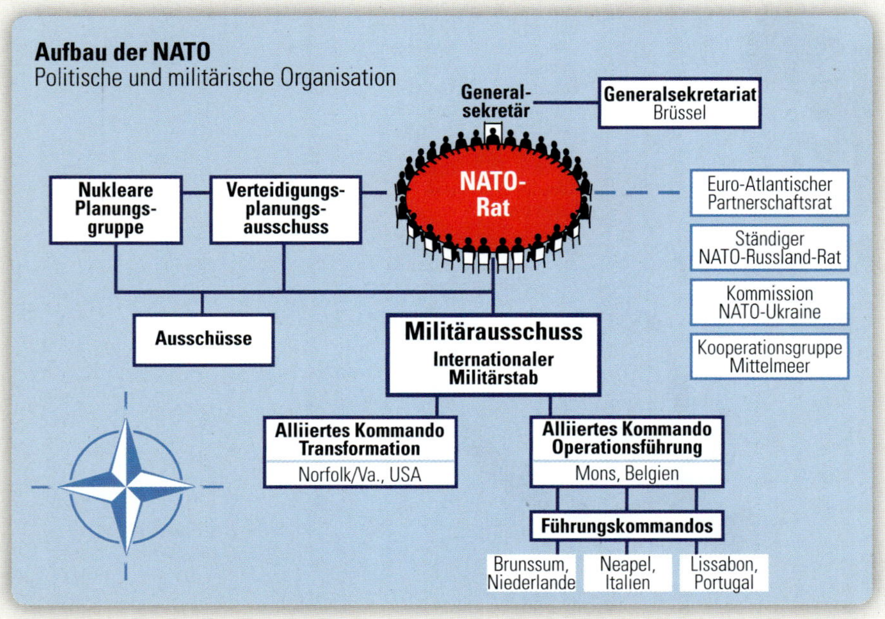

Erich-Schmidt Verlag, Zahlenbilder Nr. 621101

Die NATO wächst

M 8

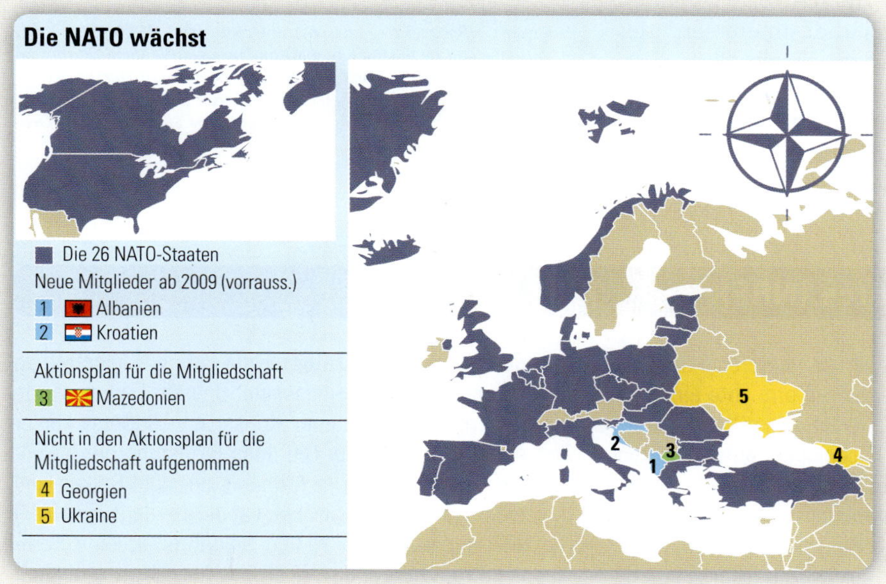

dpa-Grafik 5063

Das neue strategische Konzept von 1999 – Anerkennung neuer Aufgaben

M 9

Die normative Basis für militärische Konfliktregelung durch die NATO ist ihr im April 1999 verabschiedetes neues strategisches Konzept. Es umfasst unterschiedliche Optionen militärischer Konfliktregelung. Alle diese Optionen spiegeln Konfliktlagen wider, deren Bewältigung oder Eindämmung die NATO in den neunziger Jahren als Aufgabe übernommen hatte:

- Kampfeinsätze im Rahmen eines Mandats des Sicherheitsrats der Vereinten Nationen. Als Beispiel ist der zweite Golfkrieg[1] gegen den Irak 1991 zu nennen, an dem eine Reihe von NATO-Staaten unter Führung der USA (und unter Beteiligung weiterer Staaten) teilnahmen, sowie die Luftangriffe gegen serbische Stellungen in Bosnien-Herzegowina 1994/95.
- Peace-keeping-(Blauhelm-)Einsätze, d.h. friedenssichernde Maßnahmen, im Rahmen eines UNO-Mandats zur Absicherung einer zwischen den Konfliktparteien (und eventuell Dritten) erreichten Einigung. Solche Einsätze führte die NATO schon mit den IFOR- und SFOR-Einsätzen[2] nach dem Dayton-Abkommen vom Dezember 1995 sowie mit dem KFOR-Einsatz[3] durch. Letzterer wurde möglich durch ein Abkommen aufgrund des Waffenstillstandes und durch politische Vereinbarungen mit der jugoslawischen Regierung nach dem Kosovo-Krieg (März bis Juni 1999).
- Von der UNO nicht mandatierte Peace-keeping-Einsätze aufgrund eines von einer Regierung bzw. den Konfliktparteien ausgesprochenen Ersuchens an die NATO. Diese Option wurde etwa durch den Makedonien-Einsatz ab August 2001 – zuerst „Essential Harvest", dann „Amber Fox" – umgesetzt.
- Militärische Einsätze aufgrund eines als von außen gewerteten Angriffs auf eines der Bündnismitglieder, wie sie nach den Terroranschlägen in New York und Washington im Beschluss der NATO vom 2. Oktober 2001 impliziert sind, den Bündnisfall nach Art. 5 zu erklären.
- Selbstmandatierte militärische Einsätze zur Erzwingung eines politischen Verhaltens. In diese Kategorie fällt der schon genannte Kosovo-/Jugoslawien-Krieg von März bis Juni 1999. …

Mit der Festlegung, dass *out of defence, out of area* sowie *out of United Nations* agiert werden könne, erteilt sich die NATO mit dem strategischen Konzept von 1999 selbst die Befugnis zur militärischen Konfliktregelung, wenn sie dies für notwendig hält. Das Konzept benennt als Motive, die die Allianz zur militärischen Konfliktregelung veranlassen können, ein ganzes Spektrum von Tatbeständen: vom Völkermord bis zur schwer wiegenden Beeinträchtigung von „Sicherheitsinteressen“ der NATO-Staaten. Damit hängt die eventuelle Selbstmandatierung von der jeweiligen Definition einer solchen Beeinträchtigung bzw. von der jeweiligen politischen Konstellation in der NATO bzw. von den wichtigsten Mitgliedsländern ab.

August Pradetto, Funktionen militärischer Konfliktregelung durch die Nato, in: Aus Politik und Zeitgeschichte B 24/2002, S. 12-13

1 Erster Golfkrieg: Krieg zwischen Irak und Iran, 1980-1988
2 Aufgabe von IFOR (Implementation Forces) und SFOR (Stabilization Force) war die Friedenssicherung in Bosnien-Herzegowina
3 Aufgaben von KFOR (Kosovo Force) waren Friedensimplementierung und Gewährleistung der öffentlichen Sicherheit und Ordnung im Kosovo

Info

NATO Response Force (NRF)

Ein weiterer bedeutender Durchbruch im Bereich der Verteidigungsfähigkeiten war die in Prag erreichte Einigung auf die Schaffung von NATO-Reaktionskräften (NRF – NATO Response Force). Diese hochmodern ausgerüsteten Kräfte werden das Bündnis in die Lage versetzen, neuen Gefahren rasch und effektiv entgegenzutreten. Durch die NRF werden die Risiken gerechter verteilt werden, da sich mehr Bündnispartner an den eigentlichen Operationen beteiligen, anstatt sich diesen einfach zu entziehen und nur Aufgaben nach einem Konflikt zu übernehmen. Da durch die NRF zudem die besten Streitkräfte von beiden Seiten des Atlantiks zusammengeführt werden, können sie auch als Katalysator für die nötige Umgestaltung der Bündnisstreitkräfte insgesamt dienen. Erneut wurde ein bemerkenswerter neuer Konsens in äußerst kurzer Zeit erzielt. (Anmerkung: Die hohe Belastung der NATO-Staaten durch Einsätze in Afghanistan, dem Balkan und in verschiedenen afrikanischen Ländern zwingt die NATO die NRF von geplanten 25.000 Soldaten auf eine Kerntruppe zu reduzieren, an die sich je nach Notwendigkeit Reservekräfte koppeln.)

Lord Robertson (NATO-Generalsekretär 1999 – 2003), Die Umgestaltung der NATO, in: NATO-Brief Frühjahr 2003, aktualisiert durch den Autor

M 10 Kommentar: Die Illusion der NATO

Was ist das nur für ein widersprüchliches Bündnis: Nach außen agiert die NATO mit großem Verkündungspathos, im Innern leidet sie unter spürbarer Auszehrung. In Afghanistan will die Verteidigungsgemeinschaft aller Welt beweisen, was sie kann. Hier glaubt sie, sich ein Scheitern um keinen Preis leisten zu können. Doch der Einsatz der Allianz reicht gerade mal aus, um die Taliban von der Macht fernzuhalten. Das transatlantische Bündnis ist zu schwach, um das Land zu befrieden. Und die Eingreiftruppe NATO Response Force (NRF), die der Katalysator für eine neue NATO werden sollte, für eine NATO, die sich vom Verteidigungsbündnis in eine internationale Interventionsmacht verwandelt, ist faktisch am Ende.

Afghanistan und NRF, die ursprünglichen Symbole einer selbstbewussten und global agierenden NATO, drohen zu Wegmarken ihres Versagens zu werden. Kern des Problems ist der fehlende Wille der Partnerländer, ihren Worten Taten folgen zu lassen. Unter dem andauernden Eindruck des Terrors vom 11. September 2001 und im Angesicht der wachsenden Krisenanfälligkeit der Welt versprechen die Staats- und Regierungschefs auf ihren Gipfeln viel. Einlösen jedoch können oder wollen sie nur wenig. Noch immer müssen die NATO-Befehlshaber um Truppen kämpfen, die ihnen für Afghanistan längst zugesagt worden sind. Die Unlust der Mitglieder am afghanischen Abenteuer ist so groß, dass die NATO private Hubschrauber für die Versorgung der Truppen anmieten muss, weil die Partnerländer keine zur Verfügung stellen.

Aus demselben Grund gerät die NRF ins Abseits. Den Mitgliedstaaten ist der Aufwand zu groß, personell wie materiell. Um den Schein zu wahren, haben sich die Verteidigungsminister jetzt zwar auf eine neue Formel für die NRF geeinigt. Doch selbst wenn sie dem Namen nach weiter existiert – ihre eigentliche Aufgabe kann die NRF nicht mehr erfüllen: die Umstellung des Bündnisses von Verteidigung auf Intervention. Die „Transformation“, das Lieblingsprojekt des Generalsekretärs Jaap de Hoop Scheffer, liegt ferner denn je. Weder militärisch noch politisch wird die NATO gegenwärtig den internationalen Herausforderungen gerecht. An den objektiven Fähigkeiten der Bündnisländer kann das nicht liegen. Zusammengerechnet sind sie militärisch so stark, dass sie Afghanistan und die NRF ohne Probleme stemmen könnten. Dass sie es dennoch nicht tun, hängt an der fehlenden Identität. In der zögerlichen Bereitschaft zum Eingreifen spiegelt sich die Unsicherheit darüber, wie es mit der Allianz weitergehen soll. Symptomatisch für deren Zustand ist es, dass sie sich der Sinnfrage entzieht. Die Debatte über eine Modernisierung zu verschieben, weil die Wahl eines neuen amerikanischen Präsidenten abgewartet werden soll, ist letztlich nur ein Vorwand.

Denn tatsächlich muss die NATO fürchten, eine Strategiedebatte zwar beginnen, sie aber nicht mehr beenden zu können. Zu sehr unterscheiden sich die Bündnisländer inzwischen bei der Bewertung dessen, was eine Bedrohung der Sicherheit ist und darin, wie man auf sie reagieren sollte. Als es allein um die Verteidigung gegen einen gemeinsamen großen Gegner ging, lagen die Dinge einfach. Seit die Nato aber Expeditionen in die Welt hinaus unternimmt, wird es schwierig. Niemand unterschätzt die Gefahren des Terrorismus. Aber ob die Antwort darauf „Krieg“ heißt, wie die NATO-Führungsmacht USA glaubt, ist unter den Partnern umstritten. Über den Irak-Krieg kam es deswegen zu einem Zerwürfnis, an dem die NATO fast zerbrochen wäre.

Ein intimer Kenner der NATO hat kürzlich gesagt, die wahre Transformation der Allianz bestehe darin, sich von Illusionen zu verabschieden. Die Illusion, das ist der Glaube, dass man die Einigkeit der auf gegenseitige Verteidigung angelegten Gemeinschaft auf eine Organisation zur weltweiten militärischen Intervention übertragen kann. Zu unterschiedlich, manchmal sogar gegenläufig, sind die Meinungen, Interessen und Ziele der Bündnispartner. Will die NATO überleben, dann muss sie sich bescheiden. Auf ihr Kerngeschäft, die Verteidigung. Und darauf, den Bündnispartnern ihre erprobten militärischen Strukturen für den Fall zur Verfügung zu stellen, in dem die sich ausnahmsweise mal auf eine gemeinsame Aktion einigen können.

Martin Winter, Süddeutsche Zeitung, 26.10.2007

Aufgaben

1. Recherchieren Sie die aktuellen NATO-Einsätze und ordnen Sie sie den im neuen strategischen Konzept von 1999 festgelegten Optionen für Militäreinsätze zu (M 9).
2. Erarbeiten Sie aus den Materialien (M 5 – M 10), wie sich die Aufgaben der NATO nach dem Ende des Ost-West-Konflikts verändert haben und wie die NATO darauf reagierte.
3. Diskutieren Sie, inwiefern die NATO noch eine Zukunft hat (M 10).

2.3.3 Die EU als sicherheitspolitischer Akteur

M 11 Frank-Walter Steinmeier: Die Bedeutung der EU als Friedensmacht

Die Erfolgsgeschichte Europas ruht auf drei Säulen: Frieden, Stabilität und Wohlstand. Wer sie festigen möchte, der muss künftig noch mehr Verantwortung für die Sicherheit übernehmen, denn ohne Sicherheit wird das Fundament Europas schnell gefährdet. Sicherheit für Europa beschränkt sich nicht auf Sicherheit in Europa. Sicherheit ist ein globales Gut, das die Europäer mit der ihnen eigenen Erfahrung aus einer wechselvollen Geschichte pflegen. Sie leisten ihren Beitrag zur Sicherheit in der EU ebenso wie in der NATO.

Uns allen ist bewusst: In einem von wachsender Unruhe geprägten sicherheitspolitischen Umfeld wird Europa sich stärker engagieren müssen. Die Europäische Sicherheitsstrategie[1] bringt es auf den Punkt: Wir brauchen eine aktivere Politik, um den ständig wechselnden Bedrohungen entgegenzuwirken. Dabei stützen wir uns auf einen erweiterten Sicherheitsbegriff. Mit militärischen Mitteln alleine sind die anstehenden Aufgaben nicht zu lösen. Es bedarf eines breiten, alle Instrumente des Krisenmanagements umfassenden Ansatzes.

Die Europäische Sicherheits- und Verteidigungspolitik (ESVP) ist ein wichtiges Instrument, um dieses Ziel zu erreichen. 1999 wurde sie beim Europäischen Rat in Köln aus der Taufe gehoben, heute – nach sieben Jahren und 16 erfolgreichen Missionen – ist sie nicht mehr wegzudenken. Allein im letzten Jahr gab es zehn ESVP-Operationen der Europäischen Union. Dabei haben etwa 10.000 Europäer in zivilen und militärischen Einsätzen auf drei Kontinenten dazu beigetragen, Krisen zu bewältigen, Frieden zu sichern und Konflikte zu verhüten.

Europas Engagement wird in einem sich verschiebenden Geflecht sicherheitspolitischer Beziehungen immer stärker wahrgenommen und auch gewünscht. Bei der Beobachtungsmission in Aceh/Indonesien, bei der europäische Berater die Umsetzung des Friedensabkommens unterstützten, oder bei der Grenzmission in Rafah war die EU der einzige internationale Akteur, den die Konfliktparteien als neutrale „dritten Partei" akzeptierten. Niemand sonst als die Europäische Union hätte in der konkreten Situation diese Verantwortung übernehmen können.

Die EU-Politik bei der Krisenbewältigung trägt Vorbildcharakter – durch die Verbindung von militä-

2003 und 2006 übernahm die EU im Rahmen der ESVP ein robustes Mandat in der Demokratischen Republik Kongo zur Verhinderung von Unruhen bzw. zur Absicherung von Wahlen.

rischen und zivilen Mitteln, durch das Miteinander von Konfliktlösung und Friedenssicherung einerseits und Unterstützung beim Wiederaufbau andererseits. Deutschland hat stets Wert darauf gelegt, dass zivile und militärische Mittel gleichberechtigt entwickelt werden. Der systematische Ausbau der zivilen Fähigkeiten bleibt für uns wichtig. Aber genauso wichtig ist der weitere Ausbau der militärischen Fähigkeiten. Seit Jahresbeginn sind die ersten schnell verlegbaren Gefechtsverbände einsatzbereit.

Die aktuelle Bandbreite des EU-Engagements bei der Krisenbewältigung beweist, wie weit wir in kurzer Zeit gekommen sind. Ich erinnere mich noch gut daran, dass die Geburt der ESVP diesseits und jenseits des Atlantiks auch mit Skepsis begleitet wurde. Man befürchtete eine Konkurrenz zur NATO und eine Duplizierung der Aufgaben. Heute wird der sicherheitspolitische Erfolg der EU gewürdigt, die Union kann Stabilität nicht nur auf dem eigenen Kontinent bringen.

NATO und EU haben einen legitimen Platz in der Sicherheitsarchitektur von heute. Sie sind keine Konkurrenten, sondern ergänzen sich. Nur gemeinsam, im Verbund von NATO und EU, können Europa und Nordamerika ihre Vorstellung von Sicherheit glaubwürdig in die Welt projizieren. Nur gemeinsam und in engster Koordination von EU und NATO können die 21 Staaten, die heute zu-

gleich EU- und NATO-Mitglieder sind, ihre Sicherheitsinteressen wahrnehmen.
Die Zusammenarbeit zwischen EU und NATO bei einzelnen Operationen läuft gut – sei es in Bosnien und Herzegowina oder zur Unterstützung der Afrikanischen Union für Sudan/Darfur. Allerdings fehlt ein breit angelegter strategischer Dialog zwischen NATO und EU über die gemeinsamen sicherheitspolitischen Aufgaben und die strategischen Visionen: Diese echte strategische Partnerschaft, bei der sich die EU und die NATO in ihren jeweiligen Stärken klug ergänzen, muss entwickelt werden. An geeigneten Themen mangelt es nicht.

All dies wird nicht gelingen, wenn nicht auch die ESVP entwickelt wird. Europa braucht mehr gemeinsame Sicherheitspolitik, mehr gemeinsame Entwicklung und Beschaffung und mehr Abstimmung. Dies ist nicht nur politisch vernünftig, sondern brächte auch Vorteile für die Haushalte. Für Europas Sicherheit, für Frieden, Stabilität und Wohlstand gibt es allemal nur eine Vision: eine gemeinsame Verteidigungspolitik, hin zu einer gemeinsamen europäischen Verteidigung.

Frank-Walter Steinmeier, Zivilmacht mit Zähnen, in: Thema Sicherheitskonferenz, Beilage zur Süddeutschen Zeitung, 8.2.2007

[1] *vgl. M 13*

Die Europäische Sicherheits- und Verteidigungspolitik (ESVP)

M 12

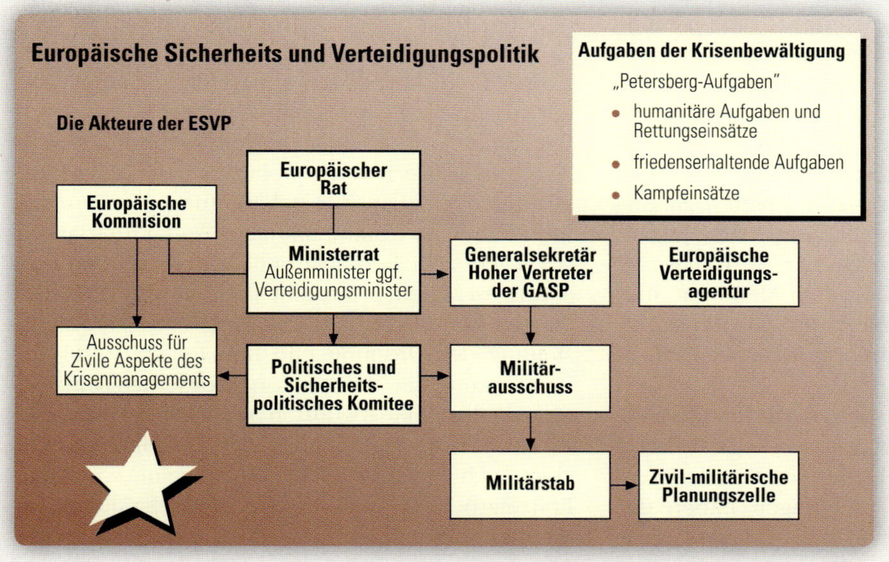

Erich-Schmidt Verlag, Zahlenbilder Nr. 715 210

Der nötige institutionelle Unterbau der GASP/ESVP wurde vom Europäischen Rat auf dem EU-Gipfel in Nizza im Dezember 2000 beschlossen und in Brüssel eingerichtet. Er umfasst das Politische und Sicherheitspolitische Komitee (PSK), das sich auf hoher diplomatischer Ebene mit allen Fragen der ESVP beschäftigt, einen Militärausschuss als höchstes militärisches Beratungs-Gremium für das PSK (in ihm sind die Generalstabschefs der Mitgliedstaaten durch ihre Vertreter repräsentiert) sowie einen unterstützenden Militärstab.
Daneben wurde ein Komitee für die zivilen Aspekte des Krisenmanagements eingesetzt. Es hat die Aufgabe, zivile Projekte zur Verwirklichung der Ziele der EU zu entwickeln und darüber hinaus den Einsatz von Polizeikräften, Justizbeamten und anderen nichtmilitärischen Fachkräften zu koordinieren. Allerdings wurde keine der NATO vergleichbare integrierte Militärstruktur geschaffen, die es ermöglichen würde, umfangreiche militärische Operationen zu planen und militärisch zu leiten. Auf diesem Gebiet bleibt die ESVP weitgehend auf nationale militärische Hauptquartiere bzw. auf Hauptquartiere der NATO angewiesen.

Peter Schmidt, Militärisches Instrument der EU – die ESVP, in: Informationen zur politischen Bildung Nr. 291, Bundeszentrale für politische Bildung, Bonn 2006, S. 75

M 13 Die Europäische Sicherheitsstrategie

Nie zuvor ist Europa so wohlhabend, so sicher und so frei gewesen. Die Gewalt der ersten Hälfte des 20. Jahrhunderts ist einer in der europäischen Geschichte beispiellosen Periode des Friedens und der Stabilität gewichen. Die Schaffung der Europäischen Union steht im Mittelpunkt dieser Entwicklung. ... Seit dem Ende des Kalten Krieges sind die Vereinigten Staaten der dominierende militärische Akteur. Gleichwohl ist kein Land in der Lage, die komplexen Probleme der heutigen Zeit im Alleingang zu lösen. Was die Sicherheit Europas anbelangt, so gibt es nach wie vor Bedrohungen und Herausforderungen. ...

Größere Angriffe gegen Mitgliedstaaten sind nunmehr unwahrscheinlich geworden. Dafür ist Europa mit neuen Bedrohungen konfrontiert, die verschiedenartiger, weniger sichtbar und weniger vorhersehbar sind.
Terrorismus: Terrorismus gefährdet Menschenleben, verursacht hohe Kosten, sucht die Offenheit und Toleranz unserer Gesellschaften zu untergraben und stellt eine zunehmende strategische Bedrohung für Gesamteuropa dar. Terroristische Bewegungen sind in wachsendem Maße gut ausgestattet, elektronisch vernetzt und gewillt, unbegrenzt Gewalt anzuwenden, um in großem Maßstab Menschen zu töten. ...
Die Verbreitung von Massenvernichtungswaffen (MVW) stellt die potenziell größte Bedrohung für unsere Sicherheit dar. Die internationalen Verträge und Ausfuhrkontrollregelungen haben die Verbreitung von MVW und ihrer Trägersysteme verlangsamt. Nun jedoch stehen wir am Anfang eines neuen und gefährlichen Zeitabschnitts, in dem es möglicherweise – insbesondere im Nahen Osten – zu einem MVW-Wettrüsten kommt. ...
Regionale Konflikte: Probleme, wie sie sich in Kaschmir, in der Region der Großen Seen und auf der koreanischen Halbinsel stellen, haben ebenso direkte und indirekte Auswirkungen auf europäische Interessen wie näher gelegene Konfliktherde, vor allem im Nahen Osten. Gewaltsame oder festgefahrene Konflikte, wie sie auch an unseren Grenzen andauern, stellen eine Bedrohung für die regionale Stabilität dar. ...
Scheitern von Staaten: Schlechte Staatsführung, d.h. Korruption, Machtmissbrauch, schwache Institutionen und mangelnde Rechenschaftspflicht sowie zivile Konflikte zersetzen Staaten von innen heraus. In einigen Fällen hat dies zu einem Zusammenbruch der staatlichen Institutionen geführt. ...
Organisierte Kriminalität: Europa ist ein primäres Ziel für organisierte Kriminalität. Diese interne Bedrohung für unsere Sicherheit hat auch eine wichtige externe Dimension: Der grenzüberschreitende Handel mit Drogen, Frauen, illegalen Einwanderern und Waffen macht einen wichtigen Teil der Machenschaften krimineller Banden aus, und bisweilen bestehen Verbindungen zu terroristischen Bewegungen. ...

Im Gegensatz zu der massiv erkennbaren Bedrohung zur Zeit des Kalten Krieges ist keine der neuen Bedrohungen rein militärischer Natur und kann auch nicht mit rein militärischen Mitteln bewältigt werden. Jede dieser Bedrohungen erfordert eine Kombination von Instrumenten. Die Proliferation kann durch Ausfuhrkontrollen eingedämmt und mit politischen, wirtschaftlichen und sonstigen Druckmitteln bekämpft werden, während gleichzeitig auch die tieferen politischen Ursachen angegangen werden. Zur Bekämpfung des Terrorismus kann eine Kombination aus Aufklärungsarbeit sowie polizeilichen, justiziellen, militärischen und sonstigen Mitteln erforderlich sein. In gescheiterten Staaten können militärische Mittel zur Wiederherstellung der Ordnung und humanitäre Mittel zur Bewältigung der Notsituation erforderlich sein. Regionale Konflikte bedürfen politischer Lösungen, in der Zeit nach Beilegung des Konflikts können aber auch militärische Mittel und eine wirksame Polizeiarbeit vonnöten sein. Wirtschaftliche Instrumente dienen dem Wiederaufbau, und ziviles Krisenmanagement trägt zum Wiederaufbau einer zivilen Regierung bei. Die Europäische Union ist besonders gut gerüstet, um auf solche komplexen Situationen zu reagieren. ...
Wir müssen darauf hinarbeiten, dass östlich der Europäischen Union und an den Mittelmeergrenzen ein Ring verantwortungsvoll regierter Staaten entsteht, mit denen wir enge, auf Zusammenarbeit gegründete Beziehungen pflegen können.
In einer Welt globaler Bedrohungen, globaler Märkte und globaler Medien hängen unsere Sicherheit und unser Wohlstand immer mehr von einem wirksamen multilateralen System ab. Daher ist es unser Ziel, eine stärkere Weltgemeinschaft, gut funktionierende internationale Institutionen und eine geregelte Weltordnung zu schaffen.

Brüssel, den 12. Dezember 2003 (Auszüge)

Die ESVP – eine Konkurrenz zur NATO?

M 14

EU und NATO benennen als Zielvorstellung eine „strategische Partnerschaft“ der beiden Organisationen.

Ein wichtiges Element hierbei ist das sogenannte Berlin-Plus-Abkommen, das im März 2003 geschlossen wurde. Es verschafft der EU/ESVP bei der Planung und Umsetzung von EU-Operationen Zugang zu Einrichtungen und militärischen Planungs- und Führungskapazitäten der NATO. Dies ist für die EU von großer Bedeutung, weil ihr ausreichende operative und logistische Kapazitäten (zum Beispiel in den Bereichen Transport, Kommunikation und Nachrichtenbeschaffung) für größere Operationen nicht zur Verfügung stehen.

In der Praxis wird die Zusammenarbeit jedoch durch eine Reihe politischer und formaler Beschränkungen behindert. Vor allem der Krieg einer Koalition von Staaten unter Führung der USA gegen den Irak (2003) hat Unterschiede in der sicherheitspolitischen Orientierung unter den Mitgliedern beider Organisationen deutlich werden lassen. Es kam zu erheblichen Verwerfungen in EU und NATO, da einige Mitgliedstaaten sich an diesem Krieg beteiligten (vor allem Großbritannien), wogegen andere sich entschieden gegen diese Operation aussprachen (vor allem Deutschland und Frankreich).

Auch wird in Washington immer wieder geargwöhnt, dass die EU mit der ESVP die Bedeutung der unter amerikanischer Führung stehenden NATO mindern oder gar in Konkurrenz zu ihr bringen will. Darüber hinaus blockiert das NATO-Mitglied Türkei vielfach die Zusammenarbeit von EU/ESVP und Allianz, um damit dem eigenen Anspruch auf Mitgliedschaft in der EU Nachdruck zu verleihen.

Eine formelle Schwierigkeit stellt die Tatsache dar, dass die gemeinsamen Gremien, in denen das PSK[1], der Nordatlantik-Rat, die militärischen Komitees von NATO und ESVP, der Hohe Vertreter für die Außen- und Sicherheitspolitik der EU sowie der NATO-Generalsekretär vertreten sind, keine Entscheidungsbefugnis haben. Sie müssen die Ergebnisse ihrer Beratungen jeweils NATO und EU zur Entscheidung vorlegen.

Und schließlich arbeitet Frankreich seit 1966 zwar in den politischen Gremien der Atlantischen Allianz mit, ist aber aus Gründen der Souveränitätswahrung nicht Teil der Militärintegration der Allianz, in deren Rahmen auch die Streitkräfteplanung der Mitgliedstaaten vorangetrieben wird. Daher musste die ESVP neben der NATO ein eigenes Streitkräfteplanungssystem entwickeln, obwohl die meisten Mitgliedstaaten der EU gleichzeitig auch NATO-Mitglieder sind. Damit sind Doppelarbeit und bürokratische Konflikte vorprogrammiert. Insofern wird wohl der Begriff der „strategischen Partnerschaft“ zwischen EU und NATO eine Formel bleiben, die in der Realität nur beschränkt umgesetzt werden wird.

Peter Schmidt, Militärisches Instrument der EU – die ESVP, Informationen zur politischen Bildung Nr. 291, Bundeszentrale für politische Bildung, Bonn 2006, S 76 f.

[1] *siehe M 12*

Aufgaben

1. Erläutern Sie, welche sicherheitspolitische Bedeutung der deutsche Außenminister Frank Walter-Steinmeier der Europäischen Union beimisst (M 11).
2. Stellen Sie dar, welche Hauptbedrohungen die Europäische Sicherheitsstrategie identifiziert und mit welchen Mitteln die EU auf die Bedrohungen reagieren will (M 13).
3. Beschreiben Sie, welche Probleme die Existenz zweier europäischer Verteidigungsorganisationen aufwirft, und erörtern Sie, ob Europa eine eigene Verteidigungspolitik neben der NATO braucht (M 14).

Wissen kompakt

Die NATO – Entstehung und Aufgabe
M 5, M 6

Nach dem Zweiten Weltkrieg gründeten 1949 zehn europäische Staaten sowie die USA und Kanada die NATO (North Atlantic Treaty Organization) als Reaktion auf die gewaltsame Expansion des sowjetischen Machtbereichs in Mittel- und Osteuropa. Die Bundesrepublik Deutschland trat dem Verteidigungsbündnis 1955 bei. Im Jahr 2008 hatte die NATO 26 Mitglieder. Die Mitgliedsländer gehen eine gegenseitige Beistandsverpflichtung bei einem bewaffneten Angriff auf ein Mitglied ein. Der Beistand muss jedoch nicht automatisch in militärischer Form geleistet werden. Die NATO versteht sich über das Militärbündnis hinaus als Wertegemeinschaft: Alle Mitglieder verpflichten sich zur Bewahrung einer freiheitlich-demokratischen Ordnung im Innern und gegen Angriffe von außen.

Aufbau der NATO
M 7

Diesem doppelten Charakter des Bündnisses entspricht die Zweiteilung der Organisationsstruktur in einen zivilen und in einen militärischen Bereich. Entscheidungsorgan ist der NATO-Rat, in dem die Staats- und Regierungschefs oder die Außen- bzw. Verteidigungsminister zweimal jährlich zusammentreten. Damit ist der Vorrang der Politik über das Militär gesichert; letzteres berät im Militärausschuss den Rat in allen militärischen Fragen. Alle Entscheidungen im NATO-Rat müssen einstimmig getroffen werden, sodass kein Mitglied gegen seinen Willen zu verteidigungspolitischen Maßnahmen gezwungen werden kann. Der vom NATO-Rat gewählte Generalsekretär vertritt die NATO bei Verhandlungen mit anderen internationalen Akteuren und versucht, bei Meinungsverschiedenheiten zwischen den Mitgliedern, Kompromisse zu finden.

Neue Herausforderungen
M 8

Mit der Auflösung des Warschauer Paktes, der östlichen Verteidigungsorganisation, verlor die NATO ihren Gegner und damit ihren zentralen Organisationszweck. Ehemalige Ostblock-Staaten strebten die Mitgliedschaft an; so wurden 1999 Polen, Tschechien und Ungarn und 2004 Bulgarien, Estland, Lettland, Litauen, Rumänien, Slowakei und Slowenien aufgenommen. Andererseits zeigte sich, dass neue Gefahren für Frieden und Sicherheit wie der internationale Terrorismus oder Bürgerkriege eine veränderte strategische Ausrichtung der NATO erforderlich machten.

Neue Strategie
M 9

Zur Bekämpfung des Terrorismus und von diktatorischen Regimen ausgehenden Bedrohungen benötigt die NATO rasch in allen Teilen der Welt einsetzbare, mit den modernsten Waffen ausgerüstete Einheiten. Deshalb wurde 2002 auf Druck der USA die Schaffung einer mobilen Eingreiftruppe (NATO Response Force), bestehend aus amerikanischen und europäischen Truppen, beschlossen. Die Begrenzung auf Einsätze innerhalb des NATO-Gebietes wurde aufgegeben (out of area). Außerdem muss die NATO in der Lage sein, auch außerhalb des Bündnisgebietes im Falle von Bürgerkriegen und schwerwiegenden Menschenrechtsverletzungen ein Ende der Kampfhandlungen zu erzwingen und durch militärische Präsenz den erreichten Frieden zu sichern (out of defense).

Die NATO in Afghanistan
M 3

Die größte Herausforderung für die NATO besteht heute in der Übernahme der Verantwortung in Afghanistan. Die im Auftrag der Vereinten Nationen entsandte Schutztruppe ISAF (International Security Assistance Force), deren Kommando die NATO im Sommer 2003 übernahm, steht vor schwierigen Aufgaben: Sie muss das Land gegen den heftigen Widerstand der Taliban im Süden des Landes befrieden und gleichzeitig den Wiederaufbau staatlicher Strukturen unterstützen. Über das Verhältnis der Bemühungen zur Lösung dieser beiden Aufgaben entsteht immer wieder Streit zwischen den im Süden kämpfenden NATO-Staaten (USA, Kanada, Niederlande) und den im ruhigeren Norden vor allem Aufbauhilfe leistenden Deutschen.

Die Bedeutung der ESVP
M 11, M 12

Unter dem Eindruck der Kosovo-Krise, die den Staaten der Europäischen Union deutlich gemacht hatte, dass sie ohne die USA nicht in der Lage waren, Krieg und Vetreibung in unmittelbarer Nachbarschaft zu verhindern, einigten sich die europäischen Regierungschefs 1999 auf eine gemeinsame Europäische Sicherheits- und Verteidigungspolitik (ESVP), die in den folgenden Jahren mit Leben erfüllt wurde.

Europäische Sicherheitsstrategie
M 13

Die 2003 auf den Weg gebrachte Europäische Sicherheitsstrategie identifiziert die fünf zentralen Sicherheitsrisiken für Europa (Terrorismus, Verbreitung von Massenvernichtungswaffen, regionale Konflikte, Scheitern von Staaten und organisierte Kriminalität) und die zu deren Bewältigung bevorzugten sicherheitspolitischen Grundsätze und Instrumente. Die Bedrohungen sollen langfristig mithilfe eines effektiven Multilateralismus bekämpft werden. Dabei wird die besondere Rolle internationaler Institutionen wie der Vereinten Nationen und eine stabilitätsfördernde Nachbarschaftspolitik betont. Gleichzeitig macht die EU deutlich, dass sie zur Abwehr von Bedrohungen bereit ist, das ganze Spektrum von politischen, diplomatischen, wirtschaftlichen und militärischen Instrumenten anzuwenden.

Verhältnis ESVP/NATO
M 14

Die EU-Staaten beschlossen deshalb die Gründung einer schnellen Eingreiftruppe mit glaubwürdigen militärischen Fähigkeiten (European Rapid Reaction Force), die unabhängig von der NATO weltweit humanitäre Aufgaben und Aufgaben der Friedenssicherung übernehmen kann. Wie autonom die ESVP jedoch tatsächlich agieren kann, ist fraglich, da sie nur unter Zuhilfenahme von NATO-Strukturen und -Kapazitäten voll handlungsfähig ist. Inzwischen scheint sich das Verhältnis aber zu einer „strategischen Partnerschaft" zu entwickeln, bei der jede Organisation die ihr gemäßen Aufgaben übernimmt.

2.4 Der Beitrag Deutschlands zur Sicherung des Friedens

2.4.1 Leitlinien deutscher Außenpolitik

M 1 Wichtige Handlungsfelder aus Sicht des Auswärtigen Amtes

Außenpolitik ist Friedenspolitik
Ob Somalia oder Afghanistan – viele Krisenherde in der Welt sind die Folge des Zerfalls von Staatlichkeit. Politische und humanitäre Krisen möglichst früh zu erkennen und entsprechend einzugreifen, ist ein wichtiges Ziel deutscher Außenpolitik.

Vereinte Nationen
Seit der Aufnahme als Vollmitglied 1973 engagiert sich Deutschland, um den Zielen und Werten der Vereinten Nationen – Frieden, Menschenrechtsschutz, Freiheit, Gerechtigkeit und Entwicklung – zur weltweiten Durchsetzung und Respektierung zu verhelfen.

Völkerrecht
Gerechtigkeit ist weltweit Voraussetzung für den inneren Frieden. Ein Quantensprung in der Völkerrechtsentwicklung war die Verabschiedung des Statuts des Internationalen Strafgerichtshof.

Frieden und Sicherheit
Mit dem Verlust staatlicher Kontrolle können Krisenregionen Ausgangspunkt von weltweiten Terrorakten werden; oftmals bereiten schwache oder fehlende rechtsstaatliche Institutionen den Boden für Kriminalität, Drogen- und Waffenhandel.

Rüstungskontrolle, Nichtverbreitung von Massenvernichtungswaffen
Angesichts weiterhin bestehender Konfliktpotenziale in der Welt ist der Einsatz für bestehende Vereinbarungen und Verträge in den internationalen Foren und Institutionen zu Abrüstung, Rüstungskontrolle und Nichtverbreitung wichtiger denn je.

Menschenrechte
Der Schutz der Menschenrechte ist eine Grundvoraussetzung für Frieden, Demokratie und Entwicklung in der Welt von morgen.

Schnelle Hilfe für Menschen, die durch Naturkatastrophen, Epidemien, kriegerische Auseinandersetzungen oder Unruhen in akute Not geraten sind: eine der wichtigsten Aufgaben des Auswärtigen Amts.

Förderung der Außenwirtschaft
Deutschland ist stärker als viele andere Länder mit der Weltwirtschaft verflochten. … Angesichts politischer Konflikte gilt heute mehr denn je: Handel und gegenseitige wirtschaftliche Verflechtungen schaffen Vertrauen und stabilisieren die internationalen Beziehungen.

Globale Herausforderungen
Die Globalisierung hat aus der Welt ein Dorf gemacht … Umso wichtiger sind Bestrebungen, Kooperationen herbeizuführen statt Konfrontationen zu provozieren – und sei es zunächst über Informationsaustausch und Dialog.

Auswärtige Kultur- und Bildungspolitik
Die Auswärtige Kultur- und Bildungspolitik ist ein wesentlicher Bestandteil der deutschen Außenpolitik. Sie stärkt den Dialog der Kulturen und soll im Ausland dauerhaftes Interesse an Deutschland und Europa wecken.

Auswärtiges Amt: Außenpolitik ist Friedenspolitik, http://www.auswaertiges-amt.de/diplo/de/Aussenpolitik/Uebersicht.html (12.3.2008)

Einflussfaktoren auf die deutsche Außenpolitik

M 2

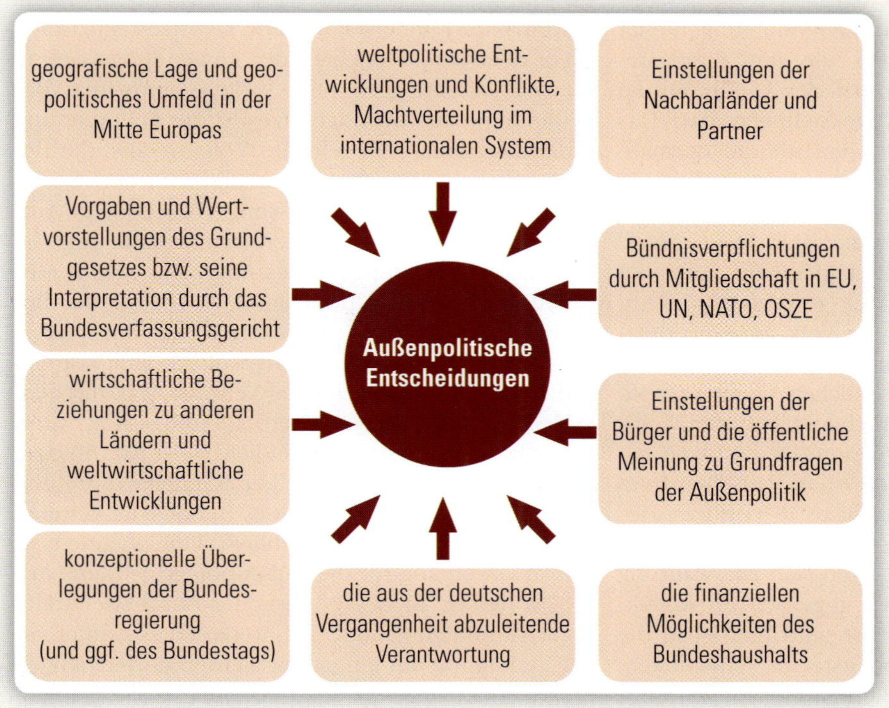

Autorengrafik

Wer gestaltet die Außenpolitik?

M 3

Hanitzsch / CCC, www.c5.net

M 4 Vorgaben des Grundgesetzes

Neben internationalen Rahmenbedingungen gibt es auch nationale Vorgaben, die eine Bundesregierung jeglicher Couleur bei der Durchführung ihrer Außenpolitik zu berücksichtigen hat. Das Grundgesetz setzt den Rahmen für die normativen Grundlagen der deutschen Außenpolitik. In der nach der Vereinigung neu gefassten Präambel des Grundgesetzes verpflichtet sich Deutschland „als gleichberechtigtes Glied in einem vereinten Europa dem Frieden der Welt zu dienen". In Art. 1 bekennt sich das deutsche Volk zu „unverletzlichen und unveräußerlichen Menschenrechten als Grundlage jeder menschlichen Gemeinschaft, des Friedens und der Gerechtigkeit in der Welt". Und im Art. 23 legt das vereinte Deutschland ein umfangreiches Bekenntnis zur europäischen Integration ab. Art. 24 ermöglicht es dem Bund, Hoheitsrechte auf zwischenstaatliche Einrichtungen zu übertragen. „Der Bund kann sich zur Wahrung des Friedens einem System gegenseitiger kollektiver Sicherheit einordnen; er wird hierbei in die Beschränkung seiner Hoheitsrechte einwilligen, die eine friedliche und dauerhafte Ordnung in Europa zwischen den Völkern der Welt herbeiführen und sichern". Durch die Übertragung von Hoheitsrechten z.B. auf die Europäische Union wird diese in die Lage versetzt, auf deutschem Boden Handlungen vorzunehmen, die unmittelbare Wirkung für deutsche Bürger haben. „Rechtsakten des Gemeinschaftsrechts kommt für den Fall des Widerspruchs zu innerstaatlichem Gesetzesrecht auch vor deutschen Gerichten der Anwendungsvorrang zu" (Hesselberger). Eine weitere normative Bestimmung des Grundgesetzes ist die Anerkennung der allgemeinen Regeln des Völkerrechts, die Bestandteil des Bundesrechtes sind und den Gesetzen, nicht aber der Verfassung vorgehen. In Artikel 26 werden die Friedensstaatlichkeit und die Verfassungswidrigkeit eines Angriffskrieges postuliert. Art. 32 weist dem Bund die Pflege der Beziehungen zu auswärtigen Staaten zu. Nur in Ausnahmefällen wie z.B. bei der Kulturpolitik können die Länder völkerrechtliche Verträge, z.B. mit dem Heiligen Stuhl, abschließen, allerdings nur, wenn der Bund zustimmt. Schließlich weist Art. 59 dem Bundespräsidenten die völkerrechtliche Vertretung zu, d.h. dass er im Namen des Bundes die Verträge mit auswärtigen Staaten schließt. Eine weitere normative Vorgabe für die Außenpolitik geht aus Art. 87 a hervor. Er besagt, dass der Bund Streitkräfte zur Verteidigung aufstellt und dass diese außer zur Verteidigung nur eingesetzt werden dürfen, soweit es das Grundgesetz ausdrücklich zulässt. Schließlich kann noch der Art. 115a als eine verfassungsrechtliche Bindung für die deutsche Außenpolitik angesehen werden. In ihm wird der Begriff des Verteidigungsfalls geklärt.

Wichard Woyke, Von der Orientierungslosigkeit zur Konzeption - die Außenpolitik des vereinten Deutschland, in: Politische Bildung 1/1997, S.. 11

M 5 Leitende Interessen deutscher Außen- und Sicherheitspolitik

Christian Hacke ist Professor für Politische Wissenschaft an der Universität Bonn. In seiner Analyse identifiziert er die leitenden Interessen deutscher Außenpolitik.

Die Außen- und Sicherheitspolitik Deutschlands wird von fünf zentralen Interessen geleitet: die Bewahrung von Freiheit, Sicherheit und Wohlfahrt der Bürger Deutschlands und der Unversehrtheit seines Staatsgebietes, die Integration mit den europäischen Demokratien in der Europäischen Union ...; das dauerhafte, auf eine Wertegemeinschaft und gleichgerichtete Interessen gegründete transatlantische Bündnis mit den Vereinigten Staaten als Weltmacht ...; eine auf Ausgleich und Partnerschaft bedachte Heranführung unserer östlichen Nachbarstaaten an westliche Strukturen und die Gestaltung einer neuen, alle Staaten Europas umfassenden kooperativen Sicherheitsordnung; die weltweite Achtung des Völkerrechts und der Menschenrechte und eine auf marktwirtschaftlichen Regeln basierende gerechte Weltwirtschaftsordnung. ... Dialog, Kooperation, Verteidigungsbereitschaft und Multilateralismus sind dabei die tragenden Instrumente dieser Politik, die eine Balance zwischen Werten und Interessen verfolgen muss. Transformiert man diese Interessen in Handlungsmaximen deutscher Außenpolitik, dann könnte folgendes Bild entstehen:

- Schutz Deutschlands und seiner Staatsbürger vor äußerer Gefahr und politischer Erpressung;

- Vorbeugung, Eindämmung und Beendigung von Krisen und Konflikten, die die Unversehrtheit und Stabilität Deutschlands oder seiner Verbündeten beeinträchtigen könnten;
- Ausbau des auf gemeinsamen Werten und gleichgerichteten Interessen beruhenden nordatlantischen Sicherheitsverbundes mit den USA;
- Stärkung des Nordatlantikpaktes (NATO) als Wertegemeinschaft und Verteidigungsbündnis der europäisch-atlantischen Demokratien und weitere Anpassung des Bündnisses an die aktuellen sicherheitspolitischen Herausforderungen, einschließlich seiner Öffnung nach Osten;
- gleichberechtigte Partnerschaft zwischen einem geeinten Europa und Nordamerika;
- Vertiefung der europäischen Integration durch den Ausbau der Europäischen Union (EU) mit einer gemeinsamen Außen- und Sicherheitspolitik und einer europäischen Sicherheits- und Verteidigungsidentität; Ausbau und Entwicklung der [ESVP] als Verteidigungskomponente der Europäischen Union und als europäischer Pfeiler des atlantischen Bündnisses;
- Erweiterung der EU um neue Mitglieder;
- Stärkung der Vereinten Nationen (UN) als globale Konfliktregelungsinstanz und der Organisation für Sicherheit und Zusammenarbeit in Europa (OSZE) als regionale Abmachung im Sinne von Kapitel VIII der UN-Charta;
- Gestaltung einer neuen kooperativen Sicherheitsordnung zwischen allen OSZE-Teilnehmerstaaten;
- Festigung und Ausbau einer regional und global wirksamen Sicherheitsordnung mit einander ergänzenden und stärkenden Organisationen;
- Fortsetzung eines an dem Ziel vorausschauender Konfliktverhütung orientierten Rüstungskontrollprozesses in der Perspektive der Gestaltung einer kooperativen Sicherheitsordnung als Grundlage für dauerhaften Frieden und Stabilität in und für Europa;
- Förderung der Demokratisierung und des wirtschaftlichen und sozialen Fortschritts in Europa und weltweit.

Christian Hacke, Nationales Interesse als Handlungsmaxime für die Außenpolitik Deutschlands, www.weltpolitik.net/print/1447.html (12.4.2008)

2.4.2 Neue Anforderungen an die Bundeswehr

M 6

Aktuelle Einsätze der Bundeswehr

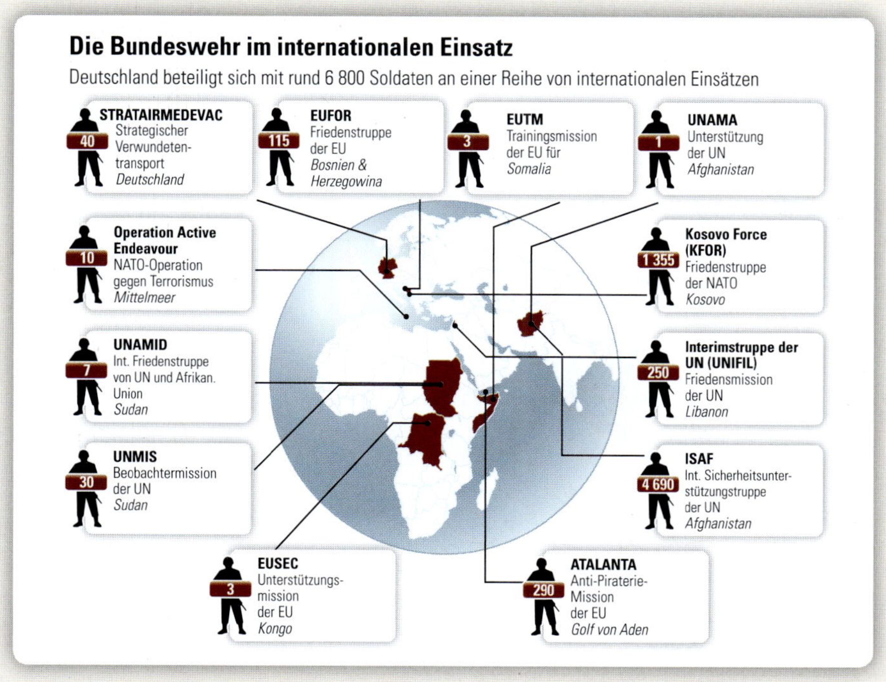

dpa-Grafik 13938; Quelle: Bundeswehr; Stand 15.12.2010

M 7 Grundgesetz und Auftrag der Bundeswehr

Artikel 24 GG

(1) Der Bund kann durch Gesetz Hoheitsrechte auf zwischenstaatliche Einrichtungen übertragen.

(1a) Soweit die Länder für die Ausübung der staatlichen Befugnisse und die Erfüllung der staatlichen Aufgaben zuständig sind, können sie mit Zustimmung der Bundesregierung Hoheitsrechte auf grenznachbarschaftliche Einrichtungen übertragen.

(2) Der Bund kann sich zur Wahrung des Friedens einem System gegenseitiger kollektiver Sicherheit einordnen; er wird hierbei in die Beschränkungen seiner Hoheitsrechte einwilligen, die eine friedliche und dauerhafte Ordnung in Europa und zwischen den Völkern der Welt herbeiführen und sichern.

(3) Zur Regelung zwischenstaatlicher Streitigkeiten wird der Bund Vereinbarungen über eine allgemeine, umfassende, obligatorische, internationale Schiedsgerichtsbarkeit beitreten.

Artikel 87a GG

(1) Der Bund stellt Streitkräfte zur Verteidigung auf. Ihre zahlenmäßige Stärke und die Grundzüge ihrer Organisation müssen sich aus dem Haushaltsplan ergeben.

(2) Außer zur Verteidigung dürfen die Streitkräfte nur eingesetzt werden, soweit dieses Grundgesetz es ausdrücklich zulässt.

(3) Die Streitkräfte haben im Verteidigungsfalle und im Spannungsfalle die Befugnis, zivile Objekte zu schützen und Aufgaben der Verkehrsregelung wahrzunehmen, soweit dies zur Erfüllung ihres Verteidigungsauftrages erforderlich ist. Außerdem kann den Streitkräften im Verteidigungsfalle und im Spannungsfalle der Schutz ziviler Objekte auch zur Unterstützung polizeilicher Maßnahmen übertragen werden; die Streitkräfte wirken dabei mit den zuständigen Behörden zusammen.

(4) Zur Abwehr einer drohenden Gefahr für den Bestand oder die freiheitliche demokratische Grundordnung des Bundes oder eines Landes kann die Bundesregierung, wenn die Voraussetzungen des Artikels 91 Abs. 2 vorliegen und die Polizeikräfte sowie der Bundesgrenzschutz nicht ausreichen, Streitkräfte zur Unterstützung der Polizei und des Bundesgrenzschutzes beim Schutze von zivilen Objekten und bei der Bekämpfung organisierter und militärisch bewaffneter Aufständischer einsetzen. Der Einsatz von Streitkräften ist einzustellen, wenn der Bundestag oder der Bundesrat es verlangen.

Grundgesetz der Bundesrepublik Deutschland

M 8 „Deutsche im Visier“

Murschetz / CCC, www.c5.net

Bundeswehr im Wandel

Info

Die zentrale Folgerung der neuen Sicherheitslage ist, dass eine Gefährdung deutschen Staatsgebietes durch konventionelle Streitkräfte auf absehbare Zeit nicht zuerkennen ist. Verteidigungsminister Struck (2002 – 2005) zog aus der komplexeren Gefährdungssituation den längst überfälligen Schluss, dass die Eindämmung von internationalem Terrorismus und der Weitergabe von Massenvernichtungswaffen und weit reichenden Trägersystemen sowie die Bewältigung regionaler Krisen und Konflikte an erster Stelle des Aufgabenspektrums der Bundeswehr stehen. Strukturbestimmende Aufgabe der Bundeswehr sind somit internationale Konfliktverhütung und Krisenbewältigung, einschließlich des Kampfes gegen den internationalen Terrorismus. Landesverteidigung bleibt Aufgabe der Streitkräfte – ist aber nicht mehr strukturbestimmend. Die ausschließlich für die Landesverteidigung vorgehaltenen Fähigkeiten werden in aktiven Strukturen nicht länger benötigt. ...

Am 13. Januar 2004 stellte Verteidigungsminister Struck Pläne zur umfassenden Neustrukturierung der Bundeswehr vor. Die Eckpunkte der Transformation sind:

Der militärische Personalumfang wird bis 2010 von 285.000 auf 252.500 Soldaten vermindert. Er setzt sich aus 195.000 Zeit- und Berufssoldaten (zuvor 200.000), 55.000 Wehrpflichtigen (zuvor 82.000) sowie 2.500 Wehrübungsplätzen zusammen. Die Zahl der Zivilbeschäftigten wird um 10.000 Haushaltsstellen auf 75.000 vermindert.

Die Bundeswehr wird in drei streitkräftegemeinsame Kräftekategorien eingeteilt, die jeweils aufgabenorientiert ausgebildet, ausgerüstet und eingesetzt werden. Dies sind die Eingreifkräfte für Operationen hoher Intensität und kürzerer Dauer (Umfang rund 35.000 Soldaten), die Stabilisierungskräfte für Operationen niedriger und mittlerer Intensität und längerer Dauer (Umfang rund 70.000 Soldaten) und die Unterstützungskräfte für die logistische Unterstützung der Einsätze und zur Gewährleistung des Grundbetriebs, einschließlich der Führungs- und Ausbildungsorganisation (Umfang rund 147.500 Soldaten). Die Stehzeit im Einsatz wird von sechs auf vier Monate verkürzt. ... Die auf die Landesverteidigung ausgerichtete Beschaffungs- und Ausrüstungsplanung wird auf die künftigen Anforderungen der wahrscheinlichsten Einsatzszenarien, die von NATO und EU definierten operativ-technologischen Fähigkeiten und die Erfordernisse eines streitkräftegemeinsamen Gesamtansatzes zugeschnitten. Priorität wird den bisher nicht vorhandenen Teilfähigkeiten strategische Verlegung, weltweite Aufklärung und interoperable Führungs-, Informations- und Kommunikationssysteme gegeben.

Franz-Josef Meiers, Zur Transformation der Bundeswehr, in: Aus Politik und Zeitgeschichte, 21/2005

Kontrovers diskutiert: Ausweitung des Bundeswehreinsatzes in Afghanistan

M 9

a) Die Forderung der NATO-Verbündeten ist berechtigt

Der Auftrag lautet zwar nicht Terrorismusbekämpfung, sondern Unterstützung des Aufbaus staatlicher Strukturen im Land, aber just diese Sicherungsaufgabe fordert im Süden des Landes Menschenleben. Das Argument der Kanadier und Briten, deren Soldaten dort ihr Leben lassen, ist schwer von der Hand zu weisen: Mit welchem Recht beansprucht die Bundeswehr, nur für die relativ risikoärmere Aufbauarbeit im Norden zuständig zu sein?

Die aus Deutschland stammenden Gegenargumente klingen dürftig. Wir stellen mit 2.800 Soldaten den drittgrößten Anteil der insgesamt 31.000 ISAF-Soldaten, mehr geht nicht, es sei denn, man wolle die Aufbauarbeit im Norden unterminieren, was ja wohl nicht in Frage kommt. So ist es aus dem Außenministerium zu hören. Der SPD-Fraktionschef Struck ging sogar so weit, zu behaupten, dass die relative Ruhe im Norden das Verdienst der Deutschen sei; er legte damit den Umkehrschluss nahe, die Kameraden im Süden seien selbst schuld.

Letzteres ist unter Bündnispartnern ungehörig und in dieser besonderen Situation sogar noch mehr als das. Die Probleme im Süden, jeder weiß es, rühren von der Verankerung des islamistischen Terrorismus in der Region her, die als „Grenzgebiet zu Pakistan" schlecht umschrieben wäre, denn die Grenzen haben mit der Lebensweise der dortigen Bewohner nichts zu tun.

Nein, unter dem Gesichtspunkt der Fairness im Bündnis bleibt den Deutschen nichts anderes, als sich auch im Süden zu beteiligen. Würden sie dadurch die Ergebnisse im Norden gefährden? Nur, wenn die Bundeswehrsoldaten von dort in den Süden verlegt würden. Doch von den Deutschen wird etwas anderes erwartet, nämlich neue Kampfverbände.

Nur begrenzt ist die Reichweite des Arguments, die seien schlichtweg nicht vorhanden. Ein Bataillon würde ja genügen. Und man mache sich nichts vor: Wenn die ISAF im Süden erfolglos bleibt (und Kampfmoral ist ein Erfolgsfaktor, auch deshalb wäre deutsche Hilfe willkommen), dann müssen die im Norden stationierten Bundeswehrsoldaten ebenfalls damit rechnen, unter Beschuss zu geraten.

Genug ist genug, diese Haltung wird hierzulande überwiegend eingenommen. Auch in der Truppe selbst. Verständlich, da ihr Umbau zu einer Interventionsarmee nur schleppend vonstatten geht. Doch der Fall Afghanistan liegt so, dass die Verweigerung des Engagements im Süden kaum zu begründen ist. Erstens ist die Präsenz der ISAF im Lande mehrfach durch das Völkerrecht abgesichert. Zweitens dient sie legitimen humanitären Interessen. Drittens ist sie im deutschen Interesse, denn Afghanistan ist ein Herd des internationalen Terrorismus sowie von Krisen in dieser Region. Viertens ist die ISAF eine Bewährungsprobe des Bündnisses, und eben auch der deutschen Verlässlichkeit.

Deutsche Soldaten in Kundus im Norden Afghanistans. Umstritten ist eine Beteiligung der Bundeswehr bei der Bekämpfung der Taliban im Süden.

Gero von Randow, Die Zeit-Online, 24.11.2006

b) Die Bundeswehr soll im Norden Afghanistans bleiben

Deutsche Kampftruppen in den Süden Afghanistans? Die Bundesregierung und die Opposition sagen dazu einhellig nein. Zwei Drittel der Bundesbürger teilen diese Ansicht. Druck der Verbündeten sollte die deutsche Politik nicht von ihrer Zurückhaltung abbringen – auch nicht der infame Vorwurf der Feigheit oder die zynische Aufforderung, die Deutschen müssten eben wieder töten lernen.

Wer heute zusätzliche Soldaten in das Land am Hindukusch schickt, der muss damit rechnen, dass er in einem Jahr in Afghanistan vor der gleichen Frage steht, mit der sich der amerikanische Präsident George W. Bush im Irak herumschlägt: Wie kann er sich aus dem hoffnungslosen Unterfangen halbwegs mit Anstand wieder herausstehlen? …

Zwei Drittel des Landes haben keinen elektrischen Strom, die Arbeitslosigkeit beläuft sich auf 40 Prozent. Die zugesagte Finanzhilfe für den Wiederaufbau kommt nur schleppend, und sie liegt mit 10,5 Milliarden Dollar für die nächsten fünf Jahre weit unter dem, was eigentlich Not täte. Mit nur einem Zehntel der Ausgaben, die für den Militäreinsatz aufgewendet werden, lässt sich in Afghanistan kein Staat machen.

Hieran vor allem krankt die neuerdings in Berlin hochgejubelte Idee der „vernetzten Sicherheit“: Die entwicklungspolitischen Leistungen bleiben hinter dem militärischen Engagement zurück. Ehe diese Unwucht im Konzept „Zivile Krisenprävention, Konfliktlösung, Friedensstabilisierung“ nicht beseitigt ist, wäre jede Erhöhung des militärischen Einsatzes für die Katz. Wenn sie aber nicht beseitigt werden kann, so wäre das Scheitern der Militärs zwangsläufig. Einige hundert oder auch tausend Mann mehr werden das Blatt in Afghanistan nicht wenden – siehe Irak, wo fünfmal stärkere Streitkräfte sich auch keinen Siegeslorbeer an die Fahnen heften können.

Ein Lackmustest für die Handlungsfähigkeit der NATO ist Afghanistan mitnichten. Scheitern könnte dort allenfalls der Traum von der Atlantischen Allianz als Weltbeglückungs-Agentur – und die vermessene Einbildung, eine jede unter bestimmten Umständen nötig werdende Intervention müsse und könne in die Schaffung eines „liberal peace" münden – in einem starken, demokratischen, von der Aufklärung geprägten Staatswesen. Hier kann man die Zielscheibe nur niedriger hängen. Es wird mehr Feuerwehraktionen geben als langfristige, auf Friedenskonsolidierung gerichtete Engagements.

Der Vorwurf der Feigheit aber? Die Bundeswehr steht im Norden Afghanistans, weil es die Alliierten so vereinbart haben, nicht weil sie sich um das Gefahrengebiet zu drücken versucht hätte. Das Bundestagsmandat sieht ausdrücklich vor, dass in Notfällen Einheiten aus dem Norden in den Süden abkommandiert werden können, um den Bundesgenossen aus zeitweiliger Bedrängnis zu helfen.

Der Vorwurf der Feigheit ließe sich indes leichter dementieren, wenn dafür in Masar-i-Scharif eine Eingreiftruppe von 150 oder 250 Mann bereitgehalten würde. Dafür kämen die beiden Luftlandebrigaden infrage, die zusammen mit dem KSK die Division „Spezielle Operationen" bilden. Sie zeichnet sich durch schnelle Verlegbarkeit und operative Flexibilität aus. Mit solch einer Entsatz-Einheit ließe sich beweisen, dass die Soldaten der Bundeswehr ihre Kameraden nicht im Stich lassen – dass die deutsche Politik sie jedoch auch nicht zum Kämpfen oder Sterben auf aussichtslose Langfristeinsätze in ein letztlich wohl unregierbares Land schickt.

Theo Sommer, Die Zeit, 23.11.2006

Aufgaben

1. Wählen Sie eine aktuelle Frage der deutschen Außenpolitik aus, und zeigen Sie, wie die in M 2 dargestellten Faktoren sowie leitende Interessen (M 5) die deutsche Position beeinflussen.
2. Die deutsche Außenpolitik steht bei Kontakten mit autoritären Systemen immer wieder vor der Frage, inwieweit die Menschenrechtslage in dem betreffenden Land bei der Gestaltung der Außenpolitik berücksichtigt werden soll. Erörtern Sie Für und Wider anhand eines aktuellen Beispiels.
3. Recherchieren Sie den aktuellen Stand der Diskussion um die Rolle der Bundeswehr beim Afghanistaneinsatz der NATO, und stellen Sie Argumente zusammen, die für und gegen eine Ausweitung des militärischen Auftrags vorgetragen werden. Formulieren und begründen Sie Ihre eigene Position (M 9).

Wissen kompakt

Rahmenbedingungen für Außen- und Sicherheitspolitik
M 2

Deutsche Außen- und Sicherheitspolitik muss eine Vielzahl von Bedingungen verschiedenster Art berücksichtigen: die geopolitische Lage und Größe Deutschlands, historische Erfahrungen und die daraus resultierende Verantwortung, der Mangel an natürlichen Ressourcen für wirtschaftliches Wohlergehen, die Vorgaben des Grundgesetzes, vor allem zu militärpolitischen Fragen, Verpflichtungen gegenüber internationalen Organisationen wie NATO, EU oder UNO und, nicht zuletzt, Einstellungen in der Gesellschaft zu außenpolitischen Fragen, welche unter Umständen die Wahlchancen der Regierungsparteien berühren können.

Leitlinien deutscher Außen- und Sicherheitspolitik
M 5

Im Rahmen dieser Bedingungen verfolgt deutsche Außen- und Sicherheitspolitik das übergeordnete Ziel, Sicherheit und Frieden in Freiheit für Deutschland zu erhalten und die äußeren Voraussetzungen für wirtschaftliches Wohlergehen zu schaffen. Im Laufe der Entwicklung der Bundesrepublik Deutschland haben sich folgende Leitlinien entwickelt, die bis heute die Entscheidungen bestimmen:

- Integration in die westliche Staatenwelt mit ihren Werten Demokratie und Rechtsstaatlichkeit einschließlich der transatlantischen Bindung mit der Weltmacht USA (statt einer nationalen Interessenpolitik),
- Förderung der europäischen Integration einschließlich der Einbindung der östlichen Nachbarstaaten, Unterstützung für kooperative Konfliktbearbeitung durch die UNO und andere internationale Organisationen (statt nationaler Alleingänge),
- Durchsetzung einer globalen Geltung des Völkerrechts und der Menschenrechte.

Verfassungsrechtliche Grundlagen
M 4, M 7

Die Beteiligung von Bundeswehrsoldaten an Einsätzen außerhalb des NATO-Gebietes war lange umstritten. Das Bundesverfassungsgericht hat hier 1994 die verfassungsrechtliche Lage geklärt. So gibt es keine Einschränkungen für den Einsatz der Bundeswehr im Rahmen von Systemen kollektiver Sicherheit (UNO) und kollektiver Verteidigung (NATO), wenn sie der Friedenserhaltung dienen und ein Beschluss der Bundesregierung vorliegt, dem der Bundestag mit einfacher Mehrheit zugestimmt hat.

Wandel des Auftrags der Bundeswehr
Info

Diente die Bundeswehr vor 1989/90 ausschließlich der Landesverteidigung und der Abschreckung des kommunistischen Gegners im Rahmen der NATO, so steht sie heute angesichts einer völlig veränderten Sicherheitslage vor grundlegend neuen Anforderungen. Dabei leitet sich der Auftrag der Bundeswehr nach wie vor aus den Bestimmungen des Grundgesetzes und der Einbindung Deutschlands in internationale Organisationen wie UNO, NATO und EU ab. Die im Jahre 2003 erlassenen „verteidigungspolitischen Richtlinien des Bundesverteidigungsministers" und das „Weißbuch zur Sicherheitspolitik Deutschlands und zur Zukunft der Bundeswehr" von 2006 berücksichtigen hinsichtlich der konzeptionellen Ausrichtung der Bundeswehr die neuen Aufgaben und bekräftigen die Notwendigkeit eines weiteren Umbaus der Bundeswehr.
Im Verbund mit Streitkräften von Partnerstaaten beteiligt sich die Bundeswehr schon heute mit circa 9.000 Soldaten an einer Vielzahl von Missionen in aller Welt, die durch NATO, ESVP und UNO geleitet bzw. legitimiert sind.

Globalisierung und Weltwirtschaft

3

Hafen Hamburg.

Der heutige wirtschaftliche Strukturwandel, für den seit den neunziger Jahren der Begriff Globalisierung verwendet wird, erfasst nahezu alle Lebensbereiche und entfaltet eine bisher nie da gewesene Dynamik. Information, Kommunikation und Mobilität erweisen sich als die wesentliche Ressourcen, aus denen sich der Globalisierungsprozess speist.
Die Menschen in Deutschland nehmen die Globalisierung unterschiedlich wahr. Einerseits gründet sich der Wohlstand Deutschlands zu einem guten Teil auf der herausragenden Stellung Deutschlands im Welthandel, andererseits sehen viele Menschen in der Globalisierung eine Bedrohung, die sie um ihre Arbeitsplätze fürchten lässt (Kap. 3.1.1).
Die Klärung der Frage, ob die Globalisierung für Deutschland eher eine Chance oder eine Bedrohung darstellt, setzt eine erste Annäherung an den Begriff der Globalisierung voraus (Kapitel 3.1.2).
Transnationale Konzerne, sog. Global Players, gelten als Schrittmacher des globalen wirtschaftlichen Strukturwandels. Sie sind verantwortlich für die globale Vermarktung von Gütern und üben einen großen wirtschaftlichen und politischen Einfluss aus (Kap. 3.1.3).
Zweifellos tragen global tätige Unternehmen zu einer Diffusion von gesellschaftlichen Werten und Kulturen bei. Die Frage, ob wir in der Zukunft eine einheitliche Weltkultur entwickeln oder uns ein Kampf der Kulturen droht, ist allerdings offen (Kap. 3.1.4).
Die Globalisierungsdebatte wird auch bestimmt von der Frage, wie gerecht die Verteilung des Wohlstands auf der Welt ist und ob die ärmsten Länder zu den Gewinnern oder Verlierern der Globalisierung gehören (Kap. 3.1.5).

Der zweite Teil des Kapitels widmet sich den Gestaltungsmöglichkeiten des wirtschaftlichen Globalisierungsprozesses. Die Europäische Union ist ein aufschlussreiches Beispiel dafür, wie durch wirtschaftliche und politische Integration ein grenzüberschreitender Wirtschaftsraum mit politischer Gestaltungskompetenz entstehen kann (Kap. 3.2.1).
Wichtigste Institution zur kooperativen Regelung einer liberalen Welthandelsordnung ist die Welthandelsorganisation (WTO). Sie schafft mit ihrem Regelwerk die Voraussetzungen für den Freihandel und damit für die Globalisierung und steht nicht zuletzt deshalb auch im Kreuzfeuer der Kritik (Kap. 3.2.2).
Im Zuge der starken Ausweitung globaler Handelsströme seit den 90er Jahren entstand auch ein globaler Finanzmarkt, auf dem heute unvorstellbare Geldsummen dorthin gelenkt werden, wo die höchsten Renditen erzielt werden können. Doch ist dieser Markt krisenanfällig. Kapitel 3.2.3 geht der Frage nach, wie die Finanzmärkte stabilisiert werden können und welchen Beitrag der IWF als Bestandteil einer zukünftigen Weltwährungsordnung dazu leistet.

Tipps & Links

Lernen vor Ort

- Führen Sie eine Betriebserkundung bei einem Global Player vor Ort durch oder veranstalten Sie ein Expertengespräch mit einem Unternehmensvertreter. Schwerpunkte: Unternehmensgeschichte, globale Vernetzung der Produktion, des Marketing und der Beschaffungslogistik.
- Erforschen Sie die Produktionsbedingungen ausgewählter Alltagsprodukte (Textilien, Spielzeug, Lebensmittel). Schwerpunkte: Herkunftsländer, Produktionsprozess, Umwelt- und Sozialstandards.
- Führen Sie ein Interview mit einem Finanzexperten einer Bank zum Thema „globale Finanzkrisen".

Referieren und Präsentieren

- Ausgewählte Global Cities und deren Bedeutung im Prozess der Globalisierung (in Zusammenarbeit mit Geografie)
- Die Rolle Chinas in der Weltwirtschaft (in Zusammenarbeit mit Geografie)
- Die Krabbenproduktion und -verarbeitung als Musterbeispiel für den Globalisierungsprozess
- Einflussmöglichkeiten der Konsumenten auf die Handelsbedingungen zwischen Industrie- und Entwicklungsländern
- Die wechselvolle Geschichte von Euro und Dollar und die Bedeutung der beiden Währungen für die Weltwirtschaft (in Zusammenarbeit mit Geschichte)

Weiterlesen

- *Claus Leggewie, Die Globalisierung und ihre Gegner, München 2003 (C.H. Beck)*
  Überblick über Kritik und Kritiker der Globalisierung. Der Autor zeigt Möglichkeiten der Einflussnahme und des Protests gegen die Globalisierung auf und stellt aktuelle Gegenkonzepte vor.
- *Joseph Stiglitz, Die Chancen der Globalisierung, Bonn 2007 (Bundeszentrale für politische Bildung)*
  Stiglitz plädiert für eine politische Steuerung der globalen Ökonomie durch internationale Organisationen, für umfassende rechtliche Regelungen des Warenverkehrs, die Kontrolle multinationaler Konzerne, für die Befreiung der Entwicklungsländer von ihrer Schuldenlast und für einen fairen Welthandel.
- *Atlas der Globalisierung, Die neuen Daten und Fakten zur Lage der Welt, hrsg. v. Le Monde diplomatique, 2006*
  In diesem Atlas findet man hintergründiges Kartenmaterial, informative Daten und Schaubilder ebenso wie fachkundige Erläuterungen zu den wirtschaftlichen, ökologischen und politischen Grundfragen der Globalisierung.
- *Globalisierung verstehen: unsere Welt in Zahlen, Fakten, Analysen, hrsg. von der Initiative Neue Soziale Marktwirtschaft GmbH (INSM) u. der Internationalen Handelskammer (ICC) Deutschland, Köln 2007 (Siegler)*
  In dem Lesebuch finden sich Aufsätze zu folgenden Themen: Welche Chancen bringt uns die Globalisierung? Wer gewinnt vom freien Welthandel? Wandern unsere Jobs ins Ausland ab?
  Überholen uns China und Indien? Wie viel Wohlstand bringt uns die Globalisierung? Bekommen wir Umweltprobleme in den Griff?
- *C. Corves, Globalisierung in der Zuckerdose. Koproduktion mit dem Bundesministerium für wirtschaftliche Zusammenarbeit und Entwicklung und dem Evangelischen Entwicklungsdienst, 2007 (Dokufaktur)*
  Multimediale DVD (Video und ROM) über den Weltmarkt für Zucker.

Recherchieren

www.bpb.de
Seite der Bundeszentrale für politische Bildung. Zahlreiche Statistiken und Publikationen, u.a. eine CD-ROM und eine Themenseite mit Zahlen und Fakten zur Globalisierung.

www.epo.de
Entwicklungspolitik online ist ein umfassendes Portal mit Nachrichten, Analysen und Themen aus dem Bereich der Entwicklungspolitik.

www.bmz.de
Bundesministerium für Zusammenarbeit und Entwicklung.

http://globalisierung.insm.de/
Sonderseite der Initiative Neue Soziale Marktwirtschaft mit informativen Grafiken und Hintergrundinformationen zum Thema Globalisierung.

3.1 Dimensionen der Globalisierung

3.1.1 Deutschland im globalen Wettbewerb

Der Fall Nokia – ein Beispiel für globalen Strukturwandel

M 1

Tausende Mitarbeiter des Handy-Herstellers Nokia demonstrieren Anfang 2008 in Bochum gegen die Schließung ihres Werkes.

Aufbruchstimmung im rumänischen Cluj: Bis zu 3.500 Arbeitsplätze sollen hier entstehen. Der durchschnittliche Monatsverdienst liegt bei 219 Euro.

Wut, Tränen und Enttäuschung: Schockiert nehmen die Mitarbeiter von Nokia im Werk Bochum in Betriebsversammlungen die Nachricht vom Aus der Handyproduktion entgegen. „Ich bin tief enttäuscht. Das ist Habgier einer Firma, die Milliardengewinne macht", sagte anschließend ein wütender Betriebsrat. Der globale Standortwettbewerb kostet die Stadt, bereits mit 10,2 Prozent Arbeitslosenquote geschlagen, weitere 2.300 Arbeitsplätze. „Das ist eine schlimme Entscheidung", trauert Bochums Bürgermeisterin Ottilie Scholz. Der Aderlass war absehbar. Heute erlöst Nokia je Handy nur noch halb so viel wie vor zehn Jahren. Zuletzt waren es 82 Euro. Während die Geräte technisch immer aufwändiger werden, sind die Preise fast im freien Fall. Inzwischen kämpfen die Hersteller um jeden Cent, den sie einsparen können. Nur so können sie dem Druck von Netzbetreibern und Verbrauchern standhalten. Nokia gilt dabei unter Branchenexperten als besonders effizient geführt. Dieser Wettlauf um höchste Wirtschaftlichkeit hat dem Werk in Bochum nun das Genick gebrochen. „Der Markt verändert sich rasch. Wir haben in den vergangenen Jahren immer wieder versucht, die Wettbewerbsfähigkeit Bochums zu erhalten. Das ist uns zuletzt nicht mehr gelungen", sagte Nokia-Vorstand Veli Sundbäck. Weitere Investitionen in den Standort würden sich nicht rechnen. Um langfristig bestehen zu können, sei die Entscheidung notwendig gewesen.

Schon seit Jahren streben die Handyhersteller und -zulieferer nach Osten. Gewinner sind neben Billiglohnländern in Asien auch die neuen EU-Staaten in Osteuropa. So wird der Großteil der Produktion aus Bochum ins rumänische Cluj verlagert. Dort hat Nokia eine neue Fabrik für 60 Mio. Euro errichtet – für zunächst 500, später bis zu 3.500 Mitarbeiter. Standorte in Westeuropa lassen sich kaum rentabel betreiben. Im Sommer 2007 hatte US-Produzent Motorola sein einst modernstes Handywerk in Flensburg aufgegeben, ein knappes Jahr zuvor war BenQ-Siemens am Standort Kamp-Lintfort gescheitert – mit 2.000 Beschäftigten. Lediglich Sony Ericsson betreibt noch ein Werk in Elsass-Lothringen – und Nokia im finnischen Salo. ...

Auch wenn die Bedeutung der Mobiltelefone für Umsatz und Gewinn in Zukunft zurückgehen wird, ist Nokia weiter darauf angewiesen, in großem Stil Geräte zu verkaufen. Denn nur so kann gesichert werden, dass es stets genug potenzielle Abnehmer für die eigenen Dienste gibt. Den Mitarbeitern in Bochum hilft das nicht mehr.

Clemens Bomsdorf, Volker Müller, Financial Times Deutschland, 16.1.2008

Info

Der Fall Nokia

Motive: Äkräs, der Personalvorstand von Nokia, sagte, Nokia habe sechs Prozent seiner Handys in Bochum produziert, das Werk habe aber 23 Prozent der Arbeitskosten ausgemacht. Während in den vergangenen Jahren die Handypreise auf internationaler Ebene um etwa 35 Prozent gefallen seien, seien die Arbeitskosten in Deutschland um 20 Prozent gestiegen. Die Arbeitskosten in Rumänien, dem neuen Produktionsstandort des Konzerns, betragen nur ein Zehntel derer in Deutschland, so der Manager.

Steuern: Nokia war einer der größten Gewerbesteuerzahler in Bochum: Das Unternehmen überwies jährlich zwischen 23 und 25 Millionen Euro an die Stadtkasse.

Subventionen: Nach Angaben von EU-Kommissionspräsident José Manuel Barroso hat die EU keine Zuschüsse für die geplante Verlagerung eines Nokia-Werks aus Bochum nach Rumänien zur Verfügung gestellt. Mittel aus dem EU-Strukturfonds für solche Werksverlagerungen bereitzustellen, wäre „inakzeptabel", sagte Barroso. ... Allerdings habe Rumänien aus dem EU-Förderprogramm Phare Zuschüsse für die Erschließung von Industrieparks erhalten, fügte Barroso hinzu. In diesen Parks ließen sich nun Unternehmen nieder.

Rückforderungen: Das Land Nordrhein-Westfalen fordert von Nokia 41 Millionen Euro an Subventionen zurück, die in das Werk geflossen sind. Hintergrund der Forderung sind Vorwürfe an Nokia, in Bochum weniger Stellen geschaffen zu haben als zugesagt. Die Zahl von 2.680 unbefristeten sozialversicherungspflichtigen Stellen sei seit dem Jahr 2002 unterschritten worden, wie eine Erhebung der NRW-Bank ergeben habe, berichtete das Ministerium.

Domino-Effekt: Nach dem Aus des Bochumer Nokia-Werkes: Neben den 2.300 Stellen in Bochum sind mehr als 2.000 weitere Jobs unmittelbar bedroht – zum Beispiel bei der Post-Tochter DHL, denn dort werden die Handys weltweit versendet.

Sozialplan: Nach wochenlangen Verhandlungen haben sich die Gewerkschaft IG Metall und das finnische Handy-Unternehmen Nokia nun über die Eckpunkte eines Sozialplans für das Bochumer Werk geeinigt. Dieser solle ein Gesamtvolumen von 200 Millionen Euro haben. ... Etwa 15 Millionen Euro fließen in eine Transfergesellschaft, der Rest entfällt auf Abfindungen. Für die Mitarbeiter gelten je nach Länge der Betriebszugehörigkeit unterschiedliche Kündigungsfristen, maximal sieben Monate. Danach können alle Beschäftigten ein Jahr lang von einer Transfergesellschaft übernommen werden, die wohl per Ausschreibung ermittelt wird.

Zusammenstellung des Autors nach Pressemeldungen, 30.3.2008

M 2 Die Handy-Herrscher

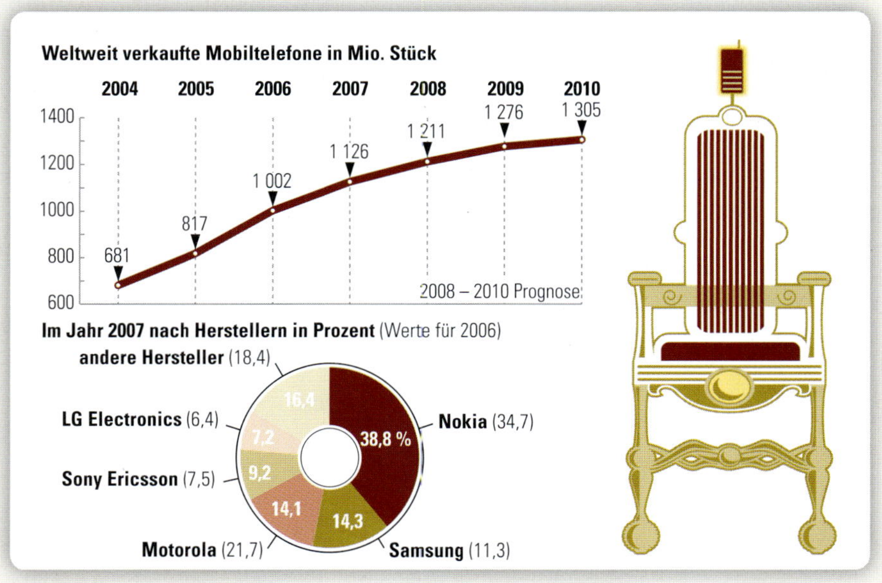

Globus Grafik 1899
Quelle: Strategy Analytics

Methode

Die Fallstudie

Die „Case Study Method", also direkt übersetzt die „Fallstudienmethode", ermöglicht es, komplexe wirtschaftliche, soziale und politische Zusammenhänge anhand eines Beispiels zu analysieren. Ein Fall ist ein zeitlich und räumlich begrenztes Ereignis. Ein wichtiges Merkmal für die Auswahl eines Falles ist, dass er sich zur Verallgemeinerung eignet. Er steht exemplarisch für viele (ähnliche) Fälle.
Die Fallanalyse erfolgt auf zwei unterschiedlichen Lernebenen. Zunächst wird der konkrete Fall untersucht. Einzelpersonen, Konflikte, Interessen und Entscheidungen stehen im Vordergrund. Anschließend wird das Verallgemeinerbare (Strukturzusammenhänge, Prozesse, Probleme) herausgearbeitet. Um die Ebene des konkreten Falls und dessen Untersuchung zu verlassen, ist es notwendig, sich von einzelnen Handlungen zu lösen und über die unmittelbar erlebte oder medial vermittelte Realität hinauszugehen. Nur so können die sich im Fall abbildenden allgemeinen sozialen und politischen Prozesse und Probleme entdeckt werden. Da es wissenschaftlich eigentlich unzulässig ist, von einem Einzelfall auf eine allgemeine Theorie zu schließen, sollte am Ende der Abstraktion immer die kritische Frage stehen, welche Aspekte des Falles überhaupt verallgemeinerungsfähig sind und welche nicht.

Anwendungen am Beispiel: Globaler Strukturwandel und der Fall Nokia (M 1 – M 8)
Am Fall Nokia können exemplarisch die Auswirkungen des globalen Strukturwandels auf Deutschland untersucht werden. Dabei kann der Fall Nokia auch durch andere vergleichbare Beispielfälle ersetzt werden.

Schritte zur Bearbeitung

1. Problemdarstellung

- Beschreiben Sie den Konflikt: Worum geht es? Wer sind die Akteure? Welche Interessen und Ziele der Beteiligten lassen sich unterscheiden (M 1 – M 2)?
- Methodischer Hinweis: Führen Sie eine Podiumsdiskussion oder Talkshow zum Thema Standortverlagerung nach Rumänien durch. Teilnehmer: Vertreter der Geschäftsleitung Nokia, Vertreter des Betriebsrats Nokia Bochum, Vertreter der Europäischen Kommission, Vertreter der Landesregierung, Wirtschaftswissenschaftler, Vertreter der rumänischen Regierung.

2. Handlungsmöglichkeiten/Entscheidungsalternativen

- Vergleichen Sie die Auswirkungen der Entscheidungen, das Nokia-Werk in Bochum zu schließen oder zu erhalten (M 1, Info).
- Methodischer Hinweis: Erstellen Sie dazu eine Mindmap.

3. Problemlösungen

- Erläutern Sie anschließend die Möglichkeiten der Bürger, gegen Nokia vorzugehen. Beurteilen Sie die Entscheidung von Nokia unter wirtschaftsethischen Gesichtspunkten (M 3, M 4).

4. Generalisierung

- Der Fall Nokia ist kein Einzelfall. Erläutern Sie die Folgen der Deindustrialisierung (M 6) für den Standort Deutschland.
- Nennen Sie Gründe, weshalb Unternehmen nach Deutschland zurückkehren (M 7).
- Entwerfen Sie ein Standortprofil für die Bundesrepublik und verdeutlichen Sie die Stärken und Schwächen des Standorts Deutschland (M 8).
- „Der Fall Nokia zeigt die negativen Auswirkungen der Globalisierung auf Deutschland auf" – Nehmen Sie zu dieser Aussage Stellung.

5. Kritik

- Prüfen Sie abschließend kritisch, welche Merkmale des Falles verallgemeinerbar sind und welche nicht.

M 3 Kontrovers diskutiert: Kann der Bürger sich wehren?

a) Kaufboykott ist absurd

Sie alle telefonierten bisher mit Nokia-Handys. Nun ist Schluss. Jetzt soll sich endlich mal gewehrt werden gegen die hässliche Fratze des globalisierten Kapitals! Laut SPIEGEL-Umfrage wollen 49 Prozent der Bundesbürger die Produkte des Konzerns durch Boykott bestrafen. Die Empörung ist verständlich, populistisch und absurd zugleich.

Verständlich, weil Nokia wirklich keinen Fettnapf ausließ, sich als eiskalter Profitmaximierer zu gerieren. Das Bochumer Werk ist hochprofitabel, die Subventionen flossen reichlich. Doch zur gleichen Zeit, da in Bochum Tausende demonstrierten, ließ sich die Konzernspitze von ihren Shareholdern für Rekord-Milliardengewinne feiern.

Die Boykott-Träume sind aber auch populistisch bis absurd, denn was tat die gleiche, nun zeternde deutsche Politik, als BenQ im vorvergangenen Jahr seinen hiesigen Siemens-Ableger dichtmachte?

Am Donnerstag witzelte ARD-Unterhalter Harald Schmidt: „Deutsche, kauft nicht bei Finnen!" Aber bei wem dann? Bei den Japanern und Schweden von Sony Ericsson? Den Amerikanern von Motorola? Den Asiaten von Samsung? Nokia ist der letzte Konzern, der in Deutschland noch Handys herstellt. Andere Produkte sind ohnehin längst verschwunden.

Boykottiert Seehofer etwa die urdeutsche Textilfirma Boss, die ihre Anzüge mittlerweile gern in der billigeren Türkei schneidern lässt? Hat schon irgendjemand sein Blaupunkt-Autoradio weggeschmissen, das heute überwiegend in Billiglohnländern zusammengeschraubt wird?

Carrera-Rennbahnen kommen immer aus China, Steiff-Tiere immer wieder. AEG-Waschmaschinen werden unter schwedischer Ägide von polnischen Arbeitern gebaut. Adidas-Turnschuhe und Puma-Klamotten? Alles global gefertigt und dadurch deutlich günstiger. Seehofer bliebe noch Unterwäsche von Trigema oder ein Schlappen-Ensemble von Birkenstock.

„No Nokia" wird gar nichts ändern. Weder in den Bilanzen der Finnen noch in den Köpfen deutscher Verbraucher. Jeder dieser Boykott-Aufrufe ist letztlich ein irrationaler Angriff auf eine ebenso rationale wie rationalisierte Arbeitswelt.

Thomas Tuma, Der Spiegel, 05/2008, S. 83

b) No Nokia – der Bürger hat Macht

Noch vor wenigen Wochen war Nokia ein angesehenes Unternehmen. Im Imageranking eines Marktforschungsinstituts lag der finnische Handyhersteller auf dem ersten Platz – nun ist er auf den letzten abgestürzt. In einer Umfrage erklärte jeder zweite Bundesbürger, er wolle keine Handys des Unternehmens mehr kaufen. Die SPD hat eine Anti-Nokia-Kampagne gestartet. Und ein Internet-Unternehmer kündigte an, er wolle 50.000 Handys von Nokia sammeln und sie vor dem Werk in Bochum verschrotten.

Es ist in einer Marktwirtschaft zunächst einmal Sache der Unternehmen, wo sie was herstellen. Die staatliche Lenkung der Produktion führt sowohl in der harten Variante à la DDR als auch in der sanften à la Frankreich zu niedrigerem Wohlstand, weil der Staat nach aller Erfahrung ein schlechter Manager ist. Außerdem bringt die Globalisierung, zu der auch die weltweite Arbeitsteilung gehört, für die Deutschen viele Vorteile. Wenn in Rumänien Tausende gut bezahlte Stellen entstehen, verdienen diese Rumänen mehr als bisher und können mehr Hochwertiges Made in Germany kaufen.

Doch auch wer als Marktwirtschaftler solche Grundsätze akzeptiert, muss nicht alles billigen, was internationale Konzerne treiben. Beispiel Nokia: Die Finnen verlagern das profitable Bochumer Werk unter anderem, weil sie ihre Gewinnmarge auf 16 Prozent steigern möchten. Diese Rendite erwarteten die Aktionäre, lautet eine der Begründungen. Warum aber sollen nur internationale Investoren über die angepeilte Rendite einer Firma entscheiden? Darf man hinnehmen, dass die Investoren die Fertigung in Hochlohnländern wie der Bundesrepublik damit teilweise unmöglich machen? Warum sind die 13 Prozent zu wenig, die Nokia bisher verdient hat? ... Es ist in einer demokratischen Gesellschaft das gute Recht jedes Bürgers, diesen absoluten Machtanspruch der Investoren anzuzweifeln. ... Als Wahlbürger kann sich der Bürger in einem konkreten Fall wenig Gehör verschaffen ... Aber [der Bürger] hat Macht, sogar viel Macht: als Anleger und Käufer.

Wie die Bürger Einfluss nehmen können, zeigen mehrere Beispiele. So sortieren ethisch orientierte Investoren zunehmend amerikanische Staatsanleihen aus, weil sich die US-Regierung dem Klimaschutz verweigert und im Krieg gegen den Terror die Menschenrechte missachtet. Kampagnen gegen Ausbeutung und Kinderarbeit bei Nike zwangen den Turnschuhkonzern, Rechenschaft über seine Sweatshops in Asien abzulegen. Und der für den Umgang mit seinen Mitarbeitern kritisierte Discounter Lidl musste seinen Einstieg bei der Biokette Basic abblasen, weil Kunden und Lieferanten von Basic streikten. Das Image ihrer Marke wird für die Unternehmen immer wichtiger und jeder Imageverlust kostet Geld – das mag kein Anleger, der am Gewinn orientiert ist. Daher reagieren die Konzerne so sensibel auf negative Schlagzeilen und Boykottversuche. Und deshalb besitzen die Bürger als Konsumenten und Aktionäre potenziell viel Macht. Potenziell. In der Realität haben die Deutschen ihre Kritik an Entscheidungen eines Unternehmens meist nur in Umfragen geäußert und die Sache danach schnell vergessen. Das ist angenehm für die Firmen, die nach ein paar wohlwollenden Werbeanzeigen weitermachen können wie geplant. Wenn es im Fall Nokia anders läuft als meist in solchen Fällen, so zeigt dies vor allem eines: Die Deutschen machen sich immer mehr Sorgen darüber, ob sie in einer globalisierten Welt noch Arbeit haben werden. Abstimmungen an der Ladentheke sind durchaus ein geeignetes Mittel, um Unternehmen zu demonstrieren, dass sie ihr Handeln nicht nur an der Rendite ausrichten sollen. Allerdings haben die Verbraucher nicht nur Macht, sie tragen auch Verantwortung. Emotionale Proteste und suggestive Slogans führen leicht dazu, dass in der Diskussion Fakten untergehen. Der Aufstand der Verbraucher darf nicht im Antikapitalismus münden.

Alexander Hagelüken, Süddeutsche Zeitung, 2./3.2.2008

Ist die die Nokia-Entscheidung unanständig?

M 4

Ein Gespräch mit Karl Homann. Er ist Professor für Philosophie und Ökonomie an der Ludwig-Maximilians-Universität in München.

SZ: Herr Professor Homann, verhält sich Nokia unanständig?

Karl Homann: Das hängt davon ab, wie man Anstand definiert. Wir leben in einer Wirtschaft mit globalem Wettbewerb und müssen mit einem forcierten Strukturwandel rechnen. Dazu gehören auch Werksverlagerungen ins Ausland, die deswegen nicht unanständig sind.

SZ: Ist es ethisch in Ordnung, dass Nokia die Öffentlichkeit vor vollendete Tatsachen gestellt hat?

Homann: Man kann dem Nokia-Management vorwerfen, dass es die Entscheidung verkündet, sie aber nicht ausreichend begründet hat. Die Entscheidung ist aber folgerichtig. Der Konzern muss auf seine zukünftige Wettbewerbsfähigkeit schauen und nicht darauf, ob er heute in Bochum profitabel ist.

SZ: Sind Werksverlagerungen wie bei Nokia Ausgeburten eines Turbokapitalismus?

Homann: Das sind populistische Schlagworte. Aber wenn Sie so wollen: Sie sind Ausgeburten eines stinknormalen Wettbewerbs, der die Bedingung unseres Wohlstands ist. Die Mehrheit profitiert davon, indem sie möglichst billig einkaufen kann.

SZ: Ist diese Geiz-ist-geil-Mentalität moralisch?

Homann: Wenn die Kunden das wollen, dann sollen sie dort einkaufen, wo sie die Ware am günstigsten bekommen.

SZ: Auch wenn das zu Lasten anderer geht?

Homann: Wettbewerb geht immer zu Lasten anderer. Er bringt aber auf lange Sicht uns allen die größten Vorteile. Letztlich ist Wettbewerb solidarischer als Teilen.

SZ: Wie bitte? Teilen gilt als eine der solidarischsten Verhaltensweisen überhaupt. Wettbewerb hat das eigene Wohlergehen im Blick.

Gruß von der Firma Igel & Co.

Haitzinger/CCC, www.c5.net

Homann: Seit wir auf dem Telefonmarkt Wettbewerb zulassen, ist das Telefonieren so billig wie nie zuvor. Jetzt erst ahnen wir, wie viel Milliarden Euro uns der frühere Monopolist, die gelbe Post, aus der Tasche gezogen hat. Monopole sind brutal, sie beuten die Kunden aus. Das alte Mütterchen mit kleiner Rente, das seine sozialen Kontakte über das Telefon aufrecht erhält, hat vom Wettbewerb ganz klar profitiert.

SZ: Zeigt der Fall Nokia nicht vielmehr, dass Solidarität eine Floskel von gestern ist?

Homann: Keineswegs. Solidarität ist für mich die moderne Übersetzung für das christliche Gebot der Nächstenliebe. Doch was bedeutet Solidarität in einer Wettbewerbswirtschaft? Solidarität darf nicht bedeuten, dass wir den Wettbewerb bändigen wollen, als sei er ein wildes Tier. Um der Solidarität willen sollten wir den Wettbewerb forcieren, wie auf dem Telefonmarkt.

SZ: Die Nokia-Mitarbeiter, die ihre Arbeit verlieren, sehen das sicher anders. Ist unternehmerisches Handeln nicht auch daran zu messen, welche kurzfristigen Folgen es für die Arbeitsplätze hat?

Homann: Grundsätzlich nein. Die Arbeitsplätze stehen immer zur Disposition. Unternehmerisches Handeln ist daran zu messen, ob und wie weit es der Allgemeinheit und nicht den Arbeitsplatzbesitzern dient.

SZ: Unternehmer haben keine soziale Verantwortung gegenüber ihren Beschäftigten?

Homann: Doch, natürlich haben sie die. Unternehmer haben eine Fürsorgepflicht und für menschengerechte Arbeitsplätze zu sorgen. Wenn Unternehmer keine Verpflichtung gegenüber ihren Mitarbeitern zeigen, dann haben sie eine Belegschaft, bei der die innere Kündigung an der Tagesordnung ist. Das wirkt sich auch wirtschaftlich aus. Wertschöpfung erfolgt durch Wertschätzung. Deshalb wird kein Unternehmer leichtfertig Mitarbeiter entlassen. Das wäre ökonomisch nicht rational.

SZ: Der Nokia-Konzern handelt sozial verantwortlich, indem er Menschen entlässt?

Homann: Es kann in einer Marktwirtschaft keinen Bestandsschutz geben. Es gibt für Nokia aus ethischer Sicht auch keinen Grund, die deutschen Arbeitnehmer gegenüber den rumänischen zu bevorzugen. Allerdings müssen die Härten für die von Arbeitslosigkeit Betroffenen abgefedert werden. Wir müssen den Menschen die Chance geben, wieder in den Arbeitsprozess zu kommen. Dazu müssen wir die Arbeitnehmer besser qualifizieren und vor allem die Jugend gut ausbilden. Da geschieht leider zu wenig. ...

SZ: Zeigt der Fall Nokia, dass es zu wenig gesetzliche Regelungen für internationale Wirtschaftsverflechtungen gibt?

Homann: Jeder Wettbewerb braucht Spielregeln. Der internationale Wettbewerb hat in der Tat bisher noch relativ wenig Spielregeln. Daran müssen wir arbeiten.

SZ: Machen internationale Ethikstandards die globale Wirtschaftswelt menschlicher oder ineffizienter?

Homann: Sie machen sie menschlicher und damit effizienter. Wir dürfen nicht von diesem Gegensatz ausgehen. Wenn das Wirtschaftsleben menschlicher wird, dann zahlt sich das langfristig aus.

SZ: Wer Kindern die Bildung verweigert und sie zur Arbeit schickt, bleibt arm.

Homann: Ja, Kinderarbeit ist ein gutes Beispiel. Langfristig steigt der Wohlstand eines Landes, wenn es seine Kinder gut ausbildet. Die Frage ist jedoch, ob wir das gesetzlich regeln können. Denn wenn das Einkommen der Eltern so gering ist, dass die Kinder zum Einkommenserwerb beitragen müssen, dann führt das Verbot der Kinderarbeit beispielsweise die Mädchen in die Prostitution.

SZ: Was kann man dagegen tun?

Homann: Das Einkommen der Eltern steigern. Die Menschen wollen keine Kinderarbeit, sie können jedoch oft nicht anders überleben. In China geht die Kinderarbeit wegen des exorbitanten Wirtschaftswachstums deutlich zurück. Wenn der Wohlstand steigt, schicken die Menschen ihre Kinder nicht zur Arbeit, sondern in die Schule. Diese Entwicklung kennen wir aus unserer eigenen Geschichte ja nun auch.

Interview: Sybille Haas, Süddeutsche Zeitung, 29.1.2008

Standort Deutschland – aus der Sicht des Karikaturisten

M 5

Hanel/CCC, www.c5.net

Wie die Industrie aus den Industrieländern verschwindet

M 6

Farbfernseher demonstrieren am besten, wie schnell und dramatisch sich in den vergangenen zwei Jahrzehnten Industrieproduktionen verlagert haben. Ein Chart der Unternehmensberatung McKinsey zeigt für die Zeit von 1985 bis heute, welche Länder damals TV-Geräte herstellten und welche es heute tun. Der TV-Anteil der Niedriglohnländer lag demnach Mitte der achtziger Jahre bei rund einem Viertel. Bis heute haben allein die vier Nationen China, Mexiko, Thailand und Türkei rund 60 Prozent der Produktion auf sich gezogen. Nimmt man Regionen wie Osteuropa und Südostasien dazu, kommen die Niedriglohnländer auf eine Quote von etwa 85 Prozent. Zur Kategorie Niedriglohnländer gehören Staaten mit effektiven Arbeitskosten von weniger als zehn Dollar pro Stunde. Auch die Spielwarenindustrie verschwindet mehr und mehr aus den Industrieländern. In Amerika werden inzwischen 80 Prozent aller Spielwaren importiert, davon die Hälfte aus China. In nur sechs Jahren haben sich die Spielzeugeinfuhren in die Vereinigten Staaten in etwa verdoppelt. Bei Fahrrädern wuchs der Marktanteil asiatischer Importe in vier Jahren von 50 auf 100 Prozent; die Preise sanken dabei um rund zehn Prozent pro Jahr. Die Textilproduktion schrumpft gleichfalls dramatisch. Seit 1997 wurden zwischen Los Angeles und New York rund 250 größere Fabriken geschlossen. Inzwischen ist sogar der Billig-Nachbar Mexiko zu teuer: Die ersten Fabriken werden von dort nach Asien verlagert. Die Industrieproduktion insgesamt nimmt in Ländern wie Deutschland zwar noch einen wichtigen Stellenwert in der Volkswirtschaft ein: 7,8 Millionen der 38 Millionen deutschen Erwerbstätigen sind in der Industrie beschäftigt. Sie erbringen 24 Prozent der deutschen Wirtschaftsleistung und den überwiegenden Teil der Exporte.

Frankfurter Allgemeine Sonntagszeitung, 18.12.2005

M 7 Rückkehr der Reumütigen

Früher ließ der Süßwarenhersteller Katjes Fassin seine Bonbons in Italien und Finnland herstellen. Doch diese Werke wurden Mitte des vergangenen Jahres dicht gemacht. Das Unternehmen hat die Arbeitsplätze verlagert – nach Deutschland.
Im Oktober nahmen 60 Mitarbeiter die Produktion in der nagelneuen, zwölf Millionen Euro teuren Fabrik in Potsdam auf. Dort rollen seither Granini-Bonbons, Gletschereis und sonstige Leckereien vom Band. Nach der Übernahme mehrerer Bonbonmarken verfüge man über die ausreichende Kapazität für eine eigene Fertigung in Deutschland, erklärt Katjes-Sprecher Heiner Wolters. „Hier haben wir auch die Qualität besser unter Kontrolle.“ Inzwischen produziert Katjes ausschließlich in Deutschland. In Ländern wie Polen oder Tschechien befinden sich lediglich Vertriebsstandorte.
Gewiss, solche Maßnahmen können mehrere Gründe haben – die Konzentration von Kapazitäten zum Beispiel. Oder auch die Hinwendung zum wichtigsten Absatzmarkt. Fest steht jedoch: „Der Trend zur Stellenverlagerung ist gestoppt.“ Das erklärt Frank Wallau, wissenschaftlicher Geschäftsführer des Instituts für Mittelstandsforschung (IfM) in Bonn. Doch damit nicht genug: „Es gibt sogar Anzeichen für eine Rückverlagerung.“
Das hängt damit zusammen, dass der Standort D hart an seiner Attraktivität gearbeitet hat. Beschäftigte hielten sich mit Lohnforderungen zurück, die Arbeitgeber steigerten gleichzeitig ihre Produktivität. Somit sanken die Lohnstückkosten. ... Auch der Umfang der Investitionen in Produktionsanlagen in Deutschland hat wieder zugenommen: „Die Zeit der Kapazitätsschrumpfungen ist erst einmal vorbei“, sagt Klaus Schrader, Experte für die EU-Osterweiterung und Globalisierungsfolgen beim Institut für Weltwirtschaft (IfW) in Kiel.
Häufig steckt hinter der Rückbesinnung auf das Heimatland auch ein schlichtes Scheitern der Auslandsstrategie. In den neunziger Jahren ließen sich viele Unternehmen von den niedrigen Löhnen in Ländern wie Tschechien, Polen, Ungarn oder der Slowakei locken. Sie nutzten diese Länder häufig als verlängerte Werkbänke für die arbeitsintensive Produktion, aber auch als zusätzliche Standbeine für eine Expansion.
„Nur wegen niedriger Lohnkosten nach Mittel- und Osteuropa zu gehen, ist blauäugig und geht schief“, erklärt Schrader. Sicher, Beschäftigte östlich der hiesigen Landesgrenze arbeiten im Vergleich zu ihren deutschen Kollegen noch immer für Hungerlöhne. Doch sukzessive steigen die Entgelte und gleichen sich dem westeuropäischen Niveau an. Fazit: Um auf lange Sicht Kosten zu sparen, muss ein Unternehmen immer weiter wegziehen. Nach Rumänien, Bulgarien – oder gleich nach China.

Katjes-Bonbonfabrik in Potsdam. Nicht immer lohnt sich das Engagement in Billiglohnländern.

Zahlreiche Firmen, darunter insbesondere Mittelständler, waren in der Vergangenheit schlecht auf das Engagement jenseits der Landesgrenzen vorbereitet – und bereuten den Schritt bald. Mal produzierten die Mitarbeiter an den ausländischen Standorten minderwertige Qualität, mal brauchte die Lieferung viel zu viel Zeit. Einige Unternehmen sind schlicht an Sprachbarrieren und kulturellen Differenzen gescheitert, vor allem bei Engagements außerhalb von Europa: „Man kann die deutsche Mentalität nicht einfach nach Indien oder China transferieren“, sagt Mittelstandsexperte Wallau.
Manche Länder entpuppen sich nachträglich als ungeeignet für die Wachstumsstrategie eines Betriebs. Vergangenes Jahr hatte sich das Hamburger Familienunternehmen „Desitin Arzneimittel“ aus Lettland und Litauen zurückgezogen. Das Engagement hatte sich nicht gelohnt. Zu wenige Kunden leben in den kleinen Ländern, zu niedrig liegen dort die Preise für Pharmaprodukte. In Osteuropa engagiert sich der Arzneimittelbetrieb jedoch weiterhin. ...
Wo Mittelständler sich noch schwer tun, haben Konzerne längst Fuß gefasst. Für den Globalisierungsexperten Schrader vom IfW liefert Volks-

wagen ein positives Beispiel für funktionierende internationale Produktionsnetzwerke. Von Portugal bis Ungarn konkurrieren allein in Europa elf Länder ständig um die Pkw-Produktion. Wer am effizientesten und billigsten produziert, erhält den Zuschlag. Wer dagegen hinterherhinkt, verliert lukrative Aufträge – wie jüngst das VW-Werk in Brüssel. Stattdessen soll der Golf künftig in Wolfsburg gebaut werden. Aus Kostengründen.

Simon Hag, Spiegel online, 2.2.2007

Die Stärken und Schwächen des Standorts Deutschland

M 8

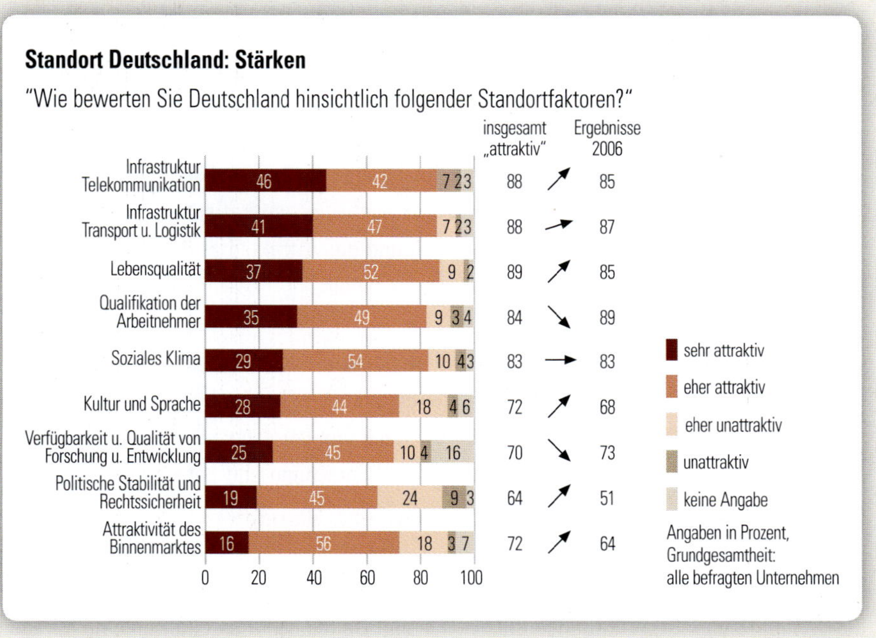

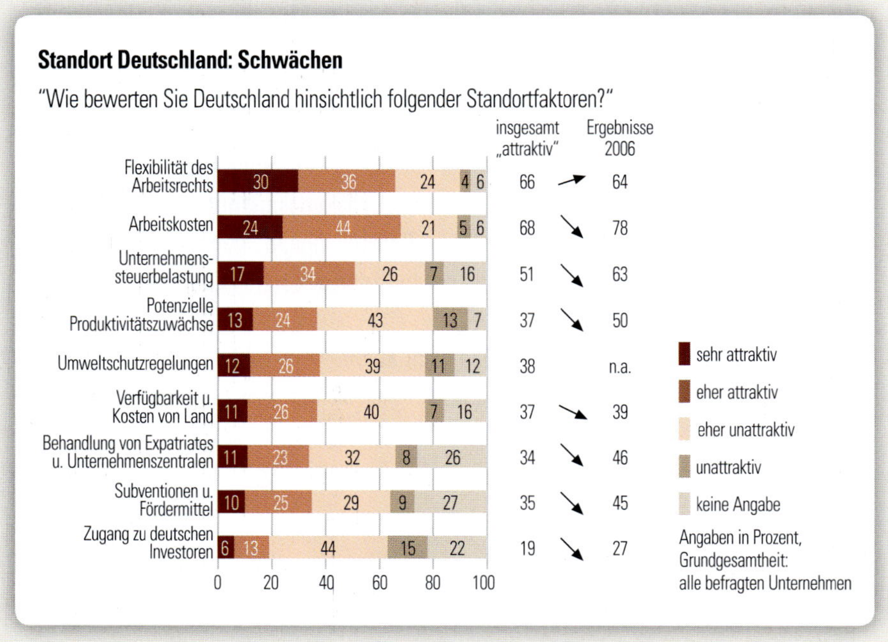

Studie von Ernst & Young, Standort Deutschland 2007, 29.6.2007

Wissen kompakt

Deutschland im globalen Wettbewerb
M 1, M 6

Die negativen Auswirkungen des wirtschaftlichen Strukturwandels spüren in Deutschland insbesondere Arbeitnehmer, die ihren Arbeitsplatz wegen Produktionsverlagerungen ins Ausland verlieren. Die Schließung eines Nokia-Werkes in Bochum im Januar 2008 hat offenbart, dass selbst für gut qualifizierte Arbeitnehmer in profitablen Unternehmen keine Arbeitsplatzsicherheit mehr besteht, wenn die hohen Gewinnerwartungen vor Ort nicht erfüllt werden können.
Daraus den Schluss zu ziehen, Deutschland sei als Wirtschaftsstandort generell unattraktiv, ist aber nicht gerechtfertigt.

Standort Deutschland – Stärken und Schwächen
M 7, M 8

Die Qualität des Wirtschaftsstandorts Deutschland hat sich in den letzten Jahren wieder verbessert. Stärken sind u.a. eine hervorragende Infrastruktur, hohe Lebensqualität, stabile politische und soziale Verhältnisse, Rechtsstaatlichkeit und sehr gut qualifizierte und produktive Arbeitnehmer. Als positiv gilt auch die geografische Lage im Herzen Europas. Beispiele belegen, dass Firmen aufgrund der Attraktivität des Standorts nach Deutschland zurückkehren bzw. sich hier neu ansiedeln.

Zu den Schwächen des Standorts zählen die im internationalen Vergleich hohen Arbeitskosten, die starke Reglementierung des Arbeitsmarkts sowie eine hohe Steuerbelastung der Unternehmen. Problematisch ist auch der nach wie vor schwache Binnenkonsum in Deutschland und die zu geringen Investitionen in Forschung und Entwicklung von Spitzentechnologien.

Stichwort: „Basarökonomie"

Deutsche Produkte genießen auf den Weltmärkten immer noch ein hohes Ansehen. Unter den führenden Exportnationen der Welt nimmt Deutschland seit Jahren eine herausragende Position ein. Der Weltmarktanteil deutscher Produkte beträgt ca. 10 %.
Die deutschen Ausfuhren hängen jedoch auch immer stärker von Vorleistungen ab, die im Ausland erbracht werden. Insbesondere lohnintensive Vorleistungen sind von einer Verlagerung ins Ausland betroffen. So werden zunehmend Teile oder Komponenten jenseits der Grenzen gefertigt und dann im Inland z.B. in Fahrzeuge deutscher Hersteller eingebaut. Der Leiter des Münchner Wirtschaftsforschungsinstituts ifo, Hans Werner Sinn, hat dafür den umstrittenen Begriff der „Basarökonomie" geprägt. Der Anteil der ausländischen Wertschöpfung an den deutschen Exportgütern lag 2005 bei rund 41 Prozent.
Die florierende Exportwirtschaft führt also nicht automatisch zu einer steigenden Nachfrage nach Arbeitskräften, sondern kann auch einen Verlust von Arbeitsplätzen bedeuten.

3.1.2 Weltwirtschaftlicher Strukturwandel – Globalisierung

Globalisierung oder die Vernetzung der Welt

M 1

Autorengrafik

Die Welt-Zahnbürste

M 2

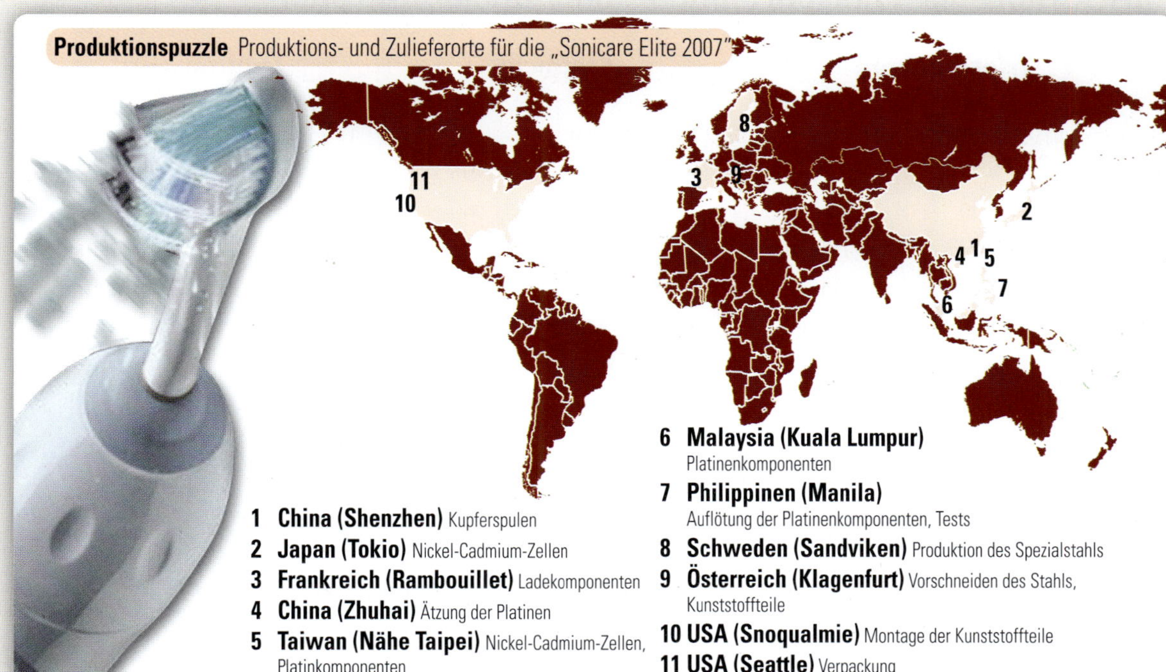

4.500 Mitarbeiter, zehn Länder, drei Kontinente, fünf Zeitzonen: Die Produktion der elektrischen Zahnbürste „Sonicare Elite 7000" ist ein Beispiel für die Wucht und Präzision des globalen Kapitalismus. ... Ein- bis zweimal die Woche verlassen rund 100.000 Platinen mit aufgelöteten Komponenten das Werk in Manila. Vom Cargo-Flughafen werden sie via Tokio nach Seattle geflogen; eine Verzögerung von einem halben Tag kann alles durcheinander bringen, man arbeitet mit einem

Minimum an Lagerreserven, an Zeitreserven. Eine Reise durch die Präzisionsmaschine von „Oral Health Care Philips“ ist eine Tour in die globale Gegenwart ... Die Zahnbürste besteht im Wesentlichen aus 38 Komponenten. Die Einzelteile für die Energiezelle stammen aus Japan, Frankreich und China. Die Platine, das elektronische Herzstück, kommt vorgeätzt aus Zhuhai, am Perlflussdelta, im Südosten Chinas. Nicht weit von Zhuhai, aus der chinesischen Industriestadt Shenzhen, stammen auch die Kupferspulen, gedreht von Heerscharen von Frauen mit verpflasterten Fingerspitzen – die Globalisierung ist weiblich.
Die 49 Komponenten auf der Platte, streichholzkopfgroße Transistoren und Widerstände, stammen wiederum aus Malaysia. In Manila werden sie gelötet und getestet. Dann ausgeflogen nach Snoqualmie, an die amerikanische Westküste, wo das Mutterwerk ist. Gleichzeitig kommen aus Klagenfurt per LKW die komplizierteren Kunststoff-Gussteile nach Bremerhaven, außerdem in Klagenfurt vorgeschnittene Stahlblätter, der Spezialstahl stammt aus Sandviken, Schweden. Von Bremerhaven aus fährt ein Frachtschiff die halbe Bürste über den Atlantik nach Port Elizabeth, New Jersey. Von dort geht es per Bahn weiter, quer durch die USA. Und in Snoqualmie, 40 Autominuten von Seattle entfernt, wird alles zusammengeschraubt und verpackt. Zu dem Zeitpunkt haben die Komponenten 27.880 Kilometer zurückgelegt, zwei Drittel des Erdumfangs. Philips ist ein niederländischer Konzern. Aber unter 120 Leuten, die man auf einer Reise durch das Karussell der Kulturen und Kontinente trifft, sind gerade einmal zwei Niederländer. Der Vorarbeiter im amerikanischen Snoqualmie stammt aus Gambia, Bernard Lim Nam Onn, der Chef in Zhuhai, ist Chinese, aber in Malaysia geboren und in Singapur aufgewachsen. ... Globalisierung schafft überall auf der Welt neue Biografien und verzahnt sie.

Ralf Hoppe, Spiegel special Nr. 7/2005, S. 136 ff.

M 3 Entwicklung der Transport- und Kommunikationskosten

	Telekommunikation*		Seefracht*		Lufttransport*	
	Index (1930 = 100)	in US-Dollar	Index (1930 = 100)	in US-Dollar	Index (1930 = 100)	in US-Dollar
1920	–	–	158,3	95	–	–
1930	100,00	244,65	100,0	60	100,0	0,68
1940	77,05	188,51	105,0	63	67,7	0,46
1950	21,75	53,20	56,7	34	44,1	0,30
1960	18,75	45,86	45,0	27	35,3	0,24
1970	12,91	31,58	45,0	27	23,5	0,16
1980	1,96	4,80	40,0	24	14,7	0,10
1990	1,36	3,32	48,3	29	16,2	0,11
2000**	0,35	0,86	35,0	21	11,8	0,08
2005	0,12	0,30	–	–	–	–

Index (1930 = 100) und in absoluten Zahlen, in konstanten Preisen (US-Dollar 1990), 1920 bis 2005

* *Kosten eines 3-minütigen Telefongesprächs von New York nach London / durchschnittliche Seetransportkosten und Hafengebühren für Import- und Exportfracht pro short ton (907,17 kg) / durchschnittlicher Lufttransportumsatz pro Passagier und Meile*
** *1998 bei Seefracht und Lufttransport*

Bundeszentrale für politische Bildung (Hg.), Zahlen und Fakten, Globalisierung, CD-ROM, Bonn 2007

In acht Tagen um die Welt

M 4

Der Schriftsteller Jules Verne träumte einst davon, in 80 Tagen um die Welt zu reisen. Sein Held Phileas Fogg betätigte sich als Reiselogistiker und erreichte durch das geschickte Vernetzen verschiedener Verkehrsträger eine für damalige Verhältnisse unglaubliche Reisegeschwindigkeit. Von dem, was heutzutage in puncto Transport abgeht, hätten die beiden Abenteurer allerdings nicht zu träumen gewagt.

Wie moderne Gütersteuerung funktioniert, zeigt das Beispiel eines großen Automobilwerks in Süddeutschland. Täglich laufen dort knapp 1.500 Lastwagen und 65 Güterwaggons der Bahn knapp 70 Entladepunkte auf dem Werkgelände an. Jeder dieser Punkte ist für bestimmte Zulieferteile zuständig. Zusätzlich hierzu muss auch noch der Abtransport der Tagesproduktion von gut 2.000 Fahrzeugen organisiert werden.

Transportieren bedeutet aber längst nicht mehr, dass etwas nur von A nach B geschafft wird – das Befördern ist längst fester Bestandteil des Produktionsprozesses. So gehört etwa die „Just-in-time"-Lieferung mancherorts bereits zum alten Eisen. Das neue Zauberwort heißt „just in sequence". Dahinter verbirgt sich, dass der Zulieferer nicht nur für die bei der „Just-in-time"-Logistik übliche exakte zeitliche Taktung der Lieferungen sorgt; er muss zusätzlich gewährleisten, dass die Teile bei Ankunft bereits in der Reihenfolge sortiert sind, in der sie weiterverarbeitet werden.

Die Logistik umfasst aber noch mehr als den Transport – dazu gehört auch die Planung und Steuerung sämtlicher Informations- und Materialflüsse in einem Unternehmen. Besonders wichtig ist dies, wenn Unternehmen verschiedene Standorte haben. Tatsächlich machen solche Prozesse zwei Drittel des Logistikgeschäfts aus.

Über das Meer wurden zuletzt zweimal so viele Güter transportiert wie 1991. Den entscheidenden Schub hat die Globalisierung der Logistikbranche verpasst. ... Möglich wurde die Erfolgsstory der Branche nicht zuletzt durch den Einsatz von Containern im Frachtwesen. Die Metallboxen haben den Warenferntransport in den letzten 20 Jahren revolutioniert. Mit ihnen lässt sich viel Zeit sparen, weil der Ladevorgang weitgehend automatisch abläuft. Containerschiffe benötigen nur noch etwa ein Zehntel der für Stückgutfrachter üblichen Ladezeit. Beim Wechsel von einem Verkehrsmittel auf ein anderes wird die Box samt Inhalt einfach übergeben.

Auf diese Weise lassen sich auch kleinteilige Lieferungen gut bündeln und mittels Container entlang einer vorgegebenen weltweiten Logistikkette verfrachten. Dadurch sind die Kosten für den Ferntransport von Fertigwaren per Schiff gesunken, und auch in puncto Transportgeschwindigkeit ging sozusagen die Post ab. Seit 1991 hat sich der Containerumschlag in den deutschen Seehäfen nahezu vervierfacht.

iwd – Informationsdienst des Instituts der deutschen Wirtschaft Köln, Nr. 31/2007, 2.8.2007, S. 4 f.

Der Container

Info

Der rasant wachsende Handel wäre ohne den Standard-Container nicht denkbar. Rund 400 Millionen der gut sechs Meter langen Kisten wurden 2005 weltweit umgeschlagen. Riesige Spezialschiffe transportieren sie, in kürzester Zeit können sie auf LKW und Züge verladen werden. Im Hamburger Hafen wurden 2005 rund 97 % des Stückgutaufkommens mit Containern abgewickelt. Vollcontainerschiffe können bis zu 9.200 TEU (Twenty-foot Equivalent Unit) transportieren.

nach: Der Stern, 6.4.2006, S. 169

M5 Globale Handelsströme

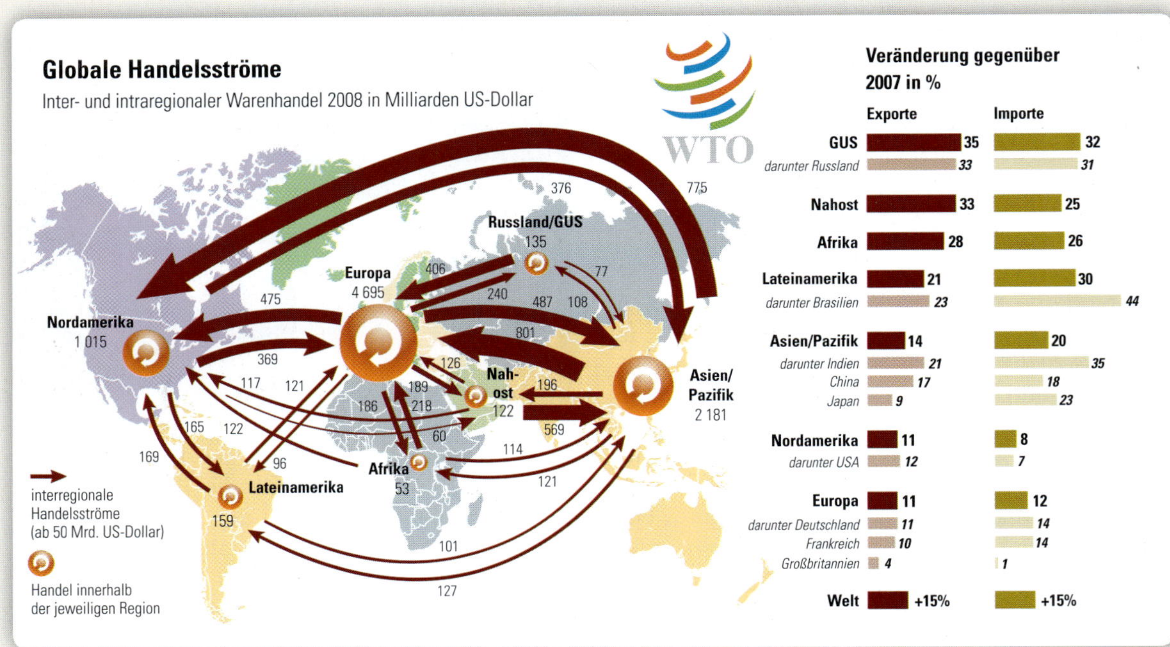

Globus-Grafik 3171, Quelle: WTO

M6 Indikatoren der ökonomischen Globalisierung

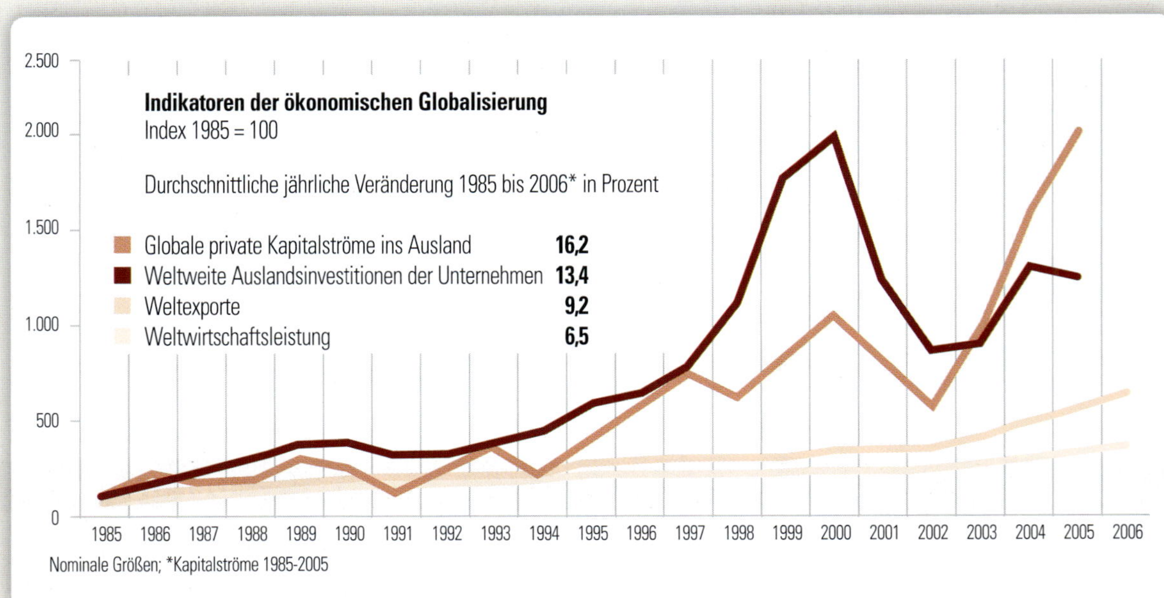

Quellen: UNCTAD, IMF, eigene Berechnungen, http://globalisierung.insm.de (13.2.2008)

Kaum etwas veranschaulicht den Prozess Globalisierung so deutlich wie die steigende ökonomische Bedeutung des Außenhandels bzw. die Veränderung des Verhältnisses zwischen dem Warenhandel und der Weltwarenproduktion. Der Grad der Handelsverflechtungen lässt sich über die Weltexportquote ermitteln. Die Weltexportquote, der Anteil der Weltexporte an der gesamten Weltproduktion, stieg von rund 7 % nach dem zweiten Weltkrieg bis auf heute rund 30 %. Im Jahr 2006 belief sich der Nominalwert der von der WTO erfassten Güterexporte auf insgesamt 14,5 Bio. $, wovon vier Fünftel auf Waren und ein Fünftel auf Dienstleistungsausfuhren entfiel. Gemessen an der weltweit erbrachten Wirtschaftsleistung von schätzungsweise 48 Bio. $ entspricht dies einer Weltexportquote von 30 %. ...

Obwohl einzelne Güter schon früh über große Entfernungen transportiert wurden, hat sich das ökonomische Handeln den größten Teil der Menschheitsgeschichte auf die lokale Ebene bezogen. Auch heute spielt die lokale Ebene eine wichtige Rolle. Aber seit etwa 200 Jahren und noch einmal verstärkt in den letzten 50 Jahren hat der grenzüberschreitende Handel stetig an Bedeutung gewonnen. Neben expansiven Unternehmensstrategien ermöglichen vor allem sinkende Transport- und Kommunikationskosten die Ausweitung des grenzüberschreitenden Handels.

Bundeszentrale für politische Bildung (Hg.), Zahlen und Fakten, Globalisierung, CD-ROM, Bonn 2007

Außenhandelsquote

Info

Die Außenhandelsquote ist der prozentuale Anteil der Summe von Im- und Exporten am Bruttoinlandsprodukt eines Staates oder einer Staatengruppe. Dabei werden entweder Waren und Dienstleistungen oder nur Waren berücksichtigt. Die Außenhandelsquote dient als Indikator für die Weltmarkteinbindung einer Volkswirtschaft. Bei Berücksichtigung des Bevölkerungswachstums relativiert sich die absolute Zunahme des grenzüberschreitenden Warenhandels, da sich die Weltbevölkerung seit 1948 etwa verzweieinhalbfacht hat. Allerdings hat sich der Weltwarenexport pro Kopf von 23 US-Dollar im Jahr 1948 auf 1.388 US-Dollar im Jahr 2005 mehr als versechzigfacht.

Autorentext

Ist die Globalisierung bald am Ende?

M 7

Um diese Frage zu beantworten, muss man sich zunächst in Erinnerung rufen, aus welchen Motiven Güter und Produktionsfaktoren international ausgetauscht werden. Nach der klassischen Außenhandelstheorie von David Ricardo sind es komparative Kostenvorteile zwischen den Ländern, die Außenhandel begründen. Der Begriff komparativ bezieht sich auf den Vergleich relativer Kosten. Ist also beispielsweise in Deutschland das Verhältnis zwischen den Produktionskosten von Autos und von Bekleidung kleiner als dasselbe Verhältnis in China, so spricht man davon, dass Deutschland in der Produktion von Autos komparative Vorteile gegenüber China aufweist. Dabei ist es zunächst unerheblich, ob die absoluten Kosten bei beiden Gütern möglicherweise höher sind. Liegen derartige Kostenverhältnisse – und damit umgekehrte Güterpreisverhältnisse – vor, so ist es in diesem einfachen Beispiel für Deutschland vorteilhaft, Autos nach China zu exportieren und auf die heimische Produktion von Bekleidung weitgehend zu verzichten. Umgekehrt gilt dies für China. Beide Länder verfügen dann durch den Handel über mehr Güter als zuvor. Wie kommt es nun zu einer solchen Spezialisierung und was passiert in den beteiligten Volkswirtschaften? Wenn keine Handelsschranken bestehen, werden sich (abgesehen von Transport- und sonstigen Transaktionskosten) die Güterpreisverhältnisse zwischen den Ländern angleichen. Denn durch die zusätzliche Nachfrage aus China lohnt es sich nun in Deutschland, die Produktion von Autos auszudehnen und diejenige von Bekleidung zu reduzieren. Mit der Verschiebung der Produktionsmengen zwischen Exportgut und Importgut verschiebt sich aber auch das Verhältnis der für die Produktion eingesetzten Faktoren: Es werden mehr Automobilingenieure gebraucht, sie werden knapper und teurer. Gleiches gilt für Vorleistungen wie etwa Stahl. Steigende Güterpreise ziehen somit durch die Ausdehnung der Produktion steigende Produktionskosten nach sich. Da sich im Land des Handelspartners die analogen Prozesse vollziehen, nähern sich die Faktorpreisverhältnisse in beiden Ländern, ausgelöst durch den Außenhandel, immer weiter an. Diese Annäherung kann sich noch über einen anderen Kanal vollziehen: Sind die Arbeitskräfte oder das Kapital international mobil, so können diese Produktionsfaktoren in das Land wandern, das in der Ausgangssituation eine höhere Entlohnung verspricht. Die dadurch ausgelöste Veränderung der Knappheitsverhältnisse bedingt wiederum Anpassungen in der Entlohnung (Lohn oder Zins), so dass sich auch über diesen Weg die Faktorpreise und damit die Güterpreise international annähern. Vor dem Hintergrund dieser Prozesse im Zuge des internationalen Handels und des internationalen Austauschs von Kapital und Arbeitskräften müsste man erwarten, dass irgendwann ein optimaler Grad der Arbeitsteilung erreicht ist. Dann würde die Globalisierung nicht weiter voranschreiten und der Außenhandel nicht stärker ansteigen als die Wirtschaftsleistung der beteiligten Länder. Theoretisch ist dies in der Tat – jedenfalls prinzipiell – denkbar. Die weltweite tatsächliche Entwicklung in den vergangenen Jahrzehnten hat jedoch gezeigt, dass dieser Punkt bei weitem noch nicht erreicht ist. Während seit 1970 das globale Bruttoinlandsprodukt um jahresdurchschnittlich 3,5 % gestiegen ist, hat der Welthandel im selben Zeitraum im Mittel um 5,7 % p.a. zugenommen. Eine Abflachung dieser Entwicklung konnte in den letzten Jahren nicht beobachtet werden. Dies liegt vor allem an drei Faktoren: Zum einen hat sich eine Reihe von Ländern erst in den vergangenen Jahren verstärkt in den Welthandel integriert. Dazu zählen etwa als bedeutendste Vertreter China und Russland. Zum anderen bestehen weltweit nach wie vor institutionelle Handelshemmnisse, die vor allem im Rahmen der WTO – oder in regionalen Integrationsräumen – nur sukzessive abgebaut werden. Damit können auch die bestehenden Globalisierungspotenziale nur nach und nach genutzt werden. Schließlich sinken durch rückläufige Transportkosten und vor allem durch die erheblichen Fortschritte und die zunehmende Verbreitung von Informations- und Kommunikationstechnologien die Kosten dafür, Güter und Produktionsfaktoren international auszutauschen. Diese technischen Fortschritte sind nicht zuletzt ein wichtiger Treiber für die zunehmende grenzüberschreitende Handelbarkeit von Dienstleistungen. Hinzu kommt, dass ständig neue Produkte und Verfahren entwickelt und auf den Markt gebracht werden, wodurch sich Produkt- und Faktorpreisrelationen anders darstellen. Solange es erfolgreiche Innovationen gibt, ist nicht damit zu rechnen, dass die Globalisierung zum Erliegen kommt. Während also weltweit ein baldiges Ende der Globalisierung nicht abzusehen ist, kann vermutet werden, dass für einzelne Länder, ein optimaler Grad der Arbeitsteilung nicht nur reine Theorie ist. Frankreich ist der wichtigste Handelspartner Deutschlands. Das Handelsvolumen ist sowohl absolut als auch in Relation zum Bruttoinlandsprodukt beider Länder so hoch wie mit keinem anderen Partner. Dafür gibt es eine Reihe von Gründen: Seit Vollendung des Europäischen Binnenmarktes im Jahr 1992 gibt es praktisch keine Handelsschranken mehr und die geografische Nähe sowie die Größe beider Volkswirtschaften wirken förderlich. Die gemeinsame Währung hat dem Güteraustausch einen weiteren Schub beschert. Dass der Außenhandel beider Länder weniger auf Kostenunterschieden beruht als vielmehr auf dem Austausch differenzierter Produkte derselben Branchen trägt ebenfalls zum hohen Handelsvolumen bei. Denn dieser so genannte intra-industrielle Handel zwischen Ländern mit ähnlichem Entwicklungsstand birgt in der Regel noch größere Potenziale als der kostenbasierte inter-industrielle Güteraustausch. In den vergangenen Jahren ist der Handel zwischen Deutschland und Frankreich weniger stark expandiert als derjenige mit anderen Ländern, bewegte sich gleichwohl deutlich oberhalb der jeweiligen BIP-Zuwachsraten. Dies sind Anzeichen dafür, dass die zwischen beiden Ländern bestehenden Außenhandelspotenziale bereits weit stärker ausgeschöpft sind als mit anderen Partnerländern.

Globalisierungsreport, Die internationale Vernetzung der deutschen Industrie, Basel, 23.1.2007

Autos werden für den Export vorbereitet. Deutschland gehört zu den weltgrößten Exporteuren von Kraftfahrzeugen.

Zur Vertiefung: Außenhandel in der Theorie

M 8

a) Die Theorie der komparativen Kosten

Die Länder der Welt sind verschieden voneinander. Augenfällig ist dies, wenn man die Lage in unterschiedlichen Klimazonen und die Rohstoffvorkommen betrachtet. Dies gilt aber auch für das Know-how der Bevölkerung und die Ausstattung mit Sachkapital oder die Anzahl der Arbeitskräfte. Ebenso verfügen einige Länder beispielsweise über mehr unternehmerisches Wissen als andere.
Es ist daher vernünftig, durch die Aufnahme von Handel Güter und Dienstleistungen aus dem Ausland ins Inland zu importieren. Zum einen vergrößern sich dadurch die Konsummöglichkeiten der heimischen Bevölkerung unmittelbar, zum anderen wird durch die Einfuhr von daheim nicht vorhandenen Rohstoffen die Produktion bestimmter Güter überhaupt erst möglich.
Manche Güter können zwar auch im Inland produziert werden, aber nur zu unwirtschaftlich hohen Kosten. Auf diesen Fall absoluter Kostenvorteile bezieht sich die Begründung Adam Smiths für die Vorteilhaftigkeit internationaler Arbeitsteilung. Jedes Land sollte sich nach Smiths Vorstellung auf die Produktion derjenigen Güter konzentrieren, die es billiger herstellen kann als seine Konkurrenten auf den Weltmärkten. Die internationale Arbeitsteilung würde Spezialisierungsvorteile nach sich ziehen, die letztlich allen beteiligten Ländern Wohlstandsgewinne bringt.
Smiths Außenwirtschaftstheorie ließ aber die Frage offen, ob ein Land auch dann in den internationalen Handel eingebunden werden kann, wenn es bei allen produzierten Gütern Kostennachteile gegenüber dem Ausland hat. Es war David Ricardo (1772-1823), der diese Frage bejahte. Internationaler Handel, so Ricardo, kann auch dann für alle Seiten vorteilhaft sein, wenn (im zwei-Länder-Beispiel) Land A im Vergleich zu Land B alle Güter kostengünstiger produzieren kann, sofern nur die relativen („komparativen") Kostenvorteile sich unterscheiden. In seinem Gedankenexperiment (Modell) geht Ricardo davon aus, dass der Arbeitsaufwand die gesamten Produktionskosten ausmacht und diese den Tauschwert eines Guts bestimmen.
Die schwedischen Ökonomen Eli Heckscher (1879-1952) und Bertil Ohlin (1899-1979) haben die Theorie der komparativen Kostenvorteile verallgemeinert. Sie berücksichtigen neben der Arbeit auch die übrige Faktorausstattung eines Landes. Sie argumentieren, dass die relative Knappheit der Produktionsfaktoren Arbeit, Kapital, Natur und Know-how darüber entscheidet, ob der Lohn in diesem Land in Relation zum Zins hoch oder niedrig ist, ob Know-how zu günstigen Bedingungen zur Verfügung steht und ob der „Verbrauch" von natürlichen Ressourcen als Kostenfaktor zu Buche schlägt oder (nahezu) „frei" verfügbar ist. Also werden Länder, in denen Arbeitskräfte oder Rohstoffe in Relation zu anderen Produktionsfaktoren reichlich vorhanden und dementsprechend billig sind, bei der Produktion von arbeits- oder rohstoffintensiven Gütern einen relativen Kostenvorteil aufweisen. Umgekehrt haben Volkswirtschaften, die über eine hohe Kapitalausstattung bzw. umfangreiches Know-how verfügen, bei der Herstellung von kapitalintensiven bzw. technologisch anspruchsvollen Gütern Vorteile. Die relative Knappheit der Produktionsfaktoren bestimmt die Relation der Faktorpreise in einer Volkswirtschaft, und die daraus resultierenden komparativen Kostenunterschiede bestimmen die Struktur der internationalen Arbeitsteilung (Faktorproportionen-Theorie).

Bundesverband deutscher Banken, Wirtschaft. Materialien für den Unterricht, Köln 2006, S. 3

b) Ein Beispiel

In Deutschland benötigt man zur Produktion von 1 kg Stahl 1 Arbeitsstunde (h), zur Produktion von 1 kg Rindfleisch 2 Arbeitsstunden, also kann Deutschland pro zwölfstündigen Arbeitstag 12 kg Stahl oder 6 kg Rindfleisch oder beliebige Mischungen produzieren. Wichtig ist, dass 1 kg mehr Rindfleisch den Verzicht auf 2 kg Stahl erfordert: 1 kg Rindfleisch kostet also 2 kg Stahl und umgekehrt kostet 1 kg Stahl 0,5 kg Rindfleisch. Dies sind die internen deutschen Tauschverhältnisse.
In Südafrika benötigt man zur Produktion von 1 kg Stahl 2 Arbeitsstunden und zur Produktion von 1 kg Rindfleisch 3 Arbeitsstunden, also kann Südafrika pro Arbeitstag 6 kg Stahl oder 4 kg Rindfleisch oder Kombinationen davon produzieren. 1 kg Rindfleisch mehr kostet Südafrika den Ver-

zicht auf die Produktion von 1,5 kg Stahl. 1 kg Rindfleisch kostet also 1,5 kg Stahl. Und 1 kg Stahl 0,67 kg Rindfleisch. Dies sind die internen südafrikanischen Tauschverhältnisse.

Deutschland	Südafrika
1 kg Stahl: 1 h	1 kg Stahl: 2 h
1 kg Rindfleisch: 2 h	1 kg Rindfleisch: 3 h

Während also absolut gesehen sowohl Stahl (S) als auch Rindfleisch (R) in Deutschland mit weniger Arbeitsaufwand produziert werden kann, ist Rindfleisch in Südafrika relativ (zum Stahl) billiger als in Deutschland.

Deutschland	Südafrika
1 kg R = 2 kg S	1 kg R = 1,5 kg S
1 kg S = 0,5 kg R	1 kg S = 0,67 kg R

Im internationalen Handel bilden sich nun Preise und Wechselkurse und damit Tauschverhältnisse zwischen Rindfleisch und Stahl. Welche Austauschverhältnisse sich einstellen, hängt ab von Angebot und Nachfrage und ganz allgemein von den Marktverhältnissen. Sicher kann man allerdings sein, dass bei freiem Handel die zwischen den Ländern geltenden (externen) Tauschrelationen zwischen den inländischen (internen) Tauschrelationen liegen müssen. In diesem Beispiel muss das externe Tauschverhältnis von Rindfleisch und Stahl zwischen dem südafrikanischen und deutschen internen Tauschverhältnis liegen, also zwischen

1 R = 1,5 S und 1 R = 2 S

weil sich sonst der Tausch für eines der beiden Länder nicht lohnt. Angenommen, die Tauschrelation liege in der Mitte:

1 R = 1,75 S

In diesem Fall brächte eine Spezialisierung der Produktion auf das jeweils relativ billigere Produkt beiden Ländern einen Vorteil:

- Deutschland produziert 12 kg Stahl und tauscht davon z.B. 3,5 kg gegen 2 kg Rindfleisch;
- Südafrika produziert 4 kg Rindfleisch und tauscht davon z.B. 2 kg gegen 3,5 kg Stahl.

Beide Länder stehen damit besser da als bei alleiniger Selbstproduktion. Damit aus komparativen Preisvorteilen auch absolute werden, bedarf es eines beweglichen Wechselkurses.

Ulrich Baßeler, Jürgen Heinrich, Burkhard Utecht, Grundlagen und Probleme der Volkswirtschaft, 17. Aufl., Stuttgart 2002, S. 527 f.

M 9 Freihandel und globaler Wohlstand

Paul A. Samuelson

Paul A. Samuelson gehört zu den berühmtesten Ökonomen Amerikas. 1970 erhielt er den Wirtschaftsnobelpreis. Im Interview spricht er über Wohlstand, Jobverlagerungen, protektionistische Tendenzen in der Weltwirtschaft und die Frage nach den Gewinnern und Verlierern der Globalisierung.

SPIEGEL: Professor Samuelson, zwischen Amerika und China ist das Verhältnis gespannt, Franzosen und Niederländer haben den EU-Verfassungsvertrag abgelehnt, weil sie Wettbewerber aus Osteuropa fürchten, Jobverlagerungen machen den Menschen Angst. Ist die Idee des freien Handels auf dem Rückzug?

SAMUELSON: Über jeder modernen Gesellschaft schwebt das Gespenst des Protektionismus. Amerika, das aus einer kolonialen Vergangenheit kommt, ist bekannt für seine protektionistische Haltung. Die Republikaner, also die Partei von Präsident George W. Bush, waren immer die Partei des Protektionismus. Vielleicht sind unsere darwinistischen Wurzeln dafür verantwortlich: Im Dschungel überlebt man nur, wenn man Fremden gegenüber vorsichtig ist.

SPIEGEL: Im Hörsaal wird Studenten der Wirtschaftswissenschaften etwas ganz anderes beigebracht.

SAMUELSON: Das stimmt. Es ist einer der wichtigsten Grundsätze, die wir lehren, dass der freie Handel notwendigerweise die Lebensbedingungen für jeden verbessert und dass Spezialisierung und Diversifizierung für alle von Vorteil sind, für arme Länder wie für reiche. Den ersten Beweis dafür lieferte 1817 der große englische Ökonom David Ricardo.

SPIEGEL: Und das trifft heute nicht mehr zu?

SAMUELSON: Waren Sie schon einmal in einem Wal-Mart?

SPIEGEL: Ja, warum?

SAMUELSON: Das Besondere an Wal-Mart ist, dass das Unternehmen so günstig Waren einkaufen kann, vor allem in China. Wenn Sie einen Supermarkt von Wal-Mart besuchen, werden Sie dort üblicherweise arme Amerikaner treffen, die billige Produkte kaufen; dadurch können sie ihren Lebensstandard enorm verbessern. Gleichzeitig aber müssen sie fürchten, ihren Job zu verlieren oder auf eine schlechter bezahlte Stelle wechseln zu müssen.

SPIEGEL: Es sind also zwei Seiten einer Medaille. Verlieren die Menschen am Ende mehr, als sie gewinnen?

SAMUELSON: Manchmal ist es so, dass sie mehr verlieren. Globalisierung führt nicht immer dazu, dass es nur Gewinner gibt. Es ist nicht wahr, dass alles, was die Globalisierung fördert, automatisch jedem nutzt. Das ist heute die Realität von Ricardos komparativen Kostenvorteilen.

SPIEGEL: Sie klingen beinahe wie ein Globalisierungsgegner.

SAMUELSON: Um Missverständnissen vorzubeugen: Das Leben in einer globalisierten Welt bedeutet im Großen und Ganzen, dass sich der materielle Wohlstand vergrößert. Das Wissen der Welt hat sich durch den technologischen Wandel seit Isaac Newton entwickelt und ausgebreitet, keine Frage. Und als ein amerikanischer Patriot habe ich den Aufstieg Europas nach dem Krieg willkommen geheißen. In Kriegszeiten ist die Wirtschaft nur ein Nullsummenspiel: Der Aufstieg Bismarcks bedeutete den Abstieg von Napoleon III., wenn Sie an den Deutsch-Französischen Krieg 1870/71 denken. In Nachkriegszeiten hingegen ist es anders: Deutschland ist aufgestiegen und Frankreich ebenso.

SPIEGEL: Das heißt, dass in Friedenszeiten die meisten also doch von der Weltwirtschaft profitieren?

SAMUELSON: Ihre Generation lebt besser als die Ihrer Eltern, und Ihre Eltern leben besser als deren Eltern. Wir hätten nicht diesen starken ökonomischen Zuwachs rund um die Welt ohne die dynamische Kraft der Globalisierung. Aber nicht jeder profitiert gleichermaßen davon.

Obdachloser in New York. Ca. 750.000 Menschen leben in den USA auf der Straße. Von den Segnungen der Globalisierung wissen sie nichts.

SPIEGEL: Ist das ein neues Phänomen?

SAMUELSON: Vor vielleicht 35 Jahren habe ich eine Rede vor Vorständen von Ford gehalten, und ich fragte sie: „Können Sie sich vorstellen, dass irgendwann irgendwo in der Welt ein Ford zu etwas günstigeren Preisen hergestellt werden kann?" Ich dachte damals an Toyota. Die Zuhörer mochten meine Anspielung nicht. Wenn Toyota bessere Autos billiger und effizienter bauen konnte als die Hersteller in Detroit, war das nach meiner Mathematik keine Win-win-, sondern eine Win-lose-Situation. Und wir waren die Verlierer.

SPIEGEL: Stimmt das denn heute noch?

SAMUELSON: Ich glaube, die amerikanischen Ökonomen haben die Bedeutung der Globalisierung heruntergespielt; ihnen ist nicht bewusst geworden, dass der Prozess noch lange nicht beendet ist. Es ist ein typisches Muster der Wirtschaftsgeschichte, dass es in den meisten Ländern neben den Win-win-Situationen auch einige Win-lose-Situationen gibt.

SPIEGEL: Und was folgt daraus?

SAMUELSON: Ich glaube, dass sich in der globalen Welt bei der Einkommensverteilung die Trennung zwischen der oberen Hälfte und der unteren verschärft. Die Globalisierung gibt uns zusätzlichen Wohlstand, aber sie bringt uns ebenso zusätzliche Unsicherheit, Spannungen und ein erhöhtes Maß an Ungleichheit. Sie führt in Amerika zu verängstigten Beschäftigten.

SPIEGEL: Und die Arbeiter sind jene, die es am meisten spüren.

SAMUELSON: Ja, aber sogar für einen MIT-Absolventen haben sich die Dinge geändert. Früher bekam er mit jedem Stellenwechsel einen besseren Job, sein Einkommen stieg, bis er in Rente ging. Das funktioniert heute nicht mehr. Niemand kann vorhersehen, wie seine Karriere verläuft. Wir leben in einer gespannteren Welt, einer nervöseren Welt.

SPIEGEL: Wo sehen Sie dafür Anzeichen?

SAMUELSON: Vorstandsvorsitzende behalten heute ihren Job manchmal nur drei Jahre – ich habe aber kein Mitleid mit ihnen, weil sie in dieser Zeit eine Menge Geld verdienen können. Das Gebäude, in dem wir sind, war früher einmal die Zentrale von Unilever in Amerika. Einer der bestbezahlten Vorstandschefs in Amerika hatte sein Büro nur drei Stockwerke höher. Er bekam pro Arbeitstag etwa 1.000 US-Dollar. Ein durchschnittlicher Angestellter verdiente vielleicht ein Vierzigstel davon. Wissen Sie, wo die Zahl heute liegt?

SPIEGEL: Wohl kaum niedriger.

SAMUELSON: Der Faktor ist 400, zumindest in einigen Firmen. ...

SPIEGEL: Was Sie gerade beschreiben, müsste eigentlich eine hervorragende Basis für eine Gewerkschaftsbewegung darstellen.

SAMUELSON: ... Jeder Erfolg, den eine Gewerkschaft in einem Konzern errungen hat, war ein Pyrrhussieg. Er beschleunigte es nur, dass japanische Wettbewerber das Geschäft übernahmen.

Frank Hornig, Alexander Jung, Spiegel special: Die Neue Welt, 7/2005, S. 150 ff.

Aufgaben

1. In der Übersicht (M 1) werden die derzeit aktuellen Grundfragen zum Thema Globalisierung gestellt. Wählen Sie einen Problembereich aus, und bearbeiten Sie diesen einzeln (Referat, Hausarbeit etc.) oder in Gruppen (Projektarbeit). In Kapitel 3 und Kapitel 4 finden Sie dazu grundlegende Materialien.
2. Erklären Sie, warum Produkte wie elektrische Zahnbürsten heute global produziert werden (M 2 – M 4).
3. Beschreiben Sie die globalen Handelsströme (M 5).
4. Stellen Sie die Merkmale des weltwirtschaftlichen Strukturwandels dar (M 6, M 7).
5. Erklären Sie, was man unter der Theorie der komparativen Kosten versteht (M 7, M 8).
6. Fassen Sie zusammen, wie Paul A. Samuelson die Auswirkungen der Globalisierung beurteilt, und nehmen Sie dazu Stellung (M 9).

Wissen kompakt

Globalisierung – Begriff
M 1

Die langfristigen und grundsätzlichen Veränderungen innerhalb eines Wirtschaftsystems werden Strukturwandel genannt. Die Weltwirtschaft befindet sich in den letzten Jahren in einem beschleunigten Strukturwandel, der heute in dem Begriff Globalisierung zusammengefasst wird. Globalisierung hat zahlreiche Facetten – wirtschaftliche, politische, gesellschaftlich-soziale, kulturelle, ökologische und rechtliche. Im wirtschaftlichen Bereich führt die Globalisierung zu einer immer engeren Verflechtung der Volkswirtschaften und der Entstehunng eines weltweiten Marktes für Waren, Kapital und Diensleistungen.

Ursachen

Globalisierung hat zahlreiche Ursachen, die teilweise in einer engen Wechselwirkung zueinander stehen.

Internationale Arbeitsteilung
M 5 – M 7

Die entscheidende Triebkraft der Globalisierung ist der internationale Handel, deshalb nimmt der Grad der Globalisierung zu, wenn die Weltexportquote, also der Anteil der Exporte an der Weltproduktion, zunimmt. Heute schätzt man diesen Wert auf ca. 30 %. Die Intensivierung der internationalen Arbeitsteilung wurde ermöglicht durch den weltweiten Abbau der Handelsbeschränkungen. Politisch begünstigend wirkte hier insbesondere das Ende des Kalten Krieges. Die Staaten des ehemaligen „Ostblocks" öffneten sich dem Weltmarkt und vertrauten auf demokratische Strukturen und offene Marktwirtschaften als grundlegende Organisationsprinzipien. Dass von der internationalen Arbeitsteilung alle beteiligten Staaten langfristig profitieren, haben Adam Smith und David Ricardo in der Theorie nachgewiesen.

Gesunkene Transport- und Kommunikationskosten
M 3, M 4

Voraussetzungen für die Zunahme des internationalen Handels waren auch technologische Entwicklungen. Die Mikroelektronik als kommunikationstechnische Basistechnologie sowie gesunkene Kommunikations- und Transportkosten (technologische Faktoren) haben es ermöglicht, den Produktionsprozess global zu organisieren. Damit treten die Produktionsstandorte und Unternehmen weltweit in Konkurrenz zueinander.

Globale Unternehmen und Direktinvestitionen

Globale Unternehmen vernetzen die unterschiedlichen Produktionsstandorte. So hat sich der Bestand an ausländischen Direktinvestitionen – dies sind Kapitalanlagen eines Unternehmens im Ausland zur Gründung von oder zur Beteiligung an Unternehmen, Produktionsstätten oder Niederlassungen – stetig erhöht.

Globale Finanzmärkte

Doch nicht nur Güter und Dienstleistungen werden auf der ganzen Welt verkauft und eingekauft, auch Kapital lässt sich global investieren. So werden auf den internationalen Finanzmärkten tagtäglich unvorstellbare Summen auf der Suche nach den besten Anlagemöglichkeiten bewegt.

Weitere Ursachen für die Entstehung eines globalen Marktes sind die Angleichung der Verbraucherbedürfnisse weltweit (Konvergenzthese) sowie die Notwendigkeit der Erschließung neuer Märkte wegen Marktsättigungstendenzen in den Industrieländern.

3.1.3 Global Players – Schrittmacher der Globalisierung?

M 1

Die größten Unternehmen der Welt

Die Top 50 der Welt (nach Umsatz)					
2006	**2005**	**Börsennotierte Unternehmen**	**Land**	**Branche**	**Umsatz in Mio. Euro**
1	1	Royal Dutch Shell	NL	Mineralöl/Gas	255.546
2	3	Wal Mart	USA	Einzelhandel	249.614
3	2	Exxon Mobil	USA	Mineralöl/Gas	242.447
4	4	BP	GB	Mineralöl/Gas	213.117
5	5	Daimler-Chrysler	D	Automobil	151.616
6	6	General Motors	USA	Automobil	150.025
7	9	Toyota	J	Automobil	142.905
8	7	Chevron	USA	Mineralöl/Gas	141.336
9	10	Total	F	Mineralöl/Gas	132.689
10	11	Conoco-Philips	USA	Mineralöl/Gas	121.249
Weitere deutsche Konzerne unter den Top 50					
13	13	Volkswagen	D	Automobil	104.875
15	15	Siemens	D	Elektro und Technologie	87.325
27	39	Eon	D	Versorger	64.197
33	23	Deutsche Telekom	D	Telekommunikation	61.347
35	50	Deutsche Post	D	Transport und Logistik	60.545
36	32	Metro	D	Handel	59.882
44	—	BASF	D	Chemie	52.610

Zum Vergleich		
Land	**Einwohner**	**BIP in Mio. Euro**
Baden-Württemberg	10,5 Mio.	352.640
Deutschland	81,0 Mio.	2.423.800
Türkei	74,0 Mio.	339.000

Daten zu den Konzernen: Handelsblatt, 30.7.2007

Multinationale Unternehmen

Info

In mehreren Staaten (oft weltweit) operierende (und auch produzierende) Konzerne, wobei die in einem Staat angesiedelte Muttergesellschaft über in der Regel rechtlich selbstständige Tochtergesellschaften in anderen Staaten Umsätze tätigt und global strategische Unternehmensplanung betreibt. Die umgangssprachlich auch als Multis oder Global Players bezeichneten Unternehmen entstehen durch internationale Kapitaltransaktionen (Direktinvestitionen). Obwohl auch mittelständische Unternehmen international tätig sind, werden multinationale Unternehmen meist im Sinne von Großunternehmen mit entsprechender Wirtschafts- und Finanzkraft verstanden. Neben multinationalen wird auch von internationalen, globalen oder transnationalen Unternehmen gesprochen, wobei die Begriffe oft uneinheitlich verwendet werden. Teilweise werden die Adjektive synonym gebraucht, teilweise werden darunter jeweils ganz spezifische Konzepte international tätiger Unternehmen verstanden.

http://lexikon.meyers.de/meyers/Multinationale_Unternehmen (10.3.2008)

Vom lokalen zum globalen Unternehmen – Evolutionsphasen

M 2

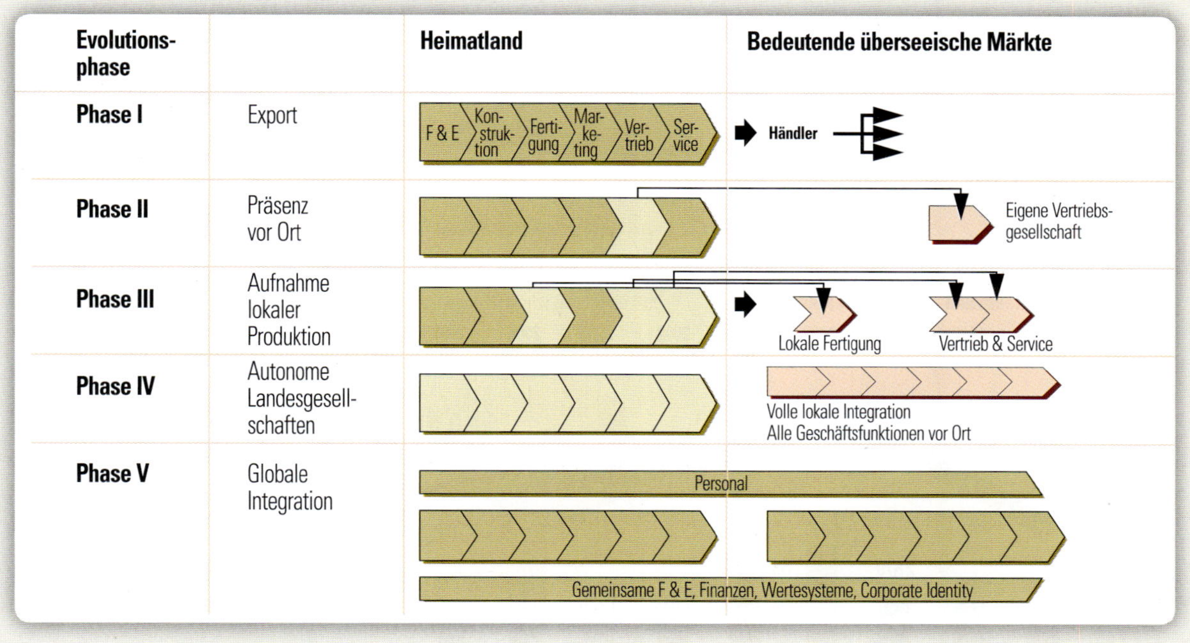

Thomas Goette, Standortpolitik internationaler Unternehmen, Wiesbaden 1994, S. 125

Transnationale Unternehmen als Schrittmacher der Globalisierung

M 3

Schrittmacher der Globalisierung sind Unternehmen mit ausländischen Niederlassungen oder Tochterunternehmen, sogenannte transnationale Unternehmen. Ihre Organisationsform ist ein Netzwerk mit einer Reihe wechselseitig abhängiger und geografisch verteilter Zentren, die von gemeinsamen Strategien, Normen und einem intensiven Austausch von Informationen, Erfahrungen und Ressourcen zusammengehalten werden. Mit ihren Direktinvestitionen vernetzen transnationale Unternehmen nationale Volkswirtschaften und werden damit zum Herzstück der globalen Weltwirtschaft. Transnationale Unternehmen treiben den grenzüberschreitenden Transfer von Finanzkapital, Technologie und Managementfähigkeiten voran.
Auch mittelständische Industrieunternehmen produzieren bereits zu einem großen Teil im Ausland. Kennzeichnend für die Globalisierung ist

auch, dass Unternehmen – unabhängig von ihrer Konkurrenzbeziehung – zunehmend international kooperieren. Dabei beginnen die Konturen der einzelnen Firmen sich zu verwischen. Automobilfirmen beliefern sich gegenseitig mit Motoren und Getrieben oder produzieren gemeinsam identische Automobile, die sich nur im Markenemblem unterscheiden. Fluggesellschaften gehen weltweite Kooperationen ein und befördern gegenseitig die Fluggäste der jeweils anderen Gesellschaft. Klare Abgrenzungen der Verhältnisse zu Konkurrenten, Lieferanten und Kunden werden ersetzt durch eine Verflechtung von Wertschöpfungsaktivitäten. Die Fähigkeit, solche Systeme komplexer grenzüberschreitender Leistungserstellung zu organisieren, wird zum wichtigsten Wettbewerbsvorteil transnationaler Unternehmen.

Transnationale Unternehmen sind zwar die Schrittmacher der Globalisierung, doch die Auswirkungen der weltwirtschaftlichen Verflechtungen sind in allen Bereichen der Wirtschaft zu spüren. Das hat zwei Gründe: Zum einen liegt ein wesentliches Charakteristikum der Globalisierung in der stärkeren Vernetzung aller Unternehmen, und zum anderen ist die Informations- und Kommunikationstechnik eine Querschnittstechnologie, die die gesamte Wirtschaft erfasst.

Damit ändern sich die Produkte, die Arbeitsabläufe und die Beschäftigungsformen in der New Economy. Dienstleistungsfunktionen nehmen zu, relativ dazu verlieren reine Fertigungstätigkeiten an Gewicht, Teamwork und die Koordination komplexer und zunehmend arbeitsteiliger Abläufe gewinnen an Bedeutung, die Grenzen zwischen selbstständiger und abhängiger Beschäftigung verschwimmen, Telearbeit und Teilzeitbeschäftigung gewinnen an Bedeutung, Arbeitszeiten werden flexibler. Kurz: die Arbeitswelt folgt dem gesamtgesellschaftlichen Trend der Ausdifferenzierung und Individualisierung.

Wilhelm Bürklin, Globalisierung als Chance für Wohlstand und Arbeitsplätze, in: Aus Politik und Zeitgeschichte, B 48/24.11.2000, S. 31 – 33

M 4 Das globale Fusionsfieber

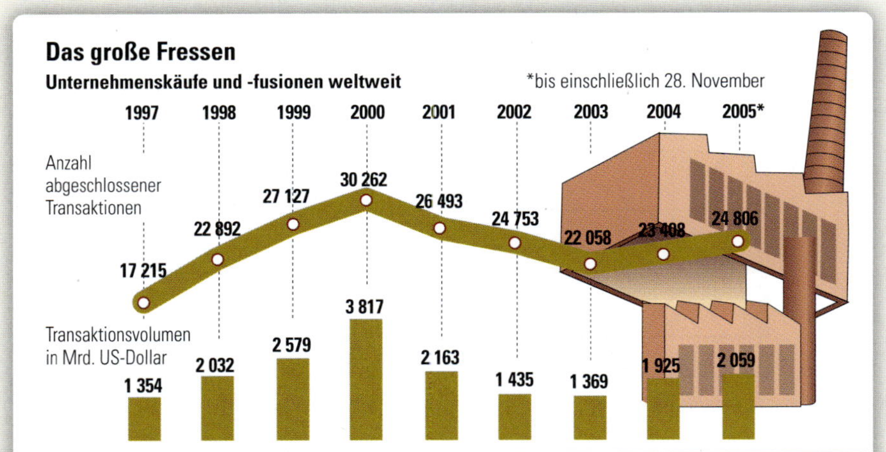

Die größten Unternehmensübernahmen 2005 *noch nicht abgeschlossene Transaktionen

Wer	kaufte wen	zu welchem Preis (in Mrd. US-Dollar)	in welcher Branche
Procter & Gamble (USA)	Gillette (USA)	60,8	Konsumgüter
Mitsubishi Tokyo Financial (J)	UFJ Holdings (J)	59,1	Banken
Sprint (USA)	Nextel Communications (USA)	45,2	Telekommunikation
ConocoPhillips (USA)*	Burlington Resources (USA)	35,6	Energie
Bank of America (USA)	MBNA (USA)	34,2	Banken
Gas Natural (E)*	Endesa (E)	28,4	Erdgas
Telecom Italia (I)	Telecom Italia Mobile (I) 44,73%	27,9	Telekommunikation
SBC Communications (USA)	AT&T (USA)	24,0	Telekommunikation
UniCredit (I)	HypoVereinsbank (D) 93,93 %	22,3	Banken
ChevronTexaco (USA)	Unocal (USA)	18,9	Mineralöl
Pernod Ricard (F)	Allied Domecq (GB)	17,8	Getränke

Quelle: Dealogic, KPMG; Globus-Grafik 0394

Europa im März 2008: russische Investoren kaufen das Rückgrat der deutschen Ostseewerften in Wismar und Warnemünde. Der ägyptische Industrielle Samih Sawiris investiert eine Milliarde Franken in ein Ferienzentrum im schweizerischen Andermatt. Der russische Oligarch Alexej Mordaschow, neuer Großaktionär des deutschen Reiseriesen Tui, verlangt die Aufspaltung des Unternehmens. Und das indische Familienunternehmen Tata erwirbt für über zwei Milliarden Dollar die britischen Kultmarken Jaguar und Land Rover vom schwächelnden US-Autokonzern Ford. Die Inder übernehmen damit die Automarken ihrer einstigen Kolonialherren. So etwas hat Symbolkraft. Indien kauft, die USA verkaufen: Die Gewichte in der Weltwirtschaft verschieben sich. Durch die stetig enger werdende internationale Arbeitsteilung und rasant wachsende Heimatmärkte gewinnen Schwellenländer wie Russland, China und Indien zunehmend an Gewicht. Unterhalb der Wahrnehmungsschwelle werden jährlich allein in Deutschland Dutzende von Unternehmen an Wettbewerber aus Ländern verkauft, die vielfach vor einigen Jahren noch müde belächelt wurden. Für ein breites Publikum werden solche Entwicklungen immer dann besonders gut sichtbar, wenn die Herausforderer aus den Schwellenländern nationale Prestigemarken in Europa oder den USA übernehmen. Zuletzt zog ein Aufschrei über den Alten Kontinent, als der indischstämmige Stahlmagnat Lakshmi Mittal, der bis dato mit Stahlwerken in Kasachstan und der Karibik aufgefallen war, den größten europäischen Stahlkocher Arcelor übernahm. Heute ist Arcelor Mittal der mit weitem Abstand bedeutendste Stahlkonzern der Welt.

Joachim Dorfs, Stuttgarter Zeitung, 27.3.2008

Ursachen und Probleme globaler Fusionen

M 5

Dass so viele Unternehmen nun wieder an Übernahmen und Firmenzukäufe denken, zeigt, dass die Manager zuletzt in ihren Bilanzen kräftig aufgeräumt haben: Die Schulden wurden gesenkt und die Kassen der Konzerne haben sich gefüllt. Die Lust auf einen Einkaufsbummel wird zusätzlich durch die über lange Zeit sehr niedrigen Zinsen gefördert, denn so kommen die Unternehmen an billige Kredite.

Dennoch können volle Kassen und niedrige Zinsen alleine den aktuellen Fusionsboom nicht erklären, schließlich gäbe es auch andere Dinge, die die Konzernchefs mit dem Geld anstellen könnten: Sie könnten zum Beispiel in neue Werke, Maschinen und vor allem Mitarbeiter investieren.

Wenn die Konzernchefs stattdessen lieber auf Übernahmen und Firmenzukäufe setzen, wird schnell das übersteigerte Ego einzelner Top-Manager als Motiv vermutet, zusammen mit dem Verlangen nach mehr Macht und höherem Einkommen. ...

Auch wenn solche Motive wohl niemals völlig ausgeschlossen werden können, gibt es doch auch konkrete betriebswirtschaftliche Motive für eine Fusion. Auf der strategischen Seite wird Marktmacht angepeilt, auf der finanziellen Seite sollen Kosten gespart werden. Beide Punkte greifen dabei meist ineinander und werden immer wieder gerne von Managern genannt, um Mitarbeitern und Aktionären eine Übernahme oder Fusion schmackhaft zu machen.

Marktmacht spielt in vielen Branchen eine entscheidende Rolle, denn mit ihr können Konkurrenten elegant aus dem Weg geräumt werden. Zulieferer und Abnehmer müssen nach dem Takt des Platzhirsches tanzen. ...

Beliebtes Übernahmeziel ist auch die Erweiterung der eigenen Produktpalette – schließlich können so neue Märkte im In- und Ausland erobert werden. Organisches Wachstum, d.h. die eigene Entwicklung neuer Produkte ist für die Unternehmen oft mühsam und mit hohen Kosten und Risiken verbunden. Wenn das nötige Kleingeld da ist, ist der Zukauf bereits etablierter Marken die bequemere, risikoärmere und auf längere Sicht auch meist kostengünstigere Variante.

So hat sich der US-Konsumgüterriese Procter & Gamble schon seit einigen Jahren in den Kopf gesetzt, den Kosmetikmarkt zu erobern – dass sie etwas von Duracell-Batterien und Pampers verstehen, haben die Amerikaner schon zur Genüge bewiesen. Sie wollen jetzt dem französischen Kosmetikkonzern L'Oreal zeigen, dass auch sie es sich wert sind, in dem Geschäft, das weltweit gut 200 Milliarden Dollar ausmacht, mitzumischen. Auf der Suche nach geeigneten Übernahmekandidaten ist P&G im Jahr 2003 unter anderem in Darmstadt fündig geworden. Mit Wella hat sich der US-Riese nicht nur die Haarpflegeprodukte, sondern auch das Parfümgeschäft mit Marken wie Mexx, Puma und Bruno Banani gesichert.

Es muss aber nicht immer gleich die Eroberung neuer Märkte sein – manchmal genügt es den Unternehmen auch, die abgesteckten Claims zu verteidigen. Mit dem nach zähem Ringen mit Merck schließlich eroberten Schering-Konzern betritt der Pharmakonzern Bayer weder Branchenneuland, noch wird das neue Paar im internationalen Vergleich zu den Top Ten der Pharmakonzerne gehören. Die zusammengerechnet knapp 15 Milliarden Euro Umsatz reichen gerade, um neuer deutscher Champion zu werden.
Doch mit den Berlinern kann der Pharmariese seinen eigenen Apothekerschrank gut auffüllen. Denn Bayer ist besonders auf Krebs- und Herz-Kreislauferkrankungen spezialisiert, während Schering mit Verhütungsmitteln, Hormonmedikamenten und Präparaten gegen Multiple Sklerose ein Nischenanbieter ist. Zudem kommen die beiden in der sehr teuren Pharmaforschung zusammen auf ein Jahresbudget von etwa 1,5 Milliarden Euro, was sie auch im internationalen Vergleich wettbewerbsfähig macht.

Gescheiterte Ehen

In der Theorie gibt es also viele gute Gründe für Unternehmen zusammenzugehen, um miteinander den globalisierten Märkten die Stirn zu bieten. In der Praxis sieht es jedoch oft anders aus: Nicht nur, dass die Firmenehen oft auf Kosten vieler Arbeitsplätze geschlossen werden, gut zwei Drittel aller Fusionen können auch betriebswirtschaftlich als gescheitert bezeichnet werden. Statt höhere Umsätze und Gewinne einzufahren, stehen die Unternehmen gemeinsam oft schlechter da als vorher. Beim Autokonzern DaimlerChrysler hat sich seit der Fusion im Jahre 1998 der Aktienkurs halbiert und der Nettogewinn ist jährlich im Schnitt um sechs Prozent gesunken[1].
Auch der Allianz ging es nach der Übernahme der Dresdner Bank schlechter als vorher.
Bei der Ursachenforschung wird oft vorschnell vermutet, dass die Unternehmen bei der verlockenden Aussicht auf ein größeres Imperium schlicht und einfach die Risiken unterschätzt haben. In der Regel sind die Risiken den Firmen aber durchaus bewusst – sie können sich gegen sie jedoch nicht vollkommen absichern. So sind die tatsächlichen Synergieeffekte zwischen zwei Unternehmen nicht zu 100 Prozent vorhersehbar. Zukünftige Partner versuchen zwar meist im Vorwege alles übereinander zu erfahren, für beide ist es jedoch ratsam, nicht alle Unternehmensgeheimnisse preiszugeben. Denn kommt es nicht zu einer Fusion, könnten die Informationen im Wettbewerb gegen die Unternehmen genutzt werden.
Zu den weiteren Fallstricken gehört das Wettbewerbsrecht – nicht immer sind die Kartellämter begeistert über die Vorhaben der Unternehmen. Auch eine unzureichende Finanzplanung oder inkompatible Unternehmenskulturen gehören zu den Klassikern des Scheiterns.

Samira Lazarovic, Bundeszentrale für politische Bildung, 29.6.2006

[1] Im Mai 2007 trennte sich Daimler wieder von Chrysler

M 6 Die Mär vom Global Player – das Geschäft bleibt national

Ein Gespräch mit dem ehemaligen Harvard-Dozenten Pankaj Ghemawat. Er ist Experte für Globale Strategie.

sueddeutsche.de: Herr Professor Ghemawat, beim Davoser Treffen vor einem Jahr war der amerikanische Publizist Tom Friedman in aller Munde, der erklärt hatte: „The world is flat", die Welt sei „flach", also einheitlich, ein globales Dorf. Nun sollen wir Ihnen glauben, dass die Welt in Wirklichkeit doch „rund" sei. Warum?

Pankaj Ghemawat: Es ist überraschend, dass Sie überrascht sind. Sie werden in der akademischen Welt keinen Fachmann finden, der die Welt für „flach" hält.

sueddeutsche.de: Friedman liegt falsch?

Ghemawat: Absolut. Seine Thesen sind einfach unsinnig. Sie sind durch keinerlei Datenmaterial belegt. ...

sueddeutsche.de: Hat die Globalisierung nicht die Grenzen geschleift? Dank moderner Logistik und Kommunikationstechnik können Unternehmen problemlos in weit entfernten Ländern tätig werden ...

Ghemawat: ... doch die Märkte funktionieren dennoch nach unterschiedlichen Regeln. Der Großteil aller Aktivitäten geschieht nach wie vor lokal.

sueddeutsche.de: Rückt die Welt nicht zusammen?

Ghemawat: Nicht so, wie es das Wort von der „flachen Welt" suggeriert. Selbst Telefongespräche, Internetverkehr oder Investitionen bleiben zu 90

Prozent innerhalb der Landesgrenzen. Das sind die Fakten, alles andere sind Meinungen.

sueddeutsche.de: Warum ist es für Unternehmen und ihre Führungskräfte so entscheidend, dies zu begreifen?

Ghemawat: Weil sie sonst falsch agieren. Wie Coca-Cola, das geglaubt hat, es könne überall auf der Welt dieselbe aggressive Strategie fahren. Es war schon falsch anzunehmen, dass die Kunden überall die gleiche Ansprache wollten.

sueddeutsche.de: Coca-Cola hat seine Strategie geändert und handelt wieder regionaler.

Ghemawat: Ja, aber das ist eine aufwändige und teure Aktion gewesen.

sueddeutsche.de: Sehen Sie auch in Deutschland negative Beispiele?

Ghemawat: Natürlich. Die Fusion von Daimler und Chrysler hat nicht funktioniert, das ist ja bekannt. Wichtig aber ist zu erkennen, dass sie gar nicht funktionieren konnte. Ich habe das übrigens schon kurz nach der Ankündigung der „Hochzeit im Himmel" geschrieben.

sueddeutsche.de: Warum waren Sie klüger als viele andere?

Ghemawat: Weil ich nicht in meine Meinung verliebt bin, sondern Statistiken auswerte. Die zeigten ganz klar, wo die Probleme der Automobilindustrie waren und dass der Versuch einer Welt-Auto AG keine neuen Werte schaffen würde. Die Kosten einer solchen Transaktion, und nicht nur die finanziellen, waren viel höher als die Chancen. Die Zeit der Konzentration in der Autoindustrie ist längst vorbei, sie liegt 80 Jahre zurück. Das war, als hätte man zwei lecke Kanus zusammengebunden und erwartet, dass sie dann nicht untergehen.

sueddeutsche.de: Was hätten die Unternehmen tun sollen, anstatt zu fusionieren?

Ghemawat: Daimler und Chrysler hätten sich einfach darauf konzentrieren müssen, bessere und preiswertere Autos zu bauen. Sie hätten auf ihre

Der Traum von der Welt AG: 1998 fusionierte die Daimler Benz AG mit der Chrysler Corporation zur DaimlerChrysler AG. Doch die Fusion bringt das einstmals gesunde Unternehmen in die Krise, der Aktienkurs sinkt um fast 30 Prozent. Am 14. Mai 2007 wird der mehrheitliche Verkauf von Chrysler bekanntgegeben.

Kunden in den jeweiligen Märkten hören müssen. Dass Toyota heute weltweit die Nummer eins ist, hat genau diesen Grund.

sueddeutsche.de: Daimler hat sich in den USA eine blutige Nase geholt, Wal-Mart in Deutschland ... Die Läden waren amerikanisch strukturiert, und die Arbeitsregeln entsprachen dem sehr speziellen Stil dieser Firma.

Ghemawat: Und das ging schief. Selbst Wal-Mart muss sich auf seine Auslandsmärkte einstellen. Aus dem Debakel in Deutschland, wo sie ihre Märkte mittlerweile verkauft haben, hat das Management gelernt. Man kann das in meinem Heimatland Indien beobachten, wo sich Wal-Mart intelligent anpasst.

sueddeutsche.de: So viel zu den Konzernen. Was können Mittelständler von Ihnen lernen?

Ghemawat: Dass es wichtig ist, auf kulturelle Unterschiede vor Ort einzugehen. Konzentrieren Sie sich auf Länder, die der Mentalität Ihrer Heimatbasis ähnlich sind! Wer die politischen, kulturellen und wirtschaftlichen Differenzen zwischen den Ländern nicht in Rechnung stellt, wird scheitern.

Interview: Marc Beise, Süddeutsche Zeitung, 21.1.2008

Kontrovers diskutiert: Transnationale Konzerne

M 7

a) Multinationale Unternehmen sind sich ihrer Verantwortung bewusst

Dr. Michael J. Inacker, Generalbevollmächtigter für Politik und Außenbeziehungen der Daimler AG: Auch wenn Kritik in Einzelfällen gerechtfertigt ist, sind sich doch multinationale Unternehmen in der Regel ihrer Verantwortung in den Entwicklungsländern bewusst – und dies allein schon aus Eigeninteresse. Denn große Investitionen, wie der Aufbau einer Fabrik oder die Förderung von Erdgasvorkommen rechnen sich für ein Unternehmen nur auf Sicht von 40, 50 und mehr Jahren. Deshalb sind die Unternehmen von demokratischen und rechtsstaatlichen Verhältnissen, von zufriedenen, gesunden Mitarbeitern und einer intakten Umwelt abhängig. Daimler beschäftigt zurzeit 370.000 Mitarbeiter in über 200 Ländern. In jedem dieser Länder bemühen wir uns, ein „Good Corporate Citizien" zu sein und unserer sozialen Verantwortung gerecht zu werden. Im Juni 2000 gehörten wir zu einem der ersten Unternehmen, die sich dem so genannten „Global Compact", einem „Weltabkommen" der Vereinten Nationen und internationalen Firmen, angeschlossen hat. Über 400 Global Players haben sich in diesem Abkommen freiwillig verpflichtet, überall für die Menschrechte einzutreten, Arbeitsnormen einzuhalten, Kinderarbeit nicht zuzulassen und die Umwelt zu schonen. Investitionen großer Unternehmen in den Entwicklungsländern geben der heimischen Wirtschaft wichtige Impulse. In Zulieferverträgen wird die lokale Wirtschaft eingebaut. Durch den Import neuer Technologien und Know-How steigt die Wettbewerbsfähigkeit des Landes; die Menschen erhalten eine bessere Ausbildung und verdienen mehr. Doch leider stehen noch oft bürokratische Hürden und Regulierungswut der Wirtschaft im Wege. Die Weltbank hat in Ihrem Bericht „Doing Business 2004" viele Beispiele gegeben. Ein Vertrag zwischen Geschäftsleuten kommt in den Niederlanden innerhalb eines Monats zustande, in Guatemala braucht es dazu 1500 Tage. Deshalb brauchen wir mehr Globalisierung und nicht weniger!

b) Die Macht der Konzerne steigt

Felix Kolb, Gründungsmitglied und erster Pressesprecher von Attac Deutschland:

Die ökonomische und politische Macht von Weltkonzernen lässt sich an einem einzigen Indikator ablesen: Unter den 100 größten Wirtschaftsmächten befinden sich bereits 51 Konzerne – Tendenz steigend. Obwohl sich Konzerne wie Nike, McDonalds, oder Nokia in vielerlei Hinsicht unterscheiden, haben sie ein gemeinsames Ziel: Sie müssen ihre Gewinne maximieren. Denn verlieren sie dieses Ziel kurz aus den Augen, sind im globalen Kapitalismus Kursverluste an den Aktienbörsen und im Extremfall eine feindliche Übernahme die Folge. Der Zwang, ihre Profite zu maximieren, führt Weltkonzerne in die ständige Versuchung, dies auf Kosten von Menschenrechten, Umwelt und Demokratie zu erreichen. In den westlichen Industrieländern hat die Entwicklung des modernen Sozialstaates diesem rohen Vorgehen einen wirksamen Riegel vorgeschoben. Die Existenz von Gewerkschaften sichert Arbeitern einen fairen Lohn und die Achtung ihrer Menschenrechte. Strenge Auflagen zwingen Konzerne dazu, unsere Umwelt nicht als Wegwerfprodukt zu behandeln. Und das allgemeine Wahlrecht beschränkt die Möglichkeit von Konzernen, Regierungen zu kaufen. In den meisten Entwicklungsländern fehlen diese Schutzwälle. Dort gibt es weder sozialstaatliche Regulierungen noch funktionierende Demokratien. Entsprechend frei und skrupellos treiben Konzerne dort ihr Unwesen. Der blutige Bürgerkrieg im Kongo wurde jahrelang durch den Bayer-Konzern mitfinanziert, der das Chaos nutzte, billig an Tantal, einen Rohstoff für die Elektronikindustrie, zu kommen. In den Sonderwirtschaftszonen Mexikos nähen junge Frauen für Hungerlöhne Turnschuhe zusammen, deren Verkauf Nike Milliarden in die Taschen spült. Konsumenten in den reichen westlichen Ländern können den Menschen in diesen Ländern zu Hilfe kommen, indem sie die Produkte dieser Konzerne boykottieren, solange diese Menschenrechte, Umweltschutz und Demokratie nicht achten.

http://www.eineweltfueralle.de/files/Material_sek/M4_Pro%20und%20Kontra.doc (12.7.2007)

Aufgaben

1. Beschreiben Sie die Phasen der Internationalisierung von Konzernen (M 2).
2. Erläutern Sie, inwiefern transnationale Unternehmen als „Schrittmacher" der Globalisierung bezeichnet werden können (M 3).
3. Erörtern Sie die Frage, ob Unternehmensfusionen sinnvoll sind (M 4 – M 6).
4. Wie sind Global Players zu beurteilen (M 7)? Führen Sie dazu ein Streitgespräch (Podiumsdiskussion, Talkshow, amerikanische Diskussion).

Wissen kompakt

Global Players
M 2, M 3

Als Schrittmacher der Globalisierung gelten Unternehmen mit ausländischen Niederlassungen oder Tochterunternehmen, sogenannte transnationale Unternehmen (Global Players). Ihre Organisationsform ist ein Netzwerk mit einer Reihe wechselseitig abhängiger und geografisch verteilter Zentren, die von gemeinsamen Strategien, Normen und einem intensiven Austausch von Informationen, Erfahrungen und Ressourcen zusammengehalten werden. Mit ihren Direktinvestitionen und dem Aufbau globaler Liefer- und Absatzketten vernetzen transnationale Unternehmen nationale Volkswirtschaften und intensivieren die internationale Arbeitsteilung.

Unternehmensfusionen – Motive
M 5

Wichtige Voraussetzungen für Unternehmensfusionen sind die Deregulierung der nationalen Märkte (z.B. im Bereich Telekommunikation und Energie), die Liberalisierung des Waren- und Kapitalverkehrs und sinkende Kommunikations- und Transportkosten.
Die Motive für Unternehmensfusionen können von Branche zu Branche variieren. Allgemein zählen jedoch dazu:

- bessere Erschließung von Ressourcen
- bessere Marktpräsenz in neuen geografischen Räumen
- Erweiterung des Produktangebots durch Zukäufe
- Synergieeffekte in Forschung und Entwicklung, Produktion und Vertrieb und damit Kostensenkung
- Zugang zu ausländischen Wissensquellen

Beurteilung der Global Players
M 7

Internationale Konzerne können für die Entwicklung des jeweiligen Gastlandes positive Beiträge leisten, z.B. durch attraktive und im Landesvergleich gut bezahlte Arbeits- und Ausbildungsplätze, Aufbau von Forschung und Entwicklung, Technologietransfer, die Qualität der Produkte und Dienstleistungen, devisenerwirtschaftende Exporte und die Nutzung und Förderung heimischer Zulieferbetriebe.
Andererseits werden sie kritisiert wegen wirtschaftlicher Machtkonzentration, möglicher politischer Einflussnahme, Wettbewerbsverzerrungen, Steuerflucht und der bislang unzureichenden öffentlichen Kontrolle, etwa durch eine internationale Wettbewerbsbehörde.
Die Bedeutung transnationaler Konzerne darf aber auch nicht überschätzt werden, weil der überwiegende Teil der unternehmerischen Aktivitäten weiterhin national bleibt.

3.1.4 Kulturelle Globalisierung – eine Welt, eine Kultur?

M 1 Eine Welt – eine Kultur?

Der Times Square in New York.

Die Nanjing Road in Shanghai.

M 2 Unterhaltung für eine Welt?

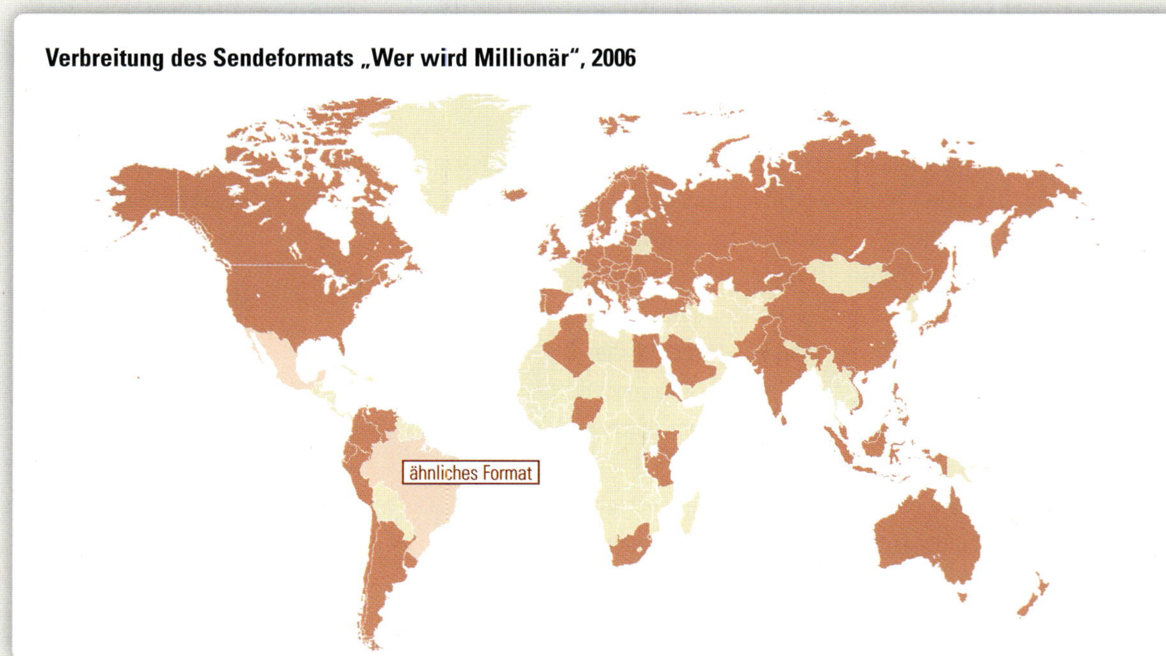

Quelle: bestätigt durch Celador; Stand: 06/2006; Bundeszentrale für politische Bildung

Wie alle Massenmedien hat auch das Fernsehen eine unverkennbare Wirkung auf seine Konsumenten. Da es leicht zu konsumieren und in allen Bevölkerungsgruppen sehr beliebt ist, besitzt das Fernsehen jedoch eine besonders meinungsbildende und sozialisierende Wirkung.
Als besonders populär und massenwirksam gelten mittlerweile Unterhaltungssendungen: Sie erzielen regelmäßig hohe Einschaltquoten. Innerhalb der Unterhaltungssparte hat der internationale Handel mit spezifischen Sendeformaten in den letzten Jahren stark zugenommen. Unter Sendeformaten versteht man dabei ein feststehendes Sendungskonzept mit einheitlich geregelten Formen der

Präsentation. Das führt dazu, dass sich die Fernsehprogramme weltweit immer weiter angleichen. Waren es ehemals überwiegend (US-amerikanische) Spielfilme und Serien, die im Ausland gezeigt wurden, so ist heute darüber hinaus eine hohe Anzahl an Formaten zu finden, die zwar im Ausstrahlungsland produziert werden, sich jedoch einer ausländischen Vorlage bedienen und weltweit erfolgreich lizenziert wurden. Die Formate reichen von Talentwettbewerben und Castings wie „Pop Idol“ (internationale Version von „Deutschland sucht den Superstar“) über Reality Soaps wie „Big Brother“ bis hin zu Quizsendungen wie „Wer wird Millionär?“. Die auch in Deutschland ausgestrahlte Gameshow „Wer wird Millionär?“ hat ihren Ursprung in Großbritannien und gehört zum geistigen Eigentum der Firma Celador. Mittlerweile ist die Sendung auf allen Kontinenten der Erde zu sehen und die Lizenzierungs- und Ausstrahlungsrechte wurden an Fernsehanstalten in über 100 Ländern verkauft. Das Erscheinungsbild der Sendung ist vertraglich streng geregelt und stark an das britische Ursprungsformat angepasst, was etwa die Aufmachung des Studios, Kameraeinstellungen, sowie Licht- und Soundeffekte betrifft. Da trotz eines umfangreichen Regelwerks seitens des Lizenzgebers gewisse Abweichungen in den nationalen Ausstrahlungen erlaubt sind, lassen sich in den jeweiligen Versionen regionale Unterschiede und kulturelle Einfärbungen erkennen, die sich nicht nur auf die Inhalte der gestellten Fragen beziehen. Während die Atmosphäre in einigen Ländern eher heiter ist und viel gelacht wird, geht es in anderen Ländern ernster und verstärkt gewinnorientiert zu. In diesem Sinne handelt es sich auch bei den von den Produzenten gewählten Moderatoren um vollkommen unterschiedliche Charaktere. Darüber hinaus kommt es regional zu formalen und kulturell geprägten Unterschieden. Aufgrund gesetzlicher Bestimmungen ist die Gewinnhöhe in der japanischen Version deutlich niedriger als anderswo, und in Georgien und Island ist die Anzahl der Kandidaten geringer, da sich nicht genügend Interessenten bewerben. Auffallend ist auch, dass sich in der Türkei unter den Kandidaten fast ausschließlich männliche Bewerber finden oder sich etwa in Russland die Eigenheit herausgebildet hat, dass das Publikum Gefallen daran findet, mit vorsätzlich falschen Antworten aktiv ins Geschehen einzugreifen.

Bundeszentrale für politische Bildung (Hg.), Zahlen und Fakten, Globalisierung, CD-ROM, Bonn 2007

Konstruktive und destruktive Aspekte kultureller Globalisierung

M3

Konstruktive Apekte

Kulturelle Globalisierung wird von manchen gefürchtet und bekämpft, von anderen als Chance und historischer Fortschritt aufgefasst. ... Wenn kulturelle Globalisierung auf abgeschlossene, von Systemen politisch-kultureller Kontrolle beherrschte, möglicherweise diktatorisch, autoritär oder repressiv geführte Gesellschaften trifft, kann sie wie ein frischer Wind in einer Situation der Erstarrung wirken, kann alte Denkweisen erschüttern, „ewige Wahrheiten“ in Frage stellen, und Spielräume eröffnen. Da sie eine mächtige Alternative zu lokalen Verkrustungen anbietet und die Isolierung von Intellektuellen voneinander und von der Außenwelt abbaut, kann sie mehr Offenheit bewirken und einen dumpfen Provinzialismus überwinden. Anders ausgedrückt: Wenn lokale Machtstrukturen das interne kulturelle Entwicklungs- und Reformpotenzial ihrer Gesellschaften lähmen oder ausschalten, vermögen die von außen kommenden Impulse der kulturellen Globalisierung diese Blockade zu schwächen oder aufzubrechen. Dies stellt für lokale Machthaber eine potenzielle und ernste Bedrohung dar, da ihre ideologischen Herrschaftsapparate untergraben oder aufgelöst werden können. Zugleich fällt es ihnen schwer, sich der – auch kulturellen – Globalisierung wirklich zu entziehen, wenn sie die ökonomische Marginalisierung[1] ihres jeweiligen Landes nicht in Kauf nehmen wollen. Selbst die VR China und Saudi Arabien sind deshalb nicht länger in der Lage, das Internet und z.T. Satelliten-TV zu verbieten oder unter Kuratel zu halten. Gesellschaften, die auf dem Weltmarkt eine aktive Rolle spielen wollen oder müssen, verlieren die Option eines Ausstiegs aus der kulturellen Globalisierung – was innenpolitische Folgen mit sich bringt: Sie müssen sich an der globalen Kommunikationsinfrastruktur beteiligen; sie können es kaum vermeiden, „westliche“ oder für westlich gehaltene Ideologien ins Land zu lassen, und sie werden meist Widerstände gegen die Globalisierungstendenzen provozieren. Für lokale Diktaturen kann dies zu einer gefährlichen Gratwanderung führen. Aus ihrer Sicht muss kulturelle Globalisierung als Trojanisches Pferd erscheinen, das durch zumindest drei Einfallstore eingeschmuggelt wird.

Der erste Öffnungsmechanismus resultiert aus den Erfordernissen des Weltmarktes, die bestimmte, konkurrenzfähige und effiziente Produktionsweisen nach sich ziehen. Wer zu Beginn des 21. Jahrhunderts eine Chance haben möchte, sich auf dem Weltmarkt zu behaupten, muss sich dessen Spielregeln unterwerfen, was entsprechende Organisationsmuster der eigenen Ökonomie – und damit entsprechende Verhaltensweisen und kulturelle Muster des Wirtschaftens – notwendig bedingt. ...

Die beiden anderen Einfallstore kultureller Globalisierung stehen dazu in enger Beziehung. Einmal handelt es sich um die immer wichtiger werdenden sozialen Systeme der Wissenschaft und Bildung, da die Anforderungen der Ökonomien an die Arbeitskräfte zunehmen. Eine innovative Behauptung am Markt setzt ein immer höheres Maß an Bildung und Ausbildung, eine immer wirksamere Verknüpfung von Produktion und Distribution mit Forschung und Entwicklung voraus. In diesem Sinne erfolgreiche Wissenschaft und Bildung implizieren aber zweierlei: eine weitgehende Internationalisierung beider Bereiche, da Forschung heute global organisiert ist und eine provinzielle Selbstbeschränkung den Verzicht auf Qualität bedeutet. ... Das dritte schwer zu schließende Einfallstor kultureller Globalisierung bilden die neuen elektronischen Medien. Wenn in den Internet-Cafes in Nablus, Kairo oder Karachi von Kindersex bis zu freier politischer Information alles zugänglich ist, was das globale Datennetz zu bieten hat, und tschetschenische Rebellen, Menschenrechtsorganisationen und Nazi-Gruppen ihre Informationen und Meinungen relativ einfach und ungehindert im Internet verbreiten können – dann ist soziale und politische Kontrolle nicht einfach. ... Wenn lokale Akteure aus sehr unterschiedlichen Gesellschaften Afrikas, Asiens, Latein- und Nordamerikas oder Europas miteinander in direkte Kommunikation treten, dann brauchen sie nicht nur alle einen Internetzugang und funktionierende Telekommunikation. Sie benötigen zugleich eine gemeinsame „Sprache" des Austauschs. Das setzt trivialerweise zuerst einmal eine gemeinsame sprachliche Verständigungsmöglichkeit im engeren Sinne voraus – heute meist Englisch. ...

Destruktive Aspekte

Ihre dunkle Seite besteht in der offenkundigen Gefahr, langfristig lokale Kulturen zu schwächen

Starbucks-Filiale in Paris. Zeichen des amerikanischen Lebensstils setzen sich in allen Metropolen der Welt durch. 6.200 Filialen betreibt Starbucks weltweit.

und potenziell zu homogenisieren. Die gegenwärtige Form kultureller Globalisierung bedeutet ja nicht allein, Gesellschaften durch globale Vernetzung einen leichteren Ausbruch aus lokaler Beschränktheit zu erlauben und das Bewusstsein für Menschenrechte und Umweltschutz zu stärken. Sie vermag lokale Kulturen auch zu untergraben, zu fragmentieren und zu schwächen, auch wenn sie nicht repressiver oder lähmender als andere sind. Dieses Problem bedeutet nicht, „traditionelle" Kulturen als solche konservieren und quasi unter „Denkmalschutz" stellen zu wollen. Dass kulturelle Systeme von außen beeinflusst und verändert werden, ist nicht das Problem, sondern eine Selbstverständlichkeit, die Teil kulturellen Wandels war und bleibt. Kulturen sind keine Museumsstücke, die um ihrer selbst willen bewahrt werden sollten. ... Eine eurozentrische Sichtweise wird nun immer unterstellen, dass „Modernisierung" oder Verwestlichung einer Gesellschaft einen Fortschritt bedeutet. Dafür lassen sich dann wirtschaftliche, politische oder kulturelle Gründe vortragen. Tatsächlich aber muss gründlich untersucht werden, ob in einem bestimmten Fall die durch Globalisierung bewirkte „Modernisierung" für eine bestimmte Gesellschaft einen Fortschritt, nur eine andere Entwicklungsoption oder eine Schwächung bedeutet. Kulturelle und wirtschaftliche Globalisierung können lokalen Machteliten auch neue Instrumente und zusätzliche Herrschaftsmittel gegen die eigene Bevölkerung liefern; sie können lokale Traditionen und Kulturen auflösen, ohne etwas Neues an ihre Stelle zu setzen, oder durch ihre hohe Geschwindigkeit die interne Wandlungsfähigkeit einer Gesellschaft überfordern. ...

Der Einfluss der kulturellen Globalisierung auf Gesellschaften beruht selten auf dem gleichberechtigten und selbstbestimmten Austausch der Akteure, sondern auf der Einwirkung eines globalen Wirtschafts- und Kultursystems, das von den stärksten Nationalstaaten und weltweiten Marktmechanismen geprägt wird, auf die einzelnen Kulturen und Gesellschaften. Damit sind die Freiwilligkeit des kulturellen Wandels und die kulturelle Selbstbestimmung lokaler Kulturen meist fraglich. Die „modernen“ Sektoren einen jeweiligen Landes werden der Durchdringung ihrer Gesellschaft durch Elemente globaler Kultur meist zustimmen und von dieser profitieren. Andere Gruppen werden ihm indifferent[2] oder ablehnend gegenüberstehen und möglicherweise Nachteile erleiden. ... Kulturelle Globalisierung kann also eine befreiende, auch belebende Wirkung haben, in anderen Zusammenhängen aber auch dazu tendieren, gemeinsam mit ihrer wirtschaftlichen Entsprechung Demokratie und Selbstbestimmung zu schwächen. Wenn aktive und kritische Journalisten oder Künstler in einem Entwicklungsland entweder bei der ersten Gelegenheit in die USA oder nach Großbritannien abwandern, oder mit den weltweiten Unterhaltungskonzernen und ihrem Satelliten-TV nicht mithalten können, wenn fehlende Englischkenntnisse große Teile einer Gesellschaft der Dritten Welt von Bildung und politischer oder wirtschaftlicher Partizipation ausschließen, dann wird auch die Zivilgesellschaft geschwächt. Auch die Übernahme globaler Konsummuster durch eine wohlhabende Minderheit in einem Land, in dem große Teile der Bevölkerung an der Armutsgrenze lebt, wird eher zu einer vertieften Spaltung der Gesellschaft, denn zu einem freieren Klima betragen. Die Symbole kultureller Globalisierung werden in vielen Ländern der Dritten Welt oft als Statussymbole, als Mittel zur Abgrenzung von der ärmeren Bevölkerung, als Instrument politisch-kultureller Ausgrenzung ausgenutzt.

Zusammengenommen kann die wirtschaftliche und kulturelle Globalisierung die politischen Identitäten und das Selbst-Bewusstsein fragiler Gesellschaften entleeren, sie sozial und kulturell spalten und in Verbindung mit grundlegenden sozioökonomischen Umbrüchen destabilisieren. Diese Gefahr kann bis zur Verschärfung oder Verursachung von Gewaltkonflikten reichen. Sie dürfte sich im nächsten Jahrzehnt in mäßigem Ausmaß verstärken, ohne aber regelmäßig die Schwelle offener Gewalt zu überschreiten.

Stiftung Entwicklung und Frieden, Globale Trends 2002 – Fakten, Analysen, Prognosen, hg. von Ingomar Hauchler, Dirk Messner, Franz Nuscheler, Frankfurt 2001, S. 135-155

[1] *Marginalisierung: im Randbereich ausgeschlossen leben*
[2] *indifferent: gleichgültig*

Aufgaben

1. Vergleichen Sie die Städteaufnahmen (M 1) unter dem Aspekt kultureller Angleichung.
2. Zeigen Sie möglichst umfassend Aspekte globaler Vermarktung von Unterhaltungssendungen auf (M 2).
3. Fassen Sie konstruktive und destruktive Auswirkungen kultureller Globalisierung zusammen (M 3).
4. Zur Vertiefung: Der US-amerikanische Politikwissenschaftler Samuel P. Huntington hat in seinem Buch „Clash of Civilizations“ die kontrovers diskutierte These vertreten, dass sich die Menschen in Zukunft im „Kampf der Kulturen“ befinden werden; die Schlagwörter „Mc-World“ versus „Dschihad“ drücken diesen brisanten Konflikt aus. Verfassen Sie dazu einen Essay.

Wissen kompakt

Tendenzen kultureller Globalisierung
M 2

Weltweit ist eine Ausbreitung westlicher Produkte zu beobachten, die zu einer Annäherung der Konsumgewohnheiten und der Lebensstile führt. Viele global agierende Markenkonzerne, Unterhaltungsformate für das Fernsehen und Kinofilme haben ihren Ursprung in den USA oder den westlichen Industriestaaten. Im Bereich der Unterhaltungsindustrie ist die weltweite Angleichung der Alltagskultur vor allem bei Jugendlichen schon besonders weit fortgeschritten. Das Internet, ein wichtiger Träger der kulturellen Globalisierung, revolutioniert die Kommunikation hinsichtlich ihrer Raum und Zeitdimensionen. Es ermöglicht in Sekundenschnelle die Verbreitung von Ideen, Werten und Meinungen und sorgt für die weltweite Diffusion von Wissen und Informationen.

Negative und positive Aspekte kultureller Globalisierung
M 3

Mit ihren Produkten erweitern die Konzerne nicht nur das Warenangebot in der jeweiligen Zielregion, teilweise werden regionale Produkte und Konsumgewohnheiten verdrängt. Gegner der kulturellen Globalisierung kritisieren die Dominanz westlicher Kulturen und die damit verbundenen Konsummuster und verweisen auf Standardisierungs- und Vereinheitlichungsprozesse, die zu einer Zerstörung lokaler Kulturen führe. Wenn sich das weltweite Konsumverhalten und andere Bereiche des Alltagslebens immer weiter angleichen, werden lokale Traditionen schrittweise durch eine (westliche) Einheitskultur ersetzt. Die Kritiker sprechen von einer McDonaldisierung, die kulturelle Vielfalt kaum mehr zulässt. Die Folge daraus können kulturelle Abwehrbewegungen und kulturelle Konflikte sein (destruktive Aspekte kultureller Globalisierung).

Andererseits ist es fraglich, ob die These von der Homogenisierung der Lebensstile überhaupt zutrifft. So ist auch zu beobachten, dass globale Konzerne auf lokale Besonderheiten Rücksicht nehmen müssen, um ihre Produkte zu vermarkten. Aus den unterschiedlichen Einflüssen kann eine neue bunte Mischung kulturellen Lebens entstehen, da sich Kulturen ohnehin erst im Kontakt mit dem Fremden (fort)entwickeln. Ein weiterer positiver Aspekt kultureller Globalisierung (via Internet) besteht in der Möglichkeit, an jedem Ort der Welt auf sämtliches Wissen und sämtliche öffentlichen und nicht-öffentlichen kulturellen und politischen Diskurse zugreifen zu können. So fällt es autoritären Staaten zunehmend schwer, ihre Bevölkerungen von äußeren Einflüssen und freiheitlichem Gedankengut abzuschotten.

3.1.5 Globalisierung und die Verteilung des Wohlstands

Die Verteilung der Welt

M 1

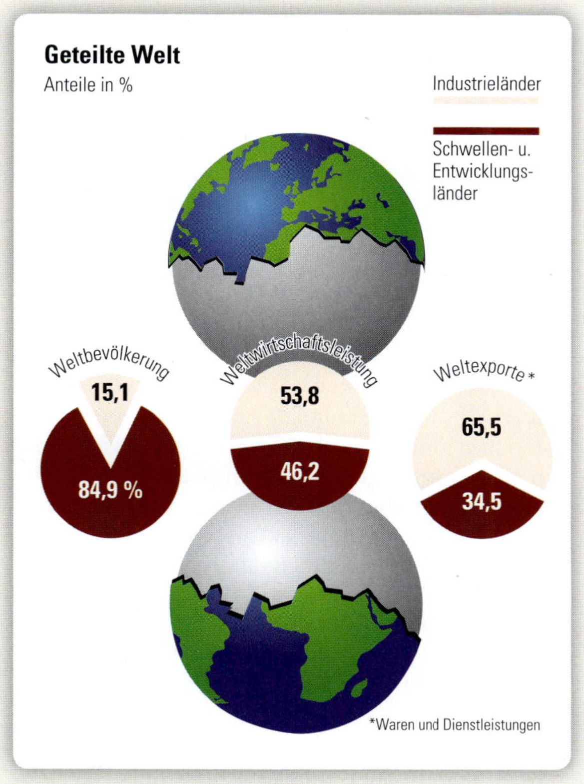

Quelle: IWF 2010; Globus-Grafik 3844

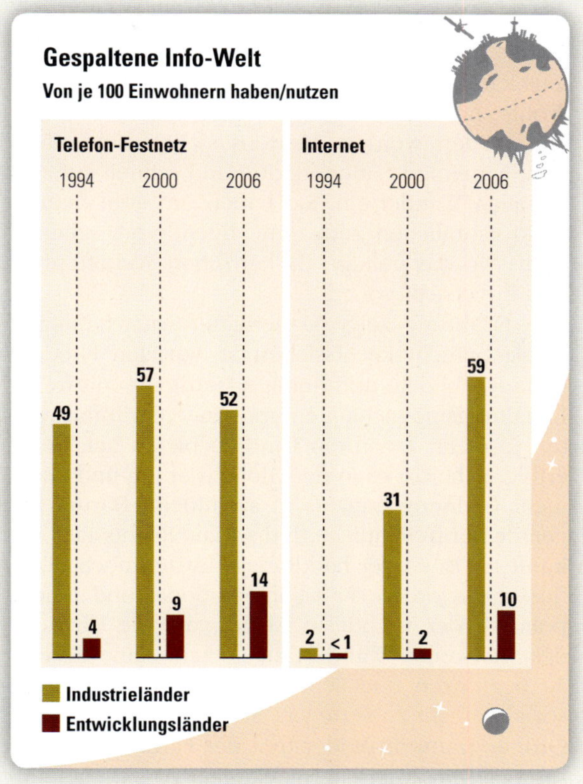

Quelle:ITU, Globus-Grafik 1995

Horst Köhler: „Das Streben der Menschen nach Glück verändert die Welt“

M 2

Die Globalisierung ist weder Naturereignis noch allein Folge des technischen Fortschritts. Sie wird seit Jahrhunderten angetrieben vom friedlichen Handel und Wandel. Sie ist politisch gewollt und bewusst beschleunigt worden durch die Öffnung der Märkte und die Schaffung internationaler Institutionen. Sie hat dann einen zusätzlichen Schub erhalten durch den Fall des Eisernen Vorhangs und den Eintritt Chinas und Indiens in die Weltwirtschaft. Milliarden Menschen tragen mit ihrer Arbeit und ihren Wünschen dazu bei. Ihr Streben nach Glück durchdringt und verändert die Welt.

Diese Veränderungen machen in den westlichen Industrienationen vielen Menschen Sorgen. Sie fragen: Können unsere Staaten auch weiterhin die Voraussetzungen für Freiheit, Arbeit, Wohlstand und sozialen Ausgleich bieten? Haben sie die Kraft, der Entwicklung der Weltwirtschaft Regeln zu setzen und Probleme wie die grenzüberschreitende Umweltverschmutzung und das organisierte Verbrechen wirksam zu bekämpfen? Gefährdet die Globalisierung am Ende unser ganzes Sozialmodell?

Solche Fragen sind berechtigt, denn in der Tat: Der weltweite Wettbewerbsdruck stellt Vieles auf die Probe, die Wirtschaftsunternehmen genauso wie die Umsicht und Wirksamkeit allen staatlichen Handelns. Kein Zweifel: Es gibt soziale Härten. Doch der Sozialstaat hat Bestand. Wir haben in den westlichen Industrienationen auch bei den öffentlichen Einnahmen oder beim Umweltschutz keine Abwärtsspirale. Der Vergleich innerhalb Europas macht deutlich: Erstens ist ein Sozialstaat, der kontinuierlich in das Können seiner Bürger investiert, im weltweiten Wettbewerb keine Belastung, sondern eine Stärke. Dabei gibt es unverändert viel Spielraum für landestypische Mischungen beispielsweise in der Arbeitsmarkt-, Steuer- und Sozialpolitik. Zweitens schaffen Geldwertstabilität und internationaler Handel bessere Voraussetzungen für soziale Politik als Inflation und Abschottung. Drittens kann über die Verteilung des erwirtschafteten Wohlstands nach wie vor gutteils innerstaatlich entschieden werden. Viertens stellen sich offensichtlich einige Nationen klug und schnell auf den globalen Wandel ein: Sie bauen um vom betreuend-fürsorglichen zum ertüchtigend-vorsorglichen Staat. Wo das gelingt, da herrschen Weltoffenheit und Zuversicht vor. ...

Alle Erfahrung zeigt: Dauerhafter wirtschaftlicher Erfolg braucht Rechtssicherheit, sozialen Frieden, gut ausgebildete und fleißige Menschen mit freien Entfaltungsmöglichkeiten und eine gute Infrastruktur. Je mehr davon ein Land zu bieten hat, desto erfolgreicher ist es in der Globalisierung und desto mehr Ordnung trägt es in sie hinein. Darum hat gerade der freiheitliche und soziale Rechtsstaat Zukunft. Er ist weder handlungsschwach noch überflüssig geworden. Er ist international und innenpolitisch der wichtigste Akteur, um die Chancen des weltweiten Wandels zu nutzen, seine Risiken zu begrenzen und seine unvermeidlichen Lasten sozial gerecht zu verteilen. Er bleibt die wichtigste Ordnung, um im Widerstreit der Partikularinteressen mit demokratischer Legitimität zu entscheiden, was dem heimischen und dem weltweiten Gemeinwohl dient.

Zunächst einmal: Gerade uns Deutschen ist die Globalisierung besonders zugute gekommen. Dass nach dem Zweiten Weltkrieg der Wiederaufbau gelang und wir heute an der Spitze der weltweiten Exportstatistik stehen, das haben wir vor allem der Integration unseres Landes in die Weltwirtschaft zu verdanken. Wir genießen heute ein so hohes Maß an Wohlstand wie nie zuvor in unserer Geschichte.

Wahr ist allerdings auch: Die Ungleichheit der Einkommensverteilung in Deutschland hat zugenommen – nicht zuletzt, weil die Einkünfte aus Kapitalerträgen viel stärker gestiegen sind als die Arbeitslöhne. Die Erwerbsbiographien sind unsicherer geworden und verlaufen weniger stetig. Viele westliche Industrienationen erleben eine ähnliche Entwicklung. Die Arbeitslöhne sind unter Druck geraten, weil der weltweite Wettbewerb schärfer geworden ist und weil der technische Fortschritt immer mehr einfache Arbeiten ersetzt.

Es geht der breiten Mittelschicht in Deutschland zwar unverändert recht gut, aber es greifen Abstiegsängste um sich, und viele Menschen aus einkommensschwachen und bildungsferneren Schichten kommen aus eigener Kraft nicht voran. Aus diesem Befund leite ich vier Schlussfolgerungen ab. Erstens: Wir haben in der Vergangenheit eine wachsende Ungleichheit der Einkommen nur hingenommen, weil die Kurve für alle nach oben wies. Das muss so bleiben. Der Aufstieg der einen darf nicht der Abstieg der anderen sein! Zweitens: Die Arbeitnehmer sollten stärker als bisher an den Erträgen und am Kapital der Unternehmen beteiligt werden. Das verschafft ihnen eine zusätzliche Einkommensquelle. Drittens: Wer unverschuldet in Not gerät, soll sich auch künftig auf das soziale Netz verlassen können und eine wirksame Starthilfe erhalten, um schnell wieder aus eigener Kraft voranzukommen. Und viertens: Es müssen endlich alle wirklich gleiche Zugangschancen zu guter Bildung, wirtschaftlichem Erfolg und sozialem Aufstieg haben. Bildung ist die wichtigste Voraussetzung für gesellschaftliche Gerechtigkeit und soziale Mobilität.

Wahr ist ferner: Der weltweite Wettbewerb beschleunigt den wirtschaftlichen Strukturwandel und trägt dazu bei, dass vor allem Menschen arbeitslos werden, die keine gute Ausbildung haben. Zugleich beobachten wir, dass Branchen wie der Maschinenbau oder die Medizintechnik von der Nachfrage in den aufstrebenden Ländern profitieren und deshalb wachsende Schwierigkeiten haben, ihren Bedarf an qualifizierten Arbeitskräften zu decken.

Kluge Beobachter sagen deshalb: Der wirkliche Konflikt über die Globalisierung spielt sich nicht zwischen den ärmeren und den reicheren Ländern ab, denn alle Länder können von fairem Handel und internationaler Arbeitsteilung profitieren. Der eigentliche Konflikt entsteht innerhalb der Länder, zwischen den Gewinnern und den Verlierern des Strukturwandels.

Diese Entwicklung ist nicht neu. Der technische Fortschritt, die Veränderung der Konsumgewohnheiten und der betriebliche Wettbewerb führten schon immer zum Wegfall von Arbeitsplätzen. Die Mechanisierung der Landwirtschaft zum Beispiel zwang Hunderttausende von Bauern und Landarbeitern zum Berufswechsel. ...

Es wurde auch vorhergesagt, die Globalisierung würde die Entwicklungsländer immer mehr verarmen lassen. Die Not dort würde immer größer werden, die Arbeitsbedingungen immer schlechter, die Ausbeutung immer brutaler. Aber die Bilanz sieht anders aus: Die Kindersterblichkeit ist in den meisten Entwicklungsländern deutlich zurückgegangen, und die Lebenserwartung dort hat sich um Jahre erhöht. Niemals zuvor hat ein so großer Teil der Weltbevölkerung so große Zuwächse an Lebensstandard genossen wie in den vergangenen zwanzig, dreißig Jahren. Allein in China haben sich seit 1980 fast eine halbe Milliarde Menschen aus krasser Armut herausgearbeitet. Die Kinderarbeit geht zurück. Der Anteil der Menschen an der Weltbevölkerung, die nicht lesen und schreiben können, ist deutlich gesunken, und Frauen haben einen spürbar besseren Zugang zu Bildung. Kein Staat kann mehr die Menschenrechte ignorieren, auch wenn sie leider längst nicht überall verwirklicht sind. Schwerste Menschenrechtsverletzungen werden zunehmend von internationalen Gerichten geahndet. Auch wenn noch unendlich viel zu tun bleibt – unter dem Strich hat die Globalisierung in den ärmeren Ländern große Fortschritte bewirkt. Das ist für unvorstellbar viele Menschen ein Segen. ... Noch immer lebt aber ein großer Teil der Menschheit in tiefster Armut. Ganz Afrika mit seinen rund eine Milliarde Menschen zum Beispiel steht nicht mehr Einkommen zur Verfügung als den etwa 20 Millionen Einwohnern von Bayern und Niedersachsen ... Das ist die hässliche Seite der Globalisierung, die Rücksichtslosigkeit des Stärkeren, und leider ist daran auch Europa beteiligt. ... Auch Europa errichtet Handelsbarrieren gegen die Entwicklungsländer, überschwemmt sie – auf Kosten der hiesigen Steuerzahler – mit Lebensmitteln zu Dumpingpreisen und zerstört damit dort die Erwerbs- und Lebensgrundlagen der bäuerlichen Gesellschaften. Auch Europa fischt Afrikas Küsten leer und verweist Kritiker kalt lächelnd auf geschlossene Verträge. Und dann reagiert Europa mit Erstaunen, Mitleid und einem Gefühl der Belästigung, wenn immer mehr Afrikaner sich in ihren Nussschalen auf den Weg übers Meer machen, um etwas Besseres zu finden als Armut und Elend. ... Natürlich werden nicht alle Menschen Brüder; das wäre auch viel zu anstrengend. Aber die Nationen der Welt sind mehr als nur eine Wirtschaftsgemeinschaft: Sie sind zur Schicksalsgemeinschaft geworden und müssen darum endlich auch zur Verantwortungsgemeinschaft und zur Lerngemeinschaft

Marokkanische Arbeiterinnen pulen Krabben aus der Nordsee. Aufgrund der niedrigen Transport- und Lohnkosten wurde fast die gesamte Krabbenverarbeitung nach Marokko ausgelagert.

werden. Nur dann bleibt die Erde ein wohnlicher Stern. ...

Behindert werden die Entwicklungsmöglichkeiten der armen Länder zusätzlich durch die Zollpolitik der Industrieländer, die bearbeitete Produkte deutlich stärker belastet als Rohstoffe. So erschwert man es den Entwicklungsländern, eigenes Verarbeitungsgewerbe aufzubauen, das den Menschen dort mehr Beschäftigung und mehr Einkommen bietet.

Für die Entwicklungsländer wäre ein verbesserter Zugang zu den Märkten der Industriestaaten die beste Hilfe zur Selbsthilfe. Die entwicklungspolitische Zusammenarbeit muss darauf zielen, die eigenen Talente und Fähigkeiten der Entwicklungsländer zur Entfaltung zu bringen. Und ihr Rohstoffreichtum muss vor allem den Völkern dort zugute kommen. Darum brauchen wir dringend eine entwicklungsfreundliche Welthandelsordnung.

Berliner Rede von Bundespräsident Horst Köhler, 1.10.2007

M 3 Weltweite Wachstums- und Armutstrends

a) Armut und Weltbevölkerung	Arme, die von weniger als 1 US-$ pro Tag leben					
	in Mio.			Anteil in %		
Region	**1990**	**2002**	**2015**	**1990**	**2002**	**2015**
Ostasien und Pazifik	472	214	14	29,6	14,9	0,9
ohne China	97	34	2	21,1	10,8	0,4
Europa und Zentralasien	2	10	4	0,5	3,6	0,4
Lateinamerika und Karibik	49	42	29	11,3	9,5	6,9
Naher Osten u. Nordafrika	6	5	3	2,3	2,4	0,9
Südasien	462	437	232	41,3	31,3	12,8
Afrika südliche der Sahara	227	303	336	44,6	46,6	38,4
Welt insgesamt	1 218	1 011	617	27,9	21,1	10,2
Ohne China	844	831	606	26,1	22,5	12,9

b) Soziale Schlüsselindikatoren	Beendigung der Grundschule in %		Kindersterblichkeit[1]		Lebenserwartung	
Region	**1988/89 - 1993/94**	**2000/01 - 2003/04**	**1990**	**2003**	**1990**	**2003**
Ostasien und Pazifik	97	97	59	41	68	70
Europa und Zentralasien	94	95	46	36	70	80
Lateinamerika und Karibik	88	96	53	33	68	72
Naher Osten u. Nordafrika	82	87	80	56	61	68
Südasien	74	80	130	86	58	63
Afrika südlich der Sahara	50	59	187	171	51	46

[1] *Sterblichkeit von Kindern unter fünf Jahren pro 1.000*

Tobias Debiel, Dirk Messner, Franz Nuscheler (Hrsg.), Globale Trends 2007: Frieden, Entwicklung, Umwelt, Bonn 2006, S. 172 f

c) Wachstum weltweit				Projected		
	2005	**2006**	**2007**	**2008**	**2009**	**2010**
World output	4.4	5	4.9	3.7	3.8	4.8
United States	3.1	2.9	2.2	0.5	0.6	2.9
Euro area	1.6	2.8	2.6	1.4	1.2	2.1
Germany	0.8	2.9	2.5	1.4	1.0	1.7
Japan	1.9	2.4	2.1	1.4	1.5	1.7
Africa	5.7	5.9	6.2	6.3	6.4	6.2
China	10.4	11.1	11.4	9.3	9.5	10.5
India	9.1	9.7	9.2	7.9	8.0	8.0

Internationaler Währungsfonds, World Economic Outlook, April 2008

Mögliche Ursachen für Unterentwicklung

M 4

„Jede europäische Kuh wird im Schnitt mit zwei Dollar pro Tag subventioniert; über die Hälfte der Menschen in Entwicklungsländern muss mit weniger als zwei Dollar pro Tag auskommen. So zynisch es klingt: Es ist besser, eine Kuh in Europa zu sein, als ein armer Mensch in einem Entwicklungsland.“ *Joseph Stiglitz, Die Chancen der Globalisierung, Bonn 2007, S. 117*

■ Natürliche Gegebenheiten

Rohstoffmangel

Rohstoffe sind Exportgüter und damit eine Einnahmequelle für Entwicklungsländer (EL). Doch Rohstoffe sind keine Garant für Entwicklung (siehe z.B. Zaire) und auch rohstoffarme Länder haben sich erfolgreich entwickelt (z.B. Taiwan).

Klimatische Bedingungen

Das Klima bestimmt wesentlich die landwirtschaftlichen Produktionsmöglichkeiten mit und wirkt so entwicklungsfördernd oder -hemmend. Der systematische Vergleich entsprechender Staaten zeigt jedoch, dass ähnliche klimatische Bedingungen nicht automatisch zu einem gleichen Entwicklungsstand führen.

■ Innere Ursachen

Bevölkerungswachstum

Starker Bevölkerungszuwachs zehrt Wohlstandsgewinne auf und belastet so viele EL. Dennoch haben es auch Staaten geschafft, einen hohen Bevölkerungszuwachs mit wirtschaftlichen Verbesserungen zu verbinden. Der Bevölkerungsanstieg verhindert Entwicklung also nicht generell, muss aber als eher belastend gewertet werden.

Traditionsorientierte Kultur und Wertordnung

Traditionsorientierte gesellschaftliche Verhältnisse und Wertvorstellungen, insbesondere religiöse Traditionen, werden häufig für Entwicklungsdefizite – etwa das Fehlen einer innovativen Unternehmerschicht – verantwortlich gemacht. Als entscheidendes Entwicklungshemmnis können sie jedoch nicht gelten.

■ Äußere Ursachen

Kolonialismus

Die meisten EL wurden durch die Kolonialmächte ihrer politischen, ökonomischen und soziokulturellen Selbstständigkeit beraubt. Fraglos wirken Strukturen der kolonialen Vergangenheit in vielen Staaten bis heute nach – z.B. Monokulturen und willkürliche Grenzziehungen. Dennoch wird der Kolonialismus heute zunehmend weniger als Hauptursache der Unterentwicklung angesehen. Ein Argument gegen diese Sichtweise ist die sehr unterschiedliche Entwicklung früherer Kolonien – z.B. der früheren britischen Kolonien Australien, Indien und Uganda.

Außenwirtschaftliche Ausbeutung

Die auf Rohstoffe orientierte Exportstruktur vieler EL wird als Nachteil gesehen, weil bei den überwiegend von den Industrieländern hergestellten und exportierten Fertigwaren größere Lerneffekte, technologische Fortschritte und Gewinne anfallen. Nach dieser These besteht ein ungleiches Warenaustauschverhältnis (Terms of Trade).

Strukturelle Abhängigkeit

Die These der strukturellen Abhängigkeit der EL ist ursprünglich in Südamerika entwickelt worden (Dependenztheorien). Ihre Kernaussage ist, dass die EL auch nach der formalen Unabhängigkeit in ein internationales System mit den entsprechenden Institutionen (z.B. Weltbank) eingebunden sind, dessen Strukturen durch eine „strukturelle Abhängigkeit“ der EL von den industriellen Zentren gekennzeichnet seien. Diese Abhängigkeit gelte nicht nur für den ökonomischen, sondern auch für den kulturellen und politischen Bereich. Doch Erfolge einiger Entwicklungsländer mit starker Exportorientierung hat viele Anhänger dieser These zu einer differenzierteren Einschätzung veranlasst.

Wochenschau Verlag; zusammengestellt nach: Franz Nuscheler: Entwicklungspolitik, 5. Auflage, Bonn 2004; Entwicklung und Entwicklungspolitik, Informationen zur politischen Bildung, Heft 286, Bonn 2005

M 5 Kontrovers diskutiert: Nützt die Globalisierung den Entwicklungsländern?

a) Globalisierung stimuliert die Wirtschaft

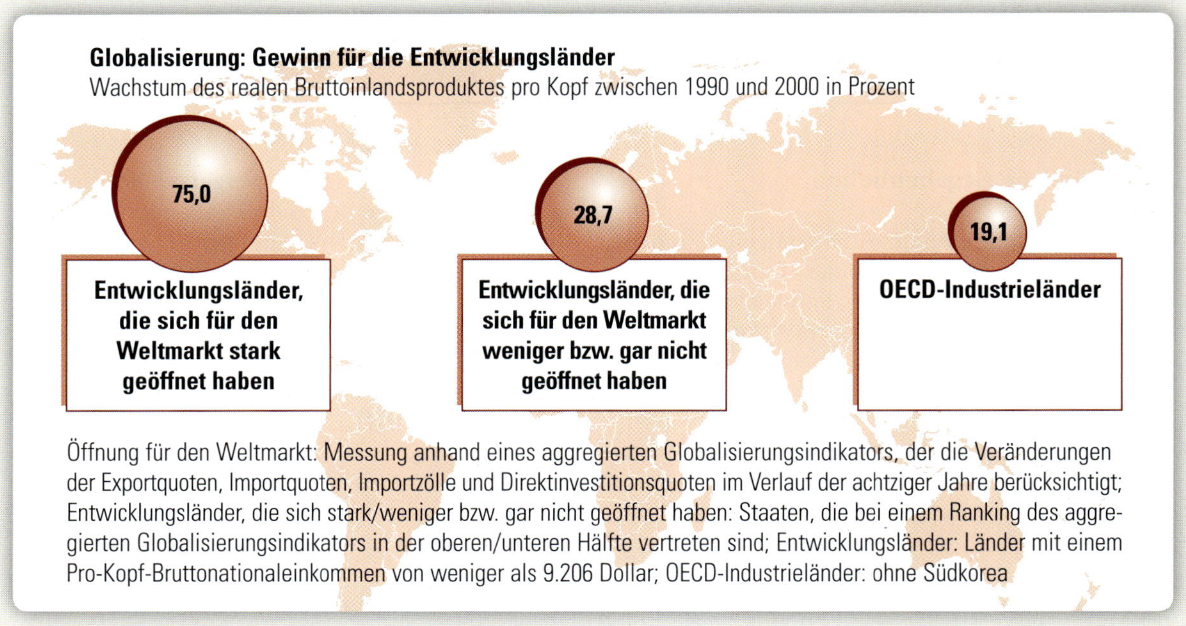

Ursprungsdaten: Weltbank, Institut der deutschen Wirtschaft Köln, 9.9.2004

Mit dem Image der Globalisierung steht es nicht zum Besten. Sie schade vor allem den Entwicklungsländern, wenden Kritiker immer wieder ein. Dabei eröffnet der zunehmende Waren- und Kapitalfluss gerade den ärmeren Regionen große Chancen. So zeigt eine Untersuchung des Instituts der deutschen Wirtschaft Köln, dass jene Entwicklungsländer, die sich dem Weltmarkt zugewandt haben, ihre Wirtschaftsleistung beachtlich steigern konnten.

Unter Globalisierungsgegnern gilt es als ausgemachte Sache: Die internationale Vernetzung mittels Handel, Kapitalverkehr, Migration und Wissenstransfer ist eine Einbahnstraße, bei der Profite und Wohlstand nur in die reichen Industriestaaten fließen. Die ärmeren Regionen in Asien, Afrika und Südamerika blieben demnach auf der Strecke.

Dass solch ein Pauschalurteil der Globalisierung nicht gerecht wird, zeigt schon ein erster Blick auf die ostasiatischen Entwicklungsländer. Diese haben sich seit den achtziger Jahren verstärkt in den Welthandel eingeklinkt und ernten jetzt die Früchte. ...

Doch auch in anderen Regionen der Welt erweist sich die Globalisierung für die Entwicklungsländer keineswegs als Verlustgeschäft. Das verdeutlicht eine neue Studie des Instituts der deutschen Wirtschaft Köln (IW). Dazu wurden die Veränderungen der Export- und Importquoten sowie der Zölle und Direktinvestitionen in vielen Entwicklungsländern betrachtet und daraus ein Ranking erstellt. In der oberen Hälfte finden sich Staaten wieder, die im Verlauf der achtziger Jahre stärker an der Globalisierung teilgenommen haben – etwa Costa Rica, Mexiko und Paraguay. In der unteren Hälfte sind dagegen Länder wie Niger oder Sierra Leone vertreten, die sich für den Außenhandel nicht so beherzt geöffnet haben. ...

Vor diesem Hintergrund erklärt sich auch die schwache Wachstumsbilanz vieler afrikanischer Staaten südlich der Sahara, in denen das Pro-Kopf-BIP während der vergangenen Dekade durchschnittlich um 0,3 Prozent pro Jahr sank. Verantwortlich dafür ist nicht die Globalisierung – sondern im Gegenteil ein Mangel an wirtschaftlicher Integration in den Weltmarkt. Schließlich werden allein 12 der letzten 15 Plätze des Globalisierungsrankings von afrikanischen Sub-Sahara-Staaten belegt. Bei vielen erschwerten zusätzlich ein hohes Bevölkerungswachstum, Misswirtschaft, korrupte Eliten und AIDS die wirtschaftliche Entwicklung.

Die Ergebnisse der IW-Studie decken sich mit dem, was eine Vielzahl ähnlicher Untersuchungen sowie die ökonomische Theorie nahe legen: Während sich die Entwicklungsländer durch Abschottung selber bestrafen, eröffnet ein verstärkter Außenhandel allen Teilnehmern Chancen – auch den ärmeren:

Möglichkeit der Spezialisierung. Im Zuge der Globalisierung können sich die Länder auf Güter konzentrieren, bei deren Herstellung sie gegenüber anderen Staaten Vorteile haben. Die Industrieländer beispielsweise verfügen über reichlich Kapital und Know-how. Daher gehen dort vor allem Produkte vom Band, die intensive Forschung, gut ausgebildete Mitarbeiter und komplexe Maschinen benötigen. In den Entwicklungsstaaten dagegen mangelt es derzeit noch an Bildung und Investitionen – dafür werden relativ geringe Löhne gezahlt. Dementsprechend lohnt es sich für diese Nationen, insbesondere arbeitsintensive Güter, wie Bekleidung, Spielzeug oder Agrarprodukte, auf dem Weltmarkt anzubieten. Wenn nun jeder das tut, was er am besten kann, holen alle das meiste aus ihren Möglichkeiten heraus – sprich: Die volkswirtschaftlichen Ressourcen werden so effizient wie möglich genutzt. In der Folge steigen laut der ökonomischen Theorie Wohlstand und Wachstum in den beteiligten Staaten. Wie sehr sich die Spezialisierung auf arbeitsintensive Güter als Wirtschafts-Stimulanz erweisen kann, zeigt das Beispiel Bangladeschs. Der Nachbar Indiens erhöhte seine Ausfuhr von Bekleidungsartikeln zwischen 1995 und 2001 jährlich im Schnitt um 17 Prozent. Im Jahr 2001 machten die Modeprodukte bereits knapp 80 Prozent der Exporte aus. Diese Konzentration bescherte dem Dritte-Welt-Staat in der zweiten Hälfte der neunziger Jahre ein jährliches Pro-Kopf-Wachstum von durchschnittlich rund 3,4 Prozent. Bevor im Land die Nähmaschinen angeworfen wurden, waren solche Raten undenkbar.

Größere Absatzchancen. Den in Entwicklungsländern beheimateten Unternehmen bieten sich vielfach nur sehr eingeschränkte Absatzmöglichkeiten. Zu klein sind die heimischen Märkte, zu arm ist die Bevölkerung. Gelingt den Firmen dagegen der Sprung auf den Weltmarkt, können sie mehr produzieren und dadurch in der Regel ihre Stückkosten reduzieren – was den Menschen in Afrika, Asien oder Südamerika in Form fallender Preise zugute kommt und die Wettbewerbsfähigkeit der Firmen erhöht. ... Trotz des eindeutigen Plädoyers für die Globalisierung, das sich sowohl aus den Zahlen als auch aus der Theorie herauslesen lässt, wäre es jedoch verfehlt, die wirtschaftliche Integration in den Weltmarkt als alleinigen Heilsbringer zu loben. Vielmehr muss sie flankiert werden durch Reformen, die ein Land fit machen für den grenzenlosen Handel. So gilt es etwa, hohe Inflationsraten in den Griff zu bekommen, Staatsdefizite abzubauen, die Eigentumsrechte und Rechtssysteme zu stärken sowie die Korruption zu bekämpfen. Zudem löst die Öffnung für den Weltmarkt in den Entwicklungsländern starke Umbrüche aus: So werden vermutlich nicht konkurrenzfähige Sektoren schrumpfen. Gleichzeitig entstehen zwar in anderen Branchen neue Arbeitsplätze – doch das kann eine Weile dauern. Um diesen Strukturwandel besser zu verkraften, mag es sinnvoll sein, Handelshemmnisse in kleinen Schritten abzubauen und die Exportunternehmen etwa durch bessere Straßen, Bürokratieabbau und Marketinghilfen zu unterstützen.

iwd – Informationsdienst des Instituts der deutschen Wirtschaft Köln, Nr. 37, 9.9.2004

Instabile Institutionen und fehlende Rechtsstaatlichkeit sind mitverantwortlich für die ungenutzten Entwicklungschancen vieler Länder in Afrika.

b) Der Markt löst das Armutsproblem nicht

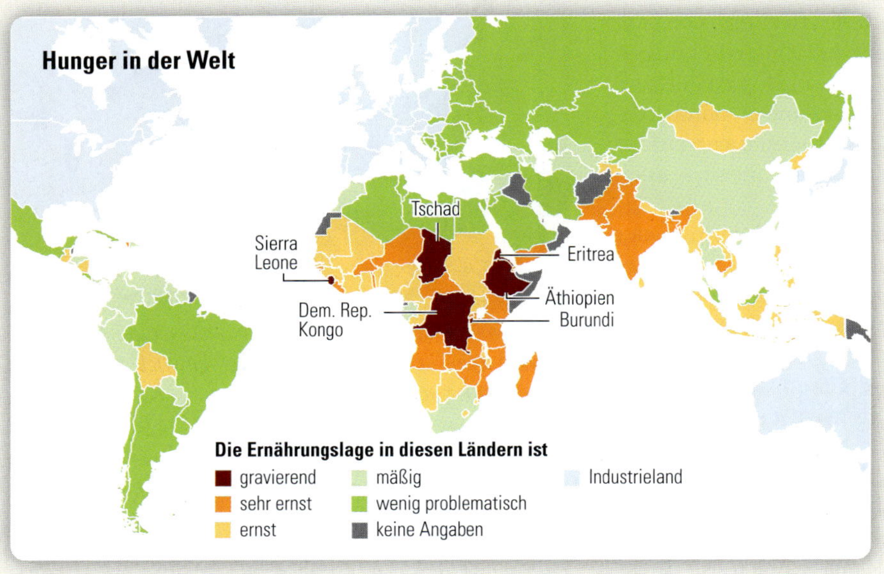

dpa-Grafik 11568; Quelle: Welthungerhilfe, IFPRI; Stand: 2009

Die Euphorie über die Globalisierung ist vorüber, ihre Propagandisten sind kleinlaut geworden. Dabei waren die Versprechen, die nach dem Fall der Mauer in die Welt gesetzt wurden, durchaus faszinierend. Wenn die Weltwirtschaft schrankenlos wachse und gedeihe; wenn auf dem Erdkreis alle Handelshemmnisse beseitigt und die Kapitalinvestoren überall freie Hand bekämen, dann werde die Menschheit einer leuchtenden Zukunft entgegensehen. Früher oder später würde der Wärmestrom der Globalisierung alle Boote erfassen, auch die der Armen und Elenden, und sie hinaustragen in ein Meer aus Wohlstand und Freiheit. Kaum jemand hat kenntnisreicher seine Zweifel an diesem marktgängigen Zukunftsversprechen vorgetragen als Joseph Stiglitz, seines Zeichens Nobelpreisträger für Ökonomie, ehemaliger Chef-Volkswirt der Weltbank und Berater der Clinton-Regierung. Stiglitz weiß, wovon er spricht, denn er ist aus Erfahrung klug geworden. Viele Weichenstellungen der neunziger Jahre, schreibt er selbstkritisch, seien falsch gewesen, ungerecht und von westlicher Arroganz getragen. Deshalb zweifelten immer mehr Menschen daran, „dass die Kosten der Globalisierung – niedrige Löhne, wachsende Arbeitslosigkeit – die vermeintlichen Vorteile überwiegen". Globalisierung ist für Stiglitz kein Schicksal; sie ist das Ergebnis politischer Steuerung und der Durchsetzung ökonomischer Theorien. Wären die Weichen anders gestellt worden, wäre es heute um die Welt besser bestellt. Entsprechend trostlos fällt in seinem neuen Buch „Die Chancen der Globalisierung" die Bilanz aus. Die Reichen sind reicher geworden, die Armen oft arm geblieben. Die Globalisierung hat weniger Menschen zu Wohlstand gebracht als erhofft; nur Indien und China bilden die spektakulären Ausnahmen. „Obgleich der Prozentsatz der in Armut lebenden Menschen rückläufig ist, steigt die absolute Zahl der Armen weltweit." Die Behauptung, Reichtum werde auf natürlichem Wege von oben nach unten zu den Armen durchsickern („trickle down"), sei eine Fabel. Die Forderung, der Nationalstaat müsse sich klein machen wie eine Mücke und dem Elefanten des Kapitals das Feld überlassen, führe auf einen Irrweg. Tatsächlich erzeugten Märkte nicht von sich aus effiziente Ergebnisse oder „lösen das Armutsproblem"; womöglich werde es noch verschärft. Nur in der mythischen Welt der Freihandelsbefürworter komme der Abbau von Handelsschranken allen Menschen zugute, denn die „unsichtbare Hand des Marktes ist unsichtbar, weil es sie gar nicht gibt". Auch der gern gesungene Refrain, Märkte sorgten langfristig für Vollbeschäftigung, sei falsch, denn langfristig „sind wir alle tot". Warum heute immer mehr Menschen glauben, die Globalisierung sei nur benutzt worden, um das angloamerikanische Wirtschaftsmodell durchzusetzen, ist für Stiglitz leicht zu erklären: Die Welthandels- und Weltfinanzordnung ist strukturell ungerecht; in ihr „fließt das Geld von unten nach oben", von den Armen zu den Reichen. „Die Mindereinnahmen, die die reichen Länder den armen Ländern durch Handelshemmnisse bescheren, sind dreimal höher als die gesamte Entwicklungshilfe, die sie leisten." ... Überaus beredt führt Stiglitz' Klage über westliche Doppelmoral, über die Rhetorik der gespaltenen Zunge. Mit salbungsvollen Worten predigten Industrieländer dem Rest der Welt die Vorzüge der Demokratie; tatsächlich fördern sie oft genug die Korruption. Ölgesellschaften unterstützen repressive Regime mit Schecks; Konzerne, ansonsten „Schrittmacher des Technologie-Transfers", plündern Bodenschätze. „Bestechung, Betrug und ungleiche Verhandlungsmacht beschneiden die Beträge, die rechtmäßig den Entwicklungsländern zustehen sollten." Unternehmen „stehlen" das tradierte Wissen der Entwicklungsländer, um anschließend dafür Nutzungsgebühren zu verlangen. Besonders empört Stiglitz das Trips-Abkommen über den Schutz geistigen Eigentums. Als die Handelsminister dieses Abkommen unterzeichneten, verurteilten „sie Tausende Menschen in den ärmsten Ländern zum Tode", weil sie ihnen damit den Zugang zu preiswerten Medikamenten verwehrten. Überzeugend belegt Stiglitz, wie die Globalisierung jungen Demokratien das Leben schwer macht. Hierzulande wird gern und professoral von failing states geredet, von zerfallenden Staaten. Als Gründe werden Korruption und Schlendrian, überhaupt alle Formen von Misswirtschaft genannt. Das ist für Stiglitz nur die halbe Wahrheit. Staaten zerbrechen auch deshalb, weil sich die gewählten Regierungen erst gar nicht bewähren dürfen. Eben erst in die Freiheit entlassen, werden sie von Konzernen an die Kandare genommen oder vom IWF gezwungen, ihre Geldpolitik an „Experten" abzugeben. Kaum sind die alten Kolonialherren von der Bildfläche verschwunden, sitzen die neuen schon am Tisch.

Thomas Assheuer, Die Zeit, 9.11.2006

Nicht alle profitieren vom Aufschwung in China. Viele Chinesen ziehen vom Land in die boomenden Städte und verdingen sich dort als Tagelöhner.

Aufgaben

1. a) In seiner Berliner Rede setzt sich Bundespräsident Köhler mit den Auswirkungen der Globalisierung auf Deutschland und auf die Entwicklungsländer auseinander. Fassen Sie die Aussagen thesenartig zusammen (M 1).

b) Wie steht der Bundespräsident zur Globalisierung? Nehmen Sie zu seinen Aussagen in Form eines Leserbriefs Stellung.

2. Werten Sie die Daten in (M 3) aus, und formulieren Sie einen Trend für die Entwicklung globaler Armut.

3. Stellen Sie die Argumentationen der Texte in (M 5) gegenüber, und beurteilen Sie abschließend die Auswirkungen der Globalisierung auf die Verteilung des Wohlstands.

Wissen kompakt

Verteilung des Wohlstands auf der Welt
M 1

Wohlstand und Entwicklungschancen auf der Welt sind nach wie vor ungleich verteilt. So erwirtschaften 15,3 % der Weltbevölkerung in den Industrieländern 56 % der Weltwirtschaftsleistung. Ob die Globalisierung diese Ungleichheit verstärkt oder ob sie den ärmeren Ländern Chancen eröffnet, um am Wohlstand teilzuhaben, wird unterschiedlich beurteilt.

Entwicklungstrends
M 3

Viele Staaten, insbesondere in Südostasien, konnten von einer Integration in den Weltmarkt überproportional profitieren. Das Wachstum anderer Länder, allen voran der afrikanischen südlich der Sahara, weist dagegen eine deutlich geringere Dynamik auf. Zwar geht die Armut weltweit zurück, doch vergrößert sich das Wohlstandsgefälle zwischen reichen und armen Staaten immer weiter. Auch innerhalb der Staaten kann man diese Entwicklung beobachten.

Ursachen für Unterentwicklung
M 4

Zu den Ursachen von Unterentwicklung zählen natürliche Gegebenheiten (Rohstoffarmut, schlechte klimatische Bedingungen), innere Gegebenheiten (traditionalistische Kultur, Bevölkerungsentwicklung, ...) und äußere Einflüsse (Kolonialismus, strukturelle Nachteile in der Außenwirtschaft, ...).

Auswirkungen des Freihandels
M 5

Die Theorie der komparativen Kostenvorteile (Ricardo) besagt, dass sich der Handel auch für das unterlegene Land lohnt, weil es dadurch ebenfalls Wohlstandsgewinne erzielen kann. Untersuchungen zeigen, dass das Ausmaß von Wohlstandsgewinnen vom Grad der Marktöffnung abhängig ist.
Entwicklungserfolge aufgrund der Liberalisierungsstrategie stellen sich aber längst nicht für alle Länder ein. Wenn Märkte sich öffnen, ist das für das betroffene Land oft ein sehr schmerzhafter Vorgang. Branchen, die auf dem abgeschotteten heimischen Markt gut platziert waren, brechen zusammen, Menschen werden z.T. dauerhaft arbeitslos. Eine staatliche Strukturpolitik oder Sozialpolitik, die Härten abfedern könnte, fehlt in vielen Entwicklungsländern. Armut und Verelendung können sich so als Modernisierungshemmnisse erweisen, welche die politische Stabilität untergraben und gewaltsame Konflikte hervorrufen.

Voraussetzungen für Entwicklung

Obwohl es unterschiedliche Entwicklungsstrategien gibt, so ist allgemein anerkannt, dass folgende Bedingungen für eine erfolgreiche wirtschaftliche Entwicklung unabdingbar sind:

- stabile staatliche Institutionen und ein klar definiertes Eigentums- und Vertragsrecht
- ein intaktes Bildungssystem, das gut ausgebildete Arbeitskräfte hervorbringt
- eine gute Infrastruktur mit einem ausgebauten Verkehrs- und Kommunikationsnetz

Sind diese Voraussetzungen erfüllt, so hat ein Land gute Chancen, von der Globalisierung zu profitieren.

3.2 Eine Wirtschaftsordnung für die globalisierte Welt

3.2.1 Die EU im Spannungsfeld von Regionalisierung und Globalisierung

Die Europäische Union – Globalisierung „en miniature“

M 1

Die Europäische Wirtschafts- und Währungsintegration gilt vielen Beobachtern als das Musterbeispiel für die Prozesse der Globalisierung und Regionalisierung. Was ist unter diesen Prozessen zu verstehen? Wenn Globalisierung etwas anderes akzentuieren soll als Internationalisierung, so muss damit ein derart enges Zusammenwachsen der Güter-, Arbeits- und Finanzmärkte gemeint sein, dass politisch-ökonomische Grenzen, Grenzen zwischen Nationen und Währungsräumen, irrelevant werden. Internationale Wirtschaftsbeziehungen sind demnach nicht mehr grenzüberschreitend, sondern grenznegierend. Regionalisierung meint dagegen die Koordination verschiedener Wirtschaftspolitiken zwischen Regierungen, die mit Regierungen außerhalb liegender Wirtschaftsräume nicht gesucht wird, und die Einräumung des freien Zugangs zu bestimmten Märkten, der Wirtschaftssubjekten anderer ökonomischer Räume nicht gewährt wird. Regionalisierung bezeichnet also eine Grenzziehung, während Globalisierung vollständige Entgrenzung meint.

Für diejenigen, die die Globalisierungsthese vertreten, liegt es nahe, Regionalisierung als Folge der Globalisierung zu sehen. Einmal wird diese Kausalität als Diagnose präsentiert: Regionale Integrationsräume lassen sich als von den Marktkräften selbst hervorgebrachte Verdichtungen, Agglomerationen der globalen Wirtschaftsaktivitäten verstehen. Zum anderen wird mit dieser Kausalität ein wirtschaftspolitischer Imperativ aufgestellt: Regionale Integrationsräume sollen das Ergebnis wirtschaftspolitischer Gegenreaktionen sein, die gegen Marktkräfte versuchen, großräumliche Standortbindungen zu schaffen. Je nach politischer Bewertung, kann man das eine gut und das andere kritikwürdig finden.

LKW-Verkehr an der deutsch-niederländischen Grenze. Der Binnenmarkt ermöglicht den freien Austausch von Waren- und Dienstleistungen.

An der Diskussion um die Europäische Union lassen sich exemplarisch diese beiden Argumentationen illustrieren. Einerseits könnte man sagen, dass sie den unwiderstehlichen Prozess der Globalisierung nur noch ratifiziert hat. Denn zumindest für den Subkontinent wurden mit Binnenmarkt und einheitlicher Währung die de facto irrelevant gewordenen Grenzen auch de jure abgeschafft. Andererseits könnte man sagen, dass das Binnenmarktprogramm und der Maastrichter Vertrag gerade einer europäischen Selbstbehauptung gegen die Globalisierungskräfte dient. So wird z.B. der Euro als die einzig ernst zu nehmende Alternative zum Dollar aufgebaut.

Waltraud Schelkle, Globalisierung oder multipolares Weltwährungssystem – die monetäre Integration Europas im Licht widerstreitender Hypothesen, in: W. v. Bülow et al. (Hg.), Globalisierung und Wirtschaftspolitik, Marburg 1999

Wirtschaftliche Integration in Europa

M 2

Eines der zentralen politischen Ziele des europäischen Integrationsprojekts war es von Beginn an, einen gemeinsamen Raum ohne Grenzen zu bilden. Sind die zahlreichen Hemmnisse für den freien Verkehr von Menschen, Waren, Dienstleistungen und Kapital erst einmal beseitigt, die Märkte der Mitgliedstaaten zu einem großen Gemeinsamen verschmolzen, so der Grundgedanke, dann werde dies die Wirtschaft zum Wohle der Bürgerinnen und Bürger beflügeln und die Menschen einander näherbringen. Es bedurfte erst des massiv steigenden Drucks von außen, bedingt durch den sich verschärfenden Wettbewerb vor allem mit den USA und Japan auf den Weltmärkten, bis sich die Gemeinschaft entschloss, die lang gehegten Absichten in die Tat umzusetzen. Im März 1985 beauftragte der Europäische Rat die Kommission der Europäischen Gemeinschaften, einen detaillierten Fahrplan für den gemeinsamen Markt auszuarbeiten. Unter ihrem Präsidenten Jacques Delors legte die Kommission im Juni 1985 ihr Weißbuch „Vollendung des Binnenmarkts" vor, das zur Richtschnur für die folgenden Jahre werden sollte: Bis Ende 1992, so vereinbarten es die Mitgliedstaaten, sollte das bis dato größte Vorhaben umgesetzt sein. Wichtige institutionelle Regeln schaffte dafür die Einheitliche Europäische Akte (EEA) von 1987. Was in den nächsten Jahren folgte, das war eine Mammutaufgabe für die Institutionen: Hunderte von Rechtsakten und technischen Vorschriften waren unter großem Zeitdruck anzugleichen, um das Ziel zu erreichen. Am 1. Januar 1993 konnten die Mitgliedstaaten der Europäischen Gemeinschaften Vollzug melden: Der Binnenmarkt war eröffnet, der freie Personen-, Waren-, Dienstleistungs- und Kapitalverkehr zwischen den damals zwölf Staaten verwirklicht. Ein Jahr später folgte der „Europäische Wirtschaftsraum" (EWR), der den Binnenmarkt um Island und Norwegen, 1995 auch um Liechtenstein erweiterte.

Das Projekt Binnenmarkt war jedoch mit dem Stichtag 1. Januar 1993 längst nicht abgeschlossen: Insbesondere bei der Niederlassungsfreiheit und dem freien Dienstleistungsverkehr bestehen noch immer viele Vorschriften der Mitgliedstaaten, die den freien Verkehr und Aufenthalt behindern. So verwundert es nicht, dass auch Ende 2006 erst lediglich zwei Prozent der Unionsbürgerinnen und -bürger in einem anderen Mitgliedstaat der Union lebten und arbeiteten. Erschwerend kommt hinzu, dass der Elan nachgelassen hat, die noch bestehenden Schranken zu beseitigen: Vorschläge der Europäischen Kommission, die abgeschotteten Arbeitsmärkte für Hafenarbeiter und Dienstleister aufzubrechen, stießen in der Öffentlichkeit 2005 und 2006 auf solche massiven Widerstände, dass sich beide Vorhaben nicht beziehungsweise nur stark eingeschränkt verwirklichen ließen.

Ohne eine gemeinsame Währung bleibt ein Binnenmarkt unvollendet, weil die schwankenden Wechselkurse der Währungen ein Handelshemmnis sind. Schon früh fasste die Gemeinschaft deshalb ins Auge, eine Wirtschafts- und Währungsunion (WWU) zu schaffen. Ein erstes umfassendes Konzept dafür beinhaltete der von einer Expertengruppe unter dem Vorsitz des damaligen Ministerpräsidenten von Luxemburg benannte „Werner-Plan" von 1970. Auf der Grundlage dieses Berichts beschlossen die Staats- und Regierungschefs der EG-Mitgliedstaaten, die WWU binnen zehn Jahren umzusetzen – die Weltwirtschaftskrise in den 1970er-Jahren vereitelte dies. Eine Zwischenstation war zumindest mit dem 1979 eingeführten „Europäischen Währungssystem" (EWS) erreicht, mit dem die EG-Mitglieder die Wechselkursschwankungen ihrer Währungen in engen Bandbreiten hielten; eine größere Disziplin in der Währungspolitik war das Ergebnis. Das EWS führte eine künstliche „Europäische Währungseinheit" (engl. ECU – European Currency Unit) ein: Sie war eine sogenannte Korbwährung der beteiligten nationalen Währungen, jede hatte einen nach der Wirtschaftsleistung der Staaten gewichteten Anteil. In der Einheitlichen Europäischen Akte schufen die Mitglieder die rechtliche Grundlage, mit dem EU-Vertrag legten sie die konkreten Schritte fest. … Am 1. Januar 1999 begann zugleich eine dreijährige Übergangsperiode, in der der Euro als sogenanntes Buchgeld im bargeldlosen Zahlungsverkehr, etwa bei Überweisungen, bereits auf dem Papier stand. Die Ausgabe des Bargelds und damit verbunden der Einzug der alten Banknoten und Münzen begann dann Anfang Januar 2002. Die Eurozone hat sich im Laufe des Jahres 2008 auf 16 Staaten vergrößert. Nicht zuletzt wegen der erfolgreichen Geld- und Währungspolitik der Europäischen Zentralbank seit 1999 ist die Übernahme der gemeinsamen Währung für die 27 Mitgliedstaaten der Union sehr attraktiv.

Marc Fritzler, in: Marc Fritzler, Günther Unser, Die Europäische Union. Geschichte, Institutionen, Politiken, Bonn 2007, S. 95 ff.

Deutschlands Außenhandel

M3

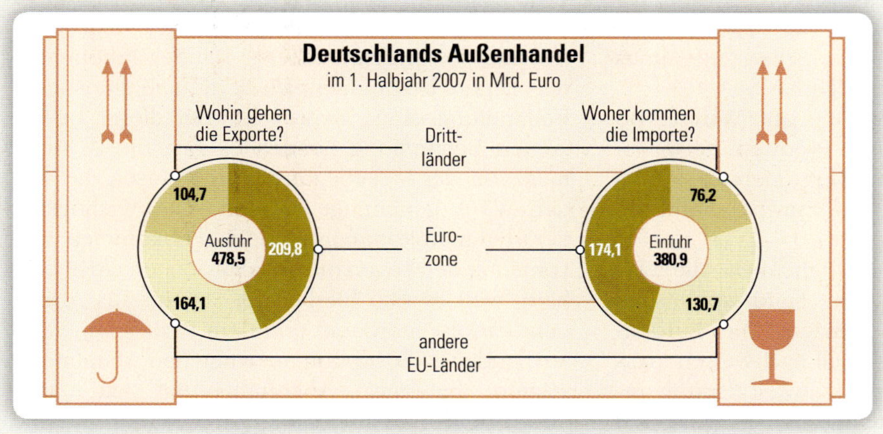

dpa-Grafik; Quelle: Stat. Bundesamt

Deutschlands Außenhandel verläuft zum größten Teil mit Partnern innerhalb der EU.

Die Außenhandelspolitik der EU

M4

Zuständigkeiten

Für die Umsetzung der Gemeinsamen Handelspolitik (GHP) trägt die Europäische Kommission mit ihrem Sitz in Brüssel die Verantwortung. … Nach Artikel 133 des EG-Vertrags wird die Gemeinsame Handelspolitik nach „einheitlichen Grundsätzen" gestaltet, sprich die Kommission unterbreitet dem Rat der Europäischen Union Vorschläge für die Änderung von Zollsätzen, die Vereinheitlichung der Liberalisierungsmaßnahmen, die Ausfuhrpolitik und die handelspolitischen Schutzmaßnahmen.

Die Kommission übernimmt zudem bei Verhandlungen von Zoll- und Handelsabkommen die Rolle eines gemeinschaftlichen Wortführers, wenn der Rat ihr hierzu den Auftrag erteilt. In der Praxis werden die Mitgliedstaaten jedoch über den Weg einer Ad-hoc-Koordinierung an jeder einzelnen Phase der von der Kommission geführten Verhandlungen über einen besonderen Ausschuss beteiligt (sogenanntes Komitee 133).

Der Rat ist das handelspolitische Beschlussorgan der EU. Hier treffen die nationalen Minister und Ministerinnen der EU-Mitgliedstaaten als Rat der Union für Allgemeine Angelegenheiten zusammen, um mit qualifizierter Mehrheit über die Vorschläge der Kommission zu entscheiden.

Zusammen mit seinen europäischen Amtskollegen legt der deutsche Außenminister am Verhandlungstisch beispielsweise die Verhandlungsdirektiven fest, an denen sich die Kommissare bei ihren Verhandlungen von Abkommen zu orientieren haben und entscheidet letztlich, ob ein Abkommen angenommen wird oder nicht.

Die Einflussmöglichkeiten des Parlaments sind in Fragen der GHP relativ beschränkt. Zwar wird es über alle gefassten Beschlüsse unverzüglich und umfassend unterrichtet und müssen die europäischen Parlamentarier vor dem Abschluss von Abkommen angehört werden, doch nur bei Abkommen von besonders hoher Bedeutung bedarf es ihrer ausdrücklichen Zustimmung.

Zur Durchführung der europäischen Handelspolitik hat die EU im Laufe ihrer Entwicklung verschiedene Instrumentarien entwickelt: den gemeinsamen Außenzoll, verschiedene handelspolitische Schutzinstrumente und so genannte Präferenzabkommen und multilaterale Verhandlungen.

Instrumente

Der gemeinsame Außenzoll (kurz: GAZ) bildet als Kern der Zollunion den wichtigsten Ansatzpunkt europäischer Handelspolitik. Für aus Drittstaaten stammende Waren wird innerhalb der ganzen EU ein einheitlicher Zollsatz erhoben, und zwar unabhängig davon, welcher Mitgliedstaat Empfänger der Waren ist.

Um ihre heimischen Märkte vor unliebsamen Einfuhren aus Drittstaaten zu schützen, kann die Europäische Union auf unterschiedliche Schutzmaßnahmen zurückgreifen. Um es direkt vorweg zu nehmen: Alle folgenden Maßnahmen unterliegen den Regeln der Welthandelsorganisation (WTO) und sind mit ihnen vereinbar!

So kann die EU bestimmte Waren mit einem sogenannten Antidumpingzoll versehen, wenn es sich bei der Einfuhr um einen Fall von Dumping handelt, der eine nachweisliche Schädigung eines EU-Wirtschaftszweiges zur Folge hat.
Die EU kann zudem Strafzölle auf Waren von Drittstaaten erheben, die ihre Produkte beispielsweise durch öffentliche Subventionen zu künstlich günstigeren Preise nach Europa einführen möchten.
Letztlich besteht sogar die Möglichkeit, die Einfuhrmenge von Waren durch handelspolitische Schutzmaßnahmen zu begrenzen. Die Europäische Union muss hierbei jedoch nachweisen, dass die fraglichen Einfuhren in kurzer Zeit derartig angestiegen sind, dass die heimischen Produzenten dadurch Schaden nehmen. Außerdem müssen die getroffenen Maßnahmen nichtdiskriminierend sein, das heißt sie müssen auf sämtliche Einfuhren der betroffenen Ware angewandt werden, gleich aus welchen Ursprungsland sie stammen.
Die Europäische Union unterhält zu einer Reihe von Ländern oder Ländergruppen „besondere Beziehungen“. Dies bedeutet in der Regel den Abschluss präferenzieller Handelsabkommen, mit denen bestimmten Ländern eine günstigere Behandlung eingeräumt wird. Bei dieser bevorzugten Behandlung handelt es sich um Ausnahmen von der Meistbegünstigungsklausel, die von der WTO genehmigt wurden. Die wichtigsten derartigen Abkommen sind: die Abkommen von Lomé mit den sogenannten AKP-Staaten (AKP deshalb, weil es sich hierbei um Staaten aus Afrika, dem karibischen Raum und dem Pazifischen Ozean handelt); die Abkommen mit den Mittelmeerstaaten; die Europa-Abkommen mit den mittel- und osteuropäischen Ländern; der Europäische Wirtschaftsraum (mit Norwegen, Island und Liechtenstein).

zusammengestellt nach: Oliver Schwarz, europa-digital.de (4.10.2007)

M 5 Die Reform der europäischen Zuckermarktordnung: von der regionalen Marktordnung zum globalen Wettbewerb

a) Alles auf Zucker

Zucker ist längst eine wertvolle Ware geworden, die zu mehr als zum Süßen von Speisen und Getränken verwendet wird. Neben seiner Bedeutung als nachwachsender Rohstoff, beispielsweise für die Herstellung von Kunststoffen, ist er als Kraftstoff in Form von Ethanol inzwischen fast so kostbar wie Erdöl. In den vergangenen Jahren kostete ein Kilo deutscher Zucker gleichbleibend 0,63 Euro. Diese Stabilität basierte auf der Europäischen Zuckermarktordnung.

Weltzuckerproduktion – in 1.000 t Rohwert

Kontinente	2004/2005	2005/2006	2006/2007
EU	21.949	21.032	17.281
Europa	**29.844**	**29.707**	**27.126**
Nordamerika	19.668	18.232	19.961
Südamerika	35.425	40.512	41.021
Amerika	**55.093**	**58.744**	**60.982**
Asien	**41.090**	**47.025**	**57.585**
Afrika	**10.099**	**10.055**	**10.528**
Ozeanien	**4.918**	**6.577**	**5.571**
Insgesamt	**141.044**	**152.108**	**161.792**

Weltzuckerverbrauch – in 1.000 t Rohwert

Kontinente	2004/2005	2005/2006	2006/2007
EU	17.880	18.047	18.696
Europa	**31.257**	**31.518**	**31.455**
Nordamerika	19.229	19.229	19.772
Südamerika	17.667	18.025	17.693
Amerika	**36.896**	**37.254**	**37.465**
Asien	**62.148**	**63.288**	**64.652**
Afrika	**13.430**	**13.936**	**14.752**
Ozeanien	**1.544**	**1.553**	**1.565**
Insgesamt	**145.275**	**147.549**	**149.889**

nach: Fluter, Danke der Nachfrage. Das Marktheft. Bundeszentrale für politische Bildung Nr. 22, März 2007, S. 14

b) Die Gemeinsame Marktordnung für Zucker vor der Reform – viel Ordnung, wenig Markt

Die Gemeinsame Marktordnung für Zucker verfolgt die Ziele, die Selbstversorgung mit Zucker innerhalb der Europäischen Union zu ermöglichen sowie den Zuckerproduzenten ein angemessenes Einkommen zu gewährleisten. Allein diese Ansprüche verdeutlichen schon die protektionistische und marktferne Ausrichtung dieses Ordnungsrahmens. Er basiert im Wesentlichen auf vier Pfeilern: administrativen Preisen, Produktionsquoten, Präferenzabkommen mit Drittstaaten und Selbstfinanzierung.

Damit der Preis für Zucker innerhalb der Europäischen Union nicht unter ein gewisses Niveau sinken kann, bestehen Mindestpreise und Interventionspreise. Der Mindestpreis markiert die untere Preisgrenze für die Abnahme von Zuckerrüben durch die Zuckerproduzenten. Auf den Preis, den die Landwirte erhalten, wird ein Abschlag erhoben, mit dem sie sich an den Kosten der Marktordnung beteiligen; die Einnahmen daraus sollen den Aufwendungen für die Exportsubventionen entsprechen. Der Abschlag differenziert zwischen Zucker innerhalb der Grundquote (A-Zucker) und der B-Quote. Daneben besteht ein Interventionspreis, zu dem Interventionsagenturen verpflichtet sind, Zucker im Rahmen der vorgegebenen Quoten von den Zuckerproduzenten abzunehmen. Dieser Preis leitet sich unmittelbar aus dem Mindestpreis ab. Die Marktordnung sieht zudem eine feste Aufteilung der Preise zwischen Landwirten und Zuckerproduzenten von 58 vH zu 42 vH vor. Infolge dieser Preisfestlegungen überschreitet der Zuckerpreis in der Europäischen Union den Weltmarktpreis etwa um das Dreifache.

Die administrierten Preise gelten für die Produktion innerhalb der vorgegebenen Quoten. Diese belaufen sich auf 14,3 Mio. Tonnen pro Jahr für A-Zucker, was in etwa dem heimischen Verbrauch entspricht, und 3,1 Mio. Tonnen für B-Zucker. Quotenzucker, der in der Europäischen Union nicht abgesetzt werden kann, wird mithilfe von Ausfuhrsubventionen exportiert. Die Produktion, die über diese Quoten hinausgeht, erfährt keine direkte Unterstützung und kann entweder in das darauffolgende Wirtschaftsjahr übertragen werden oder ohne Ausfuhrerstattungen als sogenannter C-Zucker exportiert werden. Es kann jedoch vermutet werden, dass C-Zucker auf Betriebsebene eine Quersubventionierung durch Erträge aus den anderen beiden Klassen erhält.

Um zu gewährleisten, dass der „Marktpreis" innerhalb der Europäischen Union niemals unter dem Interventionspreis liegt, wurden massive Einfuhrhindernisse geschaffen. Seit dem Abkommen von Lomé im Jahr 1975 gewährt die Europäische Union zudem einer Staatengruppe Afrikas, der Karibik und des Pazifiks (AKP-Staaten), dazu Indien, im Rahmen eines Kontingents einen bevorzugten Zugang zum europäischen Markt und nimmt Zuckerimporte aus diesen Ländern zu einem Garantiepreis ab, der weitgehend dem Interventionspreis entspricht. Um den Teil der europäischen Zuckerproduktion, der den heimischen Konsum übersteigt, exportieren zu können, wird Quoten-Zucker durch Exportsubventionen drastisch verbilligt. Sein Anteil am Weltzuckerhandel beträgt 12 v.H. Unterstützungsberechtigt ist neben Zucker, der in der Europäischen Union produziert wird, auch Importzucker aus den AKP-Staaten und Indien.

Die Auswirkungen der Gemeinsamen Marktordnung für Zucker auf den EU-Haushalt halten sich in relativ engen Grenzen. Das Gros der Ausgaben in Höhe von 1,7 Mrd. Euro pro Jahr entfällt auf die Ausfuhrerstattungen (75 vH). Davon wiederum machen die Kosten für Re-Exporte von Zucker aus den AKP-Staaten und aus Indien etwa zwei Drittel aus. Den Ausgaben stehen Zolleinnahmen in Höhe von 650 Mio. Euro gegenüber. In den, gemessen am gesamten EU-Haushalt, geringen Belastungen durch die Zuckermarktordnung kommt das Ziel zum Ausdruck, diese möglichst budgetneutral zu gestalten.

Die ökonomischen Belastungen durch die Gemeinsame Marktordnung für Zucker werden jedoch durch die Kennziffern des Budgets der Europäischen Union nur sehr unzureichend erfasst. Die Hauptlast der Gemeinsamen Marktordnung für Zucker tragen die europäischen Verbraucher. Für das Jahr 2000 hat der Europäische Rechnungshof Mehrausgaben für die europäischen Verbraucher in Höhe von 6,3 Mrd. Euro errechnet. Durch den hohen Interventionspreis bezahlen die Konsumenten einen weit höheren Preis für Zucker und zuckerhaltige Produkte, als dies zum niedrigen Weltmarktpreis der Fall wäre; gleichzeitig geht entsprechend ihrer Preiselastizität die nachgefragte Menge zurück. Es entsteht ein massiver Verlust an Konsumentenrente, der weit über die Mehrausgaben hinausgeht. Diesem stehen zwar Gewinne für die Zuckerproduzenten gegenüber. Unbeschadet der konkreten Angebots- und Nachfrageelastizitäten entstehen per saldo aber in jedem Fall – von den Verbrauchern getragene – Nettowohlfahrtsverluste für die Akteure in der Europäischen Union.

Mehr als nur Süßmittel: Zucker ist ein weltweit gefragter Rohstoff z.B. zur Herstellung von Ethanol geworden.

Reform der Gemeinsamen Marktordnung für Zucker, Auszug aus dem Jahresgutachten 2004/2005 des Sachverständigenrat zur Begutachtung der gesamtwirtschaftlichen Entwicklung, S. 118 f.

c) Handelsverpflichtungen erzwingen Reform

Die internationalen Handelsverpflichtungen der Europäischen Union haben die Zuckermarktordnung in den vergangenen Jahren zunehmend unter Reformdruck gesetzt. Hierzu trug vor allem ein Urteil des Schiedsgerichtes der Welthandelsorganisation (WTO) bei. Handlungsbedarf resultierte aber auch aus den Zugeständnissen der EU gegenüber den am wenigsten entwickelten Ländern, den „Least Developed Countries“ (LDC). Nach Angaben der EU-Kommission muss die Gemeinschaft ihre Zuckerproduktion (derzeit knapp 20 Mio. t) um insgesamt mehr als 7 Mio. t zurückfahren, um ihre Verpflichtungen zu erfüllen. Eine Reform der Zuckermarktordnung war daher nicht mehr zu verhindern.

Nach einer Klage durch Australien, Brasilien und Thailand hatte die WTO bereits 2004 die Exportpraxis der EU beanstandet und dieses Urteil im April 2005 bestätigt. Danach sind die EU-Exporte von C-Zucker und die subventionierten Reexporte von Zuckereinfuhren aus den AKP-Ländern sowie Indien nicht mit den Regeln der Welthandelsorganisation vereinbar. Allein aufgrund dieses Schiedsspruches muss die Gemeinschaft ihre Zuckerproduktion um jährlich 5 Mio. t bzw. 25 % einschränken.

Im Rahmen der WTO-Verhandlungen spielt die weitere Liberalisierung des Weltagrarhandels eine wichtige Rolle. Ziel ist es, interne Stützungen abzubauen, den Marktzugang zu verbessern und Exportsubventionen zu reduzieren. Zwar hat die EU mit der Reform der Gemeinsamen Agrarpolitik (GAP) im Jahr 2003 bereits erhebliche Vorleistungen erbracht. Gleichwohl wird die Gemeinschaft zu weiteren Zugeständnissen auch im Zuckersektor gedrängt.

www.zuckerverbaende.de, 27.9.2007

d) Die Reform der europäischen Zuckermarktordnung im Überblick

1. Laufzeit
Die neue Zuckermarktordnung gilt bis zum Wirtschaftsjahr 2014/15. Eine Überprüfung der Regelung ist in dieser Zeit nicht vorgesehen. Allerdings kann es im Jahr 2010 letztmalig zu einer dauerhaften linearen Quotenkürzung kommen.

2. Umsetzung
Die Reform der Zuckermarktordnung wird schrittweise in vier Stufen bis zum Jahr 2009/10 umgesetzt.

3. Preissenkungen
Die Preise werden in vier Schritten bis zum Jahr 2009/10 reduziert. Der Preis für Weißzucker sinkt um insgesamt 36 %, der Mindestpreis für Zuckerrüben um 39,7 %. Der bisherige Interventionspreis wird durch einen Referenzpreis ersetzt.

4. Kompensation
Landwirte erhalten zunächst für durchschnittlich 60 und dann für 64,2 % der Preissenkung einen Ausgleich in Form einer Direktzahlung. Die Zahlung ist an die Einhaltung bestimmter Standards für Umweltschutz und Bodenbewirtschaftung gebunden.

5. Intervention bzw. Marktsteuerung
Das Interventionssystem wird noch über einen Zeitraum von vier Jahren fortgesetzt. Für den Fall, dass der Marktpreis unter den Referenzpreis fällt, wird als Sicherheitsnetz ein privates Lagerhaltungssystem eingeführt. Ferner hat die EU-Kommission die Möglichkeit, Zucker vom Markt zu nehmen und ihn auf das folgende Wirtschaftsjahr zu übertragen.

6. Restrukturierungsfonds
Zuckerfabriken, die ihre Quote aufgeben, erhalten in den ersten beiden Jahren der Reform aus dem Restrukturierungsfonds eine Beihilfe von 730 Euro/t. In den beiden folgenden Jahren beträgt die Prämie 625 Euro/t bzw. 520 Euro/t. Rübenanbauer, deren Fabrik die Produktion im Rahmen des Restrukturierungsfonds einstellt, erhalten mindestens 10 % dieser Mittel.

7. Regionalprämie
Für aufgegebene Zuckerquoten erhalten die betroffenen EU-Mitgliedstaaten einen gesonderten Förderbetrag in Höhe von 15 % der Restrukturierungshilfe, also 109,5 Euro/t im ersten Reformjahr. Diese Regionalprämie ist zur Entwicklung des ländlichen Raumes bestimmt.

8. Außenschutz
Um Umgehungsgeschäfte und dadurch bedingte künstliche Störungen des EU-Marktes zu vermeiden, wird die EU-Kommission bei Überschreitung einer Schwelle von 25 % der Zuckereinfuhren aus den LDC gegenüber dem Vorjahr automatisch die Anwendung von Schutzmaßnahmen prüfen. Außerdem müssen die am wenigsten entwickelten Länder bei ihren Zuckerexporten in die Europäische Union Ursprungsregeln beachten, mit denen sogenannte Dreiecksgeschäfte verhindert werden sollen.

www.zuckerverbaende.de, 24.9.2007

Aufgaben

1. Erläutern Sie, inwiefern die Europäische Union als „globalisierter" Raum gelten kann (M 1).
2. Beschreiben Sie Entwicklung und Stand wirtschaftlicher Integration in der Europäischen Union (M 2).
3. Analysieren Sie, wer die Gewinner und Verlierer der Öffnung des europäischen Zuckermarkts sind (M 3, M 4).

Wissen kompakt

EU als Wirtschaftsraum
M 1, M 2

Binnenmarkt

Die Europäische Union stellt einen Wirtschaftsraum dar, in welchem die Märkte immer weiter zusammenwachsen und nationale Grenzen kaum noch eine Rolle spielen. Im europäischen Binnenmarkt gelten die vier Grundfreiheiten: Freiheit des Personen-, des Waren-, des Dienstleistungs- sowie des Kapitalverkehrs. Durch die Abschaffung der Zollgrenzen im Innern und den gemeinsamen Zolltarif bilden die Staaten der EU eine Zollunion.

Währungsunion

Herzstück der wirtschaftlichen Integration ist jedoch die Währungsunion mit dem Euro als gemeinsame Währung. Die Geld- und Währungspolitik für die Teilnehmer an der Währungsunion wurde der unabhängigen Europäischen Zentralbank übertragen, deren Aufgabe es ist, für die Stabilität der gemeinsamen Währung zu sorgen. Um an der Währungsunion teilnehmen zu können, müssen die Mitgliedstaaten der EU zuvor die sogenannten Konvergenzkriterien (Preisstabilität, Haushaltslage ohne übermäßiges Defizit, Teilnahme am Wechselkursmechanismus, Angleichung des langfristigen Zinsniveaus) erfüllen. Nach der Einführung des Euro verpflichten sich die Staaten durch den Stabilitätspakt, eine gleichgerichtete und stabilitätsorientierte Wirtschaftspolitik zu verfolgen.

Gemeinsame Handelspolitik der EU
M 4

Die Europäische Kommission trägt die Verantwortung für die gemeinsame europäische Handelspolitik. Dazu stehen ihr zahlreiche Instrumente zur Verfügung. Gegenüber Einfuhren aus Drittstaaten wendet die EU einen einheitlichen Zolltarif an, der für alle Mitgliedstaaten gilt. Darüber hinaus kann die EU Schutzmaßnahmen (z.B. Antidumping-Zölle) ergreifen oder multilaterale Abkommen (z.B. Präferenzabkommen) schließen. Die Europäische Kommission, beraten und unterstützt durch den sogenannten 133er-Ausschuss, besitzt dabei das Vorschlags- und Verhandlungsmonopol. Sie vertritt die EU-Staaten auch bei den Treffen der WTO. Die Verhandlungsdirektiven werden jedoch im Ministerrat festgelegt, der auch den Verhandlungsergebnissen zustimmen muss.

Beispiel Zuckermarktordnung
M 5

Ein gutes Beispiel für die Abschottung des Agrarmarkts in der EU bietet die Zuckermarktordnung. Die Europäische Marktordnung für Zucker bestand aus einem komplexen Regelwerk an Quoten, Einfuhrzöllen und Ausfuhrsubventionen zum Schutz der heimischen Zuckerproduktion. Im Jahre 2005 musste die EU auf Druck der Welthandelsorganisation die Zuckermarktordnung reformieren. Die reformierte Zuckermarktordnung soll eine wettbewerbsfähige Zuckererzeugung in der EU und Deutschland ermöglichen. Die EU kommt mit der Reform ihren internationalen Verpflichtungen gegenüber den Entwicklungsländern nach. Die besonders wenig entwickelten Länder werden im Rahmen der EU-Initiative „Alles-außer-Waffen" unterstützt. Diese Länder können ab dem Jahr 2009 höhere Zuckermengen in die EU einführen. Darüber hinaus wird die EU durch die Reform ihre eigenen Exportmengen auf dem Weltmarkt reduzieren müssen.

3.2.2 Wer reguliert den Welthandel? – Die Rolle der WTO

EU führt Strafzölle für Schuhe aus China ein

M 1

Die EU-Kommission will Lederschuhe aus China und Vietnam mit Strafzöllen belegen. Damit soll die europäische Schuhindustrie vor dem unfairen Wettbewerb aus dem fernen Osten geschützt werden.

Nach einer mehr als einjährigen Untersuchung der Handelspraktiken der beiden planwirtschaftlichen Länder China und Vietnam hat der EU-Außenhandelskommissar Peter Mandelson den EU-Mitgliedstaaten gestern Antidumpingzölle von 16,5 Prozent auf chinesische und von zehn Prozent auf vietnamesische Lederschuhe vorgeschlagen.

Europas Verbraucher müssen trotz dieser Strafzölle nicht fürchten, auf dem europäischen Binnenmarkt spürbar mehr für Schuhe ausgeben zu müssen. Von der Antidumpingabgabe seien nur elf Prozent der Schuhe in der EU betroffen, hieß es gestern in Brüssel. Zudem sei die Handelspanne zwischen dem extrem niedrigen Einfuhrpreis, der im Durchschnitt bei 8,50 Euro liege, und dem vom Handel geforderten Verkaufspreis so groß – im Durchschnitt 35 Euro, manchmal aber auch 120 Euro – dass der Handel sich entscheiden könne, ob er die Verteuerung der Importe überhaupt an Käufer weitergebe. Auch wenn die Zölle weitergegeben werden, werden sich Schuhe aus China oder Vietnam, so hat man in Brüssel berechnet, im Durchschnitt allenfalls um 1,40 Euro verteuern.

Dennoch regt sich im EU-Ministerrat ... heftiger Widerstand. Alle die Länder, die wie Deutschland und Großbritannien praktisch keine Schuhindustrie mehr besitzen, sind gegen die Strafzölle – unter anderem, weil sie als Exportländer einen Handelskonflikt mit China vermeiden wollen. Diejenigen Staaten, die wie Frankreich, Italien, Spanien oder die osteuropäischen Mitgliedsländer noch in nennenswertem Umfang Schuhe herstellen, wollen ihre Industrie vor den unfairen Praktiken („Dumping") der Asiaten schützen.

Unter Dumping versteht man den Export der Waren unter dem Herstellungspreis. Das Ergebnis der Prüfungen der Außenhandelsexperten sei eindeutig, heißt es in Brüssel. Sowohl die chinesische als auch die vietnamesische Regierung stützen ihre – staatlichen – Hersteller mit massiven Steuererleichterungen und anderen Subventionen. In Vietnam betreibe sogar die Armee eine Schuhfabrik, die zu äußerst geringen Kosten produziere.

Thomas Gack, Stuttgarter Zeitung, 31.8.2006

Die Rückkehr des Protektionismus

M 2

Mester/CCC, www.c5.net

Die Welthandelsgespräche liegen auf Eis, die westlichen Staaten denken darüber nach, wie sie ihre Unternehmen vor unerwünschten Investoren schützen können. … Es ist die Rückkehr des Protektionismus auf neuen Wegen. Und es sind ziemlich schlechte Nachrichten für die Weltwirtschaft. „Die protektionistischen Tendenzen nehmen weltweit zu", warnt Simon Johnson, Chefökonom des Internationalen Währungsfonds. „Wenn es etwas gibt, das der boomenden Weltwirtschaft den Garaus machen könnte, dann ist es genau das." Denn je mehr sich die Staaten voneinander abschotten und Zäune aus Schutzzöllen, Subventionen und rechtlichen Regelungen um sich herum errichten, desto schwieriger wird der Austausch von Waren, Arbeitskräften und Kapital. Damit aber kommt ausgerechnet das zum Erliegen, was der Welt ihren enormen Wohlstand erst beschert hat: die Globalisierung. ...

Nach zig Gipfelgesprächen, gescheiterten Schlichtungsversuchen und wieder neuen Anläufen ist nicht mehr viel übrig geblieben von dem gemeinsamen Wunsch, freiere Handelsbedingungen zu schaffen, um Armut als Saat des Terrors zu bekämpfen. Stattdessen haben sich die verhandelnden Mächte, allen voran die EU, die USA, Brasilien und Indien, in erbitterten Streitereien um das Klein-Klein aus Sojabohnenquoten, Maiszöllen und nationalen Reisreserven verloren. „In diesem Spiel blockiert sich jeder selbst, da die Verhandlungspartner nicht honorieren, was die jeweilige Gegenseite bereits an Marktöffnung außerhalb der Handelsrunde geleistet hat", sagt Rolf Langhammer, Vizepräsident des Kieler Instituts für Weltwirtschaft. Leidtragende sind die ärmsten Staaten. Bei den regionalen Verträgen, die längst abseits der erstarrten WTO abgeschlossen werden, bleiben sie außen vor oder bekommen die Regeln von den Großen diktiert. Dabei würde eine gütliche Einigung der Doha-Runde gerade ihnen mehr helfen als alle G-8-Gipfel der vergangenen Jahre zusammen.

Trotzdem fällt es vor allem den Industriestaaten schwer, sich von lieb gewordenen Pfründen zu trennen. 43 Cent fließen von jedem Euro aus dem EU-Haushalt in die Landwirtschaft. Zum Vergleich: Um die eigene Wettbewerbsfähigkeit zu fördern, gibt die EU nur acht Cent von jedem Euro aus ihrem Budget aus. Die USA wiederum sperren sich vehement dagegen, die hohen Einfuhrzölle für Baumwolle zu senken, um die eigenen Farmer zu schützen.

Und auch abseits von der Doha-Welthandelsrunde ist es mit der freiheitlichen Gesinnung der Vereinigten Staaten nicht weit her. Wie restriktiv das Land der unbegrenzten Möglichkeiten längst vorgeht, wenn es um den Schutz nationaler Interessen geht, bekam im vergangenen Jahr der Hafenbetreiber Dubai Ports World zu spüren. Das arabische Unternehmen hatte die britische P&O übernommen und damit eigentlich auch das Geschäft an sechs wichtigen amerikanischen Seehäfen. Doch obwohl die staatliche amerikanische Behörde, die vor jeder größeren Investition von Ausländern ihr Plazet geben muss, die Transaktion abnickte, sperrte sich der US-Kongress gegen den „Ausverkauf nationaler Interessen". Mit Erfolg: Dubai Ports verzichtete schließlich auf die Investition, und die Öffentlichkeit feierte diesen Rückzug als Erfolg.

Anja Struve, Viktoria Unterreiner, Die Welt, 1.7.2007

Tarifäre und nichttarifäre Handelshemmnisse

Info

Tarifäre Handelshemmnisse

Tarifäre Handelshemmnisse entstehen durch die Auferlegung von Zöllen. Durch die damit erreichte Verteuerung der Importgüterpreise wird die inländische Produktion protegiert. Der Zoll ist eine indirekte Steuer wie die Mehrwertsteuer, die aber nur bestimmten Gütern, nämlich importierten Gütern, gilt. Im Rahmen des GATT (General Agreement on Tariffs and Trade) wird seit den 60er Jahren versucht, weltweite Handelshemmnisse abzubauen und protektionistische Maßnahmen nur noch in Ausnahmefällen zu dulden. 1995 wurde das GATT Teil der neu gegründeten Welthandelsorganisation WTO.

Nichttarifäre Handelshemmnisse

Nichttarifäre Handelshemmnisse sind zum einen formale (preisbezogene und mengenbeschränkende) Maßnahmen und zum anderen administrative Handelsbeschränkungen. Eine häufige Form formaler Handelsbeschränkungen sind Mengenbeschränkungen (Kontingente). Die sogenannte freiwillige Exportbeschränkung geht vom exportierenden Land aus. Dennoch kann sie entweder vom importierenden Land auferlegt (z.B. durch Androhung von Repressalien) oder durch gegenseitige Übereinkunft beschlossen worden sein (Selbstbeschränkungsabkommen), da direkte Handelshemmnisse im Rahmen des GATT untersagt sind. In Form von Subventionen werden die Kosten der inländischen Produzenten modifiziert. Beim Dumping wird ein Produkt im Ausland zu einem Preis angeboten, der geringer als die Produktionskosten im Inland ist. Eine öffentliche Auftragsvergabe zugunsten inländischer Firmen, Verbraucherschutzbestimmungen, technische Normen und Produktstandards können zu administrativen Handelsbeschränkungen führen.

nach: Michael Bauer u.a., Wirtschaft heute, 4. Aufl., Bonn 2003, S. 228

Importzölle ausgewählter Länder

M 3

Land	Durchschnittlich angewandter Importzoll	Zollobergrenze
Nigeria	12,0	118,3
Kenia	12,7	95,7
Indien	19,2	49,2
Indonesien	6,9	37,1
Mexiko	14,0	36,1
Argentinien	12,2	31,9
Brasilien	12,3	31,4
Thailand	10,0	28,2
Philippinen	6,3	25,6
Malaysia	8,5	25,1
Chile	6,0	25,1
Südafrika	8,0	19,1
China	9,9	10,0
USA	3,5	—
EU	5,4	—

Tipp: Über die Datenbank **TARIC** der Europäischen Union kann man herausfinden, welche Importzölle die EU auf Waren aus unterschiedlichen Drittländern erhebt. Wenn man z.B. wissen will, wie hoch der Zoll auf Bananen aus Costa Rica oder Schuhe aus China ist, so gibt diese umfassende Datenbank Auskunft darüber.

Stand 2006, Quelle: WTO, ITC, UNCTAD, Differenz zwischen Zollobergrenze und angewandtem Importzoll = Zollerhöhungsspielraum

Handelshemmnisse im Dienste des Verbraucherschutzes?

M 4

Wenn über Handelsliberalisierung debattiert wird, spielen auch die sogenannten nichttarifären Handelshemmnisse eine wichtige Rolle. Was tatsächlich eine solche Beschränkung darstellt, ist im Einzelfall aber umstritten.

Die Welthandelsorganisation (WTO) und ihre Vorgängerorganisation GATT haben sich viele Jahre lang vor allem mit dem Abbau von Zöllen beschäftigt. Inzwischen ist das Zollniveau für zahlreiche Produkte aber auf ein niedriges Niveau gesunken, was sogenannte nichttarifäre Handelshemmnisse stärker in den Mittelpunkt der Aufmerksamkeit gerückt hat. Zu diesen Handelshürden zählen etwa Umwelt- oder Sicherheitsstandards.

Es habe in der Vergangenheit Fälle geben, in denen solche Standards offensichtlich nur deshalb eingeführt worden seien, um den Handel zu beschränken oder zu verhindern, sagt Dean Spinanger vom Institut für Weltwirtschaft in Kiel. „Beim Tulpenstreit zwischen Japan und Holland zum Beispiel. Die Grenzbehörden in Japan haben damals die Anweisung bekommen, alle Tulpenzwiebeln aus den Niederlanden aufzuschneiden, um zu überprüfen, ob sie gefährliche oder illegale Substanzen enthalten.“ Die Zwiebeln waren danach zerstört, die Stoßrichtung der Sicherheitsvorschrift klar.

Meistens liegt der Fall aber komplizierter. Zwischen der Europäischen Union und den USA beispielsweise tobte Ende der neunziger Jahre ein Streit um die Einfuhr von hormonbehandeltem Rindfleisch. Brüssel begründete ein Importverbot mit möglichen Gesundheitsgefahren durch den Verzehr dieses Fleisches. Berechtigte Verbraucherinteressen müssten berücksichtigt werden. Die USA versicherten dagegen, der Einsatz von Hormonen in der Rindermast sei unbedenklich. Sie haben deshalb bei der Welthandelsorganisation Protest gegen die Maßnahmen der EU eingeleitet, die sie als wettbewerbswidrige Handelsschranke bewerteten. Die WTO gab Washington damals in weiten Teilen Recht. Auch ein Importverbot der EU für gentechnisch veränderte Nahrungsmittel

aus den USA hat das Schiedsgericht der WTO im Jahr 2004 für unzulässig erklärt. Allerdings wurden hohe Hürden für die Einfuhr festgelegt. ...
Der Weed-Welthandelsexperte Klaus Schilder nennt als Beispiel europäische Vorgaben für den Import von Cashew-Nüssen. Brüssel habe für diese Nüsse einen sehr niedrigen Grenzwert für Aflatoxin, ein natürlich vorkommendes, in höheren Dosen gesundheitsschädliches Pilzgift, festgelegt. Mosambik exportiere diese Nüsse, so Schilder, habe aber nicht die Möglichkeit, mit regelmäßigen Lebensmittelkontrollen einen gleich bleibend niedrigen Aflatoxin-Gehalt zu garantieren. „Hier sollten die Industrieländer ihre Unterstützung anbieten," meint Schilder.
Es gibt noch zahlreiche andere nichttarifäre Handelshemmnisse. ... Aber anders als Zölle ließen sich nichttarifären Handelshemmnisse eben schwer ermitteln und nur schwer messen.

Bettina Langer, Stuttgarter Zeitung, 26.5.2007

M 5 Die Kosten protektionistischer Maßnahmen

Gewiss kann die Liberalisierung auch destabilisierende Wirkungen haben. Länder, Unternehmen und Arbeitskräfte können durch Effizienzverbesserungen ihrer Konkurrenten Nachteile erleiden. Obwohl die Liberalisierung von Handel und Investitionen alles in allem Vorteile bringt, werden sich einige Gesellschaftsgruppen bei einer Marktöffnung (oder auch der Inangriffnahme interner Reformmaßnahmen) Anpassungsschwierigkeiten gegenübersehen und Einkommenseinbußen hinzunehmen haben. Das erklärt, weshalb regelmäßig Forderungen erhoben werden, bestimmte Branchen und Arbeitnehmer vor Billigimporten durch die Beibehaltung oder gar die Erhöhung von Zöllen und Abgaben, durch Kontingentierungen oder verschiedene andere nichttarifäre Handelshemmnisse zu schützen. In der Regel zahlen die Länder, die solchen Forderungen nachgeben, einen hohen Preis dafür.
Die negativen Effekte protektionistischer Maßnahmen auf der Ebene einzelner Länder oder der Weltwirtschaft sind hinreichend dokumentiert. Handels- oder Investitionshemmnisse verteuern importierte wie auch im Inland hergestellte Produkte, lassen dem Verbraucher nur begrenzte Auswahl und haben – da der Wettbewerbsdruck geringer wird – gewöhnlich eine Qualitätsminderung zur Folge. Durch Schutzmaßnahmen werden die Märkte fragmentiert, was die Möglichkeiten (und die Anreize) für die Unternehmen des exportierenden Landes einschränkt, ihre Produktionskosten durch Spezialisierung und Zugang zu preiswerteren Betriebsmitteln zu senken. Die Errichtung von mehr Handels- oder Investitionshindernissen wirkt wegen der damit verbundenen Preissteigerungen wie eine Steuererhöhung. Demgegenüber ist die Handelsliberalisierung effektiv einer Steuersenkung gleichzusetzen. ...
Durch Zölle oder andere restriktive Maßnahmen können Arbeitsplätze geschützt werden, aber nur für kurze Zeit. Längerfristige Arbeitsplatzsicherheit können sie nicht garantieren.
Auf lange Sicht hat der Zollschutz kaum positive Effekte auf die Beschäftigungsentwicklung, denn die Erfahrung zeigt, dass die Beschäftigung in stark abgeschirmten Branchen der Tendenz nach zurückgeht, selbst in Perioden mit hohem und verstärktem Schutz. Alles in allem verursacht der Protektionismus gesamtwirtschaftliche Kosten, die wesentlich größer sind als die Vorteile, die denjenigen, denen damit geholfen werden soll, hieraus erwachsen.
Damit die politische Akzeptanz der Verpflichtung zur Freizügigkeit von Handel und Investitionen auch weiterhin gewährleistet ist, bedarf es einer Politik, die die Härten für die in erster Linie vom Anpassungsprozess Betroffenen mildert. Entsprechende Maßnahmen sind denn auch eine wesentliche Voraussetzung dafür, dass die Liberalisierung allen ein höheres Einkommen verschafft und der Protektionismus zurückgedrängt werden kann. Ganz ohne Zweifel sind staatliche Maßnahmen, die auf Höherqualifizierung durch Bildung und Ausbildung setzen und Mobilität in der Weise fördern, dass die Kosten eines Stellen- oder Wohnungswechsels reduziert werden, einer Politik vorzuziehen, die die Stunde der Wahrheit hinausschiebt.

Kein Wohlstand ohne offene Märkte, Vorteile der Liberalisierung von Handel und Investitionen, hrsg. v. OECD Paris 1998, S. 41 – 44

Aufgaben

1. Beschreiben Sie die Hürden, welche auf dem Weg zu einer liberalen Welthandelsordnung noch bestehen (M 1 – M 3).
2. Erläutern Sie das Spannungsverhältnis zwischen freiem Handel und dem Schutz von Verbraucherinteressen (M 4).
3. Beschreiben Sie die Auswirkungen protektionistischer Maßnahmen (M 5).

Die WTO – Hüterin des Freihandels

M 6

Welthandelsorganisation (WTO)

152 Mitgliedstaaten

Prinzip der Konsensentscheidungen: eine Entscheidung gilt als angenommen, wenn ihr kein Mitgliedstaat formell widerspricht

Güter- und Zollabkommen (GATT)

regelt den Warenverkehr in den Bereichen
Industriegüter: Zollsenkungen bis zu 100%
Landwirtschaft: Abbau von Exportbeschränkungen

Dienstleistungsabkommen (GATS)

regelt den Handel mit Dienstleistungen,
Öffnung der Märkte, Abbau von Handelshemmnissen in den Bereichen:
Telekommunikation
Banken und Versicherungen
Transport
Tourismus

Abkommen über geistiges Eigentum (TRIPS)

regelt den Schutz des geistigen Eigentums in den Bereichen
Patente
Marken
Urheberrecht
Industriedesign
Computerprogramme

Streitschlichtung
Regelung bei Handelskonflikten

Prinzip der Meistbegünstigung:	Handelsvorteile müssen allen Mitgliedstaaten in gleicher Weise gewährt werden
Prinzip der Nichtdiskriminierung:	Keine Benachteiligung eines einzelnen Mitgliedstaates gegenüber anderen Mitgliedstaaten
Prinzip der Inländerbehandlung:	Keine Begünstigung inländischer Güter und Dienstleistungen gegenüber ausländischen Produkten
Prinzip der Transparenz:	Keine geheimen Abkommen, sondern gegenseitige Informationen über Handelsvorschriften

Grafik aus: Politik und Unterricht 4/2003, Globalisierung, der Landeszentrale für politische Bildung Baden-Württemberg, S. 28

WTO

Info

Seit 1995 legt die Welthandelsorganisation WTO als einzige international anerkannte Vertragsinstitution Regeln im Welthandel fest. Die um wichtige Bereiche wie Dienstleistungen und Wissen erweiterte WTO ist die Nachfolgeorganisation des GATT (General Agreement on Tariffs and Trade). Die WTO hat 152 Mitglieder (2008), die über 90 % des Welthandels abwickeln. Einige Länder, wie z.B. Russland, stehen kurz vor dem Beitritt, andere haben Beobachterstatus.
Das Hauptziel der WTO, die Erleichterung des Handels, soll durch die Vorgabe von unparteiischen Regeln und Verfahren zur Beilegung von Streitigkeiten erreicht werden. Durch die ständige Überprüfung der nationalen Handelspolitik sollen Konflikte mit den bestehenden multilateralen Verpflichtungen möglichst frühzeitig erkannt und ausgeräumt werden. Scheitert die informelle Streitbeilegung, so besitzt die WTO ein formelles Streitschlichtungsverfahren, das Dispute Settlement Body. Kommt es hier zu keiner Einigung oder befolgt eine Partei den Schiedsspruch nicht, so können die Staaten Gegenmaßnahmen in Form von Strafzöllen oder der Rücknahme von Handelserleichterungen ergreifen.

nach: Wichard Woyke, WTO/GATT, in: Wichard Woyke (Hg.), Handwörterbuch internationale Politik, 9. Aufl., Opladen 2004, S. 591 ff.

M 7 Der Nichtdiskriminierungsgrundsatz – Grundlage einer freien Handelsordnung

Das zentrale Prinzip, das der multilateralen Handelsordnung zugrunde liegt, ist der Nichtdiskriminierungsgrundsatz. Das Nichtdiskriminierungsprinzip besagt, dass Anbieter beziehungsweise ihre Waren und Dienstleistungen unabhängig von ihrer Herkunft gleich behandelt werden müssen. Das Nichtdiskriminierungsprinzip hat zwei Hauptausprägungen: Zunächst dürfen gemäß dem Grundsatz der Inländerbehandlung ausländische Waren nicht schlechter behandelt werden als vergleichbare inländische Waren – etwa hinsichtlich steuerlicher Regelungen oder Vermarktungsregeln. Gemäß dem Grundsatz der Meistbegünstigung müssen zudem alle vergleichbaren ausländischen Waren unabhängig vom jeweiligen Herkunftsland gleich behandelt werden. Das Nichtdiskriminierungsprinzip ist damit Grundlage für jede freihändlerische Ordnung und damit für eine marktwirtschaftliche Ordnung im internationalen Rahmen. Motiviert werden die Liberalisierungsbestrebungen durch weitestgehend unbestrittene theoretische und empirische Erkenntnisse aus den Wirtschaftswissenschaften. Diese legen nahe, dass eine freihändlerische Handelspolitik in aller Regel die beste Politikempfehlung unter Wohlfahrtsgesichtspunkten darstellt. Gleichwohl gibt es von beiden Ausprägungen des Nichtdiskriminierungsgrundsatzes gewichtige Ausnahmen: Abweichend vom Grundsatz der Inländerbehandlung dürfen ausländische Güter mit Einfuhrzöllen belegt werden. Damit haben Staaten immer noch die Möglichkeit, für eine einmalige Verteuerung ausländischer Einfuhren an der Grenze zu sorgen. Auch diese Einfuhrzölle dürfen jedoch nicht in beliebiger Höhe erhoben werden. Sie werden in sogenannten Zolllisten, die beim WTO-Sekretariat in Genf hinterlegt sind, auf einem bestimmten Niveau produktweise gebunden. Diese von Land zu Land unterschiedlichen gebundenen Zölle sind das Ergebnis der bislang acht multilateralen GATT-Verhandlungsrunden, in denen es gelungen ist, den durchschnittlichen Zollsatz der Industrieländer von rund 40 Prozent unmittelbar nach dem Zweiten Weltkrieg auf zwischenzeitlich rund 4 Prozent nach der Uruguay-Runde zu senken.

Viele Produkte stammen aus China. Nach der Einfuhr müssen die Waren wie inländische Produkte behandelt werden.

Thomas A. Zimmermann, Die WTO: Der falsche Prügelknabe; in: WTO-News, Ausg. 2 (Dezember 2000), S. 1 f.

Die Liberalisierung des Welthandels: vom GATT zur WTO

M 8

Jahr	Ort/Name	Behandelte Gebiete	durchschnittliche Zoll-senkungen/Ergebnisse	Länder
1947	Genf	Zölle	19 %	23
1949	Annecy	Zölle	2 %	13
1951	Torquay	Zölle	3 %	38
1956	Genera	Zölle	2 %	26
1960 - 1961	Genf („Dillon-Runde“)	Zölle	7 %	26
1964 - 1967	Genf („Kennedy-Runde“)	Zölle und Antidumping-Maßnahmen	35 %	62
1973 - 1979	Genf („Tokio-Runde“)	Zölle, nichttarifäre Maßnahmen, Handelsabkommen	34 %, Abkommen für Getreide, Milchprodukte und Rindfleisch, plurilaterale Abkommen zur zivilen Luftfahrt und zum öffentlichen Beschaffungswesen	102
1986 - 1993	Genf (Uruguay-Runde“)	Zölle, nichttarifäre Maßnahmen, Regelungen, Streitschlichtung, Textilien, Landwirtschaft etc.	40 %, Gründung der WTO, Abkommen über den Handel mit Dienstleistungen (GATS) und zum Schutz des geistigen Eigentums (TRIPS), Welttextilabkommen (ATC), Zölle im Durchschnitt auf 4,6 % des Einfuhrzollwerts gesenkt, Plan zur weiteren Reduktion auf 2,3 %	123
seit 2001	Doha („Doha-Entwicklungsrunde“)	Industriezölle, nichttarifäre Maßnahmen, Sonderbehandlung von Entwicklungsländern, technische Hilfen für Entwicklungsländer, Landwirtschaft (interne Stützungen und Exportsubventionen), Dienstleistungen, Sozialstandards, multilaterale Umweltabkommen, Investitionen und Wettbewerb	Verhandlungen bislang ohne Ergebnis (Mitte 2008)	147

Michael Bauer u.a., Wirtschaft heute, Bonn 2006, S. 263, Zahlen zur durchschnittlichen Senkung der Zölle: Institut der deutschen Wirtschaft Köln, 1997

M 9 Kontrovers diskutiert: Die WTO in der Kritik

a) Die WTO in der Kritik

Mehrere tausend Seiten Vertragstexte, 324 Streitfälle, 152 Mitglieder, fünf Ministerkonferenzen – viel kann die WTO ... in die Waagschale legen. Doch Quantität wiegt fehlende Qualität nicht auf. Die Missachtung von Menschenrechten, Kernarbeitsnormen und Umweltschutzmaßnahmen und die leere Versprechung, dass der Handel zum Wohlstand für alle führe, bilden die Schattenseite der Medaille. So ist es kein Wunder, dass Zehntausende 1999 in Seattle und 2003 in Cancún gegen ungerechte Handelsstrukturen und die WTO demonstrierten.

Was trieb die Menschen auf die Straße? Und wie müsste ein besseres Handelssystem gestaltet werden?

1. Die Vorherrschaft der Wenigen: Auf den ersten Blick wirkt die WTO sehr demokratisch: Ihre Entscheidungen werden prinzipiell im Konsens (einstimmig) gefasst. In der Praxis läuft es aber häufig darauf hinaus, dass die Beschlüsse der vier mächtigsten Mitglieder USA, EU, Japan und Kanada übernommen werden. Diese vier bedeutsamsten Handelsmächte haben Möglichkeiten gefunden, die Inhalte des Konsenses weitgehend vorher zu bestimmen – vorausgesetzt sie können ihre handelspolitischen Differenzen untereinander beilegen. Zum Erzwingen des Konsenses benutzen sie undemokratische Verfahren wie das inoffizielle Verhandeln im kleinen, von ihnen ausgewählten Kreis (sogenannte Green Room Meetings) oder notfalls auch den direkten Druck ... Obwohl die Entwicklungsländer eindeutig die Mehrzahl in der WTO stellen, dominieren einige Industrieländer mit ihren Interessen.

2. Blinde Flecken im WTO-Regelwerk: Die WTO ist blind gegenüber der Umwelt, den Kernarbeitsnormen der Internationalen Arbeitsorganisation (ILO) und den Menschenrechten. Aus Umweltsicht sind vor allem vier blinde Flecken zu nennen:

a) Die Nichtberücksichtigung der Herstellungsverfahren im WTO-Regelwerk: Ohne eine nachhaltige Konsum- und Produktionspolitik fördert der Freihandel zahlreiche unnötige, billige Produkte. Dies erfordert die sogenannte Gleichbehandlung von Produkten: Umweltfreundliche Produkte dürfen nicht besser gestellt werden als umweltschädliche. Label und Siegel können sogar als Handelshemmnisse eingestuft werden. So schwächen Freihandelsregeln die Möglichkeit, nachhaltige Produktionsweisen und Produkte durch eine entsprechende Kennzeichnung zu fördern.

Die WTO steht nach Meinung ihrer Kritiker für eine ungerechte Welthandelsordnung.

b) Kernprinzipien des Umweltschutzes fehlen: Handelsabkommen respektieren nicht die Kernprinzipien, die seit Rio 1992 die Grundlage einer nachhaltigen Umweltpolitik bilden. Dazu zählen unter anderem die Haftung und Entschädigung für nachteilige Auswirkungen von Umweltschäden, das Vorsorgeprinzip, die Internationalisierung von Umweltkosten und die Durchführung von Umweltverträglichkeitsprüfungen.

c) Umweltschädliche Subventionen bestehen fort: Obwohl Subventionen dem Geist des Freihandels widersprechen, gehen internationale Handelsregeln nicht oder nicht konsequent genug gegen umweltschädliche Subventionen zum Beispiel in der Landwirtschaft oder Fischerei vor.

d) Handelsrecht vor Umweltrecht: Das Handelsrecht bildet ein eigenes Rechtsregime, das mit dem internationalen Umweltabkommen nicht abgeglichen ist. Aufgrund der Tatsache, dass die WTO ihr Handelsrecht mittels des Streitfallverfahrens durchsetzen kann, dominiert das Handelsregime vor internationalem Umweltrecht, somit kann die WTO multilaterale Umweltabkommen aushebeln. ...

Klar ist, wie die WTO derzeit arbeitet, dient sie ausschließlich Liberalisierungsmaßnahmen und der Stärkung des freien Handels. Dies führt zur Verschärfung der Umwelt- und sozialen Probleme.

Greenpeace Redaktion, www.greenpeace.de/themen/umwelt_wirtschaft/wto/artikel/10_jahre_wto_10_kapitale_fehler_im_system/ (12.10.2007)

b) Ist die WTO-Kritik gerechtfertigt?

Die Vorteilhaftigkeit der von der WTO angestrebten Freihandelsordnung auf der Grundlage der Nichtdiskriminierung wird aus ökonomischer Sicht kaum bezweifelt. Bleibt diese Grundempfehlung aber auch dann bestehen, wenn ökologische und soziale Belange sowie die Situation der Entwicklungsländer mitberücksichtigt werden? ...

WTO und nationale Umweltpolitik: Unproblematisch ist die Situation in jenen Fällen, in denen Verschmutzungsprobleme weitgehend auf den nationalen Rahmen beschränkt sind. Hier hat jedes Land das souveräne Recht, ein aus seiner Sicht „optimales" Verschmutzungsniveau zu bestimmen. Eine Entscheidung für ein niedrigeres Schutzniveau der Umwelt ist dabei solange akzeptabel, als es die Umwelt in anderen Ländern nicht oder nur unwesentlich beeinträchtigt. Ebenso lässt die WTO den Mitgliedern auch die Möglichkeit, ein höheres Umweltschutzniveau zu bestimmen. Gemäß einem Abkommen über technische Handelshemmnisse wird lediglich verlangt, dass ausländische Produkte durch Umweltregulierungen bei der Einfuhr nicht schlechter behandelt werden als einheimische Produkte. ...

Wettbewerbsdruck und „Race to the Bottom" bei Umweltstandards: Umweltschützer geben zu bedenken, dass der erhöhte Wettbewerbsdruck zu einer Abwärtsspirale bei nationalen Umweltregulierungen führt: Staaten möchten Kapital anziehen und lockern deshalb ihre Umweltgesetzgebung, um Produktionskosten zu senken. Gefordert wird deshalb, dass Einfuhrstaaten ermächtigt werden sollen, den Marktzugang von der Einhaltung gewisser Umweltstandards abhängig zu machen. ...

Aber selbst wenn es durch unterschiedliche Umweltstandards zu Produktionsverlagerungen käme, wäre dies aus ökonomischer Sicht weniger negativ zu bewerten als vielfach behauptet wird: International unterschiedliche Umweltstandards spiegeln letztlich die international unterschiedliche Abwägung zwischen Umwelt- und Wirtschaftszielen wieder. Es leuchtet ein, dass man in den Entwicklungsländern – anders als in den hoch entwickelten Industriestaaten – durchaus bereit ist, ein höheres Verschmutzungsniveau als Preis für mehr wirtschaftliche Aktivitäten und bessere Beschäftigungs- und Verdienstmöglichkeiten der einheimischen Bevölkerung in Kauf zu nehmen. ... Die Bereitschaft, Ausgaben für den Umweltschutz zu tätigen, hängt entscheidend von der Einkommenssituation einer Volkswirtschaft ab. Anstatt also die wirtschaftliche Entwicklung des Südens dadurch zu verhindern, dass man den Entwicklungsländern verfrüht die Schutzstandards der Industriestaaten aufzwingt, sollte man – gerade im Interesse der Umwelt – den Entwicklungsländern eine weitestgehende Teilhabe am Weltwirtschaftsgeschehen ermöglichen.

Schutz globaler Umweltgüter: Anders als im Falle von auf den nationalen Rahmen beschränkten Verschmutzungsproblemen stellt sich die Situation bei grenzüberschreitenden Umweltproblemen oder beim Schutz globaler Umweltgüter dar (z.B. Klima, Ozeane). Diese Fälle sind dann problematisch, wenn einzelne Länder den Raubbau an diesen Ressourcen durch zu niedrig angesetzte Umweltstandards „subventionieren", und andere Länder durch diese Praxis geschädigt werden. Es handelt sich hier um die klassische Problematik des öffentlichen Gutes, dem Übernutzung droht. Auch in diesen Fällen kann es aber nicht angehen, dass einzelne Länder ihre (nationalen) Vorstellungen vom optimalen Schutzniveau den anderen Ländern aufzwingen. In diesen Bereichen sind internationale Abkommen gefordert. Solche Umweltabkommen gibt es bereits, etwa das Montrealer Protokoll zum Verbot FCKW-haltiger Substanzen oder der Kyoto-Mechanismus zur Begrenzung des Ausstoßes klimaschädigender Treibhausgase. ... Handelsbeschränkende Maßnahmen zum Schutz der Umwelt sind durchaus erlaubt, doch müssen sie sich am Verhältnismäßigkeitsprinzip messen lassen und sie dürfen keine verschleierte Handelsbeschränkung darstellen.

Thomas A. Zimmermann, Die WTO: Der falsche Prügelknabe, in: WTO-News, Ausg. 2 (Dezember 2000), S. 1 f.

Aufgaben

1. Entwerfen Sie ein Lernplakat zur WTO (Aufbau, Entwicklung, Prinzipien, Instrumente) (M 6 – M 8).
2. Beurteilen Sie, ob die WTO Sozial- und Umweltstandards stärker berücksichtigen sollte (M 9).

Wissen kompakt

Die WTO – Grundlagen
M 6 – M 8

Die World Trade Organisation (WTO, bis 1995 GATT) legt seit 1995 als einzige international anerkannte Vertragsinstitution Regeln im Welthandel fest. Ihr Ziel ist ein weltweiter Handel ohne Hemmnisse. Sie gilt als ein Wegbereiter der wirtschaftlichen Globalisierung, weil es ihr – bzw. ihrem Vorläufer GATT – gelang, protektionistische Maßnahmen (tarifäre und nichttarifäre Maßnahmen) abzubauen. Die Arbeit der WTO gründet sich auf der Freihandelsdoktrin, nach der ein freier Handel Wohlstandsgewinne für alle Beteiligten ermöglicht.

Prinzipien

Im Zentrum der Organisation stehen dabei folgende Prinzipien, die von den Mitgliedstaaten anerkannt werden müssen:

- Meistbegünstigung (alle handelspolitischen Zugeständnisse, die sich zwei Staaten untereinander machen, gelten automatisch auch für alle anderen Staaten)
- Reziprozität (die Handelserleichterungen sollen gegenseitig sein)
- Inländerbehandlung/Nichtdiskriminierungsgrundsatz (nach der Einfuhr sind die aus den WTO-Ländern stammenden Waren wie inländische zu behandeln).

Streitbeilegung

Zur Beilegung von Streitigkeiten steht der WTO ein Streitschlichtungsmechanismus zur Verfügung, der eine einvernehmliche Einigung zwischen den Streitparteien herbeiführen soll und Vergeltungsmaßnahmen durch eine Partei (z.B. Strafzölle) sanktionieren kann.

Teilabkommen

Die innere Struktur der WTO umfasst drei Teilabkommen: das Allgemeine Zoll- und Handelsabkommen (GATT – General Agreement on Tariffs and Trade), das Allgemeine Abkommmen über den Handel mit Dienstleistungen (GATS – General Agreement on Trade in Services) und das Abkommen über den Schutz geistigen Eigentums (TRIPs – Trade Related Intellectual Property Rights).

Beurteilung der WTO
M 9

Die Erfolge der WTO bei der Liberalisierung des Welthandels werden unterschiedlich beurteilt. Während Befürworter einer weitgehenden Liberalisierung auf die Wohlfahrtseffekte einer zunehmend arbeitsteiligen Weltwirtschaft verweisen, kritisieren Globalisierungsgegner die negativen Folgen der Liberalisierung. Sie werfen der WTO Versagen bei der Durchsetzung einer gerechten Weltwirtschaftsordnung vor, die auch den ärmeren Ländern durch eine moderate Umverteilung des Wohlstandes die Einhaltung von sozialen und ökologischen Mindeststandards ermöglicht. Sie fordern die WTO müsse das Handelsrecht in Zukunft dem Prinzip der Nachhaltigkeit und dem Umweltschutz unterordnen.

Auswirkungen protektionistischer Maßnahmen
M 5

Protektionistische Maßnahmen, die trotz der Erfolge der WTO bei der Liberalisierung immer noch gebräuchlich sind, bieten einerseits Schutz für die eigene Volkswirtschaft vor wirtschaftlich überlegenen Konkurrenten und deren Gütern, die inländische Umweltstandards oder ethische Standards nicht erfüllen. Andererseits verzögert der Protektionismus notwendige Strukturanpassungen, so dass eine abgeschirmte Wirtschaft in der Regel langsamer wächst als eine offene Volkswirtschaft.

3.2.3 Globale Finanzmärkte – globale Krisen

Aus dem Wirtschaftsteil der Zeitung

M 1

Angst vor Immobiliencrash erschüttert Weltbörsen

Die Schieflage bei US-Hypotheken-banken führt zur Angst vor einem Kollaps des Immobilienmarktes. Das hat zu einer weltweiten Korrektur der Aktienmärkte geführt. Dabei sind vor allem die Banken im Fokus.

Kunden der krisengeschüttelten Bank Northern Rock stehen im September 2007 Schlange, um ihre Ersparnisse abzuheben.

Hedgefonds gebieten über zwei Billionen Dollar

Berlin – Die Hedgefonds-Industrie hat eine weitere magische Marke geknackt: Die alternativen Investmentprodukte gebieten erstmals in der Börsengeschichte über zwei Billionen Dollar – eine Zahl mit zwölf Nullen.

Starker Euro macht das Autofahren teurer

Die Öl-Produzenten rechnen weltweit in Dollar ab und der schwächelt im Verhältnis zum starken Euro. Weil mit der Leitwährung weniger verdient wird, treiben die Hersteller den Preis nach oben.

Köhler kritisiert Weltfinanzsystem als „Monster"

Die globale Finanzindustrie ist nach Ansicht von Bundespräsident Horst Köhler zu einem „Monster" mit immer weniger Bezug zur Realwirtschaft mutiert. „Wir waren nahe dran an einem Zusammenbruch der Weltfinanzmärkte", sagte das Staatsoberhaupt.

Schlagzeilen: Zusammenstellung des Autors, Oktober 2007, Karikatur: Plaßmann/CCC, www.c5.net

Finanzmärkte

Info

Finanzmarkt ist der Obergriff für drei Teilmärkte:
- die Kreditmärkte,
- die Wertpapiermärkte und
- die Devisenmärkte,

Der Kreditmarkt

Der Kredit ist das älteste Instrument der Fremdfinanzierung. ... Er dient dazu, finanzielle Ressourcen an dem Ort und zu dem Zeitpunkt zu mobilisieren, an dem sie für die Realisierung einer Investition nötig sind. Wenn die Investition erfolgreich ist, wird die Kreditsumme erwirtschaftet und der Kredit kann – zuzüglich der Kreditzinsen – über einen bestimmten Zeitraum hinweg zurückgezahlt werden. Dieser Mechanismus ist auch heute noch für Privathaushalte und die Mehrzahl der Unternehmen (insbesondere für die kleinen und mittleren Betriebe) die bedeutendste Fremdfinanzierungsquelle.
Die klassische Institution, die diesen ökonomischen Prozess vermittelt, ist die Bank. ...
Um die Funktionsfähigkeit und das Vertrauen in das Kreditsystem zu garantieren, hat sich die Etablierung nationaler Bankensysteme mit einer staatlichen Zentralbank an der Spitze weltweit durchgesetzt. Letztere bestimmt die Geldmenge und den Leitzins und unterhält Reserven. Unterstützt von Aufsichtsbehörden, können durch Gesetze und Regelungen die Kreditmärkte so unter staatlicher Kontrolle gehalten werden.
Die Steuerungsmöglichkeiten von Zentralbanken lösen sich aber in dem Maße auf, in dem infolge der Liberalisierung der Kreditschöpfungsprozess außerhalb des von ihnen kontrollierbaren Bereichs, nämlich auf den globalisierten Finanzmärkten stattfindet. ...

Die internationalen Wertpapiermärkte

Die Bedeutung der Wertpapiermärkte für das internationale Finanzsystem ist im Vergleich zum Kredit- und Devisenmarkt unverhältnismäßig stark angestiegen. Ein Großteil der Kapitalflüsse ist auf den Handel mit und die Herausgabe von Wertpapieren zurückzuführen.
Die wichtigsten Wertpapierformen sind:
- Anleihen (Staatsanleihen, Schuldverschreibungen u.ä.)
- Aktien
- die verschiedensten Formen von Derivaten.

Devisenmärkte

Auf Devisenmärkten, die per se international sind, wird mit Währungen gehandelt. Früher galten sie als „Spiegelbild der weltwirtschaftlichen Entwicklung" – auch heute noch werden Wechselkursveränderungen häufig als Barometer für die weltwirtschaftliche Leistungsfähigkeit einer Volkswirtschaft angesehen.
Unser heutiges Weltwährungssystem zeichnet sich dadurch aus, dass die Wechselkurse zwischen den Leitwährungen (US-Dollar, Euro und Yen) frei schwanken. ...
In einem flexiblen Wechselkurssystem bilden sich Preise für die einzelnen Währungen allein nach dem Gesetz von Angebot und Nachfrage an den Devisenmärkten. Durch die nationale Geld- und Zinspolitik wird nur noch indirekt Einfluss auf den Wechselkurs genommen. Erhöht beispielsweise die FED (amerikanische Notenbank), den Zinssatz, wird es für Anleger interessant, Geldvermögen aus dem Euroraum in den Dollarraum zu verschieben. Die Nachfrage nach US-Dollar erhöht sich, sein Außenwert steigt. Von entscheidender Bedeutung für die Entwicklung eines Wechselkurses ist das „Vertrauen", das der Währung entgegengebracht wird. „Glauben" die Anleger an einen steigenden Kurs, werden sie die Währung kaufen, gehen sie von einem Kursverfall aus, werden sie sie verkaufen. Mittlerweile sind Währungen zu Handelsobjekten wie Waren, Aktien oder Anleihen geworden.

Peter Waldow, Wie funktionieren die internationalen Finanzmärkte?; in: Kairos Europa/Weltwirtschaft, Ökologie & Entwicklung (Hg.), Kapital braucht Kontrolle. Die internationalen Finanzmärkte: Funktionsweisen – Hintergründe – Alternativen, Bonn 2000, S. 16–23

Derivate

zusammenfassender Begriff für Optionsgeschäfte, Futures und andere Finanzprodukte sowie Swapgeschäfte, die seit den 1980er-Jahren wachsende Bedeutung erlangt haben. Gemeinsam ist ihnen, dass sie von den traditionellen Finanzbeziehungen wie Krediten, Aktien, Anleihen oder von abstrakten Formen wie Aktienindizes abgeleitet sind und der Steuerung von Preisänderungsrisiken dienen. Entsprechend folgt ihre Bewertung der Preis- bzw. Wertentwicklung des jeweiligen Bezugsobjekts. Durch Derivate können Risiken abgesichert werden, die sich aus den Geschäften am Kassamarkt ergeben. Sie werden am Terminmarkt gehandelt und auch zu Spekulationsgeschäften eingesetzt.

Achim Pollert u.a., Das Lexikon der Wirtschaft, 2. Aufl., Bonn 2004, S. 428

Info

Beispiel Futures
Der aktuelle Wert eines Aktienportfolios betrage 100.000 €. Der Besitzer erwartet fallende Aktienkurse und erwirbt einen Futures-Kontrakt für 1.000 €, der ihn verpflichtet, das Portfolio in drei Monaten zum Preis von 100.000 € zu verkaufen. Der Verkäufer des Futures-Kontraktes muss das Portfolio übernehmen.
Fall A. Nach drei Monaten beträgt der Wert des Portfolios 110.000 €. Folge: Der Vermögensbesitzer realisiert einen Verlust in Höhe von 1.000 € (Preis des Futures-Kontraktes). Darüber hinaus entgeht ihm ein Kursgewinn von 10.000 €. Von der Wertsteigerung des Portfolios profitiert also nicht er, sondern der Verkäufer des Futures-Kontraktes. Dieser erzielt einen Gewinn von 11.000 € (Preis des Futures-Kontraktes plus Wertsteigerung des Portfolios).
Fall B. Nach drei Monaten beträgt der Wert des Portfolios 95.000 €. Folge: Der Vermögensbesitzer realisiert einen Verlust von 1.000 € (Preis des Future Kontraktes). Das Wertminderungsrisiko hat er auf den Verkäufer des Futures-Kontraktes übertragen. Dieser verliert 4.000 € (Wertverlust des Portfolios, gemindert um den Preis des Futures-Kontraktes).

Michael Bauer u.a., Wirtschaft heute, Bonn 2006, S. 295

Hedgefonds
Hedgefonds sind seit Jahrzehnten am Markt aktiv; 1966 existierten 168 Hedgefonds, heute rund 8000. 1940 gründete Alfred W. Jones, ein Investmentmanager der Wall Street, den ersten Fonds dieser Art. Er versuchte erstmals aufgrund seines fundamentalen Wissens aus der Aktienanalyse, das Investmentrisiko zu neutralisieren (zu „hedgen"), indem er Aktien kaufte, die ihm billig erschienen (long position) und jene Aktien verkaufte, die er für überbewertet hielt (short position). Hedging (to hedge: absichern; to hedge a bet: auf beide Möglichkeiten wetten) bedeutet eigentlich die Absicherung eines Geschäfts durch den Aufbau einer Gegenposition in derselben Geschäftsart, um Verluste auf der einen durch Gewinne auf der anderen Seite auszuschließen und so jedes Risiko auszuschalten. Mit der fortschreitenden Entwicklung der Finanzindustrie kamen zahlreiche neue Instrumente hinzu (z.B. Derivate, Futures), auf die man den Begriff Hedgefonds ausgedehnt hat. Diese neuen Investmentarten betreiben in Wahrheit aber eine hochspekulative Anlagepolitik, die zu einem hohen Wertzuwachs, aber auch zu herben Verlusten führen kann. Die Bezeichnung Hedgefonds ist also eigentlich irreführend, da sie dem Anleger eine besonders wirkungsvolle Risikoabsicherung vortäuscht. Praktiziert wird genau das Gegenteil: hochspekulative Anlagen in überaus risikobehaftete Kapitalgeschäfte.

nach: Ursula Fano-Leszczynski, Hedgefonds für Einsteiger, Berlin 2005, S. 8-14

Börse Frankfurt. 2006 wurden an den deutschen Börsen rund 5 Billionen Euro umgesetzt.

Private-Equity-Gesellschaften
Private-Equity-Gesellschaften investieren in der Regel in nicht börsennotierte Unternehmen und engagieren sich für mehrere Jahre: Sie stellen das ihnen anvertraute Vermögen den Unternehmen in Form von Eigenkapital zur Verfügung (Private Equity: privates Beteiligungskapital). ... Geht die Strategie auf, werden die von der Gesellschaft gekauften Unternehmensanteile dadurch wertvoller und sie kann ihre Anteile mit Gewinn verkaufen. Privates Beteilungskapital spielt auch bei der Gründung eines Unternehmens als Wagniskapital (auch: Venture Capital) eine wichtige Rolle, wenn die Gründer nicht über genügend Eigenkapital verfügen und die Kreditinstitute wegen fehlender Sicherheiten keine Mittel bereitstellen. Viele innovative junge Unternehmen, häufig im Technologiebereich, könnten ohne privates Beteiligungskapital überhaupt nicht existieren.

Arbeitsgemeinschaft Jugend und Bildung e.V., Finanzen und Steuern, 2007

M 2 Chronik der großen Finanzmarktkrisen

Der Börsencrash von 1929

Während der zwanziger Jahre erlebte die Wall Street einen beispiellosen Ansturm der Anleger. Vom Glauben an ein neues Zeitalter beseelt, spekulierten die Amerikaner wie wild mit Aktien und Immobilien. Erstmals wurden geschlossene Investmentfonds gegründet, die in einer Art Schneeballsystem den Wetteinsatz immer mehr erhöhten. Im Spätsommer 1929 erreichte der Börsenboom seinen Höhepunkt, am 24. Oktober platzte dann die Blase. Weil Millionen Menschen dabei ihr Erspartes verloren, brach der Konsum sofort ein. Von der damals noch jungen Notenbank kam keine Hilfe, so dass die US-Wirtschaft in eine zehnjährige Depression stürzte, die auch den Rest der Welt mit in die Tiefe riss.

Der Börsencrash von 1987

Wieder erlebte die Wall Street einen Aktienboom, der von einer riesigen Fusions- und Zerschlagungswelle in der US-Firmenwelt getragen wurde. Erstmals wurden die Spekulationen auf breiter Front von Computerprogrammen angeheizt. Zwischen 1982 und 1987 legten die Aktienkurse um ein Vielfaches schneller zu als das Wachstum der Unternehmen. Am 19. Oktober krachten die Kurse dann überraschend ein, weil die Stimmung gedreht hatte. Und die Rechner warfen jetzt blindlings alle Papiere auf den Markt und verstärkten den Crash damit noch. An diesem Tag verlor der Dow-Jones-Index fast 25 Prozent und die Panik breitete sich rund um den Globus an allen Aktienbörsen aus. Dieses Mal sicherte die US-Notenbank den Märkten jedoch sofort Liquidität in unbegrenzter Höhe zu. Die entsprechende Mitteilung machte den Fed-Chef Alan Greenspan über Nacht zum gefeierten Retter und führte zu einer relativ schnellen Beruhigung.

Die Asienkrise 1997/98

Schwellenländer gerieten Mitte der neunziger Jahre immer mehr ins Blickfeld der großen Anleger. Sie investierten Milliarden in die Aktien- und Immobilienmärkte aufstrebender Länder wie Thailand oder Indonesien. Viele dieser Gelder flossen als kurzfristige Dollarkredite. Als die US-Währung spürbar aufwertete begann die Krise mit massiven Spekulationen gegen den thailändischen Baht, der eine feste Bindung an den Dollar hatte. Ausländische Kapitalgeber forderten ihre Gelder von den Schwellenländern nun rasch zurück, was die Reserven der dortigen Notenbanken völlig aufzehrte und die gesamte Region in eine Rezession stürzte. Der Internationale Währungsfonds vergab Milliardenkredite, um ein Übergreifen der Krise auf die Industriestaaten zu verhindern.

Der Kollaps des Neuen Marktes

Mitte der neunziger Jahre erweckte das Internet die Fantasie der Anleger. Unternehmen, die auf künftige Geschäfte im weltweiten Datennetz setzten, wurden zu Börsenlieblingen, auch wenn sie nicht viel mehr besaßen als eine Idee und ein paar Computer. Eine hohe „cash burn rate" (Wie schnell verbrennt ein Unternehmen die ihm zufließenden Mittel?) galt als Ausdruck eines gelungenen Geschäftsmodells. Auch immer mehr Privatanleger sprangen auf den Zug auf, bis das ganze Gebilde im März 2000 schließlich einkrachte. Was folgte, war ein dreijähriger Kursabsturz, der durch den Terroranschlag vom 11. September 2001 und die Bilanzskandale der Firmen Worldcom und Enron noch verstärkt wurde.

Karras, Stuttgarter Zeitung, 1.9.2007

M 3 Ursachen für die Krisenanfälligkeit des internationalen Finanzsystems

John Maynard Keynes schrieb 1926 in seinem Essay „The End of Laissez-Faire": „Viele der größten wirtschaftlichen Übel unserer Zeit sind die Früchte von Risiko, Unsicherheit und Ignoranz." Dazu zählen Krisen monetärer Märkte, gar ganzer Finanzsysteme. Und – so ist aus der Erfahrung der letzten Monate aus dem Debakel mit Hypothekenkrediten hoher Risikoklasse in den USA hinzuzufügen – als weitere Ursache für die Krisenanfälligkeit von Finanzsystemen ist die Gier nach immer höheren Gewinnen zu nennen. Das wurde schon vor Jahrzehnten von Hyman Minsky dargelegt. Minsky vertraute nicht auf Gleichgewichte, die automatisch von Marktteilnehmern hergestellt werden. Finanzmarktkrisen sind in seiner Sicht Ergebnis eines zur Instabilität neigenden Kapitalismus, der immer stärker von Finanzgeschäften dominiert wird. In langen Phasen wirtschaftlichen Wachstums verlieren Banken, Unternehmen und Anleger das Gefühl für die Möglichkeit von Risiken. Getrieben von der Sucht nach immer höheren Gewinnen werden diese zunehmend missachtet. Die Finanzierungen werden von mal zu mal riskanter. Immer stärker umgehen Banken Regulierungen, so durch die Herausnahme von Krediten aus den Bilanzen, um sie in Wertpapieren zu bündeln, versehen mit einem vermeintlichen Werteetikett. Dann werden sie um den Globus geschickt und jenen verkauft, die Rendite über alles lieben und Risiken nicht zur Kenntnis nehmen. Zudem zwingt der Wettbewerb Banken, immer wieder neue, noch komplexere Finanzprodukte auf den Markt zu werfen, deren Konstruktion kaum noch zu verstehen ist. Je länger der Boom anhält, desto waghalsiger werden die Finanzierungen. Nach Kreditnehmern, die den Schuldendienst ordentlich verrichten, kommen schließlich auch Schwindler zum Zuge, ... nämlich Unternehmen oder Privatpersonen, die allein bei sehr niedrigen Zinssätzen den Schuldendienst leisten können, weil sie auf künftige Preissteigerungen von Vermögensgütern setzen, die sie auf Kredit gekauft haben. Dieses Kartenhaus bricht zusammen, wenn die Vermögenspreise nicht weiter steigen oder Zinssätze angehoben werden. Das kann die gesamte Finanzbranche in eine Krise stürzen. Kommt es dazu, so sind Aufsichtsbehörden und Zentralbanken gefordert, den Kollaps von Finanzsystemen abzuwenden. Das ist seit August 2007 als Folge des Zusammenbruchs des Marktes geringwertiger Hypothekenkredite in den USA zu beobachten. Schwere wirtschaftliche Verwerfungen können die Folge sein, wenn Finanzmärkte ein Eigenleben entwickeln und nicht das leisten, wozu sie geschaffen worden sind, nämlich Dienste für Produktion, Einkommen und Beschäftigung zu erbringen. ...

Nach Freigabe der Wechselkurse lösten sich Finanzmärkte zunehmend von Gütermärkten. Zusammen mit zunehmenden Salden in Leistungsreihen – so Leistungsbilanzsalden und steigende Staatsverschuldung – ergaben sich drei Probleme an Finanzmärkten, die miteinander verwoben sind.

Erstens ein Mengenproblem. Es beinhaltet, dass das Geldvermögen weitaus stärker wächst als das Sozialprodukt oder das Sachvermögen der Welt. ... Damit kommt es zu einem Abkoppeln des finanzwirtschaftlichen Bereichs von der Güterwirtschaft,

Händlersaal der Commerzbank in Frankfurt. Große Geldsummen lassen sich per Mausklick an jeden beliebigen Finanzplatz der Welt transferieren.

zu dem Bestreben von Vermögensanlegern, aus reinen Finanztransaktionen kurzfristig die höchsten Erträge zu erzielen. Das führt zu rasch reversiblen Kapitalströmen zwischen Ländern, immer auf der Suche nach den besten Anlagemöglichkeiten. Die Summe der Auslandsforderungen und Auslandsverbindlichkeiten bezogen auf das Bruttoinlandsprodukt ist in den Industrieländern in den letzten dreißig Jahren von knapp 50 auf über 300 Prozent gestiegen. Die täglichen Umsätze an Devisenmärkten stiegen von 650 Mrd. US-Dollar im April 1989 auf 3,2 Billionen im April 2007. Zum Vergleich: Der weltweite Güterexport machte 2006 14,7 Billionen US-Dollar aus. Zur Abwicklung des internationalen Leistungsaustauschs hätte es genügt, die Devisenmärkte für drei Tage zu öffnen.

Dieses Mengenproblem löste zweitens ein Preisproblem aus: Die Schwankungen von Preisen, Kursen und Zinssätzen an Finanzmärkten haben drastisch zugenommen. Schon das geringste Rumoren führt nun zu abrupten Preisänderungen an Vermögensmärkten, so für Aktien, Devisen und Immobilien. Damit können sich spekulative Blasen herausbilden, die auch aus nichtigem Anlass platzen können, mit katastrophalen Auswirkungen für Wirtschaftswachstum, Beschäftigung und Lebenssituation der Menschen. Das Preisproblem bewirkte drittens ein rasantes Wachstum derivativer Finanzprodukte. Finanzderivate, von einem finanziellen Grundgeschäft abgeleitete Instrumente, haben mit Finanzierung im Grunde nichts zu tun. Derivate werden genutzt, um die mit der Finanzierung verbundenen Risiken handelbar zu machen. Freilich gelingt es dadurch nicht, Risiken aus Finanzkontrakten auszuschalten. Finanzderivate sind mit Wetten auf künftige Preisänderungen verbunden. Geht die Wette aber nicht auf, so erleiden jene Verluste, die Finanzderivate erworben haben. Diese Verluste können in einer Kettenreaktion auf andere Finanzmarktteilnehmer übertragen werden, auch auf den güterwirtschaftlichen Bereich, auf andere Länder; Kontaminierung kann die Folge sein, und das weltweit.

Diese drei Problembereiche sind miteinander verbunden. Verschärft sich das Mengenproblem, etwa wegen hoher Leistungsbilanzsalden der Länder, so nimmt bei Umschichtungsvorgängen des Geldvermögens zwischen Währungsräumen die Anfälligkeit des Finanzsystems für abrupte Preis- und Renditeschwankungen zu. Zugleich steigt der Bedarf an Finanzderivaten. Sie erleichtern die Verteilung von Risiken, verlocken aber auch – und vor allem – zur Spekulation, laden dazu ein, sich an Wetten über Kurs- und Renditeänderungen zu beteiligen, mit der Folge, dass die Mengen- und Preisprobleme weiter zunehmen. Der Teufelskreis ist perfekt. Das ist das Systemrisiko instabiler Finanzmärkte.

Der Verlauf eines Finanzzyklus und dessen Auswirkungen auf die Realwirtschaft werden folgendermaßen beschrieben: „Ihren Ursprung haben Finanzzyklen in der Regel in einer Woge von Optimismus, die von günstigen Entwicklungen in der Realwirtschaft ausgelöst wird. Folgen dieser optimistischen Erwartungshaltung sind die Unterschätzung von Risiken, eine überhöhte Kreditgewährung, ein übermäßiger Anstieg der Preise von Vermögenswerten, Überinvestitionen in Sachanlagen und in einigen Fällen ein allzu ausgabefreudiges Verbraucherverhalten. Wenn sich dann schließlich realistischere Erwartungen durchsetzen, müssen die während des Booms entstandenen Ungleichgewichte wieder korrigiert werden, was manchmal sowohl im Finanzsystem als auch in der Realwirtschaft zu erheblichen Störungen führt“.

Hierin zeigt sich die gewachsene Einsicht, dass es mit der früher als garantiert erachteten jederzeitigen Effizienz von Finanzmärkten nicht weit her ist. Finanzmärkte können von Panik oder Manie geprägt werden, nicht von einem rationalen Abwägen. Zudem laden Deregulierung und Internationalisierung der Finanzbeziehungen ein, schwankende Zinssätze, Kurse und Preise an Finanzmärkten allein für Spekulation zu nutzen. Und nichts stellt sicher, dass spekulative Transaktionen zu Gleichgewichtswerten führen.

Eine Ursache hierfür sind Informationsprobleme. ... Bei ungleich verteilten Informationen kann ein Marktteilnehmer einen Informationsvorsprung zum Nachteil des anderen nutzen. So sind Kreditgeber über die Erfolgsaussichten und Risiken der Investitionsprojekte von Kreditnehmern schlechter informiert als diese selbst. Und Kreditnehmer werden es vermeiden, dem Gläubiger schlechte Nachrichten preiszugeben, weil beim Offenlegen der Karten die Finanzierung platzen könnte. Der Nachfrager nach Finanzmitteln aber ist allein an der Auszahlung interessiert, die er für Investitionen mit Aussichten auf hohen Gewinn aber großem Verlustrisiko verwenden kann, wenn das dem Kreditgeber verborgen bleibt. Läuft das Geschäft gut, ist der Kreditnehmer der Gewinner, geht es nicht auf, so ist der Gläubiger der Dumme.

Von Effizienz der Finanzmärkte kann dann keine Rede sein. Die gegenwärtige Finanzkrise als Folge einer Risiken ausblendenden und von Profitgier getriebenen Hypothekenkreditblase in den USA ist hierfür Beleg.

Wolfgang Filc, Stabilität des internationalen Finanzsystems, in: Aus Politik und Zeitgeschichte, 07/2008, gekürzt

Aufgaben

1. Sammeln Sie aus der Tagespresse weitere Belege für die Krisenanfälligkeit des internationalen Finanzsystems (M 1).
2. Entwerfen Sie einen Text zur Immobilienkrise in den USA, der die Chronik der großen Finanzmarktkrisen ergänzt (eigene Recherchen, M 2).
3. In (M 3) wird beschrieben, wie es zu Finanzmarktkrisen allgemein kommt. Fassen Sie die Gründe zusammen.

Institutionen zur Kontrolle der internationalen Finanzmärkte

M 4

a) Der Internationale Währungsfonds – IWF

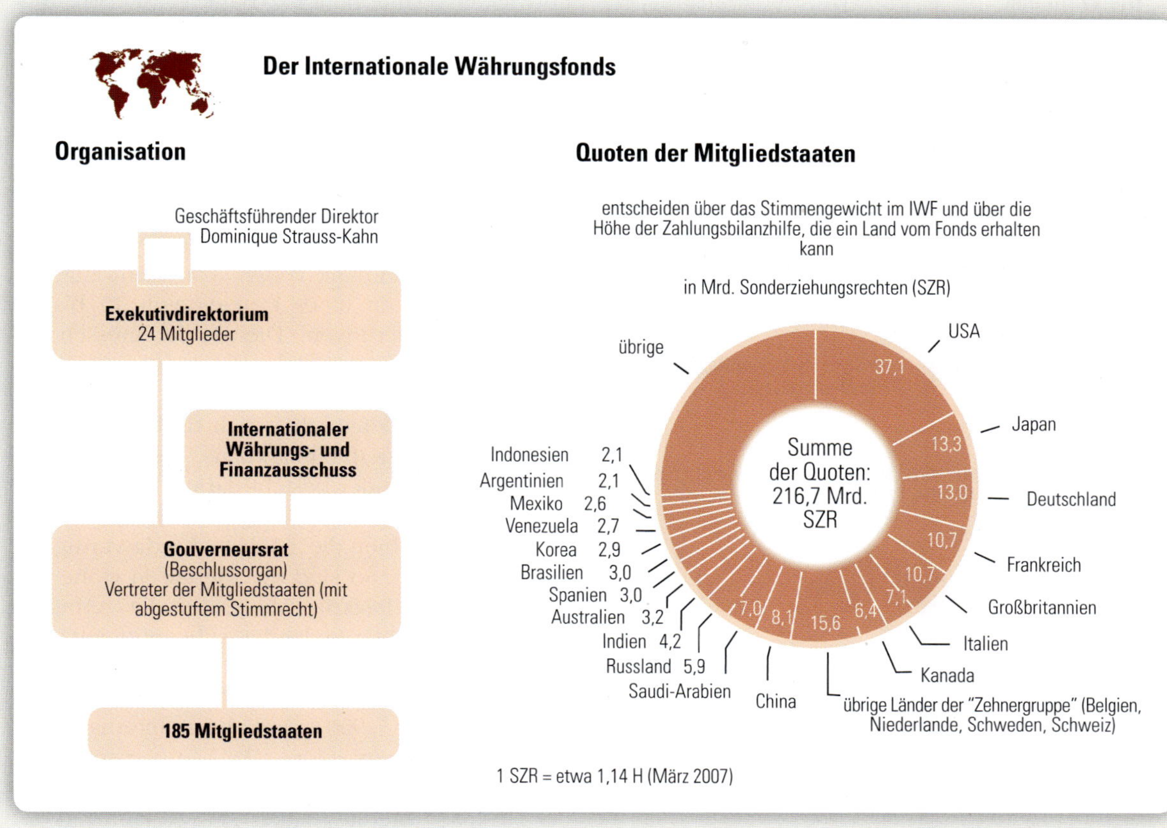

Erich Schmidt Verlag, Zahlenbilder 625 110

Die wichtigsten Ziele des IWF (International Monetary Fund, IMF) sind die Förderung der internationalen Zusammenarbeit auf dem Gebiet der Währungspolitik, die Förderung des Welthandels und die Vergabe von Mitteln des Fonds an Mitgliedsländer zur Hilfe bei Zahlungsbilanzproblemen.

Der IWF wurde auf der Basis des Abkommens von Bretton Woods am 27.12.1945 mit Sitz in Washington gegründet. Er wird von 184 Mitgliedsländern getragen, die je einen Vertreter im obersten Gremium, dem Gouverneursrat (Board of Governors), haben. Jedes Mitgliedsland muss Zahlungen an den Fonds gemäß seiner festgesetzten Quote leisten. In deren Berechnung fließen vor allem das Bruttoinlandsprodukt, die Leistungsbilanz und die Währungsreserven eines Landes ein. Nach der Höhe der Quote richten sich die Stimmrechte sowie die Kreditfazilitäten, d.h. die Höhe der möglichen Inanspruchnahme der finanziellen Mittel.

Jedes Mitgliedsland kann bei Zahlungsbilanzproblemen, also zur Erhöhung seiner Devisenreserven in Krisensituationen, unterschiedliche Kreditfazilitäten in Anspruch nehmen. Die Mittel des Allgemeinen Kontos dienen allen Mitgliedern zur Aufnahme von Devisenkrediten. Die Kredite sind insgesamt auf die Höhe der Quote beschränkt und spätestens nach drei bis fünf Jahren zurückzuzahlen. Bei längerfristigen, tiefgreifenden außen- und binnenwirtschaftlichen Strukturproblemen kann auch auf die Mittel des Kontos für Sonderverwendungen sowie der Erweiterten Strukturanpassungsfazilität zurückgegriffen werden. Diese Kredite sind stark subventioniert und müssen erst nach spätestens sieben bis zehn Jahren getilgt werden. Die IWF-Kredite sind aber mit wirtschaftspolitischen Auflagen (z.B. Kürzung von Staatsausgaben, Antiinflationspolitik) für die Empfänger verbunden, die vor allem die Liberalisierung der einheimischen Wirtschaft betreffen.

b) Die Weltbank

Die Weltbank

- gegründet 1945
- 185 Mitglieder, die unterschiedlich hohe Beiträge zahlen
- Präsident: üblicherweise ein US-Amerikaner (USA sind größte Geldgeber)

Aufbau

IBRD Internationale Bank für Wiederaufbau und Entwicklung	**IDA** Internationale Entwicklungsorganisationen
vergibt günstige Kredite für Entwicklungs- und Schwellenländer	vergibt zinslose Kredite und Zuschüsse an die ärmsten Länder der Welt
erwirtschaftet nötige Mittel auf dem Kapitalmarkt	finanziert Hilfe durch Beiträge der Mitgliedsländer

Kreditnehmer

Im Finanzjahr 2007 vergab die Weltbank Kredite in Höhe von 24,7 Mrd. US-Dollar (IBRD: 12,8 Mrd., IDA: 11,9 Mrd.) davon in Prozent nach:

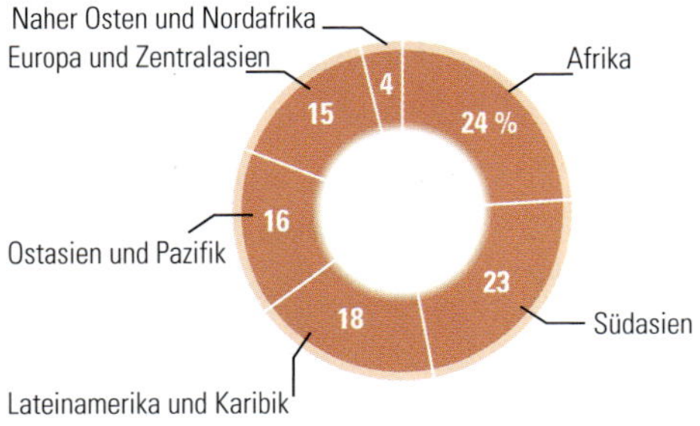

Quelle: Weltbank, Globus Grafik 1862

Die Internationale Bank für Wiederaufbau und Entwicklung (International Bank for Reconstruction and Development), meist Weltbank genannt, wurde wie der Internationale Währungsfonds im Abkommen von Bretton Woods konstituiert. Ihre Arbeit nahm die Weltbank 1946 mit dem Ziel auf, den Aufbau Europas nach dem Zweiten Weltkrieg zu fördern. Doch schon seit Anfang der 1950-er Jahre ist die Unterstützung von Entwicklungsländern zu ihrer eigentlichen zentralen Aufgabe geworden. Die Weltbank vergibt vor allem langfristige Darlehen mit einer Laufzeit von 15 bis 20 Jahren an Regierungen. Die Gelder müssen für Projekte verwendet werden, die die wirtschaftliche Entwicklung des Empfängerlandes verbessern. Der Kreditzins richtet sich nach dem jeweiligen aktuellen Kapitalmarktzins. Der Vorteil für die Empfängerländer besteht darin, dass die Weltbank das benötigte Geld auf den Kapitalmärkten aufnimmt und hier die höchste Kreditwürdigkeit (Bonität) besitzt. So sind die Kredite in Höhe des sonst üblichen Risikozuschlags für die geringere Bonität des Empfängerlandes subventioniert. Die Weltbank berät Entwicklungsländer auch in wirtschaftlichen, technischen und organisatorischen Fragen. ... Die 1960 gegründete Internationale Entwicklungsorganisation (IDA), unterstützt besonders arme Entwicklungsländer. Die Laufzeit der zinslosen Kredite beträgt 35 – 50 Jahre.

Michael Bauer u.a., Wirtschaft heute, Bonn 2006, S. 266

c) Die komplizierte internationale Finanzmarktarchitektur

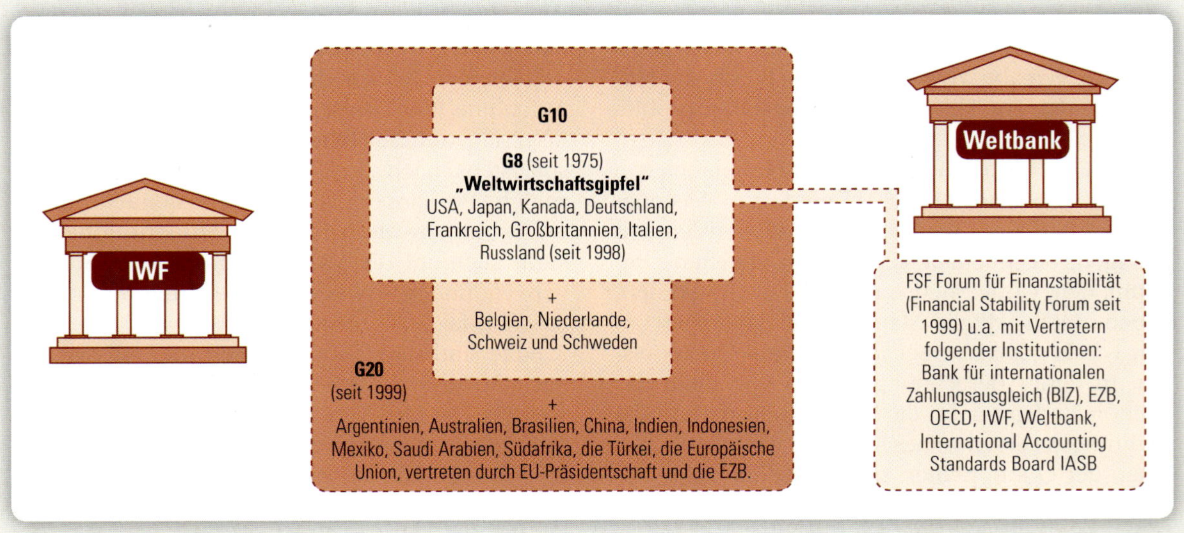

Autorengrafik

d) Das Financial Stability Forum

Das Forum für Finanzstabilität (Financial Stability Forum) wurde 1999 auf Initiative der G7 gegründet, um die Stabilität des internationalen Finanzsystems zu stärken, die Funktionsfähigkeit der Märkte zu verbessern und Systemrisiken zu vermindern. Dem Forum gehören hochrangige Vertreter der Finanzministerien, Zentralbanken und Aufsichtsbehörden der G7-Länder und fünf weiterer bedeutender internationaler Finanzplätze sowie Repräsentanten wichtiger internationaler Institutionen und Gremien an, die sich mit Fragen der Finanzstabilität befassen.
Deutschland ist in dem Forum durch den für Finanzmarktpolitik zuständigen Staatssekretär im Bundesministerium der Finanzen, den Vizepräsidenten der Deutschen Bundesbank und den Präsidenten der Bundesanstalt für Finanzdienstleistungsaufsicht vertreten.

Zu den Aufgaben des Forums gehört es

- regelmäßig die Lage an den internationalen Finanzmärkten zu analysieren, um ggf. Schwachstellen frühzeitig zu identifizieren,
- Vorschläge zu ihrer Beseitigung zu erarbeiten und ihre Umsetzung zu verfolgen
- sowie die Koordination und den Informationsaustausch der verschiedenen Behörden, Institutionen und Gremien zu verbessern, die für Fragen der Finanzstabilität zuständig sind.

Das Forum tagt zweimal jährlich. Vertreten sind die wichtigsten Industriestaaten und internationale Institutionen und Gremien wie z.B. die Bank für internationalen Zahlungsausgleich (BIZ), die EZB, der IWF oder Organisation für wirtschaftliche Zusammenarbeit und Entwicklung (OECD).

nach: Bundesministerium der Finanzen, 2.3.2007

Der IWF in der Krise

M 5

Um den Internationalen Währungsfonds ist es in den letzten Jahren ruhig geworden. Anders als zu Zeiten der Asienkrise in den Jahren 1997 und 1998 oder des Zusammenbruchs der argentinischen Wirtschaft im Jahr 2002 muss der Fonds gegenwärtig keine schweren Turbulenzen bewältigen. Die letzte größere Krise eines Entwicklungs- oder Schwellenlandes liegt bereits sechs Jahre zurück. ... Weder bei der Krisenvorsorge noch beim wesentlich bedeutenderen Krisenmanagement hat der IWF bislang überzeugende neue Konzepte vorgestellt. Die aktuelle Finanzkrise in den USA verschärft nun den Druck auf den Fonds. Zwar ist der IWF nicht unmittelbar in die Bewältigung der Krise eingebunden. Aber in den USA steht das Modell der Organisation nationaler Finanzmärkte, das der IWF über Jahrzehnte hinweg als modellhaft gepriesen hat, auf dem Prüfstand.
Der IWF und sein seit dem 1. November 2007 amtierender neuer geschäftsführender Direktor Dominique Strauss-Kahn stehen also unter Druck. ... Dabei gibt es viele Gründe, die Zukunft des Internationalen Währungsfonds zu diskutieren. Der wichtigste ist: Dem Fonds laufen die Kunden weg. Zwei wichtige, in den 1990er Jahren noch stark vom IWF beeinflusste Regionen, Ostasien und Lateinamerika, haben sich inzwischen von ihm abgewendet. ... Die Abwendung vieler Länder vom IWF hat sich bereits in dessen Bilanzen niedergeschlagen. Die Summe ausstehender Kredite ist von rund 98 Mrd. US-Dollar im Jahr 2003 auf nur noch etwa 18 Mrd. US-Dollar im März 2007 drastisch gefallen. Diese Entwicklung führt nicht nur zu einem Bedeutungsverlust des IWF, sondern bereitet ihm handfeste Finanzierungsprobleme. Der Fonds bestreitet die Kosten für seinen Geschäftsbetrieb nicht etwa aus Beiträgen der Anteilseigner, sondern vorwiegend aus dem Zinsüberschuss, den er erwirtschaftet. Die Kreditnehmer des IWF finanzieren also den Apparat, und die dafür erforderlichen Mittel sind mit rund einer Mrd. US-Dollar pro Jahr nicht unerheblich. Falls es keine Veränderung bei den Neukrediten geben sollte, wird sich der IWF entweder verschulden, die Ausgaben senken oder von den Anteilseignern Zuschüsse zu den Verwaltungskosten verlangen müssen.
Betrachtet man die Zukunft des Fonds, fallen vor allem zwei ungelöste Probleme ins Auge: Erstens ist eine Reform der Stimmrechtsverteilung überfällig. Bislang ist der Fonds durch eine Asymmetrie gekennzeichnet: Die OECD-Länder, vor allem die USA, prägen die Politik des IWF, während die Auswirkungen dieser Politik vor allem Entwicklungs- und Schwellenländer treffen. Zweitens war der IWF bislang nicht in der Lage, ein Konzept zur Bewältigung möglicher künftiger Finanzkrisen zu entwi-

ckeln, das die Regierungen in Entwicklungs- und Schwellenländern überzeugt. Der IWF muss daher, wenn er zentrale Bedeutung für die internationale Finanzarchitektur behalten will, seine Kreditvergabepolitik ändern. Versäumen der Fonds und die seine Politik prägenden Regierungen die Einleitung umfassender Reformen, wird sich der Trend zur Herausbildung alternativer Regulierungs- und Sicherungssysteme fortsetzen. Ohne eine globale Institution, die glaubwürdig respektiert und demokratisch angemessen legitimiert ist, werden Entwicklungs- und Schwellenländer den bereits begonnen Prozess der Emanzipation vom IWF fortsetzen. ...

Die für den IWF ins Auge zu fassenden Reformen betreffen besonders zwei Bereiche: Zunächst geht es darum, den Entwicklungs- und Schwellenländern größere Mitspracherechte einzuräumen. Dies wird nur auf Kosten europäischer Länder möglich sein. Europa ist heute im Fonds deutlich überrepräsentiert. Insgesamt verfügen die Länder der Europäischen Union über 31,4 Prozent der Stimmrechte, die USA über weitere 17,1 Prozent. Die asiatischen Länder dagegen sind nicht angemessen vertreten. Zwar hat Japan einen eigenen Sitz und 6,1 Prozent der Stimmrechte, aber China beispielsweise besitzt weniger Stimmrechte als etwa Italien. Indonesien, ein Land mit mehr als 200 Millionen Einwohnern und wichtiger Kreditnehmer des IWF in der Asienkrise, hat weniger Stimmrechte als Schweden. ...

Gegen die Ausweitung der Stimmrechte von Entwicklungs- und Schwellenländern gibt es aber erhebliche Vorbehalte. In Deutschland hat insbesondere die Bundesbank eine Reduzierung der deutschen und europäischen Quoten abgelehnt. Bundesbankpräsident Axel Weber konstatierte gar eine zu geringe Quote für Deutschland und riet von einer voreiligen Reduzierung der Stimmrechte Europas ab. Andere warnten davor, den wichtigsten Kunden des Fonds, den Entwicklungs- und Schwellenländern, eine stärkere Mitsprache bei der Formulierung der Politik des IWF einzuräumen. Kreditvergabepolitiken könnten nicht von den Schuldnern bestimmt werden, da dies zu einem Missbrauch der Kreditlinien führen würde.

Heribert Dieter, Der IWF auf dem Weg in die Bedeutungslosigkeit?, Aus Politik und Zeitgeschichte, 11.2.2008

M 6 Kontrovers diskutiert: The Tobin-Tax – a Means to More Financial Stability?

James Tobin, a Nobel Prize winner for economics, first presented his plan for a tax on currency transactions in 1978. His plan was to slightly increase the cost of trading in currencies, by introducing a currency transactions tax (proposals range from 0.003% to 0.5%). The tax was intended to discourage the speculations that are blamed for large exchange rate fluctuations and serious damage to economies.

Pros	Cons
A Tobin tax would reduce speculative trading and facilitate real trade and investment. More than 1.8 trillion dollars changes hands every day on global foreign exchange markets. More than 80 % of this trading is buying and selling money for profit's sake. A minimal tax would not hold back productive business transactions for trade and investment, but speculative transactions would be hit harder because the greater the frequency of transactions, the higher the tax charge.	There is little evidence that such taxes reduce market instability and they will certainly not stop speculative attacks. However, even a small tax on each transaction could be sufficient to reduce liquidity in financial markets and do exactly the opposite – lead to an increase in instability. Because the tax can't distinguish between speculative activities and dealings to finance trade, all market participants would be subject to the tax.
The revenue generating potential of a tax is tremendous. It has been estimated that a tax of 0.1 % could raise $50 – $300 billion a year. Even if we take the smaller amount, this would match existing levels of official aid. The UN and World Bank estimated in 1997 that the cost of wiping out the worst forms of poverty and providing basic environmental protection would be about $225 billion per year. For comparison, the total annual UN budget is about $10 billion.	All these sums of money do seem a tempting solution but what they actually cause is an effect of „moral hazard". Countries that would receive huge amounts of financial aid would get used to international institutions solving their problems and would not learn to build efficient economies. That is of course if we presume that rich countries (they would collect most of the tax) would be willing to allocate all this money to international institutions.

Pros	Cons
There are several studies that address administrative problems and find adequate answers to administrative problems. A recent policy paper on the Tobin Tax, published with the support of the German Development Ministry, concludes that the tax is technically feasible.	Huge administrative problems exist in implementing the tax. Should this tax be collected by central banks, the UN itself, the IMF or even quotation agencies? The proper use of the tax would require a level of cooperation between monetary and fiscal authorities that does not exist in reality.
If international development organisations had their own source of money, they would be less dependent on the good will of industrialised nations and less influenced by the day-to-day politics of major powers and their selfish calculations. That would provide a more long term approach and help to focus on the real problems.	The reality is that countries don't want more independent international organisations. The idea that revenues could fund the United Nations, for instance, has received an icy reception from the US. Sheer self-interest apart, there is an issue of democratic accountability at stake here, as independent international organisations are not subject to the same democratic control and scrutiny as most of the governments which would lose influence as a result of this proposal.
Presently 84 % of all foreign exchange transactions occur in just nine countries. A tax introduced in these nine would initially provide a workable regime that could be gradually expanded further.	The tax would need to be introduced globally and at the same rate, or transactions would move offshore to tax-free or lower tax jurisdictions. Unless a world-wide uniform tax is imposed on all instruments for transacting in foreign currency, the tax will be largely ineffective.

Mateja Peter, 9.8.2004 (http://www.debatabase. org/details.asp?topicID=289#sites, 25.2.2005)

Aufgaben

1. Beschreiben Sie mit Hilfe von M 4 die internationale Finanzmarktarchitektur (Institutionen, Entwicklung, Ziele, Instrumente).
2. Erläutern Sie, inwiefern der IWF von einem Bedeutungsverlust bedroht ist (M 5).
3. Beurteilen Sie, ob die Einführung der Tobin-Steuer zur Stabilisierung der Finanzmärkte sinnvoll ist (M 6, fächerverbindend mit dem Englischkurs).

Wissen kompakt

Entwicklung der Finanzmärkte

Die internationalen Finanzmärkte (Kreditmärkte, Wertpapiermärkte und Devisenmärkte) entwickelten sich mit der Liberalisierung seit den 70er Jahren enorm. So stieg in den 90er Jahren das Weltsozialprodukt um 50 %, während die Direktinvestitionen sich mehr als verfünffachten.

Risiken der Finanzmärkte
M 3

Die internationalen Finanzmärkte bergen heute eine Fülle von Risiken, die vor allem aus dem starken Wachstum der Geldvermögen und der Möglichkeit, dieses global zu investieren, resultieren. Zu diesen sich teilweise gegenseitig verstärkenden Risiken zählen:

- Leichtfertige und unzureichend kontrollierte Kreditvergabe der Banken aufgrund der Aussicht auf steigende Kurse und Vermögenswerte (insbesondere Immobilien)
- Starke Ausdifferenzierung der angebotenen Finanzinstrumente (Derivate), die nur der Absicherung von Kursrisiken dienen
- Große Leistungsbilanzungleichgewichte zwischen einzelnen Ländern (insbesondere der USA mit Asien) mit der Gefahr der Verschuldung bzw. Anhäufung von Devisenreserven
- Starkes Wachstum von Hedgefonds und Private Equity Gesellschaften, die große Mengen von Kapital zu spekulativen Zwecken einsetzen
- Generell eine wachsende Anfälligkeit des Finanzsystems für abrupte und irrationale Kursänderungen

Der IWF
M 4, M 5

Der IWF, der einer Kreditgenossenschaft ähnelt, hat die Aufgabe, für eine stabile Weltwährungsordnung zu sorgen. Dies bewerkstelligt er vor allem durch die Bereitstellung von Krediten für in Finanznot geratene Länder. Die Arbeit des IWF ist umstritten. Er wird von den Kritikern als verlängerter Arm der großen Industrieländer gesehen, welche die schwachen Staaten dominieren und häufig durch strenge Auflagen die Not der betroffenen Staaten noch vergrößern. Andererseits vermochte der IWF in der Vergangenheit durch seine Kredite schlimmere Krisen verhindern. Die Stimmen im IWF sind gewichtet gemäß den Einlagen der Mitgliedsländer, die sich an der Wirtschaftsstärke der Länder orientieren.

Finanzmarktordnung
M 4

Neben dem IWF existiert heute ein Netzwerk globaler Zusammenarbeit, welches für die Stabilität internationaler Finanzmärkte sorgen soll. Im Mittelpunkt stehen dabei immer noch die westlichen Industriestaaten (G8-Staaten). 1999 wurde mit den G20 ein informelles Dialogforum der Finanzminister und Notenbankgouverneure aus Industrie- und Schwellenländern geschaffen, die über 90 % des Weltsozialprodukts und knapp 2/3 der Erdbevölkerung repräsentieren. Zweck der G20 ist es, Fragen zu erörtern, die für die Stabilität des internationalen Finanz- und Währungssystems bedeutsam sind. Hierzu gehören z.B. Fragen der Angemessenheit des Wechselkursregimes oder Fragen einer geordneten Liberalisierung des Kapitalverkehrs.

Tobin-Steuer
M 6

Um die destabilisierenden Finanzspekulationen zu unterbinden, wird die Einführung einer Devisentransaktionssteuer gefordert. Die Einnahmen aus der Steuer (Tobinsteuer) sollen armen Ländern direkt zugute kommen. Damit könnte die Arbeit der Weltbank, die vor allem Entwicklungsprojekte finanziert, unterstützt werden. Wirkung und Realisierbarkeit der Tobin-Steuer werden allerdings unterschiedlich beurteilt.

4 Perspektiven für eine friedliche Welt

G8-Gipfeltreffen in Berlin 2007.

In vielen Regionen der Welt sind Krieg und Gewalt bis heute ein praktiziertes Mittel des Konfliktaustrags und so ist der „ewige Friede" ein ewiger Menschheitstraum geblieben. Wissenschaftler und Philosophen haben sich mit der Frage beschäftigt, wie dieser Traum verwirklicht werden könnte in Anbetracht der Tatsache, dass es in den internationalen Beziehungen keine Zentralgewalt gibt und die Staaten deshalb selbst für ihre Sicherheit sorgen müssen. Die Antworten darauf fallen sehr unterschiedlich aus und sind oft im historischen Zusammenhang zu sehen. Kapitel 4.1 stellt drei ausgewählte theoretische Friedensentwürfe der Neuzeit vor, die bis heute ihre Relevanz nicht verloren haben.

Doch es geht heute um weit mehr als die Frage, wie Krieg zwischen Staaten verhindert werden könnte, denn menschliche Sicherheit umfasst mehr als die Abwesenheit von Krieg. So rückt heute das Problem in den Mittelpunkt, wie in einer sich globalisierenden Gesellschaft und in Abwesenheit eines Weltstaates eine ausreichende politische Steuerung erhalten werden kann, um materiellen Wohlstand, soziale Gerechtigkeit und ökologische Nachhaltigkeit für möglichst viele Menschen auf der Welt zu verwirklichen. Die Antwort darauf heißt Global Governance. Dieser Begriff beinhaltet ein theoretisches Konzept, das aufzeigt, wie politische Steuerung ohne Weltregierung auf globaler Ebene möglich ist. Kapitel 4.2.1 nennt die Grundelemente dieses Konzepts.

Global Governance beschreibt jedoch auch die bereits existierenden Formen internationalen Regierens. Welche Akteure, welche Institutionen und Organisationen spielen in der internationalen Politik eine entscheidende Rolle? Wie arbeiten sie und welchen Beitrag zur Lösung der gemeinsamen Probleme können sie leisten? Kapitel 4.2.2 gibt anhand von Beispielen einen Überblick über Funktionsweise und Akteure der bestehenden Global Governance-Architektur.

Tipps & Links

Lernen vor Ort

- Organisieren Sie eine Podiumsdiskussion mit Vertretern von Nichtregierungsorganisationen (z.B. Amnesty International, Attac, kirchliche Organisationen, ...) zum Thema „Wie kann der Friede in der Welt verwirklicht werden?"
- Entwickeln Sie Projektideen, wie der jährlich stattfindende Weltfriedenstag (21. September) an Ihrer Schule begangen werden könnte.
- „Frieden stiften – jeden Tag". Erarbeiten Sie gemäß diesem Motto eine Handlungsanleitung für den Alltag, die geeignet ist, zu einer friedlicheren Welt beizutragen.

Referieren und Präsentieren

- Einen Fall vor dem Internationalen Strafgerichtshof porträtieren
- Verschiedene NGOs zum Thema Frieden/Menschenrechte vorstellen
- Ausgewählte Friedenstheorien von der Antike bis zur Gegenwart
- Ein Leben für Frieden und Gewaltfreiheit – Biographie und Wirken Mahatma Gandhis, Martin Luther Kings, Daisaku Ikedas u.a.

Weiterlesen

- *Aus Politik und Zeitgeschichte 20-21/2007, Neue Formen der Staatlichkeit, Bonn 14.5.2007 (Beilage zur Zeitschrift Das Parlament)*
  Das Heft beschäftigt sich in Aufsätzen mit der Frage, was Staatlichkeit heute beinhaltet und wie unter den Bedingungen begrenzter Staatlichkeit regiert werden kann.

- *Informationen zur politischen Bildung Nr. 297, Menschenrechte, Bonn 4/2007 – (Bundeszentrale für politische Bildung)*
  Das Heft führt ein in die Idee der Menschenrechte und zeigt, wie versucht wird, den Menschenrechten weltweit Geltung zu verschaffen.

- *Gert Krell, Weltbilder und Weltordnung, 3. Aufl., Baden-Baden 2004 (Nomos)*
  Der Band stellt grundlegende Weltbilder bzw. Großtheorien der internationalen Beziehungen (Realismus, Institutionalismus, Liberalismus, ...) vor und diskutiert ihre politischen bzw. historischen Voraussetzungen.

- *Bernhard Zangl, Michael Zürn, Frieden und Krieg, Frankfurt a.M. 2003 (Suhrkamp)*
  Das Buch gibt einen Überblick über die Theorien von Krieg und Frieden in der nationalen und postnationalen Konstellation.

Recherchieren

www.friedenspaedagogik.de
Seite des Instituts für Friedenspädagogik Tübingen; mit einer Sammlung von Materialien und Links speziell für die Schule.

www.hiik.de
Heidelberger Institut für internationale Konfliktforschung; wissenschaftliches Institut mit zahlreichen Publikationen, u.a. dem „Konfliktbarometer", einem Überblick über das weltweite gewaltlose und gewaltsame Konfliktgeschehen.

www.icc-cpi.int
Internationaler Strafgerichtshof; mit Informationen zu Aufbau und Arbeit des Gerichtshofes, englisch.

www.uni-kassel.de/fb5/frieden
Friedensratschlag, Seite der Arbeitsgemeinschaft Friedensforschung der Uni Kassel mit einer sehr guten Sammlung von Aufsätzen und Zeitungsartikeln zu Themen der Friedens- und Konfliktforschung.

4.1 Entwürfe für den Frieden

Thomas Hobbes: „Gesetze und Verträge allein können den Zustand des Krieges nicht aufheben“

M 1

Das Menschenbild von Thomas Hobbes (1588-1679) und seine Vorstellungen vom Staat sind stark geprägt durch die Erfahrungen von Krieg und Bürgerkrieg. Der von ihm entwickelte Vertragsgedanke ist bis heute ein grundlegendes Denkmodell der politischen Philosophie. Der Naturzustand bei Hobbes wird oft mit dem Zustand des internationalen Systems gleichgesetzt.

Die Absicht und Ursache, warum die Menschen bei all ihrem natürlichen Hang zur Freiheit und Herrschaft sich dennoch entschließen konnten, sich gewissen Anordnungen, welche die bürgerliche Gesellschaft trifft, zu unterwerfen, lag in dem Verlangen, sich selbst zu erhalten und ein bequemeres Leben zu führen; oder mit anderen Worten, aus dem elenden Zustande eines Krieges aller gegen alle gerettet zu werden. Dieser Zustand ist aber notwendig wegen der menschlichen Leidenschaften mit der natürlichen Freiheit so lange verbunden, als keine Gewalt da ist, welche die Leidenschaften durch Furcht vor Strafe gehörig einschränken kann und auf die Haltung der natürlichen Gesetze und der Verträge dringt. Alles, was die natürlichen Gesetze fordern, wie z.B. Gerechtigkeit, Billigkeit und kurz, andern das zu tun, was wir wünschen, dass es uns von andern geschehe, ist, wenn die Furcht vor einer Zwangsmacht wegfällt, den natürlichen Leidenschaften, Zorn, Stolz und den Begierden aller Art, gänzlich zuwider.
Gesetze und Verträge können an und für sich den Zustand des Krieges aller gegen alle nicht aufheben; denn sie bestehen in Worten, und bloße Worte können keine Furcht erregen; daher fördern sie die Sicherheit der Menschen allein und ohne Hilfe der Waffen nicht. ...
Um aber eine allgemeine Macht zu gründen, unter deren Schutz gegen auswärtige und innere Feinde die Menschen bei dem ruhigen Genuss der Früchte ihres Fleißes und der Erde ihren Unterhalt finden können, ist der einzig mögliche Weg folgender: Jeder muss alle seine Macht oder Kraft einem oder mehreren Menschen übertragen, wodurch der Willen aller gleichsam auf einen Punkt vereinigt wird, so dass dieser eine Mensch oder diese eine Gesellschaft eines jeden einzelnen Stellvertreter werde und ein jeder die Handlungen jener so betrachte, als habe er sie selbst getan, weil sie sich dem Willen und Urteil jener freiwillig unterworfen haben. Dies fasst aber noch etwas mehr in sich als Übereinstimmung und Eintracht; denn es ist eine wahre Vereinigung in einer Person und beruht auf dem Vertrage eines jeden mit einem jeden, wie wenn ein jeder zu einem jeden sagte: „Ich übergebe mein Recht, mich selbst zu beherrschen, diesem Menschen oder dieser Gesellschaft unter der Bedingung, dass du ebenfalls dein Recht über dich ihm oder ihr abtrittst.“ Auf diese Weise werden alle einzelnen eine Person und heißen Staat oder Gemeinwesen. So entsteht der große Leviathan[1] oder, wenn man lieber will, der sterbliche Gott, dem wir unter dem ewigen Gott allein Frieden und Schutz zu verdanken haben. Dieses von allen und jedem übertragene Recht bringt eine so große Macht und Gewalt hervor, dass durch sie die Gemüter aller zum Frieden unter sich gern geneigt gemacht und zur Verbindung gegen auswärtige Feinde leicht bewogen werden. Dies macht das Wesen eines Staates aus ...

Thomas Hobbes, Leviathan. 1651, hrsg. und übersetzt von Jacob Peter Mayer, Stuttgart 1990, S. 151, S. 155 f.

[1] *Leviathan: Ungeheuer der altorient. Mythologie*

M 2 Immanuel Kant: „Zum ewigen Frieden“

Immanuel Kant (1724-1804) entwickelt in seiner Schrift „Zum Ewigen Frieden“ Bedingungen, die zu einem dauerhaften Frieden zwischen den Staaten führen sollen.

Der Friedenszustand unter Menschen, die nebeneinander leben, ist kein Naturstand (status naturalis), der vielmehr ein Zustand des Krieges ist, d.i. wenngleich nicht immer ein Ausbruch der Feindseligkeiten, doch immerwährende Bedrohung mit denselben. Er muss also *gestiftet* werden; ...

Erster Definitivartikel zum ewigen Frieden. Die bürgerliche Verfassung in jedem Staate soll republikanisch[1] sein.

Die erstlich nach Prinzipien der Freiheit der Glieder einer Gesellschaft (als Menschen); zweitens nach Grundsätzen der *Abhängigkeit* aller von einer einzigen gemeinsamen Gesetzgebung (als Untertanen); und drittens, die nach dem Gesetz der *Gleichheit* derselben (*als Staatsbürger*) gestiftete Verfassung – die einzige, welche aus der Idee des ursprünglichen Vertrags hervorgeht, auf der alle rechtliche Gesetzgebung eines Volks gegründet sein muss – ist die *republikanische*. Diese ist also, was das Recht betrifft, an sich selbst diejenige, welche allen Arten der bürgerlichen Constitution ursprünglich zum Grunde liegt ...

Zweiter Definitivartikel zum ewigen Frieden. Das Völkerrecht soll auf einen Föderalism freier Staaten gegründet sein.

Völker, als Staaten, können wie einzelne Menschen beurteilt werden, die sich in ihrem Naturzustande (d.i. in der Unabhängigkeit von äußern Gesetzen) schon durch ihr Nebeneinandersein lädieren, und deren jeder, um seiner Sicherheit willen, von dem andern fordern kann und soll, mit ihm in eine, der bürgerlichen ähnliche, Verfassung zu treten, wo jedem sein Recht gesichert werden kann. Dies wäre ein *Völkerbund*, der aber gleichwohl kein Völkerstaat sein müsste. Darin aber wäre ein Widerspruch; weil ein jeder Staat das Verhältnis eines *Oberen* (Gesetzgebenden) zu einem *Unteren* (gehorchenden, nämlich dem Volk) enthält, viele Völker aber in einem Staat nur ein Volk ausmachen würden, welches (da wir hier das Recht der *Völker* gegen einander zu erwägen haben, so fern sie so viel verschiedene Staaten ausmachen, und nicht in einem Staat zusammenschmelzen sollen) der Voraussetzung widerspricht. ...

Da die Art, wie Staaten ihr Recht verfolgen, nie, wie bei einem äußern Gerichtshofe, der Process, sondern nur der Krieg sein kann, durch diesen aber und seinen günstigen Ausschlag, den *Sieg*, das Recht nicht entschieden wird, und durch den *Friedensvertrag* zwar wohl dem diesmaligen Kriege, aber nicht dem Kriegszustande (immer zu einem neuen Vorwand zu finden) ein Ende gemacht wird (den man auch nicht geradezu für ungerecht erklären kann, weil in diesem Zustande jeder in seiner eigenen Sache Richter ist), gleichwohl aber von Staaten, nach dem Völkerrecht, nicht eben das gelten kann, was von Menschen im gesetzlosen Zustande nach dem Naturrecht gilt, „aus diesem Zustande herausgehen zu sollen“ (weil sie, als Staaten, innerlich schon eine rechtliche Verfassung haben, und also dem Zwange anderer, sie nach ihren Rechtsbegriffen unter eine erweiterte gesetzliche Verfassung zu bringen, entwachsen sind), indessen dass doch die Vernunft vom Throne der höchsten moralisch gesetzgebenden Gewalt herab, den Krieg als Rechtsgang schlechterdings verdammt, den Friedenszustand dagegen zur unmittelbaren Pflicht macht welcher doch, ohne einen Vertrag der Völker unter sich, nicht gestiftet oder gesichert werden kann: – so muss es einen B u n d von besonderer Art geben, den man den *Friedensbund* (foedus pacificum) nennen kann, der vom *Friedensvertrag* (pactum pacis) darin unterschieden sein würde, dass dieser bloß einen Krieg, jener aber *alle* Kriege auf immer zu endigen suchte. ...

Dritter Definitivartikel zum ewigen Frieden. „Das *Weltbürgerrecht* soll auf Bedingungen der allgemeinen *Hospitalität* eingeschränkt sein.“

Es ist hier, wie in den vorigen Artikeln, nicht von Philanthropie, sondern vom Recht die Rede, und da bedeutet *Hospitalität* (Wirtbarkeit) das Recht eines Fremdlings, seiner Ankunft auf dem Boden eines andern wegen, von diesem nicht feindselig behandelt zu werden. ... Da es nun mit der unter den Völkern der Erde einmal durchgängig überhand genommenen (engeren oder weiteren) Gemeinschaft so weit gekommen ist, dass die Rechtsverletzung an *einem* Platz der Erde an *allen* gefühlt wird: so ist die Idee eines Weltbürgerrechts keine phantastische und überspannte Vorstellungsart des Rechts, sondern eine notwendige Ergänzung des ungeschriebenen Codex, sowohl des Staats- als Völkerrechts zum öffentlichen Menschenrechte überhaupt, und so zum ewigen Frieden ...

Immanuel Kant, Zum ewigen Frieden. Ein philosophischer Entwurf, Königsberg 1795.

[1] *aus heutiger Sicht gleichbedeutend mit demokratisch*
[2] *lädieren = verletzen, beschädigen*

Dieter Senghaas: das „zivilisatorische Hexagon“

M 3

Für den Friedensforscher Dieter Senghaas (geb. 1940) ist die Zivilisierung des Konfliktaustrags davon abhängig, dass bestimmte Bedingungen, auch innerhalb der Staaten, erfüllt sind.

Wo zivilisierte Politik zur Zivilisierung des Zusammenlebens der Menschen innerhalb von modernen Gesellschaften beiträgt, wird ein solches Projekt im Idealfall von den folgenden sechs Sachverhalten gekennzeichnet:

1. Entprivatisierung von Gewalt (Gewaltmonopol):
Wesentlich für jeden Zivilisierungsprozess ist die Entprivatisierung von Gewalt bzw. die Herausbildung eines legitimen, in aller Regel staatlichen Gewaltmonopols, dem die einzelnen Bürger untergeordnet sind („Entwaffnung der Bürger“). Wo das Gewaltmonopol zusammenbricht, also die Wiederaufrüstung und Wiederbewaffnung der einzelnen Bürger eine Chance bekommen, findet statt, was in der neuen Diskussion im Hinblick auf entsprechende Vorgänge als ... „Jugoslawisierung“ politischen Konfliktverhaltens bezeichnet wird, nämlich die Renaissance von Bürgerkriegssituationen.

2. Kontrolle des Gewaltmonopols und Herausbildung von Rechtsstaatlichkeit (Verfassungsstaat):
Ein Gewaltmonopol, das nicht durch Rechtsstaatlichkeit eingehegt wird, wäre im Grenzfall nichts mehr als eine beschönigende Umschreibung von Diktatur. Dann wären seine gesellschaftlichen Träger nichts anderes als eine von mehreren Konfliktparteien in einer potenziellen Bürgerkriegssituation. Soll demgegenüber das Gewaltmonopol als legitim akzeptiert werden, bedarf es der Institutionalisierung rechtsstaatlicher Prinzipien und öffentlicher demokratischer Kontrolle, auf deren Grundlage sich Konflikte in einem institutionellen Rahmen fair austragen lassen.
Rechtsstaatlich verfasste politische Ordnungen hegen das Gewaltmonopol ein. Es verliert dadurch seinen ursprünglichen Charakter, nämlich einfach eine Instanz von letztlich kriegerisch errungener, also willkürlicher Vormacht zu sein. ...
Überdies zeichnen sich solche politischen Ordnungen auch im gesellschaftlichen Bereich durch eine Fülle von institutionalisierten Formen der Konfliktartikulation, des Konfliktmanagements, der Konfliktregelung und der Konfliktlösung aus. Konflikte jedweder Art, seien es Interessen- oder Identitätskonflikte, werden dabei von vornherein als „normal“ und legitim erachtet, wobei in intakten rechtsstaatlichen Ordnungen Interessenkonflikte häufiger sind als Identitätskonflikte und die ersteren in aller Regel leichter bearbeitbar sind als die letzteren.

3. Interdependenz und Affektkontrolle:
Die Entprivatisierung von Gewalt („die Entwaffnung der Bürger“) und die Sozialisation in eine Fülle von institutionalisierten Konfliktregelungen implizieren eine Kontrolle von Affekten. Solche Selbstkontrolle wird maßgeblich durch die Herausbildung von großflächig angelegten Verflechtungen ... unterstützt, weil diese, zu beobachten vor allem in arbeitsteiligen Ökonomien, ein erhebliches Maß an Berechenbarkeit erfordern und in

der Folge Erwartungsverlässlichkeit mit sich bringen. ... Affektkontrolle ... meint dabei die in differenzierten Gesellschaften sich aus diversen komplexen Handlungszusammenhängen ergebende Selbstkontrolle bzw. Selbstbeherrschung. Sie ist Grundlage nicht nur von Aggressionshemmung und Gewaltverzicht, sondern darauf aufbauend von Toleranz und Kompromissfähigkeit. Beide Einstellungen sind wahrscheinlich überhaupt nicht denkbar ohne vorgängig eingeübte Selbstdisziplin. In ihr findet das Autonomiestreben von Individuen und von Gruppen, das moderne Gesellschaften kennzeichnet, ein unerlässliches Korrektiv.

4. Demokratische Beteiligung:
In politisierbaren Gemeinschaften müssen Interessen auf breiter Front artikulationsfähig und in den gängigen politischen Prozess integrierbar sein. Je offener und flexibler dabei das rechtsstaatlich-demokratische Institutionsgefüge ist, um so belastungsfähiger wird es bei anhaltenden und möglicherweise sich ausweitenden politischen Anforderungen sein. ...

5. Soziale Gerechtigkeit:
In Gesellschaften mit einem erheblichen Politisierungspotenzial ist eine aktive Politik der Chancen- und Verteilungsgerechtigkeit, letztlich ergänzt um Maßnahmen der Bedürfnisgerechtigkeit (Sicherung der Grundbedürfnisse), unerlässlich, weil nur dann sich die Mehrzahl der Menschen in einem solchen politischen Rahmen fair behandelt fühlt. Die materielle Anreicherung von Rechtsstaatlichkeit, insbesondere im Sinne eines Anteils an Wohlfahrt, ist also nicht eine politische Orientierung, der in solchen Gesellschaften nach Belieben gefolgt werden kann oder auch nicht; sie ist vielmehr eine konstitutive Bedingung der Lebensfähigkeit von rechtsstaatlichen Ordnungen und damit des inneren Friedens. Rechtsstaatlich verfasste Gesellschaften tun deshalb gut daran, die Frage der Gerechtigkeit niemals zur Ruhe kommen zu lassen, zumal wenn die ihnen zugrunde liegenden Ökonomien, in der Regel Marktwirtschaften, systembedingt eher Ungleichheit als Gleichheit produzieren.

6. Konstruktive politische Konfliktkultur:
Gibt es in einer aufgegliederten, aber deshalb auch zerklüfteten Gesellschaft faire Chancen für die Artikulation und den Ausgleich von unterschiedlichen Interessen, kann unterstellt werden, dass ein solches Arrangement verlässlich verinnerlicht wird, eine Bereitschaft zur produktiven Auseinandersetzung mit Konflikten vorliegt und kompromissorientierte Konfliktfähigkeit einschließlich der hierfür erforderlichen Toleranz zu einer selbstverständlichen Orientierung politischen Handelns wird. Dann kann noch ein weiterer Faktor hinzutreten: Das Gewaltmonopol und die Rechtsstaatlichkeit werden in politischer Kultur verankert, denn ohne diese blieben beide ohne emotionale Grundlage. Die materiellen Leistungen („soziale Gerechtigkeit“) erweisen sich dabei als eine wichtige Brücke zwischen dem Institutionsgefüge und dessen positiver emotionaler Absicherung („Bürgergesinnung“).

Das Hexagon als Verarbeitung historischer Erfahrungen
Im zivilisatorischen Hexagon wird eine historische Erfahrung aus der neuzeitlichen Geschichte in Teilreligionen Europas gebündelt. Historisch betrachtet hat sich seit dem Ende des europäischen Mittelalters zunächst das Gewaltmonopol herausgebildet; dieses Monopol war das Ergebnis lang anhaltender politischer Ausscheidungskämpfe (in der Regel von Kriegen) um Vormachtstellungen. Zusammen mit der Herausbildung des Gewaltmonopols begannen sofort die Konflikte um die Kontrolle dieses Gewaltmonopols; langfristig mündeten sie in die Institutionalisierung von Rechtsstaatlichkeit. Die Ausdifferenzierung und Vernetzung der sich modernisierenden Gesellschaft in der Folge großflächig werdender Verkehrswirtschaften und immer feinmaschigerer Kommunikationsstrukturen erfolgten zeitverschoben. Den Kampf um demokratische Partizipation, vorstellbar nur auf der Grundlage sozial mobil gewordener Gesellschaften, ging einher mit Auseinandersetzungen um soziale Gerechtigkeit, insbesondere Verteilungsgerechtigkeit. Parallel dazu entfaltete sich schrittweise eine politische Konfliktkultur liberaler Prägung.

Dieter Senghaas, Frieden als Zivilisationsprojekt, in: ders. (Hg.), Den Frieden denken, Frankfurt/ M. 1995, S. 198 ff.

Frieden

Info

Verbreitung hat vor allem die Unterscheidung zwischen „negativem" / „positivem" und „stabilem" / „instabilem" Frieden gefunden.

Negativer Friede	Positiver Friede	Instabiler Friede	Stabiler Friede
Nicht-Krieg, Abwesenheit organisierter militärischer Gewaltanwendung	Abwesenheit physischer und struktureller Gewalt, Zustand der Gewaltfreiheit und Gerechtigkeit	Möglichkeit der Gewaltanwendung durch Kampfverbände besteht	Wechselseitiger Einsatz von Kampfverbänden grundsätzlich ausgeschlossen

Beide Friedensbegriffe sind statisch und benennen Zustände. Die folgende Grafik zeigt die Entwicklung vom Kriegszustand zu einem negativen (instabilen) Frieden und schließlich zu einem positiven (stabilen) Frieden als Prozess, bei dem sich abnehmende Gewalthaltigkeit und zunehmende Gerechtigkeit (Stabilität) gegenüberstehen.

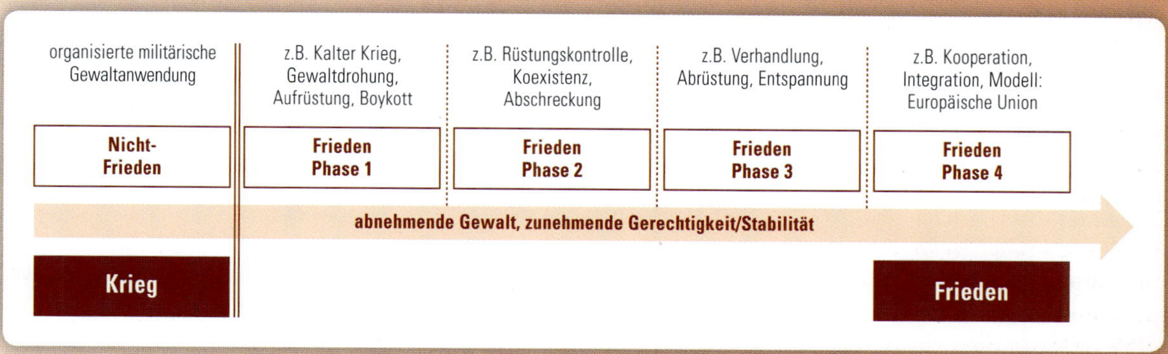

nach: Bernhard Zangl, Michael Zürn, Frieden und Krieg, Frankfurt a.M. 2003, S. 28, Grafik nach http://www.dadalos-d.org/frieden/grundkurs_2/frieden.htm

Aufgaben

1. Einigen Sie sich in Gruppenarbeit auf eine Definition des Begriffes Frieden, und vergleichen Sie ihre Ergebnisse.
2. Beschreiben Sie, wie Thomas Hobbes und Immanuel Kant den Naturzustand sehen, und zeigen Sie auf, welche Lösungsansätze zur Überwindung dieses Zustandes entwickelt werden (M 1, M 2).
3. Friede ist mehr als die Abwesenheit von Krieg (vgl. Info). Erläutern Sie, wie die Friedensentwürfe von Hobbes, Kant und Senghaas diese Erkenntnis berücksichtigen (M 1 – M 3).

Wissen kompakt

Obwohl die Zahl der klassischen zwischenstaatlichen Kriege zurückgeht, gibt es heute eine Vielzahl grenzüberschreitender Problemlagen, die die Sicherheit der Menschen direkt gefährden. Dazu gehören insbesondere der globale Terrorismus, Bürgerkriege, die Verbreitung von Massenvernichtungswaffen, globale Umweltgefährdungen und auch die ungleiche Verteilung des Wohlstandes auf der Welt (vgl. Kapitel 1).

Friede durch die Begründung eines Gewaltmonopols – Thomas Hobbes
M 1

Entwürfe für eine friedlichere Welt beschränkten sich früher meist auf die Beseitigung zwischenstaatlicher Kriege. So ging Thomas Hobbes davon aus, dass der „Krieg aller gegen alle" ein Naturzustand sei, der im Eigeninteresse der Menschen nur durch die Begründung einer staatlichen Zwangsgewalt (Souverän) überwunden werden könne, der sich alle zu unterwerfen hätten. Übertragen auf die internationalen Beziehungen bedeutet dies die Errichtung eines Weltstaates mit einem Gewaltmonopol, dem die einzelnen Staaten untergeordnet sind.

Friede durch einen Bund demokratischer Staaten – Immanuel Kant
M 2

Auch für Immanuel Kant musste der Friede „gestiftet" werden. Er forderte, dass sich die republikanischen (demokratischen) Staaten zu einer föderalen Rechtsgemeinschaft, einer Art Weltvölkerbund, zusammenschließen sollten. Für ihn war der Friede gleichbedeutend mit der internationalen Herrschaft des Rechts und der inneren Demokratisierung der Staaten.

Friede durch Zivilisierung der Politik – Dieter Senghaas
M 3

Doch bedeutet Frieden mehr als nur die bloße Abwesenheit von Krieg zwischen den Staaten. Angesichts einer fortschreitenden Privatisierung der Gewaltanwendung, sei es in Bürgerkriegen oder durch lose organisierte Netzwerke international agierender Terrorgruppen, sind für eine nachhaltige Zivilisierung der internationalen Politik weitere Voraussetzungen notwendig, die auch die innere Verfasstheit der Staaten betreffen. Notwendige Eckpunkte einer Architektur des Friedens müssen dem Friedensforscher Dieter Senghaas zufolge sein:

- Entprivatisierung von Gewalt in und zwischen den Staaten und die damit einhergehende Herausbildung eines öffentlich legitimierten, rechtsstaatlich kontrollierten Gewaltmonopols
- Weltweite Anerkennung und Durchsetzung der Menschenrechte
- Verrechtlichung des Konfliktaustrags durch unabhängige Gerichte
- Herausbildung von Interdepenzen zwischen und in den Staaten z.B. durch arbeitsteilige Ökonomien
- Demokratische Teilhabe für alle und Mechanismen des sozialen Ausgleichs zwischen Arm und Reich

Perspektiven für den Frieden

Zwar ist die Weltgemeinschaft noch weit von der Verwirklichung einer nachhaltigen Friedensarchitektur entfernt, doch gibt es zahlreiche Entwicklungen, die diese als grundsätzlich realisierbar erscheinen lassen. So gibt es einzelne Regionen wie z.B. die EU, in denen ein gewaltsamer Konfliktaustrag zwischen den Staaten heute undenkbar scheint.

4.2 Global Governance als Friedensmodell?

4.2.1 Elemente einer Global Governance-Architektur

Was ist Global Governance?

M 1

Die so genannte Globalisierung bzw. gesellschaftliche Denationalisierung hält für das nationalstaatliche Regieren in der OECD-Welt zahlreiche neue Herausforderungen bereit. Man denke an das Ozonloch, den Klimawandel und die Biodiversität im Umweltbereich, den Terrorismus und den Bürgerkrieg im Sicherheitsbereich oder an Banken-, Währungs- und Finanzkrisen im Wohlfahrtsbereich. All diese neuen Herausforderungen zeigen die Grenzen nationalstaatlichen Regierens. Den globalen Klimawandel kann keine Regierung alleine aufhalten, ebenso wie sie alleine den transnationalen Terrorismus erfolgreich bekämpfen oder internationale Finanzkrisen verhindern kann. Auch die Regierungen mächtiger OECD-Staaten sind hier von der Kooperation mit Regierungen anderer Staaten abhängig. ... Deshalb wird im Zeitalter der Globalisierung Global Governance als notwendig erachtet.

Aber was ist Global Governance? Global Governance ergibt sich dadurch, dass sich verschiedene Steuerungsformen auf unterschiedlichen Entscheidungsebenen zu einem Gesamtarrangement von *Governance by, with and without Government* verbinden. Im Falle von *Governance by Government* (nationalstaatliches Regieren) sind es nationale Regierungen, die nationalstaatliche Regelungen hierarchisch setzen und auch durchsetzen. Geschwindigkeitsbeschränkungen auf Schnellstraßen sind ein einfaches Beispiel. Auf internationaler Ebene steht die Option *Governance by Governments* nicht zur Verfügung, weil es keinen Weltstaat gibt. Jenseits des Nationalstaates ist also zumindest *Governance with Governments* (internationales Regieren) erforderlich. In diesem Fall koordinieren und harmonisieren nationale Regierungen ihre Politik, um grenzüberschreitende Problemlagen zu bewältigen. Die wechselseitige Verpflichtung, auf diskriminierende Handelspolitiken zu verzichten, ist hierfür ein Beispiel. *Governance without Governments* (transnationales Regieren) meint in diesem Kontext schließlich, dass sich gesellschaftliche Gruppierungen grenzüberschreitend weitgehend selbst verregeln, um unerwünschte Interaktionsergebnisse zu vermeiden. Die Vergabe von *Domain Names* im Internet durch die *Internet Corporation for Assigned Names and Numbers* (ICANN) wird hierfür häufig als Beispiel angeführt. Eine Mischform ergibt sich, wenn Staaten in so genannten *Private-Public-Partnerships* Teil eines transnationalen Arrangements werden, ohne dass sie einen privilegierten Status erhalten und daher einen Akteurstyp unter anderen darstellen. Die *World Commission on Dams* ist ein Beispiel hierfür. Es ist das Gesamtarrangement dieser verschiedenen Steuerungsformen, die Global Governance ausmachen. Mit anderen Worten: *Global Governance = Governance by + Governance with + Governance without Governments.*

Die einzelnen Steuerungsformen von Global Governance sind also nicht neu. Insbesondere war neben dem nationalstaatlichen Regieren (*Governance by Government*) schon früh ein internationales Regieren (*Governance with Governments*) verbreitet. So haben sich vor allem nach 1945 zahlreiche Institutionen von der UNO bis zum Allgemeinen Zoll- und Handelsabkommen (GATT), vom Internationalen Währungsfonds (IWF) bis ... zur International Maritim Organisation (IMO) damit beschäftigt, kollektiv bindende Regelungen zu generieren und zu implementieren, um gesellschaftliche Grundwerte besser zu realisieren.

Global Governance zeichnet sich dadurch aus, dass die Regierungen das Regieren nicht mehr vollständig kontrollieren. Zum einen findet eine *Vergesellschaftung* des Regierens jenseits des Staates statt. Demnach wird internationales Regieren nicht mehr allein als Sache der Regierungen angesehen. Vielmehr sind gesellschaftliche Gruppen vermehrt am Regieren jenseits des Staates beteiligt oder nehmen dieses Regieren sogar selbst vor. Dementsprechend sind es nicht mehr nur die von den Regierungen vertretenen nationalen Interessen, sondern vermehrt auch andere gesellschaftliche Interessen, die in das Regieren eingebracht werden können. Zum anderen zeichnet sich eine *Verrechtlichung* des Regierens jenseits des Staates ab. Der Streit über unterschiedliche Regelanwendungen und Regelauslegungen erfolgt nicht mehr ausschließlich in an Interessen und Konsens orientierten politischen Verhandlungsprozessen, sondern wird immer mehr durch ein an Recht orientiertes juristisches Argumentieren geprägt. Dafür sorgen nicht zuletzt supranationale, quasi-gerichtliche Organe, die von den Staaten partiell unabhängig das Regieren beeinflussen können.

Bernhard Zangl/Michael Zürn (Hg.), Verrechtlichung – Baustein für Global Governance?, Bonn 2004, S. 13 ff.

M 2 Regieren in internationalen Institutionen

Die wichtigste Reaktion der Nationalstaaten der OECD-Welt auf die gesellschaftliche Transnationalisierung und die Transnationalisierung der Problemlagen besteht darin, dass sie das Regieren häufig auf internationale Institutionen verlagern bzw. zumindest mit internationalen Institutionen koordinieren. In internationalen Institutionen können nämlich die Problemhaushalte und das Regieren wieder zur Deckung gebracht werden. Das Regieren, das vormals auf nationaler Ebene durch den Staat alleine erfolgte, findet deshalb heute vermehrt auf internationaler Ebene in internationalen Institutionen statt. Dementsprechend stieg die Anzahl internationaler Organisationen von gut 100 im Jahre 1949 auf zwischenzeitlich über 300. Darüber hinaus ist die Anzahl internationaler Verträge zwischen 1947 und 1997 von knapp 2.000 auf annähernd 55.000 angewachsen.

Bei den internationalen politischen Institutionen lassen sich vier Typen unterscheiden: (1) internationale Regime, (2) internationale Organisationen, (3) internationale Netzwerke und (4) internationale Ordnungsprinzipien:

1. Internationale Regime zeichnen sich durch inhaltliche und prozedurale Normen und Regeln aus, die das Verhalten in einem bestimmten Problemfeld der internationalen Politik regulieren. Internationale Regime sind somit Institutionen mit Problemfeldbezug. Im Unterschied zu internationalen Organisationen sind internationale Regime nicht zum Handeln befähigt und besitzen mithin keine Akteursqualität. Das Welthandelsregime des GATT, das Menschenrechtsregime der UNO, das durch UNEP angeregte Ozonschutzregime und die verschiedenen Abrüstungsregime zwischen den USA und der ehemaligen UdSSR sind Beispiele für Regime auf der zwischenstaatlichen, die Dopingbekämpfung des IOC wäre ein Beispiel für ein Regime auf transnationaler Ebene.

2. Internationale Organisationen zeichnen sich dadurch aus, dass in ihnen Normen und Regeln verankert sind, die die Institution zum Handeln befähigt. Internationale Organisationen sind also im Unterschied zu internationalen Regimen Institutionen mit Akteursqualität. Sie werden häufig in Verbindung mit spezifischen internationalen Regimen gegründet, können aber aufgrund ihrer Akteursqualität auch aktiv an der Setzung und der Umsetzung der Normen und Regeln internationaler Regime beteiligt sein. Internationale Organisationen können dabei sowohl auf ein bestimmtes Problemfeld der internationalen Politik bezogen sein als auch über verschiedene Problemfelder hinweg agieren. Im Unterschied zu internationalen Regimen besitzen sie also nicht zwingend einen Problemfeldbezug. Auf der zwischenstaatlichen Ebene gelten die UNO, die EU, die WTO und die NATO als die bekanntesten internationalen Organisationen; auf der gesellschaftlichen Ebene sind transnationale Organisationen wie Greenpeace, Amnesty International oder der World Wide Fund for Nature prominent.

3. Internationale Netzwerke beruhen wie internationale Regime auf Normen und Regeln, die keine Akteursqualität begründen. Im Unterschied zu internationalen Regimen gibt es hier jedoch nur prozedurale Normen und Regeln, keine inhaltlichen oder substanziellen Vorschriften. Die Beteiligten werden in Netzwerken beispielsweise nicht auf eine bestimmte Wirtschaftspolitik festgelegt; sie werden lediglich verpflichtet, sich über ihre Wirtschaftspolitik auszutauschen. Dementsprechend sind auf der zwischenstaatlichen Ebene der Weltwirtschaftsgipfel (G8) sowie der Nordatlantische Kooperationsrat und auf gesellschaftlicher Ebene das Weltwirtschaftsforum nicht als Regime, sondern als Netzwerke anzusehen.

4. Internationale Ordnungsprinzipien sind Institutionen, welche die grundlegenden Normen, die die internationale Politik strukturieren, beinhalten. Diese konstitutiven Normen und Regeln beziehen sich im Unterschied zu denen internationaler Regime nicht auf ein bestimmtes Problemfeld und begründen im Unterschied zu denen von internationalen Organisationen keine eigene Akteursqualität. Die internationalen Ordnungsprinzipien formulieren gewissermaßen mit ihren grundlegenden prozeduralen und inhaltlichen Normen und Regeln eine Verfassungsordnung für die internationale Politik, aufgrund deren spezifische Normen und Regeln der internationalen Politik zu begründen sind. Das wichtigste internationale Ordnungsprinzip in der nationalen Konstellation ist das der Souveränität der Staaten. Auf der gesellschaftlichen Ebene scheint sich derzeit das Ordnungsprinzip der kulturellen Toleranz zu entwickeln.

Bernhard Zangl/Michael Zürn, Frieden und Krieg, Frankfurt a.M. 2003, S. 88-90, S. 158-159

Internationale Institutionen im Überblick

M3

	Internationale Organisationen	Internationale Regime	Internationale Netzwerke	Internationale Ordnungsprinzipien
internationale (zwischen Staaten)	UNO, EU, NATO, WTO	GATT, Klimaregime, Ozonregime	Weltwirtschaftsgipfel	Souveränität der Staaten, „pacta sunt servanda“
transnationale (zwischen Gesellschaften)	Greenpeace, amnesty international, WWF	Dopingbekämpfung, Internet Corporation for Assigned Names and Numbers (ICANN)	Climate Action Network, Weltwirtschaftsforum	Toleranz der Kulturen

nach: Michael Zürn, Regieren jenseits des Nationalstaats, Frankfurt a.M. 1998, 176

Wer gestaltet die Weltpolitik?

M4

Akteure in den internationalen Beziehungen sind die Organisationen, die auf die internationalen Rahmenbedingungen ... Einfluss nehmen. Vier Akteurstypen sind zu unterscheiden:

1. Die prominentesten Akteure in den internationalen Beziehungen sind spätestens seit dem westfälischen Frieden von 1648, in dem sich die Staaten für die internationalen Beziehungen gegenseitig als die einzigen legitimen Vertreter „ihrer“ Gesellschaften anerkannten, fraglos die Regierungen von souveränen Staaten. Dementsprechend standen lange Zeit die grenzüberschreitenden Aktivitäten von Regierungen im Mittelpunkt der Analyse internationaler Beziehungen.

2. Neben den Regierungen von Staaten haben internationale Organisationen (IGOs), die von den Regierungen souveräner Staaten gegründet wurden, bereits sehr früh als Akteure der internationalen Beziehungen Anerkennung gefunden. Die wichtigsten internationalen Organisationen sind heute die Vereinten Nationen und die Europäische Union.

3. Als Akteure der internationalen Beziehungen haben auch Nicht-Regierungsorganisationen (NGOs, Non Governmental Organizations), die einen Zusammenschluss von Individuen innerhalb eines Staates bilden, Beachtung gefunden. Dementsprechend werden national konstituierte Interessengruppen wie Gewerkschaften, Arbeitgeberverbände, Umweltorganisationen, Parteien, Interessengruppen und Unternehmen in der Analyse der internationalen Beziehungen als gesellschaftliches Umfeld von Regierungen konzeptualisiert.

4. Nicht-Regierungsorganisationen, die sich über die Grenzen von Staaten hinweg organisieren (INGOs, International Non Governmental Organizations[1]), gelten als zunehmend wichtige Akteure der internationalen Politik. Deshalb werden transnationale Unternehmen (TNCs, Transnational Corporations) wie IBM oder Siemens sowie transnationale Organisationen (TNOs, Transnational Organizations) wie Greenpeace und Amnesty International vermehrt in die Analyse internationaler Beziehungen einbezogen.

Bernhard Zangl/Michael Zürn, Frieden und Krieg, Frankfurt a.M. 2003, S. 60, 61

[1] *Da viele NGOs heute auch international tätig sind, wird in der Praxis häufig nicht zwischen INGO und NGO unterschieden.*

Methode

Lernen durch Lehren im Team – das Gruppenpuzzle

Das Gruppenpuzzle ist eine spezielle Form der Gruppenarbeit. Durch die besondere Organisationsform sind alle Teilnehmer an der Erarbeitung und Vermittlung des erworbenen Wissens beteiligt und damit gleichermaßen für den gemeinsamen Lernfortschritt verantwortlich. Arbeitsergebnisse müssen genau, vollständig und verständlich präsentiert werden. Der Vorteil der Methode liegt also darin, dass jeder Einzelne aktiv werden muss, um den Lernerfolg der Gruppen zu sichern.
Voraussetzung ist, dass sich ein Thema in gleich große Einheiten untergliedern lässt. Die Schüler einer Klasse werden auf so viele Gruppen aufgeteilt, wie es Unterthemen gibt. Jede dieser Gruppen (Stammgruppen) bearbeitet einen Teil eines größeren Gesamtthemas. Dann werden die Gruppen aufgelöst und neue Gruppen (Expertengruppen) gebildet. In der neuen Gruppe erklärt jedes Gruppenmitglied (möglich sind auch Zweierteams) den anderen Mitgliedern, was es vorher in der ersten Gruppe erarbeitet hat. Idealerweise bekommen Experten- und Stammgruppen einen Fragenkatalog, der am Ende der Gruppenphase von allen beantwortet werden kann.

Anwendung am Beispiel: Stand und Perspektiven globalen Regierens

Vorbereitungsphase

Die Klasse muss in so viele Gruppen geteilt werden, wie es Unterthemen zu bearbeiten gibt. Im Beispiel sind dies fünf Gruppen mit jeweils fünf Schülern. Möglich sind Sonderaufgaben für weitere Gruppenmitglieder, z.B. Gruppenprozesse beobachten, Protokoll anfertigen etc.
Folgende Materialien müssen den Stammgruppen zur Verfügung gestellt werden:
- Basismaterialien (Kapitel 4.2.1)
- Materialien zum jeweiligen Sonderthema der Gruppe (Kapitel 4.2.2)
- Fragenkataloge
- Materialien für die Erarbeitung einer Präsentation (Folien, Papier, Laptop, Beamer, ...)

Fragen zu den Basismaterialien

- Definieren Sie den Begriff „Global Governance".
- Welche Formen internationaler Institutionen lassen sich unterscheiden?
- Welche Akteure prägen die Weltpolitik?

Fragen zu den einzelnen Institutionen der Global Governance-Architektur

- Welches Hauptziel hat die Institution?
- In welchem Politikfeld ist sie angesiedelt?
- Wer sind die Mitglieder der Institution?
- Welche Kompetenzen hat die Institution?
- Wie und wo werden Entscheidungen in der Institution getroffen?
- Wie steht es um die Verbindlichkeit der Entscheidungen?
- Welchen Beitrag leistet/n die bearbeitete/n Institution/en zum globalen Regieren?
- Welche Defizite sind zu erkennen?

Durchführungsphase

- Zur Vorbereitung bearbeiten alle Gruppen zunächst die Materialien aus Kapitel 4.2.1. Anschließend erschließen die einzelnen Stammgruppen unterschiedliche Themengebiete (Kapitel 4.2.2).

Stammgruppen: Basiswissen, Ausbildung der Experten, Bearbeiten des Fragenkatalogs				
Gruppe A beschäftigt sich mit internationalen Organisationen Beispiel WTO Kapitel 3.2.2, M 6 – M 9	**Gruppe B** beschäftigt sich mit internationalen Regimen Beispiel Klima Kapitel 4.2.2, M 5 – M 7	**Gruppe C** beschäftigt sich mit internationalen Netzwerken Beispiel G 8 Kapitel 4.2.2, M 8 – M 10	**Gruppe D** beschäftigt sich mit NGOs Beispiel Greenpeace Kapitel 4.2.2, M 11, M 12	**Gruppe E** beschäftigt sich mit internationalen Ordnungsprinzipien Beispiel Völkerstrafrecht Kapitel 4.2.2, M 13 – M 18

- Am Ende der ersten Gruppenphase (Stammgruppenphase) sollen die ausgebildeten Experten in der Lage sein, den Fragenkatalog für ihre Institution zu beantworten. Jedes Mitglied einer Stammgruppe ist nun Spezialist für sein Thema. Die Stammgruppen erstellen dann didaktische Materialien (OHP-Folien, Wandzeitung, Beamerpräsentation usw.) zur Präsentation ihres Spezialgebietes in den Expertengruppen.
- Die Experten der einzelnen Gruppen werden nun neu in anderen Gruppen (Expertengruppen) zusammengesetzt, so dass in jeder neuen Gruppe ein „Experte" eines Teilthemas ist.
- Jeder Experte erklärt den anderen Gruppenmitgliedern mithilfe der erstellten Materialien sein Spezialgebiet und lernt dabei von den anderen Experten.

Expertengruppen: Expertenvorträge				
Gruppe F ein Mitglied aus Gruppe A, B, C, D, E	**Gruppe G** ein Mitglied aus Gruppe A, B, C, D, E	**Gruppe H** ein Mitglied aus Gruppe A, B, C, D, E	**Gruppe I** ein Mitglied aus Gruppe A, B, C, D, E	**Gruppe J** ein Mitglied aus Gruppe A, B, C, D, E

Verarbeitungsphase

- Die Inhalte sollten nicht nur vermittelt werden, sondern auch weiter genutzt werden. Nach den Expertenvorträgen müssen die Mitglieder der Expertengruppen deshalb abschließend gemeinsam eine Antwort auf die **übergreifende Fragestellung „Wie kann globales Regieren – ohne Weltstaat – effektiver gemacht werden?"** entwickeln.

Expertengruppen: Bearbeiten der übergreifenden Fragestellung				
Gruppe F ein Mitglied aus Gruppe A, B, C, D, E	**Gruppe G** ein Mitglied aus Gruppe A, B, C, D, E	**Gruppe H** ein Mitglied aus Gruppe A, B, C, D, E	**Gruppe I** ein Mitglied aus Gruppe A, B, C, D, E	**Gruppe J** ein Mitglied aus Gruppe A, B, C, D, E

- Die unterschiedlichen Lösungen können nun wiederum in den Stammgruppen präsentiert und diskutiert werden, möglich ist aber auch eine Vorstellung und Diskussion im Plenum.

4.2.2 Global Governance im 21. Jahrhundert

Politik durch internationale Regime

M 5 Der Mensch macht das Klima

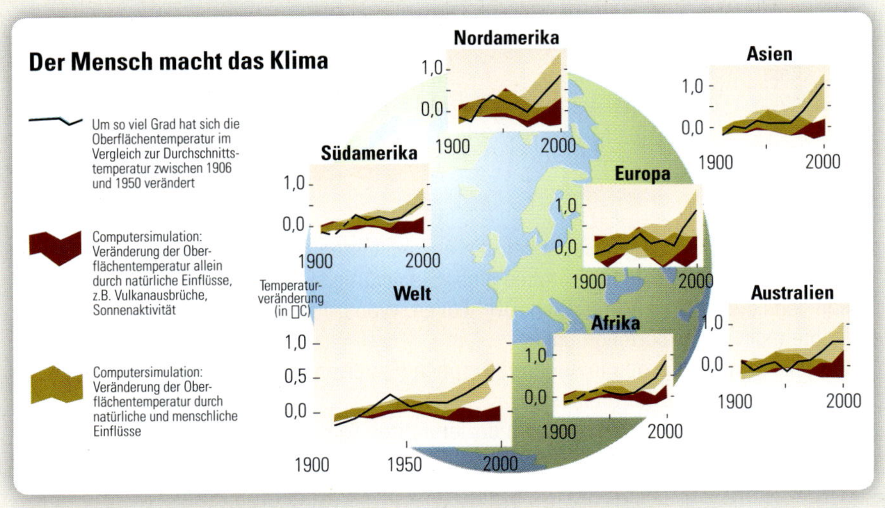

Globus Grafik 1764, Quelle: IPCC, Weltklimabericht 2007, Teil IV

M 6 Die Staaten steuern dagegen

1992 – UN-Konferenz über Umwelt und Entwicklung (UNCED) in Rio

Nach jahrelangen wissenschaftlichen und politischen Diskussionen fand im Juni 1992 die UN-Konferenz zum Thema „Umwelt und Entwicklung" (UNCED, United Nations Conference on Environment and Development) in Rio de Janeiro statt. Auf dieser historischen „Rio-Konferenz" wurde die Klima-Rahmenkonvention verabschiedet. Sie bildet die völkerrechtliche Vertragsgrundlage für den internationalen Klimaschutz. Bisher haben über 160 Staaten die Klima-Konvention ratifiziert. Ihr Ziel ist es, „die Treibhausgas-Konzentrationen in der Atmosphäre auf einer Höhe zu stabilisieren, die gefährliche störende Einwirkungen des Menschen auf das Klimasystem verhindert." Die Industriestaaten versprachen in Rio, ihre CO_2-Emissionen bis zum Jahr 2000 auf den Stand von 1990 zurückzuführen. Die deutsche Bundesregierung hatte bereits 1990 erklärt, dass sie ihre CO_2-Emissionen bis 2005 um 25 Prozent gegenüber 1987 reduzieren wird. Bindende Verpflichtungen zur Reduzierung von CO_2 und anderen Gasen wurden jedoch nicht festgelegt, dies sollte durch die nachfolgenden Vertragsstaatenkonferenzen erfolgen.

1995 – 1. Vertragsstaaten-Konferenz der Klima-Rahmenkonvention in Berlin (COP I)

Im März 1995 – ein Jahr nach Inkrafttreten der Klima-Rahmenkonvention – traf sich die internationale Staatengemeinschaft in Berlin zur 1. Vertragsstaaten-Konferenz (Conference of the Parties, kurz COP). Die Industrienationen konnten sich nicht auf konkrete Ziele und Fristen für die Verringerung von Treibhausgas-Emissionen einigen. Man stellte lediglich fest, dass die Verpflichtungen der Klima-Rahmenkonvention nicht ausreichten. Daraufhin wurde das „Berliner Mandat" verabschiedet. Dieses sah vor, bis zur dritten Vertragsstaaten-Konferenz (Kyoto 1997) ein verbindliches Protokoll mit Reduktionszielen und -fristen für die Industrienationen zu verhandeln. Zu diesem Zweck wurde eine Arbeitsgruppe (Ad Hoc Group on the Berlin Mandate, AGBM) ins Leben gerufen.

1997 – 3. Vertragsstaaten-Konferenz der Klima-Rahmenkonvention in Kyoto (COP III)

Nach insgesamt acht offiziellen Vorbereitungstreffen (AGBM1-AGBM8) fand vom 1. bis 10. Dezember 1997 in Kyoto (Japan) die 3. Vertragsstaatenkonferenz (COP III) statt, auf der gemäß dem bereits erwähnten Berliner Mandat das Kyoto-Protokoll verabschiedet wurde. Das Protokoll musste zum einen von mindestens 55 Ländern ratifiziert werden. Dieses Ziel wurde zuerst erreicht, inzwischen haben 170 Staaten das Kyoto-Protokoll ratifiziert (Stand 14.2.2007). Zum anderen mussten die Staaten, die ratifiziert haben, mindestens 55 Prozent der Treibhausgas-Emissionen der Industrieländer bezogen auf das Jahr 1990 repräsentieren. Dieses Ziel wurde erst im November 2004 mit der Ratifizierung durch Russland erreicht. Mit Russland (Emissionsanteil von 17,4 Prozent im Jahr 1990) waren 61,6 Prozent der Emissionen der Industriestaaten erfasst. Mit der Ratifizierung Russlands konnte das Kyoto-Protokoll am 16. Februar 2005 in Kraft treten. Das Kyoto-Protokoll verpflichtet die Industriestaaten, die Emissionen von insgesamt sechs Treibhausgasen um insgesamt 5,2 Prozent bis zum Zeitraum 2008 – 2012 (Vergleichsjahr: 1990) zu reduzieren (vgl. Grafik M 7).

2007 – 13. Vertragsstaatenkonferenz der Klimarahmenkonvention (COP 13) und drittes Treffen der Parteien des Protokolls (CMP 3) auf Bali

Rund 12.000 Teilnehmende besuchten diese wichtigste jährlich stattfindende Konferenz zum Weltklima. Sie war die erste Konferenz nach der Publikation (Nov. 07) des vierten Klimaberichts des zwischenstaatlichen Ausschusses zum Klimawandel (IPCC), der mit dringlicher Eindeutigkeit gezeigt hatte: Es ist der Mensch, der mit seinem Wirtschaften das Klima verändert, und diese Veränderung geht weit schneller als bisher vorausgesagt. Erfreulich ist, dass diese Tatsache und das daraus abgeleitete strenge CO_2-Reduktionsziel von 25 bis 40 % bis ins Jahr 2020 von praktisch allen Staaten im Prinzip anerkannt wurde.

Trotz der erkannten Dringlichkeit ließen sich die VertreterInnen einmal mehr nicht zu wirklichem Handeln bewegen, sondern beließen es beim Hauptbeschluss von Bali, bis 2009 eine Roadmap vorzulegen. Bis zur Konferenz im Jahr 2009 in Kopenhagen soll also ein Plan vorliegen, der sagt, welche Staaten bis wann und wie viel ihres CO_2-Ausstoßes reduzieren.

http://www.greenpeace.ch/de/themen/klima/klimapolitik/welt-klimakonferenzen (12.4.2007)

Das Kyoto-Protokoll

M 7

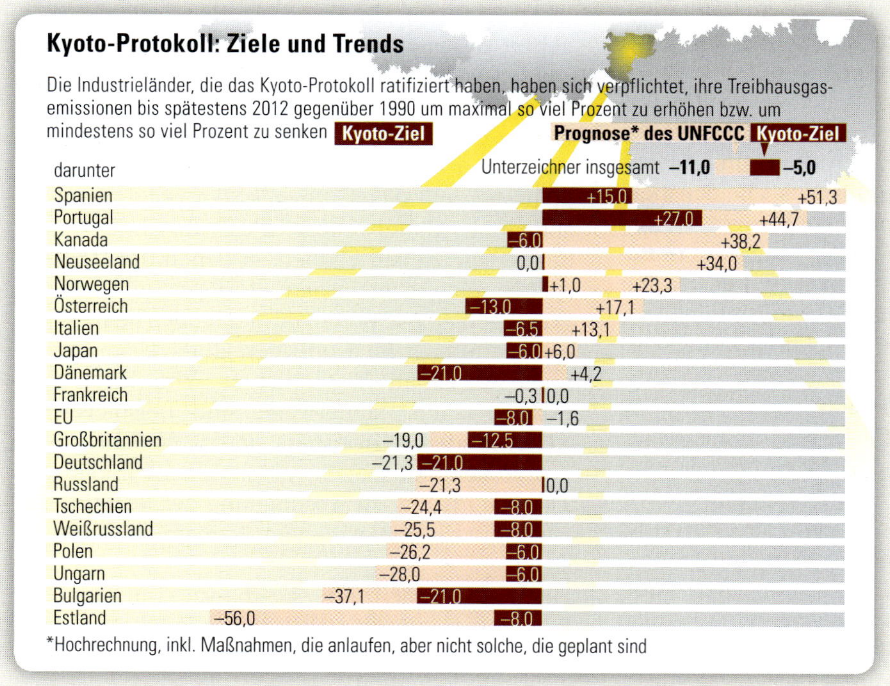

Quelle: UNFCCC, Globus Grafik 1771

Regieren durch internationale Netzwerke von Staaten

M 8 Die Gruppe der Acht (G8) – die Runde der großen Wirtschaftsmächte

Die Gruppe der Acht (G8) ist eines der wichtigsten internationalen Foren globaler Verantwortung. Auf Grund seiner Strukturen spielt die jeweilige G8-Präsidentschaft eine besonders wichtige Rolle. Mit Übernahme des Vorsitzes am 1. Januar 2007 hatte Deutschland für ein Jahr die inhaltliche Verantwortung über die Beratungen der G8. Der G8 gehören Deutschland, Frankreich, Großbritannien, Italien, Japan, die Vereinigten Staaten von Amerika, Kanada (seit 1976) und Russland (seit 1998) an. Außerdem ist die Europäische Kommission bei allen Treffen vertreten. Vom 6. bis 8. Juni trafen sich die Staats- und Regierungschefs der acht mächtigsten Industriestaaten im Ostseebad Heiligendamm in Mecklenburg-Vorpommern.

Geboren wurde die die G8 – damals noch G6 – 1975 in Rambouillet bei Paris. Die Regierungschefs von Frankreich, Großbritannien, Italien, Japan, den USA und Deutschland trafen sich zu einem „Kamingespräch". In der Sommerresidenz des französischen Präsidenten diskutierten sie in privater Atmosphäre über eine bessere Abstimmung ihrer Wirtschafts- und Währungspolitik. 1976 kam Kanada hinzu (G7) und seit 1977 nimmt die Europäische Gemeinschaft an den Treffen teil. In der Folge ermöglichten jährliche Treffen unter dem Vorsitz eines Landes einen kontinuierlichen Austausch- und Abstimmungsprozess der beteiligten Staaten. Neben den traditionellen ökonomischen Fragen ging es bei den Gipfeltreffen in den 1980er Jahren auch um Fragen der Außen- und Sicherheitspolitik. Diese Erweiterung des Themenspektrums führte dazu, dass ein regelmäßiges Treffen der Außen- und Finanzminister zum festen Bestandteil des G7-Terminkalenders wurde. Später wurden die Ministertreffen auch auf andere Ressorts, wie Umwelt, Arbeit und Entwicklung ausgeweitet.

Die G8 ist keine internationale Organisation wie die Vereinten Nationen und keine supranationale Organisation wie die Europäische Union mit autonomer Rechtsordnung und eigenen Organen – wie Rat, Parlament oder Kommission. Die G8 verfügt auch nicht über einen eigenen Verwaltungsapparat. Bei der G8 handelt es sich um einen informellen Zusammenschluss der acht wirtschaftlich und politisch führenden Nationen der Welt. Die G8 ist ein Abstimmungsforum. Es will im Bewusstsein der gemeinsamen Verantwortung für Schlüsselfragen der Weltpolitik aktiv zu konstruktiven Lösungen beitragen.

G8-Gipfel 2007 im Ostseebad Heiligendamm: Die G8-Treffen sind immer auch ein großes Medienereignis.

Das Gipfeltreffen gilt als Höhepunkt jeder Präsidentschaft – meist wird der Erfolg des gesamten einjährigen Vorsitzes am Gelingen dieses Ereignisses gemessen. Auch wenn das Gipfeltreffen besonders im Mittelpunkt der Aufmerksamkeit steht: Der G8-Prozess besteht aus weit mehr als diesem Ereignis. Er ist ein ganzjähriger Arbeitsprozess. Eine zentrale Rolle spielen dabei die Treffen von Expertengruppen und Fachministern. Aber auch die intensive Zusammenarbeit mit Staaten und Organisationen, die keine Mitglieder der G8 sind, gehört zu einem erfolgreichen G8-Prozess.

Der G8-Prozess hat sich im Laufe der Jahre tiefgreifend verändert. Standen zunächst noch die informellen Gipfeltreffen im Zentrum, so entwickelten sich später rund um den Gipfel zwischen den Regierungen ein dichter Prozess der politischen Abstimmung. Mittlerweile gibt es ganzjährig Treffen auf verschiedenen Ebenen, in denen die Mitgliedstaaten eine gemeinsame Position auf diversen Politikgebieten abstimmen. Auch der Themenkreis erweiterte sich im Laufe der Jahre. Ursprünglich umfasste er im Wesentlichen Wirtschafts- und Handelsfragen. Mittlerweile sind beispielsweise Klimawandel, Terrorismus und Sicherheit hinzugekommen. Aber auch regionale außenpolitische Themen bis hin zur Abstimmung der Reaktion auf eine Katastrophe wie dem Tsunami in Südostasien.

Der nach außen hin sichtbarste Teil des G8-Prozesses sind die jährlichen Gipfeltreffen der Staats- und Regierungschefs. Der Vorsitz lädt sie üblicherweise zur Jahresmitte ein. G8-Gipfel sind

außerdem Ausgangspunkt der gemeinsamen G8-Initiativen. Neben gemeinsamen Arbeitssitzungen und Arbeitsessen erlaubt das „kleine“ Format auch bilaterale Gespräche. Gerne nehmen die Regierungschefs die Gelegenheit war, im Vier-Augen-Gespräch weitere aktuelle Themen zu diskutieren.
In den Ländern der G8 leben zwar nur rund 14 Prozent der Weltbevölkerung, dort entstehen aber fast zwei Drittel des Welt-Bruttonationaleinkommens und die Hälfte des Welthandels. 79 der 100 größten internationalen Konzerne haben ihren Sitz in den G8-Staaten. Die G8-Staaten tragen aber auch drei Viertel der Mittel für Entwicklungszusammenarbeit.

http://www.lpb-bw.de/aktuell/g8_gipfel_heiligendamm.php (2.2.2008)

Proteste gegen den Gipfel in Heiligendamm

M 9

Die Unzufriedenheit mit der Politik der G8 ruft regelmäßig die Globalisierungskritiker auf den Plan wie hier in Heiligendamm 2007.

Genauso wie die Gipfel der Welthandelsorganisation (WTO) wurden auch die G8-Gipfel immer wieder Ziel von Protesten der Globalisierungskritiker. Da zu diesen Protesten meistens ein breites Bündnis aus linken Parteien und Organisationen, Kirchen, Gewerkschaften, Nichtregierungs-Organisationen (NGOs) und autonomer Bewegungen aufruft, sind die Aktionsformen und Kritikpunkte sehr vielfältig. Die Bewegung der Globalisierungskritiker ist selbst ein Ausdruck der Globalisierung, denn sie organisiert sich international – insbesondere über das globale Medium Internet – und sie appelliert an die Weltöffentlichkeit. Die Soziale Gerechtigkeit in der Weltwirtschaft ist eines der zentralen Themen der Globalisierungskritiker, denn weltweit leben immer noch 1,2 Milliarden Menschen in absoluter Armut. Die G8 ist eine Institution, die die Weltpolitik mitbestimmt. Die Unzufriedenheit mit der Politik der G8 und der Glaube an eine gerechtere Welt ist der gemeinsame Nenner der Globalisierungskritiker. Kritisiert wird, dass auf den G8-Treffen Entscheidungen gefällt werden, die nicht nur die beteiligten acht Staaten betreffen, sondern oftmals einen großen Teil der Staatengemeinschaft. Zudem wird kritisiert, dass die Gruppe der G8 globale Fragen der sozialen Gerechtigkeit, des Friedens und des Umwelt- und Klimaschutzes hinter Eigeninteressen zurückstelle. Schwer wiegt auch der Vorwurf, die G8 seien ein Club der Besitzstandswahrer, dem es heute schon an Relevanz mangelt, weil wichtige Wirtschaftsmächte wie China und Indien nicht Mitglied sind. Parallel zum G8-Gipfel fand der G8-alternative-summit in Rostock vom 6. – 8. Juni statt. Die Themen Armutsbekämpfung, Klimapolitik und globale Gerechtigkeit standen im Mittelpunkt des G8-Alternativgipfels. Diskutiert wurden Sichtweisen und Lösungen abseits der auf dem G-8-Gipfel in Heiligendamm diskutierten Politik. Es sollten Alternativen aufgezeigt werden, wie eine andere Welt aussehen könnte. Neben acht zentralen Podiumsveranstaltungen wurden in der Rostocker Innenstadt über 120 Workshops angeboten, die von einer Vielzahl von Gruppen und Einzelpersonen organisiert waren.
Initiiert wurde der Kongress u.a. von Attac, BDKJ, BUND, Greenpeace, Heinrich-Böll-Stiftung, Rosa-Luxemburg-Stiftung, IG-Metall, Misereor, Pro Asyl, Terre des Femmes u.a.

http://www.lpb-bw.de/aktuell/g8_gipfel_heiligendamm.php (2.2.2008)

M 10 Die Bilanz aus Sicht der Regierung

Der G8-Gipfel ist vorbei. Bundeskanzlerin Angela Merkel zog zum Abschluss ein positives Fazit. Bei den Themen Afrika und Klimaschutz konnte sie konkrete Ergebnisse vorweisen. Die G8-Staaten ziehen eine Halbierung der weltweiten CO_2-Emissionen bis 2050 in Betracht. Konkrete Verpflichtungen zur Wahrung der Klimaziele sind nicht erreicht worden, aber es gibt nun eine gemeinsame Basis, von der aus weitere Schritte möglich sind. Die UNO wird als Gremium für den Klimaprozess anerkannt.

Der Gipfel vereinbarte ein 60-Milliarden-Dollar-Programm zur Bekämpfung von Aids, Malaria und Tuberkulose in Afrika. Die Hälfte davon steuern die USA bei, der deutsche Anteil beträgt vier Milliarden Euro bis 2015. Die Zusage der G8-Staaten von 2005 auf dem Gipfel im schottischen Gleneagles, die jährliche Afrika-Hilfe um 50 Milliarden Dollar zu erhöhen, soll bis 2010 erfüllt werden.

Gespräche mit den Schwellenländern China, Indien, Brasilien, Mexiko und Südafrika sollen im sogenannten Heiligendamm-Prozess regelmäßig stattfinden. Themen sollen technologische Hilfe beim Klimaschutz, Entwicklungshilfe, Schutz von Innovationen und Investitionsfreiheit sein.

Beim Thema internationale Finanzmärkte, insbesondere bei Hedgefonds, konnte keine Einigung erzielt werden. Die USA und Großbritannien verhinderten, dass den Fonds ein freiwilliger Verhaltenskodex verordnet wird.

http://www.lpb-bw.de/aktuell/g8_gipfel_heiligendamm.php (2.2.2008)

NGOs im Prozess globalen Regierens

M 11 Was tun NGOs?

Streng genommen ist der Begriff „Nichtstaatliche Organisation“ sehr weit und kann sich auch auf Kirchen, Vereine oder Gewerkschaften beziehen. Heute werden jedoch meist mitgliederstarke, international tätige Interessengruppen als nichtstaatliche Organisation bezeichnet. Viele von ihnen widmen sich den klassischen Themen der 68er Bewegung: soziale Gerechtigkeit, Geschlechtergleichstellung, Umweltschutz und Friedenspolitik. NGOs versuchen durch verschiedenste Mittel, nationale wie internationale Politik zu beeinflussen und Gesellschaften für ihre Vorstellungen zu sensibilisieren.

... Der Rio-Gipfel führte dazu, dass wir NGOs heute mehrheitlich als Organisationen wahrnehmen, die dem Prozess der Globalisierung kritisch begegnen, Umweltschutz betreiben oder für Frieden und Völkerverständigung eintreten. Gerade im Zuge der rasanten Globalisierungsentwicklung nahm in den letzten Jahren auch die Anzahl an NGOs deutlich zu: mittlerweile gehen Forscher von 25.000 Organisationen weltweit aus.

NGOs sind weder von staatlichen Interessen abhängig, noch arbeiten sie gewinnorientiert. Sie sehen ihre Aufgabe darin, Themen aufzugreifen, die von der Politik nicht oder nur unzureichend behandelt werden. Jede Organisation sucht sich dabei ein eigenes Themenfeld, auf das sich ihre Arbeit konzentriert. Ein Ziel ist jedoch bei nahezu allen NGOs das gleiche: auf breiter Basis eine Sensibilisierung für ihre Anliegen zu schaffen und somit Einfluss auf politische Entscheidungsträger oder Unternehmen zu nehmen.

NGOs sind der sogenannten Zivilgesellschaft zuzurechnen. Die Zivilgesellschaft bildet neben Staat und Wirtschaft den sogenannten „Dritten Sektor“. Dabei wird ihr vielfach die Rolle einer Ausgleichskraft zugeschrieben. Bürger engagieren sich freiwillig und meist unentgeltlich. Je mehr Menschen sich ehrenamtlich engagieren, desto größer wird ihr Gestaltungsspielraum in Gesellschaft, Umwelt und Kultur. Ohne die freiwillige Arbeit zahlloser Mitglieder wären Aktionen, Logistik und Verwaltung der meisten nichtstaatlichen Organisationen undenkbar. Die Organisationen finanzieren sich über Spenden („Fundraising“) oder Mitgliederbeiträge.

NGOs sind somit autonom, aber nicht automatisch demokratisch legitimiert. Man kann nirgendwo für bestimmte nichtstaatliche Organisationen votieren, auch ihre Vorstände und Sprecher werden intern nicht immer nach vollständig transparenten demokratischen Prinzipien ausgewählt.

Nichtstaatliche Organisationen beginnen ihre Arbeit ohne Rückendeckung der Macht, und sie bleiben schwach, solange ihre Ziele von Regierungen oder Wirtschaftsunternehmen kaum oder gar nicht beachtet werden. Daher wählen zahlreiche NGOs den Umweg über die Medien, um Einfluss auszuüben und Wirkung zu erzielen. Vor allem die elektronischen Massenmedien TV und Internet sind dabei Vehikel ihrer Aktionen. Die Organisationen versuchen, durch Medienpräsenz neue Mitglieder zu gewinnen und auf ihre Anliegen aufmerksam zu machen. ...

Doch nicht alle NGOs zielen auf öffentliche Aufmerksamkeit ab. Viele setzen bewusst auf diskrete Lobbyarbeit statt auf Medienwirkung. Regierungsvertreter und Parlamentarier werden gezielt angesprochen, was personell und finanziell nicht weniger aufwändig ist. Kontakte müssen aufgebaut und gepflegt werden, Vertreter müssen dauerhaft vor Ort präsent sein und sich eingehend mit den politischen Themen beschäftigen. Industrie- oder Unternehmerverbände verfügen über die dafür benötigten finanziellen und organisatorischen Mittel, die Lobbys von nichtstaatlichen Organisationen sind dagegen oft nicht so gut ausgestattet. In den letzten Jahren haben sie deshalb unterschiedlichste Strategien entwickelt. Zugute kommt ihnen dabei oft ihre große Sachkenntnis: NGO-Mitarbeiter werden als Sachverständige zu Gremien hinzugezogen und können dort ihre Sicht der Dinge vertreten. Damit lassen sich Anliegen ebensogut verwirklichen wie über prestigeträchtige Kampagnen.

Die Globalisierung, wie wir sie heute kennen, wird vor allem durch international tätige Institutionen und Unternehmen vorangetrieben, die keiner direkten demokratischen Kontrolle unterliegen. Entscheidungen von Organisationen wie der Welthandelsorganisation oder dem Internationalen Währungsfonds werden von den nationalen Parlamenten nur bedingt legitimiert, greifen aber deutlich in die Souveränität ihrer Mitgliedsstaaten ein. Nichtstaatliche Organisationen sind heute ein Bindeglied zwischen diesen globalen Entscheidungsträgern und den betroffenen Gesellschaften. Sie weisen darauf hin, was die jeweiligen Entscheidungen für einzelne Staaten bedeuten und welche Missstände daraus entstehen können. Und sie geben den Betroffenen in den Entscheidungsprozessen die Möglichkeit ihre Interessen zu artikulieren – eine Möglichkeit, die auch in demokratischen Gesellschaften auf den offiziellen Wegen politischer Willensbildung leicht verloren geht.

Volker Bonacker und Tobias Stich, Bundeszentrale für politische Bildung, 1.2.2006, www.bpb.de

Greenpeace – Porträt einer NGO

M 12

Am 13. Oktober 1980 wurde in Nordenham an der Wesermündung NGO-Geschichte geschrieben. Zur ersten Greenpeace-Aktion in Deutschland trafen sich dort Mitglieder des Bielefelder „Vereins zur Rettung von Walen und Robben“, des Kölner „Arbeitskreises Chemische Industrie“ sowie Hafenarbeiter, um das Verklappungsschiff „Kronos“ zu blockieren. Den Namen „Greenpeace“ setzte man damals noch in Anführungszeichen, und die Übersetzung „Grüner Frieden“ wurde gleich mitgeliefert.

Die Aktivisten verhinderten, dass die „Kronos“ auslaufen und Dünnsäure ins Meer kippen konnte. Mit von der Partie bei der Aktion war auch Monika Griefahn, heutige SPD-Bundestagsabgeordnete. Sie gründete einige Tage später zusammen mit Freunden aus dieser Bürgerinitiative die deutsche Sektion von Greenpeace. Der Hauptsitz befand sich zunächst in Bielefeld – ein Jahr später wurde er nach Hamburg verlegt.

Aktivisten von Greenpeace versuchen mit spektakulären Aktionen, eine Ächtung des kommerziellen Walfangs zu erreichen.

Knapp neun Jahre zuvor, am 15.9.1971, war im kanadischen Vancouver Greenpeace International als Nachfolgeorganisation des „Don't Make A Wave Committee“ gegründet worden. Anlass war

der Protest gegen die Atomtests der USA in Alaska gewesen. Ab 1989 befand sich der Hauptsitz der Organisation in Amsterdam.
Eine waghalsige Kletteraktion im Jahr 1981 machte Greenpeace in Deutschland dann schlagartig bekannt: Zwei Aktivisten bestiegen den Schlot der Hamburger Firma Boehringer, um gegen die Umweltverschmutzung durch das Chemiewerk zu protestieren. Die Bilder waren noch am gleichen Tag in der „Tagesschau“ zu sehen und Greenpeace wurde von Fanpost überhäuft, vielfach mit Geldbeträgen im Kuvert. Seit diesem Tag musste ein Buchhalter her – vorher hatte eine Zigarrenkiste zur Aufbewahrung der Geldspenden ausgereicht.
„Die Entwicklung, die Greenpeace genommen hat, war rasant“, so Brigitte Behrens, seit 1999 alleinige Geschäftsführerin von Greenpeace Deutschland. Aus der kleinen Gruppe amerikanischer Naturschützer wurde ein global agierendes Netzwerk, das sich dem Naturschutz verschrieben hat. Greenpeace ist inzwischen auf über 40 Länder verteilt. Aktionen werden auf internationaler Ebene koordiniert und in den einzelnen Ländern eigenverantwortlich durchgeführt.
In Deutschland engagieren sich derzeit etwa 2.400 Menschen in 85 regionalen Gruppen, die sich in ihrer Struktur, Arbeitsweise und sozialen Zusammensetzung unterscheiden – jedoch ist ihnen allen eins gemein: die ehrenamtliche Tätigkeit. ...
Die Gesamterträge im Jahr 2004 betrugen allein in Deutschland 41,54 Millionen Euro – obwohl die Organisation kein Geld vom Staat, von Unternehmen, Parteien oder Verbänden annimmt. Greenpeace Deutschland ist ein gemeinnütziger Verein und finanziert sich zu über 90 Prozent aus Spenden und Fördergeldern. Einmalige Zahler sind Spender, Förderer hingegen unterstützen Greenpeace mit einem regelmäßigen Beitrag von jährlich mindestens 25 Euro. Durchschnittlich spenden mehr als eine halbe Million Fördermitglieder durchschnittlich zwischen 60 und 70 Euro im Jahr. Weltweit betrugen die Einnahmen etwa 170 Millionen Euro. Greenpeace ist somit neben dem World Wildlife Fund (WWF) das finanzkräftigste global agierende Netzwerk zum Schutz der natürlichen Lebensgrundlagen.
Die Einnahmen fließen größtenteils in die Themen- und Kampagnenarbeit oder werden für Recherchen, Aktionen, Fachstudien sowie für Lobby- und Öffentlichkeitsarbeit verwendet. Zusätzlich werden Gelder zurückgelegt, um eine kontinuierliche Kampagnenarbeit auch dann zu gewährleisten, wenn der Spendenfluss schwankt oder kurzfristig stagniert. ... 215 feste Mitarbeiter arbeiten in den Zweigstellen Hamburg und Berlin – vor zwanzig Jahren waren es gerade mal 30 Mitarbeiter. „Wir arbeiten heute arbeitsteiliger und damit auch systematischer“, so Brigitte Behrens.
Greenpeace Deutschland ist hierarchisch aufgebaut, oberstes Beschlussgremium ist die 40-köpfige Mitgliederversammlung: zehn Mitarbeiter von Greenpeace Deutschland, zehn aus ausländischen Greenpeace-Büros, zehn Personen aus dem öffentlichen Leben sowie zehn ehrenamtliche Mitglieder. Diese Mitgliederversammlung wählt den Aufsichtsrat. Der wiederum vertritt die Organisation juristisch, kontrolliert die Finanzen des Vereins, kontrolliert und ernennt den Geschäftsführer. Die über eine halbe Million Fördermitglieder haben keinen Einfluss auf die Besetzung der Mitgliederversammlung. Diese hierarchisch und nicht demokratisch aufgebaute Struktur hat Greenpeace schon häufig Kritik eingebracht. Doch begründet Greenpeace sie mit einer somit schnelleren, flexibleren und effektiveren Arbeitsweise.
Greenpeace hat eindeutig große Verdienste: Durch die Aktivisten der Organisation gelangte die Umweltproblematik ins Bewusstsein der Weltöffentlichkeit. Sie sind nicht die Erfinder des Umweltschutzes, aber dank ihrer spektakulären Kampagnen kommunizierten die Medien international das Problem der schwindenden Biodiversität. Auch hier setzt allerdings Kritik an, mit der sich die NGO regelmäßig konfrontiert sieht. Es wird der Vorwurf laut, ein Auswahlkriterium für Kampagnen jeglicher Art sei deren „Verwertbarkeit“ in den Medien, letztlich, um ein Plus an Spenden verzeichnen zu können.
Denn meist waren es die spektakulären Aktionen, mit denen Greenpeace die direkte Konfrontation mit Umweltsündern gesucht hat, um über die Medien öffentlich Druck auf Verantwortliche in Politik und Industrie auszuüben. Ziel war und ist es, so und mit begleitender Lobbyarbeit, zu internationalen Vereinbarungen zu kommen, die einen nachhaltigen Umweltschutz gewährleisten. Zu ihren größten Erfolgen zählt die Organisation die internationale Anerkennung des „Weltpark Antarktis“ 1998, der die Südpolregion vor industrieller Nutzung verschonen soll, sowie die Entwicklung und Markteinführung der FCKW-freien Kühlschranktechnik Greenfreeze.

Katharina Bellinger, Anja Maxeiner, Katrin Otter, Porträt Greenpeace, Bundeszentrale für politische Bildung, 1.2.2006, www.bpb.de

Regieren durch internationale Ordnungsprinzipien

Quellen des Völkerrechts

M 13

Neben dem Völkervertragsrecht gibt es das Völkergewohnheitsrecht, welches eine langjährige Praxis, basierend auf einer gemeinsamen Rechtsüberzeugung (z.B. nationale Verfassungen) voraussetzt. Entsprechend ist der Inhalt des Gewohnheitsrechts stets durch bestimmte konkrete Verhaltensweisen geprägt. Hier gilt die Praxis als primäres Element. Bestimmte grundlegende Menschenrechte – Schutz des Lebens, Verbot der Folter, Diskriminierungsverbot – gelten somit auch unabhängig von vertraglichen Vereinbarungen. Durch beharrlichen Widerspruch kann sich ein Staat jedoch der Bindung einer gewohnheitsrechtlichen Norm entziehen.
Darüber hinausgehend bilden allgemeine Rechtsgrundsätze, die von allen „zivilisierten Nationen" (Artikel 38 des Statuts des Internationalen Strafgerichtshofes) anerkannt werden, eine Grundlage des Völkerrechts. Dazu zählt beispielsweise, dass Verpflichtungen nach Treu und Glauben zu erfüllen sind. Nach dem Wiener Übereinkommen über das Recht der Verträge von 1969 gilt dies auch für die Einhaltung völkerrechtlicher Verträge. Ist ein Vertrag in Kraft, so bindet er die Vertragsparteien und ist von ihnen nach Treu und Glauben zu erfüllen, wie dies der Rechtsgrundsatz „pacta sunt servanda" zum Ausdruck bringt.

Neben dem Völkervertrags- und dem Völkergewohnheitsrecht gewinnt das so genannte weiche Völkerrecht (soft law) für die Ausgestaltung der internationalen Beziehungen zunehmend an Bedeutung. Als weiches Völkerrecht gelten Erklärungen, Resolutionen oder auch Empfehlungen, die sowohl durch internationale Organisationen als auch durch Zusammenkünfte, beispielsweise die Weltkonferenzen der Vereinten Nationen, verkündet werden. Neben dem Politikfeld Menschenrechte kennt insbesondere die Umweltpolitik umfassende Soft-law-Regeln. Dabei handelt es sich um Normen, „... die nicht vor internationalen Gerichten angeführt werden können und deren Verletzung nicht die Staatenhaftung auslöst". Soft law bringt die Absicht der Staaten zum Ausdruck, im Einklang mit einer Übereinkunft eine gemeinsame Praxis zu entwickeln, d.h. die Grundlage für Gewohnheitsrecht zu legen. Vor allem in Ländern mit so genanntem common law, in denen Recht überwiegend auf der Grundlage von Fällen entwickelt wird, können Soft-law-Regeln durch die gemeinsame Praxis die Grundlage für zukünftiges Recht bilden.

Brigitte Hamm, Menschenrechte, Opladen 2003, S. 66-67

Völkerrecht und Menschenrechte

M 14

Von besonderer Bedeutung für den Schutz und die Verwirklichung der Menschenrechte sind völkerrechtliche Verträge. Staaten treten solchen Konventionen, Pakten und Übereinkommen auf freiwilliger Basis bei und verpflichten sich durch die Ratifikation, die Vertragsinhalte in bindendes nationales Recht umzusetzen.
Neben dem Völkervertragsrecht gelten manche Rechte auch per Gewohnheit. Ein solches Völkergewohnheitsrecht setzt eine langjährige Praxis, basierend auf gemeinsamen Rechtsüberzeugungen voraus, wie sie sich z.B. in übereinstimmenden Normen nationaler Verfassungen widerspiegeln. Heute gelten bestimmte Rechte wie der Schutz des Lebens unabhängig von vertraglichen Vereinbarungen als Völkergewohnheitsrecht, d.h. sie sind auch ohne die förmliche Kodifizierung für alle Staaten bindend.

Der Internationale Pakt über bürgerliche und politische Rechte (Zivilpakt) und der Internationale Pakt über wirtschaftliche, soziale und kulturelle Rechte (Sozialpakt), die beide 1976 in Kraft traten, gelten als zentrale Menschenrechtsverträge. Sie bilden zusammen mit der Allgemeinen Erklärung der Menschenrechte von 1948 die International Bill of Human Rights. Die Erklärung stellt im Prinzip ein rechtlich nicht bindendes Dokument dar. Sie ist jedoch ein Meilenstein in der Entwicklung des internationalen Menschenrechtssystems, und wichtige, darin verankerte Menschenrechte gelten heute als Völkergewohnheitsrecht. Daneben gelten auch das Übereinkommen zur Beseitigung jeder Form der Rassendiskriminierung (Anti-Rassismuskonvention), das Übereinkommen gegen Folter und andere grausame, unmenschliche oder erniedrigende Behandlung oder Strafe (UN-Folterkonvention), das Übereinkommen zur Beseitigung jeder Form von Diskriminierung der Frau (Frauenrechtskonvention) und das Übereinkommen über die Rechte des Kindes (Kinderrechtskonvention) als bedeutsame Menschenrechtsverträge. Die Verankerung der Menschenrechte in Verträgen und die Errichtung von Instrumenten zur Überwachung ihrer Einhaltung bildet die Grundlage des internationalen Menschenrechtsregimes.

Ingomar Hauchler u.a. (Hg.), Globale Trends 2004/2005, Frankfurt 2003, S. 254

M 15 Auf dem Weg zu einem Völkerstrafrecht?

Auf der Anklagebank: *Charles Taylor, Ex-Präsident Liberias: Angeklagter Kriegsverbrecher; Omar Bongo, Präsident von Gabun: Verdacht der Untreue; Ratko Mladic, einst serbischer General: Anklage wegen Völkermord; Denis Sassou-Nguesso, kongolesischer Präsident: Korruptionsverdacht; Donald Rumsfeld, Ex-US-Verteidigungsminister: Anzeige wegen Folter.*

Das 16. Arrondissement ist das teuerste Pflaster in Paris. Wer sich hier eine Wohnung leisten kann, zählt zu den Superreichen, im frankophonen Afrika auch les grandes légumes, „das Großgemüse", genannt. Gleich vier Apartments besitzt hier die Familie des gabunischen Staatschefs Omar Bongo. In unmittelbarer Nachbarschaft hat sich Denis Sassou-Nguesso eingerichtet, Präsident der Republik Kongo. Die zwei haben außer teuren Immobilien noch mehr gemeinsam: Sie sind seit über zwanzig Jahren an der Macht und gelten als feste Größen der französisch-afrikanischen Freundschaft; ihre Länder exportieren Erdöl; die Mehrheit der Bevölkerung ist bettelarm, während Bongo und Sassou-Nguesso im Ruf stehen, sich aus der Staatskasse zu bedienen. Ein Pariser Gericht hat nun gegen die zwei amtierenden Staatschefs Vorermittlungen wegen Verdachts auf Veruntreuung eingeleitet. In der europäischen Justizgeschichte ist dies ein Novum, fürs afrikanisch-französische Verhältnis brachte es eine spürbare Missstimmung: „Rassistisch und kolonialistisch" sei dieses Verfahren, zürnte Sassou-Nguesso.

Der Mann, der den beiden Präsidenten die Aussicht auf den Eiffelturm verleiden möchte, heißt William Bourdon, ist 51 Jahre alt und Gründer des Juristenverbandes Sherpa. Mit Menschenrechtsorganisationen und afrikanischen Exilanten hat Sherpa das offizielle Präsidentensalär von Bongo und Sassou-Nguesso recherchiert und, so Bourdon, festgestellt, „dass das nie und nimmer für Wohnungen in dieser Preislage reicht". Ob im Fall Bongo und Sassou-Nguesso tatsächlich ein Strafverfahren eröffnet wird, bleibt abzuwarten. Aber Bourdons juristische Attacke ist Teil eines neuen Phänomens: der Globalisierung der Strafjustiz von unten. In den vergangenen Jahren ist ein multinationales Netz aus Anwaltskanzleien, Finanzexperten und Bürgeraktivisten entstanden, die über Landesgrenzen hinweg Menschenrechtsverletzungen, Korruption und Plünderung von Rohstoffen nicht nur anprangern, sondern vor Gericht bringen – auch Tausende Kilometer vom Tatort entfernt.

Wegbereiter dieser Entwicklung waren zweifellos die internationalen Gerichte, also die Globalisierung der Strafjustiz von oben – angefangen von den UN-Tribunalen für Jugoslawien und Ruanda über den Sondergerichtshof für Sierra Leone bis zum Internationalen Strafgerichtshof in Den Haag. Die Schaffung dieser Institutionen markierte eine historische Zäsur: Die Unantastbarkeit nationaler Souveränität wird dem Völkerstrafrecht untergeordnet; Staats- und Regierungschefs und ihre Minister genießen keine absolute Immunität mehr; Offiziere und Rebellenführer können sich nicht mehr in ihrem Land sicher fühlen.

Dieser Wandel im System internationaler Beziehungen erscheint inzwischen so normal, dass größere Präzedenzfälle und kleinere Sensationen kaum noch auffallen: Das internationale Sondergericht für Sierra Leone hat vor wenigen Wochen drei Angeklagte wegen Rekrutierung von Kindersoldaten verurteilt – eine Premiere in der internationalen Rechtsgeschichte. Im Libanon hat der Sicherheitsrat zum ersten Mal die Bildung eines UN-Tribunals zur Aufklärung eines Einzelfalls beschlossen: des Mordes am ehemaligen Premierminister Rafik Hariri. In Washington signalisiert die Bush-Regierung nach Jahren kompromissloser Gegnerschaft des Internationalen Strafgerichtshofs, nun dessen Ermittlungen im Fall Darfur zu unterstützen. Und in Den Haag kommt endlich der Prozess gegen Liberias Expräsidenten Charles Taylor in die Gänge. Vor allem der Fall Taylor – genauer gesagt: die Auslieferung des Expräsidenten an das Gericht im Frühjahr 2006 nach drei Jahren Exil – ließ einige afrikanische Amtskollegen unruhig werden. „Das heißt ja, dass jeden Staatschef das gleiche Schicksal ereilen kann", erklärte halb empört, halb besorgt Libyens Staatschef Muammar al-Gadhafi, der Taylor einst mit Waffen und Ausbildern versorgt hatte.

Schlägt nun allen Schlächtern und Diktatoren die Stunde des Rechts? Man sollte sich von der Nervosität in den Palästen nicht blenden lassen. Die internationale Strafjustiz ist (noch) lange keine unabhängige dritte Gewalt auf globaler Bühne. Sie ist zunächst einmal Ergebnis aktueller politischer Machtverhältnisse. Das UN-Tribunal für Ruanda zum Beispiel hat (nach großen Anfangsproblemen) im Zusammenhang mit dem Völkermord an 800.000 Tutsi zwar über 20 Angeklagte schuldig gesprochen, darunter den ehemaligen Premierminister und mehrere Kabinettsmitglieder. Ermittlungen wegen Racheakten von Tutsi-Milizen wurden jedoch von der Regierung in Kigali erfolgreich blockiert. Die neue Regierung Serbiens wiederum erhofft sich von ihrer zunehmenden Kooperation mit dem UN-Jugoslawien-Tribunal Zugeständnisse bei einer möglichen Unabhängigkeit des Kosovos.

Der Internationale Strafgerichtshof (IStGh) in Den Haag ist gerade fünf Jahre alt geworden, doch statt Blumen überbrachten Menschenrechtsorganisationen deutliche Kritik am argentinischen Chefankläger Luis Moreno-Ocampo. Der nehme zwar kleinere Rebellenführer ins Visier, scheue sich aber, gegen hohe Regierungsbeamte und Minister zu ermitteln.

Vier Fälle hat der Gerichtshof derzeit in Arbeit, gegen acht Personen hat Moreno-Ocampo Anklage erhoben und Haftbefehle ausgestellt. Ein Angeklagter, der kongolesische Warlord Thomas Lubanga, sitzt in Untersuchungshaft. Das klingt tatsächlich mager für die ersten fünf Jahre des einzigen ständigen Gerichts der Welt, das Völkermord, Kriegsverbrechen und Verbrechen gegen die Menschlichkeit ahnden soll. Nur ist das nicht allein die Schuld des Chefanklägers, sondern der Struktur des Gerichts. Der IStGh hat keine Polizei, um Verdächtige und Angeklagte festzunehmen. Er ist auf die Kooperationsbereitschaft jener Staaten angewiesen, in denen er ermittelt. ...

Seither taucht immer wieder ein anderes völkerrechtliches Instrument in den Schlagzeilen auf: das Weltrechtsprinzip, wonach Genozid, Massaker, Folter und ähnlich schwerwiegende Verbrechen in einem Staat auch vor Gerichten anderer Staaten verhandelt werden können. Darauf berief sich 1998 der spanische Richter Baltazar Garzón, als er Großbritannien dazu brachte, den chilenischen Exdiktator Augusto Pinochet in Auslieferungshaft zu nehmen. Dieses Prinzip fürchtete die Bush-Regierung so sehr, dass sie 2003 dem belgischen Parlament den Abzug des NATO-Hauptquartiers aus Brüssel androhte, falls Belgien nicht sein weitreichendes Gesetz zum Weltrechtsprinzip einschränkte. Was dann auch geschah.

Nach diesem Prinzip ging – und hier kommt nun das neue Netz aus Menschenrechtsaktivisten ins Spiel – auch der Berliner Anwalt Wolfgang Kaleck vor, als er bei der deutschen Generalbundesanwaltschaft Anzeige gegen den damaligen amerikanischen Verteidigungsminister Donald Rumsfeld wegen Verstoßes gegen das Folterverbot erstattete. Die Anzeige wurde zweimal abgelehnt. Aber Kaleck hat Rechtsmittel eingelegt und mit Kollegen aus dem europäischen Ausland das European Center for Constitutional and Human Rights gegründet. Das ECCHR will auf dem Rechtsweg Menschen- und Grundrechte verteidigen, aber auch Fälle von Rohstoffplünderung, Waffenhandel oder Korruption untersuchen. Das Weltrechtsprinzip wird dabei weiterhin eine große Rolle spielen. Mehr noch als jeder Prozess vor einem internationalen Tribunal zeigt es, wie ernst es nationale Regierungen mit dem Völkerrecht wirklich meinen.

Andreas Böhm, Die Zeit, 12.7.2007

M 16 Aufbau des internationalen Strafgerichtshofs (ICC)

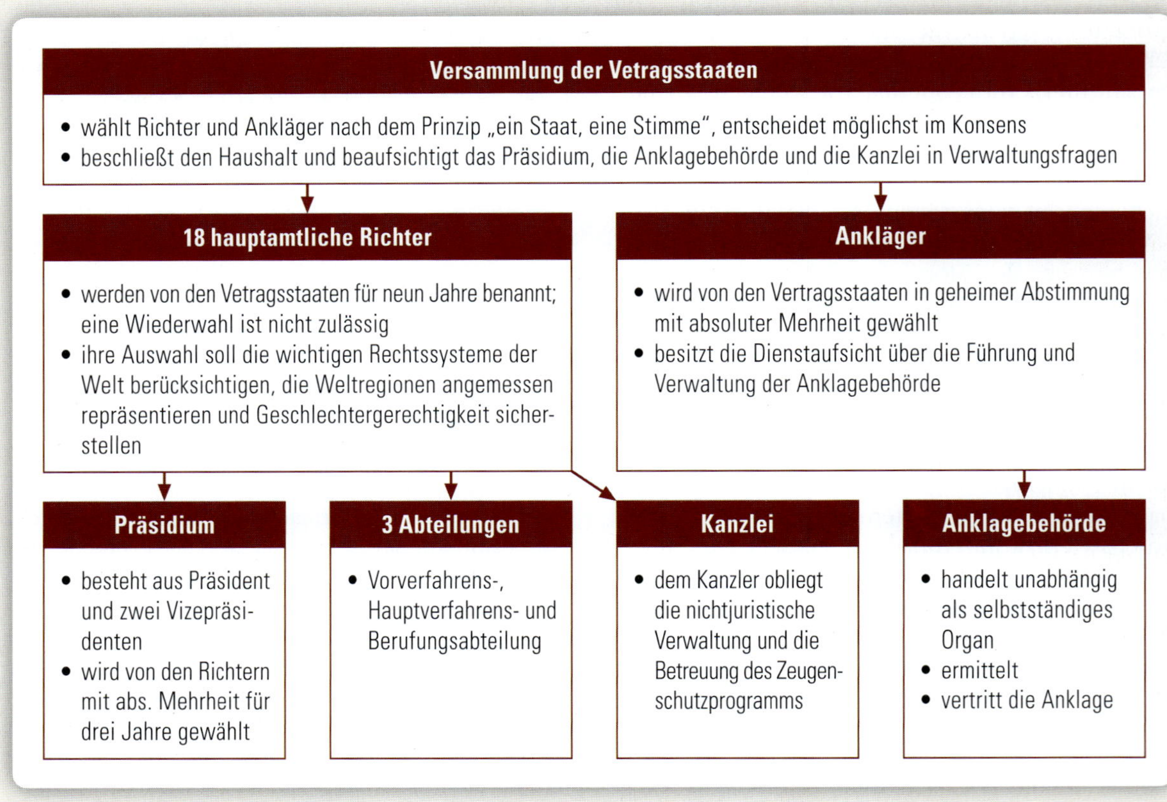

Ingomar Hauchler u.a. (Hg.), Globale Trends 2004/2005, Frankfurt a. M. 2003, S. 255

M 17 Strafen, die der ICC verhängen kann

Der Internationale Strafgerichtshof (ICC) kann gemäß Artikel 77 des Römischen Statuts folgende Gefängnisstrafen verhängen:

- Freiheitsentzug bis zu einer Höchstdauer von 30 Jahren;
- lebenslangen Freiheitsentzug, wenn dies durch die außergewöhnliche Schwere des Verbrechens und die persönlichen Verhältnisse des Verurteilten gerechtfertigt ist.

Daneben kann der Gerichtshof:

- Geldstrafen verhängen;
- anordnen, den Erlös, das Eigentum und die Vermögensgegenstände einzuziehen, die unmittelbar oder mittelbar aus dem angeklagten Verbrechen stammen, unbeschadet der Rechte gutgläubiger Dritter.

Ingomar Hauchler u.a. (Hg.), Globale Trends 2004/2005, Frankfurt 2003, S. 256

„Wir dürfen vor Rechtlosigkeit und Gewalt nicht kapitulieren“

M 18

Der Internationale Strafgerichtshof soll Schlächtern, Despoten und Kriegsverbrechern den Prozess machen. Doch aktuell wird erst ein Fall verhandelt. Hans-Peter Kaul, einziger deutscher Richter des Tribunals, über Erfolge und Probleme des Gerichts:

SPIEGEL ONLINE: Herr Kaul, zurzeit wird der erste Fall am Internationalen Strafgerichtshof in Den Haag (ICC) verhandelt. Der kongolesische Milizenführer Thomas Lubanga soll unzählige Kinder als Soldaten rekrutiert und sie in den Tod geschickt haben. Wann ist mit einem Urteil zu rechnen?

Kaul: Es gibt jede Menge Unwägbarkeiten, die zu Verzögerungen führen können.

SPIEGEL ONLINE: Es kann sich noch über Jahre hinziehen?

Kaul: Jahre würde ich nicht sagen. Doch ich kann mich zum laufenden Verfahren nicht äußern.

SPIEGEL ONLINE: Welche Höchststrafe kann Ihr Gericht verhängen?

Kaul: Das Gericht kann auf lebenslange Freiheitsstrafe erkennen. Es kann keine Todesurteile verhängen.

SPIEGEL ONLINE: 104 Staaten haben sich Ihrem Tribunal bisher angeschlossen. Es fehlen Länder wie Libyen, Irak, Israel und die USA. Welche Macht hat der Strafgerichtshof, wenn die einzige Supermacht nicht mitmacht?

Kaul: Es steht keineswegs fest, dass die USA für alle Zeiten draußen bleiben. Es wäre wünschenswert, dass sie mitmachen oder den Strafgerichtshof als Nicht-Mitglied wenigstens dann unterstützen, wenn sie dies für richtig halten. Denken Sie an die enormen Machtmittel, die Amerika beisteuern könnte: politisch, militärisch, nachrichtendienstlich, aufklärungstechnisch. Das würde den Gerichtshof enorm stärken.

SPIEGEL ONLINE: Die USA haben jedoch alles versucht, um Sie zu schwächen. Washington fürchtet, US-Soldaten könnten Opfer politisch motivierter Anklagen in Den Haag werden.

Kaul: Diese Befürchtungen der USA sind unberechtigt. Wir sind ein neutrales und objektives Gericht. Die Rede vom angeblichen Risiko politisch motivierter Strafverfahren erweist sich immer mehr als haltlos. ...

SPIEGEL ONLINE: Im Fall des Völkermords in Darfur kann der Strafgerichtshof nur tätig werden, wenn der Weltsicherheitsrat die Angelegenheit nach Den Haag überweist. Die USA können eine Überweisung jederzeit torpedieren. Doch dieses Mal verzichteten sie auf ihr Veto. Dafür hat sich Washington ausbedungen, dass kein US-Soldat, sollte er im Sudan bei einem Blauhelmeinsatz gestellt werden, an Sie überstellt werden darf. Können Sie mit solchen Kompromissen leben?

Kaul: So willkommen die Überweisung der Darfur-Situation durch den Sicherheitsrat auch war, so hat uns doch der Kompromisscharakter mancher Regelung der Resolution 1593 geschmerzt. Leider hat der Sicherheitsrat nicht alle Staaten zur Zusammenarbeit mit dem Strafgerichtshof bei der Aufklärung und Verfolgung von Verbrechen in Darfur verpflichtet. Bei den Ermächtigungsresolutionen für das Ruanda- oder Jugoslawien-Tribunal war das anders.

SPIEGEL ONLINE: Auch die Kooperationsbereitschaft der Regierung des Sudan lässt zu wünschen übrig.

Kaul: Hier wird eine Strukturschwäche des Gerichtshofs deutlich: Es genügt nicht, dem Strafgerichtshof Kriegsverbrechen auf den Tisch zu legen. Staaten, die dem Gerichtshof Situationen mit dem Verdacht schwerer Verbrechen überweisen, müssen auch sicherstellen, dass der Gerichtshof effektiv arbeiten kann, das heißt, dass er mit Ermittlungsteams an die Orte der Verbrechen gelangt. In Darfur können wir bisher nicht operieren, weil der Sudan die Zusammenarbeit verweigert.

SPIEGEL ONLINE: Welcher Despot arbeitet auch mit einem Gerichtshof zusammen, vor dem er selbst enden könnte?

Kaul: Auch ein Despot muss erkennen: Führender Politiker oder Militär zu sein, schützt prinzipiell nicht mehr vor strafrechtlicher Verantwortlichkeit. Es ist natürlich ungeheuer schwierig, die großen Täter hinter den vielen Tätern zu überführen. Denken Sie auch an Täter wie Adolf Hitler, Pol

Pot, Saddam Hussein oder Slobodan Milosevic – sie haben sogar besondere Möglichkeiten, ihre Taten zu verschleiern.

SPIEGEL ONLINE: Saddam und Milosevic konnten nur zur Rechenschaft gezogen werden, weil sie eine militärische Niederlage erlitten hatten.

Kaul: Empirisch ist das richtig. Doch genauso wichtig ist, dass in der Rechtsüberzeugung der internationalen Gemeinschaft die Auffassung verankert ist: Titel und Ämter schützen nicht vor Strafe! …

SPIEGEL ONLINE: Sie ermitteln, Sie fertigen Anklagen, Sie erlassen Haftbefehle – doch Sie können niemanden festnehmen. Wann wird Ihre Minitruppe von Staatsanwälten und Ermittlern (Budget rund 80 Millionen Euro im Jahr 2006) ergänzt durch eine international agierende Polizeitruppe?

Kaul: Das ist ein akutes Problem. Es reicht nicht, dass die Vertragsstaaten das Gericht gegründet haben, uns aber allein lassen mit dem Problem, die Täter zu bekommen. Sollte es so bleiben, wäre das eine gravierende Hypothek. Auf Dauer birgt dies die Gefahr, dass wir zur unwirksamen Institution werden. Gott sei Dank scheinen die Staaten dies allmählich zu begreifen. Lubanga ist beispielsweise mit einem französischen Militärflugzeug nach Den Haag gebracht worden. Langfristig gibt es Forderungen an Mitgliedstaaten, dass sie den Strafgerichtshof durch eine Sondertruppe für Festnahmen in akuten Notsituationen unterstützen. Das Problem der Festnahmen muss endlich gelöst werden. Das Jugoslawien-Tribunal hatte auch keine Festnahmebefugnisse. Die meisten Täter wurden von der NATO oder von Blauhelmen festgenommen.

SPIEGEL ONLINE: In etlichen Ländern gibt es keine funktionierende Zentralgewalt. Verbrechen resultieren aus einem Geflecht von korrupten Politikern, Warlords, Drogenbaronen und militanten Fundamentalisten. Ist es nicht wie ein Tropfen auf den heißen Stein, aus diesem Sumpf einer verrohten Gesellschaft ein oder zwei Protagonisten zur Rechenschaft zu ziehen?

Kaul: Und wenn es nur ein Tropfen ist – ich bin dafür, dass die Staaten dieser Erde nicht resignieren. Wir dürfen vor den deprimierenden Phänomenen der Rechtlosigkeit, der Gewalt und der drohenden Straflosigkeit schwerster Verbrechen nicht kapitulieren.

Alexander Schwabe, Spiegel-Online, 28.2.2007

M 19 Bilanz und Ausblick: Ist Weltfrieden möglich?

Der Friedensforscher Dieter Senghaas analysiert, welche Chancen globaler Frieden hat, welche Rolle die EU bei seiner Verbreitung spielt – und erklärt, warum der UN-Sicherheitsrat ein skandalöses Verhalten an den Tag legt.

sueddeutsche.de: Ist Weltfrieden eine Utopie?

Dieter Senghaas: Wenn man ihn als einen flächendeckenden Frieden quer über die Welt definiert, dann ist das eine schöne Idee – aber diese Idee hat keine Chance, in absehbarer Zeit, also in den nächsten Jahrzehnten, realisiert zu werden.

sueddeutsche.de: Keine Chance – warum nicht?

Senghaas: Weil die Problemlagen in der Welt, die derzeit gegen Frieden sprechen, sehr ausgeprägt sind. Weil die Klüfte, die es in der Welt gibt, sehr groß sind: Interessendifferenzen, Identitätsdifferenzen; und insbesondere die sozialen Umbruchsituationen sind quer durch die Welt dramatisch – und sie vertiefen sich.

sueddeutsche.de: Wann spricht man von Frieden?

Senghaas: Zunächst einmal: Wenn die Waffen schweigen. Das ist aber nur eine wichtige, keine zureichende Voraussetzung. Einen nachhaltigen Frieden gibt es dort, wo die Beteiligten mit dem Ziel einer konstruktiven Konfliktbearbeitung ihre kontrovers bewerteten Probleme lösen.

sueddeutsche.de: In Europa funktioniert die konstruktive Konfliktbearbeitung in den vergangenen Jahrzehnten sehr gut – hat die EU als Friedensordnung Modellcharakter?

Senghaas: Die Antwort ist ein uneingeschränktes Ja. Wenn man die Geschichte Europas betrachtet, dann ist dieses Europa ein zerstrittener Kontinent gewesen. Heute ist aus dem Bewusstsein der Europäer der Gedanke völlig beseitigt, dass man irgendwelche Identitäts- oder Interessenkonflikte noch mit der Androhung oder gar dem Einsatz von militärischer Gewalt zu lösen beabsichtigt. Der zweite Fortschritt ist, dass große Länder wie Deutschland und kleine Länder wie die Benelux-Staaten kooperieren, ohne dass der Verdacht besteht, die Großen könnten die Kleinen manipulieren. Modellcharakter hat die EU-Erweiterung: Jene Gesellschaften der EU-Erweiterung, die nicht auf der ökonomischen Höhe der anderen EU-Länder sind, sind in diesem größeren Verbund aufgehoben und haben dadurch bessere Chancen für eine nachholende Entwicklung. Das alles wird überall in der Welt auch so wahrgenommen.

sueddeutsche.de: Was kann Europa sonst noch zum Weltfrieden beitragen? Ist es sinnvoll, Soldaten in Krisengebiete zu schicken?

Senghaas: Es hängt sehr davon ab, um welche Fälle es sich handelt. Wir haben ja die Erfahrung mit den friedenserhaltenden Truppen der UN. Es gibt Beispiele, wo das nützlich war, wie in Zypern oder zum Teil auf dem Sinai. Ich denke, in den kommenden Wochen wird der Kosovo ein einschlägiger, akuter Fall sein. Wenn der Kosovo sich unabhängig erklärt, droht eine offene Bürgerkriegssituation. Dann ist wichtig, dass die Truppen, die im Augenblick vorhanden sind, vor Ort bleiben, um die Situation zu stabilisieren.

sueddeutsche.de: Aber ist es Ihrer Meinung nach immer ratsam, Soldaten zu entsenden?

Senghaas: Es gibt Situationen, wo das abwegig ist, zum Beispiel: Wir haben Erfahrungen in Afghanistan, da verlassen sehr viele Truppen – wie die Italiener oder die Deutschen – ihre Kasernen kaum. Die Amerikaner im Süden schonen ihre eigenen Truppen und versuchen dann, ihre militärischen Ziele aus der Distanz durch Luftoperationen durchzusetzen.

sueddeutsche.de: Welche Folgen hat dieses Vorgehen?

Senghaas: Letzteres fordert unglaublich viele Zivilopfer, und ist damit völlig kontraproduktiv gemessen an dem, was man eigentlich erreichen will. Und dieses Vorgehen schafft bekanntlich eine breitenwirksame Grundlage für Antiamerikanismus in diesem Teil von Afghanistan. Letztlich können nur die Afghanen selbst für eine konstruktive Weiterentwicklung Afghanistans sorgen.

sueddeutsche.de: Wie können die Afghanen beim Aufbau ihres Landes in anderer Form unterstützt werden?

Senghaas: Zivilmissionen sollten viel stärker genutzt werden. Ländern wie Afghanistan fehlt es an Infrastruktur: an Straßen, am Gesundheitssystem, an Schulen, an Ausbildung für Fachkräfte, an Ausbildung von öffentlichen Ordnungskräften wie Polizei und Verwaltungsbeamten. Das alles ist dort nicht mehr intakt – weil es bürgerkriegsbedingt zusammengebrochen ist oder durch Korruption aufgefressen wird. Für eine solche Aufbauleistung braucht man allerdings einen langen Atem.

sueddeutsche.de: Haben die USA die Schlüsselstellung im Kampf um internationalen Frieden?

Senghaas: In den USA spricht man derzeit über „military primacy“. Man glaubt, man verfüge auf dieser Grundlage damit auch über die politische Erstrangigkeit in der Welt – eine ganz große Illusion. Sicherlich sind die USA die größte Militärmacht der Welt – aber diese Macht lässt sich nicht in eine Politik übersetzen, die vor Ort erfolgreich wird, nur weil man fähig ist, Militär einzusetzen. Wir beobachten das Gegenteil: Dort, wo US-Soldaten eingesetzt sind, sind die Folgen politisch besonders kontraproduktiv.

sueddeutsche.de: Gilt das auch, wenn Europa sich in Konflikte militärisch einmischt?

Senghaas: Europa mischt sich ja wenig ein. Die Europäer sagen, wir müssten eigentlich politisch und/oder militärisch gemeinsam etwas machen, aber sie können sich nicht auf konkrete Maßnahmen einigen. Außer bei kleinen Projekten wie vor kurzem im Kongo, wo man Truppen hingeschickt hat zur Sicherung der Wahl – und wo nach wenigen Wochen die Truppen abgezogen werden, egal was passiert. Das sind letztendlich symbolische Aktionen.

sueddeutsche.de: Welche Rolle spielt die NATO für den Weltfrieden?

Senghaas: Im Grunde genommen hat die NATO sich in ihrem Auftrag überlebt. Sie hatte einst einen klaren Auftrag und Stellenwert im Rahmen des Ost-West-Konfliktes. Seit es den nicht mehr gibt, ist sie auf der Suche nach einer Mission. Realistisch betrachtet: Die NATO lebt eben so dahin und verfolgt jetzt merkwürdige Pläne, zum Beispiel die Aufnahme Georgiens. Und dann will sie auch noch eine Brücke zu Australien zu schaffen! All das soll einfach dazu beitragen, dass die NATO im Gespräch bleibt – eine Strategie, die einem politischen Überlebenskampf gleicht.

sueddeutsche.de: Können die Vereinten Nationen die große Friedensmacht sein?

Senghaas: Die UN haben zumindest die Legitimität hierfür. Ob sie die Kraft haben, hängt von den Staaten ab, die sie tragen, nicht von den UN als Organisation selbst.

sueddeutsche.de: Was müsste sich verändern, damit sie diese Kraft bekommt?

Senghaas: Wichtig wäre, dass der Sicherheitsrat nicht nur ein Organ der fünf Vetomächte ist, die dort ihre jeweils egoistische nationale Politik verfechten. Dadurch wird das, was der Sicherheitsrat beschließt, relativ willkürlich. Ich bezeichne diese Lage als „neoabsolutistisch“: Die Sicherheitsratsmitglieder beanspruchen für sich, das internationale Recht zu sein, egal was sie entscheiden. Der wichtige Punkt ist, dass gleiche Fälle gleich behandelt werden müssen. Der Sicherheitsrat jedoch tut bei dramatischen Menschenrechtsverletzungen manchmal gar nichts, gibt jedoch im anderen Fall ein Mandat zur Intervention – und redet schließlich drittens über einen Fall lange und ausschweifend ohne praktische Folgen – insgesamt betrachtet ein skandalöses Verhalten, das jedem Rechtsempfinden widerspricht.

sueddeutsche.de: Haben Sie dafür Beispiele?

Senghaas: Die gibt es am laufenden Band! Schauen Sie sich die Fälle Darfur in Afrika oder jetzt Birma an: Alles wird immer ganz unterschiedlich behandelt. Der Sicherheitsrat käme jedoch nur zu einem allgemein akzeptierten Standing, wenn er gleiche Fälle gleich behandelt und dadurch kalkulierbar wird – ein Grundsatz jeder intakten Rechtsgemeinschaft. Er müsste sich also an bestimmte Normen halten, zum Beispiel an die Anti-Genozid-Konventionen.

sueddeutsche.de: Sehen Sie Chancen, dass sich die Staaten im Sicherheitsrat dazu durchringen können?

Senghaas: Im Augenblick nicht. Und das bedeutet natürlich eine deutliche Schwäche der Vereinten Nationen.

sueddeutsche.de: Es wird befürchtet, dass in Zukunft immer mehr Kriege um Ressourcen geführt werden.

Senghaas: Es wird weiter das geben, was wir heute in Afrika beobachten: Kriege zwischen Nomaden und sesshaften Bauern um Ressourcen. Wann immer es Klimaveränderungen gegeben hat, hat es solche Auseinandersetzungen gegeben. Es wird sicher auch Streit geben über Wasserressourcen. Ob die in kriegerische Konflikte umschlagen, ist schwer zu prognostizieren.

sueddeutsche.de: Wie kann man verhindern, dass solche Auseinandersetzungen kriegerisch geführt werden?

Senghaas: Es handelt sich im letzteren Beispiel ja meist um bilaterale Konflikte. Da ist es notwendig, dass es zu bilateralen Konsultationen, Gesprächen, Absprachen kommt, und zwar zum frühest möglichen Zeitpunkt. Ganz sicher ist hier die internationale Diplomatie besonders wichtig – sei es der EU, der Regionalorganisationen oder der UN.

sueddeutsche.de: Wie geht man mit Akteuren um, die gar nicht am Frieden interessiert sind – beispielsweise, weil sie am Krieg verdienen? Wie zum Beispiel im Kongo?

Senghaas: Von außen hat man da die Chance, dass man die Quellen des Verdienens eliminiert. Wenn zum Beispiel der Profit der Kriegsherren auf dem Verkauf von Blutdiamanten oder Edelhölzern beruht, dann sind die Absatzmärkte in der Regel bei uns. Meist gibt es keine Möglichkeit, vor Ort mit Aussicht auf Erfolg zu intervenieren, zum Beispiel im Ostkongo – aber wenn die Nachfrage für die Produkte in unseren Ländern unterbunden wird und damit die Erlösquelle versiegt, hat das eine starke Rückwirkung. Diese wesentliche Möglichkeit der indirekten Intervention, um zum Frieden beizutragen, wird viel zu wenig genutzt.

sueddeutsche.de: Stimmt die These, dass der Weltfrieden sicherer wird in dem Ausmaß, in dem sich ökonomisches Gleichgewicht einstellt?

Senghaas: Weltfrieden hat etwas zu tun mit dem Frieden innerhalb von Staaten – und nicht nur zwischen den Staaten. In einer Gesellschaft, die im Umbruch ist – mit sozialer Aufwärtsmobilität von Menschen und Status-quo-Eliten, die dagegenwirken – spielt die soziale Frage eine ganz sensible Rolle. Das Gleichgewicht des Besitzes hat sich als eines der zentralen Friedensprobleme herausgestellt: Zunächst innergesellschaftlich, und immer mehr auch zwischen den Gesellschaften, weil die Kluft zwischen Arm und Reich sich in der Welt in den letzten Jahren akzentuiert hat und sich darüber Konfliktpotentiale aufbauen.

sueddeutsche.de: Welche Schritte führen zu einem nachhaltigen Frieden?

Senghaas: Die Konflikte müssen zuallererst vor Ort friedlich gelöst werden, in den einzelnen Gesellschaften. Zunächst einmal ist ein staatliches Gewaltmonopol Voraussetzung für Frieden. Wir sehen an vielen Stellen in der Welt, zum Beispiel im Libanon oder im Ostkongo, dass sich die Bürger wieder bewaffnen, wo das Gewaltmonopol zerbröselt oder gar zusammenbricht. Man braucht zweitens eine rechtsstaatliche Kontrolle dieses Gewaltmonopols. Die entscheidende Frage ist: Gelingt diese rechtliche Einhegung, beispielsweise durch Gewaltenteilung? Weiterhin ist, drittens, eine flächendeckende Ökonomie wichtig, mit der daraus resultierenden weiträumigen Arbeitsteilung.

sueddeutsche.de: Warum ist das wichtig?

Senghaas: Weil die Menschen in einer solchen Gesellschaft gleichzeitig in viele Rollen eingegliedert sind: in Familie, Arbeitswelt, Vereine. Man ist Staatsbürger. Man ist in vielfältige Interdepenzen eingebunden, und das hat eine unglaubliche Bedeutung für die erforderliche Affektkontrolle. Wo diese Einbindungen verlorengehen, kommt es zur Affektexplosion – die steht immer am Beginn eines Bürgerkrieges: Die Affekte wirken dann gegen die Vernunft. Und, viertens, ist die demokratische Teilhabe sehr wichtig – die Chance, sich produktiv in öffentliche Angelegenheiten einbringen zu können. Der fünfte Punkt wäre die Bemühung um soziale Gerechtigkeit. Wenn das alles zusammenkommt, dann besteht – sechstens – die Chance auf eine politische Kultur konstruktiver Konfliktbearbeitung. Unter diesen Vorzeichen kann man dann von einem stabilen, nachhaltigen Frieden ausgehen.

sueddeutsche.de: Ist solcher Frieden selbsttragend?

Senghaas: Wichtig ist, dass zwischen den von mir genannten sechs Faktoren oder Bausteinen positive Rückkopplungen zustande kommen. Denn nur dann ist gesichert, dass unvermeidliche Konflikte verlässlich zivilisiert bearbeitet werden.

sueddeutsche.de: Wenn in allen Ländern diese Punkte beachtet würden – hätten wir dann Weltfrieden?

Friedensordnung mit Modellcharakter – in der EU werden Konflikte konstruktiv bearbeitet und politisch gelöst.

Senghaas: Es wäre der wesentliche Schritt in Richtung Weltfrieden. Wenn bestimmte Dinge nicht berücksichtigt werden, zum Beispiel Bemühungen um soziale Gerechtigkeit ausbleiben, dann bricht ein solches Arrangement, das möglicherweise auf Zeit eine gewisse Garantie bot, Konflikte nachhaltig friedlich zu bewältigen, leicht zusammen. Diese Erkenntnis ist übrigens auch in unseren demokratisch verfassten Gesellschaften enorm wichtig, wo es im Augenblick keine Anzeichen von Bürgerkrieg gibt. Denn auch hier gilt: Einmal erreichter Frieden bleibt immer rückfallgefährdet. Der Frieden ist kein Selbstläufer; es bedarf der ständigen und ernsthaften Bemühungen, um ihn zu erreichen und auch, um ihn zu bewahren.

Interview: Sarina Märschel, Süddeutsche.de, 23.11.2007

Wissen kompakt

Merkmale von Global Governance
M 1, M 2

Global Governance bezeichnet den praktischen Versuch, in einem System geteilter und sich überlappender Souveränitäten politische Steuerungsfähigkeit wiederzuerlangen und Konflikte friedlich zu lösen. Diese neue „Weltordnungspolitik" zeichnet sich durch mehrere Merkmale aus:

- Global Governance ist die Suche nach Lösungen für grenzüberschreitende Probleme.
- Global Governance versteht sich als dynamisches Konzept. Problemlösungsstrategien werden dem Wesen und den Ursachen von Problemen angepasst.
- Für die Problemlösung sind neben formellen auch informelle Regelungen von Bedeutung.
- Es wirken staatliche, wirtschaftliche und zivilgesellschaftliche Akteure zusammen.
- Eine wirksame globale Problemlösungspolitik setzt auf allen politischen Ebenen an (lokal, national, regional, global).

Akteure der Global Governance-Architektur
M 3, M 4, M 11, M 13, M 14, M 16

Im Zentrum einer Global Governance-Architektur stehen internationale Organisationen wie die Vereinten Nationen, die EU oder die WTO. Darüber hinaus gewinnen unterhalb einer festen Organisationsform stabile und dynamische multilaterale Abkommen und Konferenzen (internationale Regime), Netzwerke und internationale Ordnungsprinzipien zunehmend an Bedeutung. Diese Institutionen führen zu einer stärkeren Verhaltensverlässlichkeit der Staaten. In Form von Verträgen oder allgemeinen Normen stellen sie notwendige Regeln für die Zusammenarbeit von Staaten bereit. So können sie helfen, Kooperationshindernisse zu überwinden und den Konfliktaustrag zwischen Staaten zu zivilisieren.

Zwar sind die Nationalstaaten und internationale Organisationen weiterhin die wichtigsten Elemente eines solchen Ordnungsmodells, doch treten zunehmend Nichtregierungsorganisationen (NGOs) als neue Akteure globaler Politik in Erscheinung (z.B. Greenpeace oder Attac). Sie spielen im Bereich der Interessenartikulation eine wichtige Rolle und sind durch ihren niederen Organisationsgrad und ihre Verankerung in der Zivilgesellschaft für viele Hoffnungsträger einer mehr bürgerorientierten, demokratischeren Weltgesellschaft.

Internationale Ordnungsprinzipien wie das Völkerrecht bilden einen wichtigen Bezugspunkt, mit dem sich die Rechtmäßigkeit staatlichen Handelns beurteilen lässt. Mit der Errichtung des Internationalen Strafgerichtshofes können seit einiger Zeit schwerste Verbrechen gegen die Menschlichkeit verfolgt und die Verantwortlichen zur Rechenschaft gezogen werden. Damit ist ein wichtiger Schritt auf dem Weg zur Durchsetzung des Rechts auf globaler Ebene getan.

Schwächen von Global Governance

Zentrale Schwächen einer auf der Selbstkoordination der Staaten beruhenden Global Governance-Architektur sind der Mangel an Entscheidungsfähigkeit und die Umsetzung von Entscheidungen. Einstimmig zu treffende Entscheidungen sind in großen mulitlateralen Verhandlungssystemen nur schwer herbeizuführen – und die Umsetzung einmal getroffener Entscheidungen hängt ganz vom Willen der Nationalstaaten ab. Da es kein internationales Gewaltmonopol gibt, können vor allem mächtige Staaten nicht gezwungen werden, internationale Vereinbarungen auch einzuhalten.

REGISTER

BILDNACHWEIS

Agenda – S. 143
Agentur Laif, Köln – S. 30, 149, 166
Archiv für Kunst und Geschichte, Berlin – S. 183, 184

CCC – Cartoon-Caricature-Contor, Pfaffenhofen – S. 14, 19, 26, 42, 76, 97, 100, 111, 113, 159, 169

Das Fotoarchiv, Essen – S. 150, 209
Das Fotoarchiv / Xinhua, Essen – S. 125, S. 166
Der Spiegel, Hamburg – S. 5
Deutsche Stiftung Weltbevölkerung, Hannover – S. 40
DIZ, Dokumentations- und InformationsZentrum, München – S. 33
DIZ, Süddeutscher Verlag / Bilderdienst, München – S. 185
dpa Picture-Alliance, Frankfurt – S. 7 (2), 34, 43, 51, 92, 133, 182

Fotoagentur Caro, Berlin – S. 147
Fotoagentur Forum, Bremen – S. 122
Kurt Fuchs Presse, Erlangen – S. 136

Globus Infografik, Hamburg – S. 13, 21, 23, 28, 34, 41, 45, 64, 75, 83, 87, 108, 120, 130, 141 (2), 148, 153, 176, 194, 195
Greenpeace Media GmbH, Hamburg – S. 199

Hafen Hamburg – S. 105
http://www.bmlv.gv.at – S. 67

Ipon / Stefan Boness, Berlin – S. 169
iStockphoto / Richard Churchill – Einband

Keystone Pressedienst, Hamburg – S. 84, 114, 171
Keystone Pressedienst / Stefan Oelsner, Hamburg – S. 173

Le Monde diplomatique, Atlas der Globalisierung, Paris/Berlin – S. 30

Museum Fribourg – S. 156

Photothek.net GbR, Radevormwald – S. 102
Presse- und Informationsamt der Bundesregierung, Berlin – S. 59

Erich Schmidt Verlag, Berlin – S. 31, 72, 74, 85, 86, 91, 99, 175

The Associated Press GmbH, Frankfurt – S. 7 (3), 15, 49, 64, 70

Version Foto, Berlin – S. 107
VISUM Foto GmbH, Hamburg – S. 58, 82

wikimedia – S. 27, 202
Wildner + Designer, Fürth – S. 55 (2), 119
World Press Photo, Amsterdam – S. 11
www.abc.net.au – S. 202
www.daylife.com – S. 202
www.icc-cpi.int – S. 205
www.navy.mil – S. 202
www.state.gov – S. 202
www.strandkorb-zuhause.de – S. 196